作者自序

說了再見，就會再見：
ただいま。

相隔1,048天的再會，真有**千言萬語**。

縱使機票有點貴、過關排隊有點久，一切都值得。

風景依舊，無奈人事已非。跟香港的情況相若，疫情期間東京不少商舖、餐廳，甚至老店，都逃不過倒閉或關門。但這3年間，也有許多許多新景點湧現，舊區重建煥然一新，部分已關門的景點亦陸續restart，**見證日本旅遊的再生能力**。

新書特別加入墨田區、清澄白河、谷根千、高円寺等非熱門的小社區，還增遊東京近郊的鎌倉、江の島、橫浜，以至埼玉縣，讓大家看看繁華璀璨以外的東京，原來還有很多可能性。

經歷過分離，特別懂得珍惜。這次旅程，總覺得不論旅客還是商家店員，都特別客氣，但願這份真摯的感情，可以保存下來。

作者簡介
戴保倫

IG：alwaystravels

男人名、女兒身，從事傳媒出版工作超過十年，出Trip旅人，走遍國境之南、太陽之西，先後出版過廿多本旅遊指南，包括I CAN旅遊系列的《京阪神》、《關西近郊》、《沖繩》、《台北》、《台中》、《高雄墾丁》、《首爾》、《釜山濟州》及《香港》，旅遊專題作品也散見各大媒體。

世界變幻無常，但我仍舊愛旅行，喜歡帶着旅遊書上路的安全感，惟有珍惜和你相遇的每一頁、每一句。

祝大家旅途愉快！

*「ただいま。」解作：我回來了！

東京 [contents]

「地圖碼」使用方法：
每個景點後面附有地圖碼，前半部分是該景點所在地圖的頁數；後半部分則是其位置的座標。

MAP: P.181 B2

地圖頁數   地圖座標

提 提 你

* 現時港元兑日圓匯率約為 0.6，即 ¥ 1,000= HK$60，僅供參考。
* 書內價格，部分未連 10% 銷售税，僅供參考。

本棚劇場（書架劇場），標高8公尺的立體書架一直伸延至天花，加上30,000冊藏書，2020年紅白大賽YOASOBI就在這裏表現。

埼玉縣 建築大師的魔法圖書館
角川武藏野博物館 MAP: 封面摺頁

2020年底開館，由日本著名出版社「角川集團」與埼玉縣所沢市共同策劃，請來日本殿堂級建築大師「隈研吾」操刀，打造出結合圖書館、美術館與博物館的藝文殿堂。樓高5層多面立體建築，由2萬片花崗岩拼砌而成，彷彿從地平線隆起的巨大岩石！內設不同展廳，館藏超過5萬本漫畫和圖書，並附設特色餐廳、Café和商店。焦點是延伸兩層的「本棚劇場」，挑高8公尺的不規則書架牆，四方八面將人重重包圍，再加上動畫映象、音樂和立體投影，讓人恍如置身《哈利波特》般魔幻場景！

5樓閣樓可以給你從高角度、近距離俯瞰本棚劇場的書架牆。

博物館屬「所澤櫻花城」一部分，館旁的建築還有物產館和EJ動漫主題酒店。

由2萬片花崗岩砌成的石牆建築高30公尺，彷彿地上隆起的巨大岩塊。

本棚劇場每隔半小時，便會上映配合音樂的光雕投影《與書同遊》，歷時3分鐘。

博物館旁一隅，可以搵到奈良美智的巨型頭像雕塑。

Info

地址： 埼玉縣所沢市東所沢和田3-31-3（東所沢公園旁）

開放時間：
周日至四1000-1800、
Cafe 1000-1900、餐廳1100-2200
周五及六1000-2100、
Cafe 1000-2100、餐廳1100-2200

休息： 每月第1、3、5個周二（遇假期翌日閉館）

票價： *Standard ticket 成人￥1,200、中高中￥1,000、小童￥800

網址： https://kadcul.com

前往方法： 新宿乘JR中央線快速至「西國分寺站」，轉乘JR武藏野線到「東所沢站」，全程約45分鐘。

Tips
門票有多種，Standard ticket可自由進入本棚劇場、圖書館、Gallery等。

通往4樓本棚劇場的通道「Book Street」，有館長松岡設計的9大主題書群。

除了2D的漫畫、小說，館內也有結合VR或AI技術的展品。

除了角川創辦人的私人藏書與集團出版品，還有學者文人的珍貴贈書。

書櫃中還有展出大量首辦模型、Figure、原畫，以至漫畫家的簽名版。

1樓的「漫畫 • 輕小說圖書館」，收藏3萬多本漫畫及童書，全部免費任你睇。

Rock Museum Shop

2樓的紀念品店，同樣由隈研吾操刀，天花懸吊半月形燈飾象徵著月亮。

Kado Café

必點地瓜蒙布朗（おいモンブラン），用本地特產地瓜製，底層鋪滿炸地瓜球，上面再擠上細滑的鮮忌廉和地瓜忌廉。￥600

主打博物館限定精品、工藝及當代藝術家精品。奈良美智玻璃瓶￥1,320

越谷張子開運老虎，張子是以和紙製作的日本民間工藝。￥550

2樓的Café有落地窗，映照館外水池的波光粼粼，適合文青打卡。

一個個鵝蛋形裝置發出幻彩光芒，將整個森林變得夢幻又神秘。

Tips
官網預售割引￥100
網址：https://kadcul.com/park

埼玉縣 team Lab打造迷幻森林
武蔵野森林公園

MAP：封面摺頁

博物館旁邊，佔地21,000平方呎的東所沢公園一隅，有光影藝術團隊teamLab，以森林為舞台打造的數位藝術展：《teamLab與橡子森林呼應的生命》。參天的橡子樹林中，放滿一個個名為「ovoid」的鵝蛋形裝置。白天，鏡面倒映四周樹林；晚上則發出幻彩光芒。每當被人觸碰或被風吹倒，便會發出特別音色和9色光芒。隨著遊人的互動，周圍鵝蛋響應共鳴，夢幻光影迴盪整個森林，置身現場更覺神聖。

橡子樹為落葉喬木，春夏季鬱蔥、秋季紅葉、冬季葉落，四季景致各異。

白天，光滑的銀色蛋殼如鏡面般倒映周遭樹林；晚上則發出9色光芒。

每當被人觸碰或被風吹倒，便會發出特別音色和9色光芒。

鵝蛋形裝置發出的幻彩光芒，將四周層層疊疊的樹枝染成不同顏色。

由teamLab開發的鵝蛋形裝置名為「ovoid」，能跟遊人作出互動。

迷幻森林加上行人道上引路的燈光，恍如通往天國的走道！

Info

地址：埼玉県所沢市東所沢和田3丁目9東所沢公園内
開放時間：1600-2100（最終入場2030）
休息：每月第1、3、5個周二
入場費：成人￥1,000（周五至日及假期￥1,200）、中高生￥700（周五至日及假期￥800）、小學生￥500（周五至日及假期￥600）
網址：https://www.teamlab.art/jp/e/acornforest/

東京話題新事

茂密的橡樹林中，屹立着由建築大師隈研吾打造的原木Cafe。

店內還有售賣所沢市的特色土產，包括狹山茶可樂￥300。

埼玉縣 原木咖啡店
武蔵野樹林Cafe

在teamLab迷幻森林入口處，有日本建築大師隈研吾打造的森林Cafe。茂密的大樹下，屹立着一座由原木搭建的箱形建築，跟四周自然環境完美融合。主打埼玉縣特產炮製的特飲和餐點，包括埼玉著名的狹山茶，以及所沢牛肉造的手工香腸等等。

MAP: 封面摺頁

狹山茶Cream soda￥800，顏色超美；配鹹香的所沢牛香腸￥500一流。

黃昏Magic hour的森林Café，晚霞加上燈光效果又有另一種美。

━━Info━━
地址: 埼玉県所沢市東所沢和田3丁目9東所沢公園內
營業時間: 1100-2000
休息: 逢周二
網址: https://kadcul.com/park

宏偉的合掌造玻璃建築，糅合日本傳統與現代風格。

天井掛有天野喜孝繪製的巨型鳳凰壁畫，也是角川集團的標誌。

埼玉縣 動漫神社
武蔵野坐令和神社

MAP: 封面摺頁

坐令和神社獨有御守：「藝道上達守」及「截稿御守（締切守）」。

博物館旁邊還有同樣由隈研吾操刀，並聯手《FINAL FANTASY》美術大師天野喜孝打造的神社。宏偉的合掌造玻璃建築，糅合日本傳統與現代風格，御祭神「言靈大神」為文學和藝術之神，深受畫家參拜，更是日本動漫旅遊協會「88個動漫聖地」首站，成為動漫迷的朝聖地。

神社前有一整排鳥居和直幡隧道，打卡一流。

坐令和神社的開運籤賣相勁可愛。￥200

━━Info━━
地址: 埼玉県所沢市東所沢和田3-31-3
電話: 04-2003-8702
社務所營業時間: 1000-日落
休息: 每月第一、三、五個周二
網址: https://musashinoreiwa.jp

夕日の丘商店街，每日正午12點都有盛大的巡遊，懷舊打扮的工作人員載歌載舞，氣氛超high！

埼玉縣 昭和懷舊主題樂園

西武園ゆうえんち
（西武園遊樂園） **MAP:** 封面摺頁

　　位於埼玉縣所沢市的老牌遊樂園，池袋出發車程只42分鐘。昭和59年（1984年）創業，2021年翻新重開，變身60年代「昭和」主題遊樂園。佔地21公頃，園內設有手塚治虫漫畫主題的機動遊戲、攤位遊戲等，電影院有獨家上映的《哥斯拉》。焦點是昭和主題商店街「夕日の丘」，各式懷舊零食、商店櫛次鱗比，加上懷舊打扮的工作人員與街頭表演，氣氛超熱鬧，彷彿穿越到晨間劇的場景，打卡度爆燈！

手塚治虫漫畫主題遊園區「Let's Go！LEOLAND」，有《鐵甲萬能俠》主題遊戲。

入場費：
入場券分1日券及優惠1日券兩種，前者只含門票；後者則包含門票和園內消費券「西武園通貨」。
1日券：成人￥4,400、小孩童￥3,300
優惠1日券*：成人￥9,500、小童￥8,500
*含門票+450西武園通貨

── Info ──
地址：埼玉県所沢市山口2964
電話：04-2929-5354
開園時間：1000-1700（確實時間請查詢官網）
網址：www.seibu-leisure.co.jp/
前往方法：
池袋乘西武鉄道池袋線，至「西武園ゆうえんち駅」，車程約42分鐘。

商店街上不時有街頭表演，演員跟現場遊客互動，相當high！

園區閘口前設有昔日的路面電車和車站，乃第一個打卡位。

入園後，記得先到「龜山新聞舖」索取一份園區地圖《夕日の丘新聞》。

電影院「夕陽館」，獨家上演《哥斯拉 大怪獸頂上決戰》，由《永遠的三丁目夕陽》導演山崎貴氏監修。

「西岡遊技場」有懷舊彈珠機、射的等小遊戲，還有釣魚場可以玩。

商店街重現昭和年代的熱鬧商店街，各式洋食店、街頭小吃店、手信店林立。

鶴龜堂有多款口味的烤糰子，經常大排長龍。醬油糰子20園

遊園區內設有旋轉木馬、摩天輪、海盜船等刺激性的遊樂設施。

相澤寫真館，可以影張懷舊照，一嘗當昭和雜誌封面主角。收費150園

西武園通貨

「西武園通貨」是西武園遊樂園的獨創貨幣，園內消費均需使用西武園通貨支付。可入園前購買，或於園內的「夕日丘郵便局」購買。
* ＊￥2,400＝200園
* ＊僅限購買當天有效，並且不提供退換。
* ＊最少購買金額為10園（約￥120）。

商店街上洋食café、食堂和菓子店，都是真的商店，午飯時間大排長龍。

商店街口的菓子店「夢見屋」，可以買到不同懷舊零食。30園

「夕日の丘商店街」的女明星，真的有Fans啊！

佔地超過17萬平方米，網羅137個知名品牌，遠離東京鬧市，假日氣氛特別濃！

位於埼玉縣的深谷市，從秩父鐵道「ふかや花園駅」步行幾分鐘就到。

埼玉縣 關東最新Outlet

深谷花園
Premium Outlets

　　2022年底開幕，關東最新大型Outlet。位於東京近郊的埼玉縣，鄰近秩父鐵道的「深谷花園駅」，由新宿出發車程只需1.5小時，交通方便。佔地超過17萬平方米，共有137個知名品牌進駐，adidas、Nike、New Balance、Beams、Francfranc、Thermos等人氣品牌都有齊。

　　另有超過40間餐飲美食店，包括Eggs'n Things、GODIVA、貢茶等熟悉名字，很多都使用埼玉縣產新鮮食材。園內更附設全日本首個「Gari Gari君」主題遊樂園，以日本國民雪條「Gari Gari君」為主題，小朋友放電一流！

MAP: 封面摺頁

另有超過40間餐飲美食店，人氣食店均需排隊，用膳請避開午餐時間。

台灣「貢茶」來到日本，想飲杯珍珠奶茶都一樣要排隊。

面積偌大的Nike，逢假日例必要排隊入場，請預留時間。

Information center有免費BB車可借，長者也可試坐最新電動輪椅。

另一邊廂的addidas，減價鞋款不算多，但可找到少見的特別款。

Info

地址：埼玉県深谷市黑田169
營業時間：1000-2000
休息：每年2月第3個周四
網站：www.premiumoutlets.co.jp/
fukayahanazono/grandopen/
前往方法：
新宿駅乘湘南新宿線特別快速，至「熊谷駅」轉乘秩父鐵道至「ふかや花園駅」，步行約3分鐘即達，全程約1小時40分。

煨蕃薯雪糕
長瀞とガレ

　　來自埼玉縣北部農產豐富的「長瀞町」，專售當地食材製作的原創食品。必吃Premium Outlets人氣第一的「烤蕃薯雪糕」，滑溜軟雪糕加上原條鹿兒島煨蕃薯，最後灑上秩父製大豆烘焙的黃豆粉，一冷一熱雙重享受！店內還有30~40款不同口味的豆菓子，正在提供免費試食。

極上きなこソフトクリーム（煨蕃薯軟雪糕），賣相一流，打卡度爆燈！￥500

中央有一棵高至天花的「大樹」，已變成打卡位。

豆菓子有醬油、芝麻、咖啡等30~40款口味，全部￥390/盒，當手信一流。

必買推介柚子豆和朱古力味豆菓子，好吃到停不了手。￥390

── Info ──
網站：http://www.nagatoro-galette.com

さつまいもと胡桃のクリームぜんざい，季節限定「善哉」，冰冷的黑豆雪糕，伴以煨蕃薯、烤年糕、紅豆和脆片，吃時淋上暖暖的胡桃甜湯，冰火雙重享受！￥1,430

茶葉選用創業160年的大阪老舖茶屋「袋布向春園本店」。玉露￥700

季節限定甜點
和カフェ Tsumugi

　　本地新風格和菓子Café，主打精緻的日式茶飲與和式甜點，也有各式米飯套餐供應。選用創業160年的大阪老舖茶屋「袋布向春園本店」的茶葉，加上時令食材，炮製不同季節限定的餐點。

面積偌大，內部裝潢雅致、綠意舒適，下午等候時，請早點來。

照り焼きチキンタルタル丼（照燒雞肉韃靼蓋飯）。￥1,250

── Info ──
網站：www.cafe-tsumugi.jp

Gari Gari君「碰碰車」，有瓦遮頭媽咪佳音。

Gari Gari君小火車，零刺激性，適合幼兒。￥400

室內有波波池和偌大的休息空間，很多家長已累得半死。

跳樓機，雖然只得2、3層樓高，但倍玩的家長已嚇壞！￥400

現場小賣部有售Gari Gari君雪條。￥75/枝

日本首個雪條主題樂園
あそぼ！ガリガリ君（Gari Gari君）

　　全日本首座以日本國民雪條「Gari Gari君」為主題樂園，分成戶外和室內區兩部分。戶外區有巨型Gari Gari君與巨大雪條、極速降落、旋轉車車；室內則有波波池等小童向的遊樂設施。

─Info─
開放時間：000-1800
（周六、日及假期1000-2000）

其餘重點推介：

FREAK'S STORE

山系服飾與露營用品店，定價合理，場內最受日本女生歡迎。

保溫瓶名牌STANLEY，有很多選擇。￥4,180/37L

Columbia

日本Outlet常客，日版Columbia設計特別靚，Yama girl必buy。

減價行山鞋同雪Boot是重點。當季防水雪Boot￥11,165

ABC-Mart

ABC-Mart佔據多個舖位，集合VANS、DANNER、Hawkins等人氣品牌。

重點是「最終處分」區，即斷碼鞋區。

Hawkins防水防滑行山鞋。￥7,110

酒店前的Slinky Dog Park，可看到4米高的巴斯光年及翠絲雕像。

迪士尼 Toy Story主題酒店

東京迪士尼反斗奇兵酒店

2022年4月開幕，全球第2間以《反斗奇兵》為主題的酒店，也是東京迪士尼度假區第5間酒店。佔地40,000平方米，連地庫樓高12層，色彩繽紛的酒店大樓前公園，驚見4米高巴斯光年及翠絲，中庭還有胡迪及牧羊女雕像。到處佈滿Toy Story元素，猶如進入玩具世界。提供595間客房，房間設計靈感源自電影中Andy的房間，有熟悉的藍天白雲牆紙，就連拖鞋鞋底都印有Andy字樣，商店還有住客限定購買的精品。

公園內還有胡迪、牧羊女和羊咩咩等經典角色雕像，乃必影打卡位。

MAP: P.087

Lozzo Garden Cafe以《Toy Story 2》的熊仔勞蘇為題，可嚐三眼仔麵包和胡迪牛仔帽蛋糕。

連地庫樓高12層的酒店大樓以積木為概念，滿眼色彩繽紛。

大堂天花板以桌上遊戲為概念設計，地下則有拼圖圖案，到處彩色繽紛。

客房牆身是經典的藍天白雲牆紙，還有畫板電視機，連枱燈也是Pixar的招牌。

Tips

住客尊享提早入園！東京迪士尼度假區酒店住客尊享，可提早15分鐘進入迪士尼樂園，比資深玩家公認比FAST PASS更實際。

Info

地址：千葉県浦安市舞浜1-47
電話：047-305-5555
房價：標准客房￥35,500/晚起
網址：www.tokyodisneyresort.jp/tc/hotel/tsh
前往方法：JR京葉線、武蔵野線「舞浜」駅南口直達。

東京迪士尼海洋首個大型光雕投影表演，配合雷射和大型船隻巡航。

全新光雕投影Show
Believe! Sea of Dreams

東京迪士尼海洋2022年底推出的全新娛樂表演，最大看點是大型光雕投影技術，在面對港灣的「東京迪士尼海洋觀海景大飯店」（Hotel MiraCosta）牆身上投影多幕影像，配合夜空雷射Show、光雕投影以及水面的大型船隻表演，上演一幕幕精彩絕倫的演出。表演中有多位迪士尼卡通明星登場，包括小飛俠彼得潘、溫蒂、阿拉丁、長髮公主、《可可夜總會》的米高、小美人魚愛麗兒、《冰雪奇緣》的艾莎、《海洋奇緣》的莫娜等。

表演位置是地中海港灣，Hotel MiraCosta牆身會投影多幕影像。

表演地點：東京迪士尼海洋·地中海港灣
表演時間：約30分（每天一場）

表演中有多位迪士尼卡通明星登場，包括小飛俠彼得潘。

東京迪士尼
其餘4大新事：

2023年落成的全新園區「Fantasy Springs」，內有《冰雪奇緣》、《魔法奇緣》、《小飛俠》3大新主題區，未來有更多新遊樂陸續登場！*迪士尼樂園詳細介紹見後文 P.084-089。

Info

地址：千葉縣浦安市舞濱1-1
網址：www.tokyodisneyresort.jp/
前往方法：JR京葉線、武藏野線「舞濱」駅南口直達。

4D飛行體驗
翱翔：夢幻奇航

東京迪士尼海洋全新遊樂設施，以加州迪士尼的「Soaring Around the World」為原型，再加入東京迪士尼海洋才有的全新場景設計。故事設定以飛行為主題的夢幻奇航博物館中，玩家乘上「夢想飛行器」，配合巨型投影和特殊聲效，讓人仿如翱翔天際般。5分鐘的模擬飛行體驗中，可以俯瞰角度環遊世界，還有微風吹拂、煙霧、水氣等4D感受。

座位會上下前後移動，配合巨型投影螢幕和4D特效，猶如親歷奇景。

去到非洲草原時，會有微風吹拂；到泰姬瑪哈陵則有印度香料飄散。

全新夢幻城堡
美女與野獸園區

野獸城堡高達30公尺，還原故事中的華麗建築，可看到彩色玻璃、野獸雕像等細節。

　　2020年登場的新園區，粉紅色的夢幻城堡超搶眼，內部真實還原《美女與野獸》的每個場景，佈滿彩繪玻璃及華麗裝飾，打卡度滿分！焦點是城堡中的遊樂設施「美女與野獸 魔法物語」，搭上旋轉魔法咖啡杯，隨着動畫中的經典歌曲，前往不同動畫場景。還有首間大型室內劇院，以及多間主題商店和餐廳。

蠟燭家臣、茶壺太太逐一登場，旋轉速度適中，屬於老幼咸宜的玩樂。

Village Shops，仿照動畫場景打造的商店，販售美女與野獸周邊商品。

加斯頓的酒吧餐廳，提供羊角麵包等多款電影主題餐點。Big bite croissant套餐￥1,140

醫神動感碰碰車
Baymax Happy Ride

　　迪士尼首個以電影《Baymax》為主題的遊樂設施，耗資60億打造的旋轉型室內騎乘設施，乘搭由治癒系醫神Baymax駕駛的車卡，隨着充滿動感的音樂行駛，全程約1.5分鐘，一時向左；一時向右，無定向移動。

之所以叫動感碰碰車，因為一時向左；一時向右，無定向移動。

園區內的爆谷店「Big Pop」，可買到Baymax限定爆谷桶。

Water Area：

「無窮無盡的水晶宇宙」，四周被變化萬千的光點包圍，像置身無窮無盡的宇宙。

豊洲 打卡藝術花園
teamLab Planets TOKYO

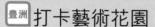

台場的沉浸式藝術空間teamLab已於2022年結束，但不用失望，因為豐洲市場附近正舉行全新展覽「teamLab Planets」，營運至2023年末！以「身臨其境 / Body Immersive」為概念，劃分為4大作品區，焦點是以水為題材的「Water Area」，有於別teamLab過往的作品，參觀者需要除鞋赤腳踏入水中，帶來前所未有的驚喜體驗。另有2021年增設的鏡像溫室蘭花園「Garden Area」，以及與京都人氣素食拉麵店「Vegan Ramen UZU」合作的鮮花拉麵等等，打卡度更高。

MAP: P.306

「錦鯉與人共舞所描繪之水面圖」，赤腳踏入水中任意走動，水中錦鯉會隨人變化。

只要預先下載teamLab App，便可透過手機與光點互動，靚到不得了。

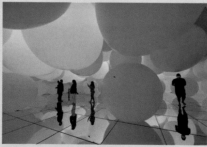

台場teamLab已登場過的「擴張的立體存在」，巨型球體會有連鎖反應的9色變化。

「柔軟的黑洞」，房間地面飄浮不定，走動時雙腳不由自主往下沉陷，歡笑聲連連。

進入Water Area的首個展品「斜坡上的光之瀑布」，走上瀑布斜坡，感受水粒子沖擊。

Info

地址：東京都江東區豐洲6-1-16
展期：至2023年末
開放時間：平日1000-2000、周六、日0900-2100(最終入館閉門前1小時)
休息：每月不定休，請查詢官網
入場費：成人￥3,200、中學生、高校生￥2,000、4-12歲小童￥800
網址：https://planets.teamlab.art/tokyo/
前往方法：
1. ゆりかもめ(臨海線)「新豐洲駅」，徒步1分鐘。
2. ゆりかもめ(臨海線)「市場前駅」豐洲市場，徒步5分鐘。

Garden Area:

焦點「漂浮的花園」，鏡面溫室花園，加上從天而降的蘭花，恍惚與花朵融為一體。

卵形裝置Ovoid擁有自我意識，當被觸碰便會閃爍9種色彩的光芒及特別音色。

teamLab Planets TOKYO © teamLab

「苔蘚庭園中呼應的小宇宙群」，卵形的苔蘚庭園，會隨日夜改變樣貌。

戶外展區：

戶外展區「一線相連的長椅」，由一條線構成的長椅，休息等人熱點。

入口前的Universe of Fire Particles Falling from the Sky，火焰會隨參觀者走近而改變。

參觀者分批入場，先聽職員講解，然後到Locker區寄行李及脫鞋。

FOOD:

館旁的Food shop，提供多款以道地食材炮製的限定素食餐點。薄荷青瓜雪糕￥660

Vegan Ramen UZU特創創作的鮮花素食拉麵，有醬油和辣味噌兩款。醬油素拉麵￥1,320

Flower Shop販售「漂浮的花園」的蘭花，還有專門用來裝花的shoulder bag。

為配合《水星之魔女》開播而加插的特別展現，高達做出單膝跪姿。

上甲板 GUNDAM-DOCK 需另外購票 ¥3,300，限時45分鐘可看到兩次動身。

每小時上演兩次歷時8分45秒的啟動實驗場景，和6分鐘的格鬥場景交互展演。

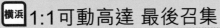

橫浜 1:1可動高達 最後召集

GUNDAM FACTORY YOKOHAMA
（橫浜高達工廠）

MAP：封面摺頁

位於橫浜的1：1可動高達，展期原定2023年完結。詢眾要求，特別延長至2024年3月31日，鋼粉朝聖要及時！為紀念《機動戰士高達》誕生40週年而建的初代高達「RX-78-2」，足足8米高，首次加入全身可動關節，令高達能做出步行、下跪等動作！每小時上演兩次啟動實驗場景和特別展演，夜晚還有燈光效果。鋼粉更可登上甲板，近距離觀賞高達構造，感覺超震撼！

GUNDAM-DOCK 位置分為5F及6F兩層，可近距離觀賞高達的頭部和軀幹。

展期雖然延長，但入場送贈的1/200高達 RX-78F00模型，已派發完畢。

8米高實物原大高達「RX-78-2」，就轟立橫浜山下碼頭，感覺超震撼！

展示館GUNDAM-LAB還有售賣工場限定版1/48 RX-78F00模型。¥13,910

Info

展期：2020年12月19日～2024年3月31日
地址：神奈川県横浜市中区山下町279番25山下ふ頭內
開放時間：1100-2000（周六日及假期1000-2000）
休息：逢周二
入場費：
成人¥1,650、小童(7-12歲)¥1,100
GUNDAM-DOCK特別觀賞券¥3,300
網址：https://gundam-factory.net/
前往方法：みなとみらい線(港未來線)「元町・中華街」駅4出口，徒步7分鐘。渋谷乗東急東横線車程約39分鐘。

「新金魚品評」，低矮的方形魚缸加上燈光，恍如粒粒寶石，可從高角度欣賞金魚。

銀座 金魚美術館

MAP: P.267 D3

ART AQUARIUM MUSEUM GINZA

原為日本橋舉辦的「夏季金魚納涼祭典」，因大受歡迎而變成常設展，2022年遷移至銀座三越重開，場地和裝置均更盛大！號稱是「有生命的美術館」，被日本政府評為最代表日本的藝術品，由作家兼綜合製作人木村英智主理，利用各式各樣的金魚水族箱，加上千變萬化的燈光效果，創造出奇幻的影像世界，展現金魚的曼妙泳姿，打卡度極高！

「銀座万燈籠」，入場即見層層疊疊的吊燈籠，意念來自奈良春日大社的万燈籠。

「金魚の回廊」，成排的魚缸柱廊感覺莊嚴，像一片無限空間。

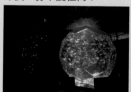

「Origamylium」，以日本傳統摺紙藝術為靈感的巨大魚缸，旁邊還吊着紙金魚。

「提灯リウム（燈籠）」，以神社參拜道兩旁整齊排列的提燈籠為靈感，視覺震撼。

紀念品店有售跟本地品牌聯乘的限定金魚精品。Palet d'or金魚朱古力￥2,500

「Photo booth」，透明的電子魚缸前設有手機支架，可拍上置身金魚缸的照片。

球形的魚缸猶如放大鏡般，令金魚變得更大，效果有趣。

┏━ Info ━┓

地址：東京都中央区銀座4-6-16
　　　銀座三越新館8F
電話：03-3528-6721
開放時間：1000-1900
入場費：成人及中學生￥2,400，
　　　　小學生及以下免費
　　　*官網購票只需￥2,300。
網址：https://artaquarium.jp/
前往方法：東京Metro銀座線・丸の内
　　　　線・日比谷線「銀座駅」A7出
　　　　口直達。

019

WITH HARAJUKU由日本著名建築設計師伊東豐雄團隊，聯同竹中工務店打造。

原宿、表参道 **原宿新玄關** MAP: P.178 A1

WITH HARAJUKU

2020年開幕的原宿全新地標，位於原宿車站正對面，連結表参道與竹下通商圈，結合購物商城、商辦活動空間「LIFORK 原宿」與租賃公寓「WITH HARAJUKU RESIDENCE」。商場集中在地下1樓至地上2樓間，餐廳則位於3樓與8樓。焦點包括日本首間都市型店鋪「IKEA原宿」、Snow Peak、Snoopy咖啡廳PEANUTS Cafe SUNNY SIDE kitchen、Dr.Martens東京最大旗艦店、資生堂Parlour原宿初出店等等。

伊東豐雄以概念性建築著稱，WITH HARAJUKU幾成原宿的玄關。

UNIQLO 原宿店佔地兩層，還有偌大的UT專區「UT POP OUT」，開幕時還有村上隆跟創作歌手Billie Eilish的聯名作品。

STARBUCKS Area limited edition 水晶球連咖啡杯。￥3,900

STARBUCKS WITH HARAJUKU店，面積不算大，但有售原宿限定精品。

Info

地址：東京都渋谷区神宮前1-14-30
營業時間：平日 1100～2000；
　　　　　周六日 1000～2000
網址：https://withharajuku.jp
前往方法：JR「原宿駅」步行1分鐘；東京Metro「明治神宮前駅」2或3號出口，步行1分鐘。

安坐Snow peak舒適的露營櫈，享受愜意的咖啡時光。

附設Snow peak Café，可一嚐職人手沖咖啡。

必買原宿限定

Snow Peak WITH HARAJUKU

原宿店集合戶外裝備、LOCAL Wear及精選道地特產手信。

原宿店面積偌大，除集合戶外裝備、LOCAL Wear及精選道地特產手信，還有多款原宿限定商品。附設Snow peak Café，可安坐Snow peak舒適的露營櫈，面朝落地玻璃窗，享受愜意的咖啡時光。

Snow peak鈦金屬水瓶(800ml)。
¥14,300

---Info---
地址：WITH HARAJUKU B1/F
營業時間：1000-2000
網址：https://www.snowpeak.co.jp/

1樓牆身有多面用IKEA毛公仔砌成的打卡牆，Kawaii呢。

1樓附設首間「瑞典超市」，提供黑咖啡、肉桂蛋糕及IKEA自家雪糕等。

首間瑞典超市

IKEA原宿

首間進駐東京的IKEA城市商店，也是全球第一間IKEA便利商店。與一般IKEA不同，新店主打適用小空間的收納型家具，佔地兩層，以「睡眠」、「整備」、「悠閒」、「料理」4種生活所需概念構成。附設首間「瑞典超市」，販售瑞典雜貨和特色小吃，還有大量打卡位及原宿店限定精品。

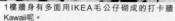

IKEA 環保袋造型零錢包¥129及小馬匙扣¥179。

IKEA logo sweater，最喜歡心口的barcode。
¥2,499

佔地兩層，展示家具約有1000種，都以小家具為主。

附設全球首間「瑞典超市」，販售瑞典雜貨和特色小吃。

---Info---
地址：WITH HARAJUKU 1-2/F
營業時間：平日 1100～2100；周六日 1000～2100
網址：www.ikea.jp/

東京話題新事

白色牆身配搭木調餐枱,更突顯巨型的Snoopy壁畫,椅背的餐牌也可愛。

座位區分成FRIEND、LOVE、EAT、LIFE、HAPPINESS五色主題。

原宿店限定Charlie pancakes ¥1,573,以及Snoopy pancake ¥1,595。

非油炸米粉冬甩,不含麵粉無麩質,7種口味口感鬆軟綿密。¥390-410

健康飲食主題

新店以「一天幸福健康的飲食」為主題,附設偌大的商品販售區域。

PEANUTS Cafe SUNNY SIDE kitchen

PEANUTS Café 的新型態店舖,新店以「一天幸福健康的飲食」為主題,全日都有健康早午餐供應,採用有機食材製作,必點有Charlie Brown 和Snoopy 造型的豆漿pancake。附設偌大的商品販售區域,除了當店限定商品,就連神戶Snoopy Hotel的商品都可以找到。

神戶Snoopy Hotel限定Snoopy毛公仔。¥7,040

新店是日本國內第5間分店,落地玻璃屋外還有戶外庭園。

店內有售PEANUTS Café專用花生醬。¥1,300

聖誕限定Snoopy手工木雕公仔。¥2,970

Info

地址:WITH HARAJUKU B2/F
營業時間:0900-2130
網址:https://www.peanutscafe.jp/

1984年於原宿起家的OSHMAN'S,經常跟KEEN、Teva等國際品牌聯乘。

新店佔地兩層,網羅各式戶外、衝浪、訓練、健身、跑步和休閒服飾。

日本機能服品牌BURLAP OUTFITTER,Camping Vest具抗火功能。¥14,080

原宿、表参道 **戶外選品王**

OSHMAN'S

日本著名戶外選品店,經常跟KEEN、Teva、RFW等國際知名運動品牌聯乘。原位於WITH HARAJUKU的原宿店,2023年3月轉移至明治通り路口,位置更就腳。佔地兩層,網羅各式戶外、衝浪、健身、跑步休閒服飾。其中衝浪板選擇超過50種。

MAP:P.178 A2

原宿店2023年3月轉移至明治通り路口。

Info

地址:東京都渋谷区神宮前1-9-18 2-3F
電話:03-6804-1381
營業時間:1100-2000
網址:https://www.oshmans.co.jp
前往方法:JR「原宿駅」步行1分鐘;東京Metro「明治神宮前駅」2或3號出口,步行1分鐘。

店內有售「GOOD MOOD FOOD」食品系列，採用插畫家設計的包裝很Kawaii。

原宿、表参道 日本最大￥300店

3COINS 原宿旗艦店

MAP: P.178 B3

日本著名300円店，於原宿開設的全新旗艦店，也是3COINS的最大分店。佔地4,470平方呎，充滿未來與綠能的空間，由著名建築設計事務所「Suppose Design Office」打造。除了基本的￥300商品，更有￥1,000-1,500的奢華系列「3COINS+plus」、結合藝術設計的「GOOD MOOD FOOD」食品系列，以及早前結業的「ASOKO」雜貨品牌專區，還有原宿旗艦店限定商品，小心破產！

入口旁的GOOD MOOD FOOD，跟全國各地人氣甜點店合作，今期是大福與糯子。

宿店限定波點Tote bag，由2025年大阪萬博會Logo設計師嶋田保操刀。￥300

早前結業的美式雜貨店「ASOKO」，現在於3COINS重生。

ASOKO經常跟不同品牌合作，最近就有《Where's Wally？》

充滿未來感的原宿店，由著名建築設計事務所「Suppose Design Office」打造。

ASOKO專售跟不同設計或插畫師的限定聯乘。Tote bag￥400

2樓有漫畫書店backyard MANGA&SPACE，附設洗手間和休息區。

┈Info┈

地址：東京都渋谷区神宮前6-12-22
秋田ビル1F
電話：03-6427-4333
営業時間：1100-2000
網址：https://www.3coins.jp
前仕方法：JR「原宿駅」，徒步約10分鐘。

位於角落的「SKY EDGE」乃招牌打卡位，無邊際落地玻璃，能360度無死角擁抱東京都美景。

渋谷 渋谷最高打卡點 MAP: P.157 C4

SHIBUYA SKY

2019年底落成的Shibuya Scramble Square，樓高230米共47層，成為渋谷最高建築物。焦點是位於45樓至天台、離地230公尺的戶外觀景台「SHIBUYA SKY」，置身渋谷最高點，加上無邊際的落地玻璃，360度渋谷鬧市美景盡收眼底，天氣好時甚至能看到富士山。還有玻璃景觀電梯、空中酒吧Sky Lounge等，日夜景色皆美，其中觀景舞台「SKY EDGE」，更成網美打卡熱點！

入口和售票處SENSING HALL位於14樓，天花有LED互動裝置引路。

SKY EDGE任何時間均需排隊輪候，請勿長時間霸佔。

連接45至47樓之間的玻璃電梯「SKY GATE」，移動時猶如騰雲駕霧。

Sky Lounge提供舒適的空中梳化，給你坐低慢慢欣賞美景。

天台觀景台還有鑼盤等不同打卡位，有效分散人流。

Info

地址：東京都渋谷区渋谷2-24-12 45-47F
電話：03-4221-4280
開放時間：0900-2230(最後入場2120)
入場費：現場購票¥2,500；
網上預購¥2,200*
網址：www.shibuya-scramble-square.com
前往方法：JR「渋谷駅」直達。

頂層設有大片綠草皮的直昇機坪，無論大人定小朋友都在忘我奔跑。

天台一隅設有空中酒吧Sky Lounge，晚上成為型男索女的約會熱點。

其實45樓也有個小型SKY EDGE，沒甚麼人排隊，不過觀景差少少。

往屋外展望台「SKY STAGE」需過安檢，旁邊的紀念品店有大量限定精品。

由於觀景台風很大，故參觀者不准戴帽，相機必須繫有相機帶並掛在身上。

窗邊有迷你版直昇機坪草皮，以及英文字母粒比你打卡。

藍色富士山生啤酒，用山梨縣葡萄染色，氣泡特別錦密。￥990

SHIBUYA SKY聯乘八公忠犬的限定毛公仔，取名「朝空」。￥2,200。

八公忠犬造型迷你黑松盆栽，可種出古代武士髮型。￥550

渋谷新地標

Shibuya Scramble Square

　　SHIBUYA SKY所在的建築大樓，目前只落成第一期（東座）。觀景台以外，地庫2層至14樓為商場，網羅200家品牌和餐飲，包括首次登陸日本的法國人氣甜品店MORI YOSHIDA、米芝蓮5星大廚Thierry Max開設的麵包店、渋谷初進駐的Tom Ford Beauty等。

MAP: P.157 C4

樓高230米的Shibuya Scramble Square，乃目前渋谷的最高建築物。

連接渋谷駅的地庫，可找到偌大的食品層。

14樓有忠犬ハチ專門店「ハチふるSHIBUYA meets AKITA」。

Info

地址：東京都渋谷区渋谷2-24-12
電話：03-4221-4280
營業時間：1000-2100
網址：https://www.shibuya-scramble-square.com
前往方法：｜渋谷駅｜直達

全長330公尺樓高4層的城市綠洲，全名應是RAYARD MIYASHITA PARK。

渋谷 時尚公園

MAP: P.156 C2-3

MIYASHITA PARK
（宮下公園）

坐落渋谷與原宿之間，原為東京首座空中公園的宮下公園，一度成為街頭塗鴉的三不管地帶。因為東京奧運，2020年重新整修成集合公園，以及商業設施RAYARD MIYASHITA PARK。全長330公尺，分為南街區及北街區，網羅90多個時尚品牌，包括LOUIS VUITTON 全球首間男士旗艦店、首次引進Unisex商品的PRADA、藤原浩監修STARBUCKS、吉卜力服飾雜貨品牌GBL等等，頂樓還有超過1萬平方公尺的空中公園。

頂樓是南、北相連的空中公園，成為渋谷購物中途的最佳休息站。

休憩區中的狗狗雕像，以澀谷著名地標「忠犬八公像」為概念。

《多啦A夢》連載50週年紀念雕像「哆啦A夢 未來之門」，共有11個角色銅像。

公園南部有3個收費運動設施，分別是滑板場、攀石牆及多功能沙地運動場。

公園除了藤原浩監修STARBUCKS，還有多台餐車供應飲料和輕食。

剛與Nike聯乘的日本知名滑板店舖「Instant Skateboards」，就在南區入口。

LOUIS VUITTON全球首間男士旗艦店，買皮革商品還能印上限定八公犬圖樣。

Info

地址：
南街區 東京都渋谷区渋谷1-26
北街區 東京都渋谷区神宮前 6-20
公園 東京都渋谷区渋谷1-26-5
營業時間： 商店1100-2100、
　　　　　　餐飲1100-2300、
　　　　　　公園0800-2300
網址： https://www.miyashita-park.tokyo
前往方法： JR 山手線「渋谷駅」八公口，
　　　　　　徒步7分鐘。

藤原浩x星巴克
STARBUCKS

位於頂樓公園綠地，乃宮下公園唯一店鋪，由藤原浩打造，以加油站為概念設計，擁有開闊的咖啡空間。焦點是有售藤原浩品牌FRGMT x STARBUCKS的聯名限定商品。

純白色的外觀，以外國常見的加油站為概念設計，更突顯藤原浩的黑色限定品。

宮下公園唯一店鋪，由潮流教父藤原浩打造，店旁還有戶外座位。

擁有開闊的咖啡空間，餐點跟一般STARBUCKS一樣。

入口旁專櫃販售藤原浩x STARBUCKS的聯名限定商品。Black FRGMT Myst Tee ¥7,590

很多限定品都每人限購一件。Matte Black FRGMT Myst logo Bottle ¥5,170

藤原浩fragment design FRGMT MYST系列不銹鋼保溫杯。¥4,000

Info
地址：MIYASHITA PARK RF
營業時間：0800-2200
網址：https://www.starbucks.co.jp

時尚山系王
and wander

日本人氣山系品牌，將時裝美感與山系服機能結合，帶領城市山系熱。2011年由設計師池內啟太與森美穗子共同創立，2人分別於ISSEY MIYAKE擔任過設計和採購工作，故被受時尚界推崇。新店集合男裝、女裝和中性商品，還有戶外露營精品，最重要是提供退稅。

創辦人曾擔任過ISSEY MIYAKE設計和採購，被受時尚界推崇。

店內有齊自家品牌的戶外露營精品。

日本人氣山系品牌，帶領城市山系熱。

Info
地址：MIYASHITA PARK South 2 F
營業時間：1100-2100
網址：https://www.andwander.com/

東京話題新事

窗邊座位每個都附設電源插頭，窗外一片綠油油的城市街景。

Café旁邊的天狼院書店，選書以攝影為主，還有舉辦攝影展與專題講座。

攝影書籍以外，也有講飲食、文化、輕文學類的選書。

書x攝x啡
天狼院書店/天狼院カフェ

　　源自池袋，提倡「READING LIFE」，結合書店與咖啡店的體驗型複合空間，每家分店都各有特色，像京都店為獨棟老房子、福岡店隱身金泉公園旁等。新店則以「寫真」為題，除了選書以攝影為主，還有舉辦攝影展與攝影專題講座。

Cafe提供精品咖啡以及和洋式餐點，都以關東地區食材入饌。

Info

地址：MIYASHITA PARK South 3F
營業時間：1100-2100
網址：https://tenro-in.com/

流行藝術空間
SAI

　　位於3樓的新型藝術畫廊，提供多種藝術視角，大部分免費入場。從1920年代到當代藝術俱備，經常舉辦話題性的新鋭藝術家或時尚藝術展。

畫廊選取的藝術作品，以新鋭藝術家的當代作為主，不乏Pop Art。

很多都是時尚藝術的reprint，像草間彌生、奈良美智等，一般人都買得起。

SAI的藝術展，延伸至MIYASHITA PARK中庭和迴廊的LED樑柱及壁畫。

Info

地址：MIYASHITA PARK South 3F
營業時間：1100-2100
網址：https://www.saiart.jp

昭和風宵夜食街
渋谷横丁

MAP: P.157 C4

東京近年開了很多主題食街，打頭陣是2020年開業的渋谷横丁。位於「宮下公園MIYASHITA PARK」南街區，全長100公尺，集合19家日本各縣市的特色美食，計有北海道味噌拉麵、九州肥腸鍋、橫浜餃子等等，食材都是當地直送，一次過便能食勻全日本。場內以昭和風裝潢，不定時舉辦祭典等特色活動，氣氛熱鬧好打卡。最正是營業至凌晨5點，住渋谷附近的話，宵夜一流！

下午是各國旅客的小酌；晚上則成附近上班族的熱鬧酒場。

全長100公尺的主題食街，位置就在「宮下公園MIYASHITA PARK」南街區。

2樓另有懷舊喫茶店「思ひ出」，即是日劇中的KTV小酒館，1小時酒精放題￥4,000。

室內以昭和風屋台為主題裝潢，隨處可見燈籠和啤酒箱改裝的餐枱椅。

渋谷横丁有戶外和室內座位，晴天雨天都一樣熱鬧。

「四国食市」主打四國名物，包括香川縣代表美食釜玉烏冬￥499

四國名物當然還有高知的屋台餃子，都很下酒。￥699/5隻

集合19家日本各縣市的特色美食，一次過便能食勻全日本。

━Info━

地址：東京都渋谷区神宮前6-20-10 RAYARD MIYASHITA PARK South 地下
營業時間：1100-翌日0500
（周日及假期1100-2300）
網址：https://shibuya-yokocho.com
前往方法：JR 山手線、東京Metro「渋谷駅」，徒步3分鐘。

食街以祭典為主題裝潢，打卡位眾多，不時看到穿着傳統浴衣的女生。

一出電梯即見五彩繽紛的招牌和霓虹燈裝飾，打卡度極高。

到處都有提燈籠、團扇、風鈴、金魚等日本祭典元素，氣氛熱鬧。

浅草 熱鬧祭典食街

MAP: P.326 B3

食と祭りの殿堂 浅草横町

　　2022年開幕，以祭典為主題裝潢的室內美食街。位於浅草UNIQLO樓上，集合7家特色餐廳，由燒鳥店、烤豬肉串、大眾居酒屋，到壽司店、鰻魚專賣店、內臟料理專門店、韓國料理俱備。空間雖不大，但打卡位眾多，到處都是提燈籠、摟金魚、風鈴、日本團扇、卡通面具等祭典元素。場內還有和服租借店，不時看到穿着浴衣的女生拍照，逢周末更有阿波舞、盂蘭盆舞等表演，氣氛超熱鬧。

集合7家特色餐廳，由大眾居酒屋、壽司店，到韓國料理都有。

空間雖不大，但很多佈置都見心思，難得本地客都Buy。

和服出租店「きものレンタルWargo」，全套浴衣租借收費￥10,000/日。

日本傳統祭典常見的摟金魚遊戲，這裏都有得玩。

原址為日本職人物產店「Marugoto Nippon」，就在浅草UNIQLO樓上。

Info

地址：東京都台東区浅草2-6-7 東京楽天地ビル4/F
營業時間：食店1200~2300；Wargo1000~1700
網址：https://asakusayokocho.com
前往方法：都営浅草線（つくばエクスプレス）「浅草駅」6番出口，步行約6分鐘。

霓虹燈招牌、Mirror Ball與李小龍海報，不得不佩服日本人對舊香港的鐘愛。

另一邊入口以「新宿東口橫丁」為名，有大型霓虹龍燈作招牌。

「龍乃都」在日語有「深海龍宮」的意思，入口猶如海龍宮般。

新宿 香港風主題食街

MAP: P.127 D3

龍乃都美食街～新宿東口橫丁

2022年底開幕，特別以80年代的繁華香港街景為主題，隨處可見港式霓虹燈招牌、紅燈籠、Mirror Ball、「李小龍」海報與龍形裝飾，身為香港人怎能不去打個卡？！連地庫佔地3層，集合17間異國飲食店，由日式串燒，到泰國船麵、韓國烤肉、中華料理，甚至港式大牌檔小炒俱備。最重要是24小時通宵營業，逢周六晚更有DJ打碟，氣氛超High！

龍乃都與當地唱片公司合作，逢星期六晚上9點，會請來DJ現場打碟。

夜總會霓虹燈、藥房、蛇王二……通通都是昔日香港的Icon。

美中不足是部分招牌出現簡體字，部分中文意思也怪怪的。

每間店都擁有特色酒品，包括「冰桶酒」、「大鑊酒」、「澡盤酒」等等。

佔地3層，集合17間異國飲食店，最重要是24小時通宵營業。

┌─ **Info** ─┐
地址：東京都新宿区新宿3丁目36−12
　　　杉忠ビル B2-1/F
營業時間：地面層 24小時；
　　　　　地庫1-2樓1200-翌日0800
網址：https://ryunomiyako.com
前往方法：JR、東京Metro、都營各線
　　　　　「新宿駅」徒步1分鐘。

1樓大廳有打卡度爆燈的「Best Cosme Award Corner」，集合@cosme網站人氣美妝產品。

原宿、表参道 東京最強美妝樂園

@cosme TOKYO MAP: P.178 A2

　　日本著名美妝網站「@cosme」開設首家路面店，也是全日本最大旗艦店，位置就在原宿車站旁邊、GAP舊址。佔地21,348平方呎，樓高3層，網羅超過200間美妝品牌，商品總數多達兩萬件。3樓是@cosme APP用戶專區，更有提供休息室、補妝座位及網美拍照區。各式各樣流行彩妝、人氣保養品，全部任你試用，還提供專業介紹，最重要是有退稅。儼如美妝樂園，小心女友有入無出！

試用區「Taster Bar」，話題洗面乳、美容液任你試用，還提供免費卸妝用品。

東京最新流行美妝單品，通通都可以找到，女生小心買到破產！

1樓主打人氣品牌；2樓主打大品牌專櫃，還有香氛精油、美容家電等商品。

每件產品都有店長的親筆試用推介，專業又相當人性化。

2樓的「Sales Ranking」，是@cosme的每週銷售排行榜，即時掌握美妝情報。

每櫃美妝的排行榜分門別類，現場iPad還可查看不同語言的簡介。

樓高3層，網羅超過200間美妝品牌，還有期間限定Pop up store。

Info

地址：東京都渋谷区神宮前1丁目14-27
營業時間：1100-2100
網址：https://www.cosme.net/flagship/
前往方法：JR「原宿駅」步行1分鐘；東京Metro「明治神宮前駅」2或3號出口，步行1分鐘。

扭蛋款式之多足夠玩足一整晚，現場所見男女老幼為之瘋狂，到關門時間也不肯走！

池袋 世界最大扭蛋樂園
ガシャポンのデパート
（GASHAPON百貨） MAP: P.205 E3；F3

BANDAI NAMCO於2021年開設的扭蛋專門店，位於池袋 Sunshine City內，佔地4,500平方呎、集合超過3,000台扭蛋機，獲得健力氏紀錄大全認證的「世界最大扭蛋機樂園」。從當紅動漫作品、療癒系動物、迷你道具，到最新發售、限定扭蛋都應有盡有。店內更附設「格仔箱」Feel的自助攝影區，裏面有齊燈光和場景比你即場打卡，小心扭到破產！

世上首台扭蛋機

BANDAI於1977年推出世上第一台百圓硬幣扭蛋機「BVM100」，靈感來自美國的投幣式泡泡糖機，以80年代人氣漫畫《筋肉人》角色模型為商品，一推出即大受歡迎，熱潮瘋行跨世紀。

提提你

店內分為人氣、新作、角色、綜藝、動物等不同主題的扭蛋區域。

適逢扭蛋機面世45週年，店內也有展出BANDAI首台扭蛋機「BVM100」。

扭蛋由最便宜的￥300到￥2,500都有，目前最貴的Premium定價為￥1,500。

不止當紅動漫角色、各式動植物、迷你道具，以至古怪食物、用品都有。

一晚戰利品！

「両替」，即是散紙機，現在人人都沒cash，換好零錢才有得玩。

Info

地址： 東京都豊島区東池袋3-1-3 Sunshine City World Import Mart Building 3/F
電話： 050-5835-2263
營業時間： 1000~2200
網址： https://gashapon.jp/saikyojump/
前往方法： 東京Metro有楽町線「東池袋駅」徒步約3分鐘。

全長630公尺的橫浜空中纜車，連接JR櫻木町駅至新港運河公園，沿途飽覽港灣美景。

横浜 横浜話題空中纜車

YOKOHAMA AIR CABIN

疫情期間橫浜新增了多個新景點，包括日本首座都市型循環式纜車，2021年開始營運，全長630公尺，連接JR「櫻木町駅」至新港地區的「運河公園駅」。全程只需5分鐘，以後前往紅磚倉庫、橫浜WORLD PORTERS、GUNDAM工廠等景點，不用再步行20多分鐘，省腳力之餘，沿途還有橫浜港灣美景相伴。夜晚氣氛更浪漫，情侶約會一流！

Tips

另有連摩天輪搭乘券的套票。
票價：單程 成人￥1,500、小童￥1,200
　　　來回 成人￥2,300、小童￥1,500

從此往紅磚倉庫、GUNDAM工廠等景點，不用再步行20多分鐘。

車廂移動時非常平穩，即使有海風也不覺搖晃，而且車廂玻璃也有防反光效果。

纜車有36個車廂，每個最多可容納8位乘客，基本不會跟陌生人同車。

透明車廂內設有冷氣，可360度欣賞窗外美景，兩排座椅對望而設。

桜木町纜車站附近，可以找到Pokemon x Yokohama的水溝蓋。

弧形的空中纜車站，位置就在JR「桜木町駅」東口正對面。

Info

地址：神奈川県橫浜市中区桜木町1丁目200
營業時間：1000～2200
票價：單程成人￥1,000、小童￥500
　　　　來回成人￥1,800、小童￥900
網址：https://yokohama-air-cabin.jp
前往方法：JR「桜木町駅」東口徒步1分鐘。

由一棟棟商住合一的SOHO棟組成，猶如小型社區，完全是文青最愛！

下北沢 文青風民居商街 MAP: P.371 A3

BONUS TRACK

　　2020年開幕的全新民房式商區，乃下北沢全新商圈「下北線路街」的頭炮項目。由4棟商住合一的SOHO棟，加上1棟商業樓組成，集合13間風格店家，由古着店、書店、雜貨店、唱片店，到小酒館、Café俱備。一棟棟如造訪民居社區般，氣氛悠閒，經常舉辦不同主題市集或活動，猶如小型社區，完全是文青最愛！

每家店入口位置都有一個小平台，由店主加上個人風格自行粉飾。

本屋B&B旁的BONUS TRACK Lounge，是會員限定的共享空間。

SOHO棟中央架設大型天幕，不同店家的枱椅亂放，如造訪民居。

BONUS TRACK中央有個活動室，不時舉辦展覽或活動，還有洗手間。

下北線路街
下北沢一直是東京文青勝地。近年因小田急線部分鐵路地下化，由東北沢、經下北沢至世田谷代田駅之間，打造出長達約1.7公里的全新商圈「下北線路街」，疫情期間先後開了BONUS TRACK、reload和 (tefu) lounge等多個新街區，令下北沢變得更熱鬧。

忽然遇見日本文青在太陽底下讀書，畫面勁優美！

BONUS TRACK經常舉辦不同主題市集或活動，如烤肉節、古書市集等。

Info
地址：東京都世田谷区代田2-36-12～15
網址：https://bonus-track.net
前往方法：小田急線「世田谷代田駅」徒步5分鐘。

発酵餃子，透薄的餃皮包裹發酵酸白菜，現點現場蒸驚艷的鮮美。￥500

発酵甘酒奶凍，自家製甘酒加上菠蘿牛奶和黑醋，味道清爽一吃愛上。￥530

發酵專賣店
発酵デパートメント
(発酵Department)

　　發酵食品專賣店，由本地產醬油、味噌、調味料、漬物，到日本酒、發酵茶等都應有盡有。全是創辦人小倉博先生走訪日本全國各地及海外挑選而來，附設Café & Restaurant，提供以發酵食品炮製的餐點，很多都讓你意想不到。

発酵ハムカツドッグ（發酵火腿熱狗），厚切豬肉火腿加上各式發酵醬汁，超juicy。￥600

各式各樣發酵食品，全是創辦人小倉博先生走訪日本全國各地搜羅。

附設Café & Restaurant，以發酵食品炮製的餐點都讓人意想不到。

発酵Department面積偌大，附設落地玻璃窗雅座。

源自石川縣谷川釀造的米飴醬油。￥648

発酵丸，店家聯乘木村屋，用一休寺納豆製作的發酵甜饅頭。￥1,750

Info

營業時間：物販1100-2000；
　　　　　Cafe1100-1630
休息：逢周三

啤酒與書
本屋B&B

「B&B」是Book&Beer的簡稱，原為下北沢開業十多年的著名酒館書店，2020年遷至BONUS TRACK，同樣可以一邊暢飲啤酒一邊讀書。新店更每日舉辦以筆者座談為主的書籍活動，早上也設置英語會話教室。

陽光灑落的書店，各級文青都安靜地讀書，相當優美的畫面。

每日舉辦以筆者座談為主的書籍活動，早上也設置英語會話教室。

選書由文學、藝術、語言、消閒到哲學俱備，全是老闆的選書。

話明是Book & Beer，店內主打本地小廠牌的手工啤酒。

Info

營業時間：1200-2300
網址：https://bookandbeer.theshop.jp

充滿質感的原木裝潢內部，附設精緻coffee bar，書香咖啡更香！

由各式質感日記簿、精選書籍、文具雜貨以至咖啡豆俱備。

日記專門店
日記屋 月日

入口處綠意盎然，一看便知是文青愛店。

專門售賣日記相關的雜貨書店，原木裝潢內部充滿質感，由各式質感日記簿、精選書籍、文具雜貨以至咖啡豆俱備，選書也以遊記、傳記、記錄為主。附設coffee bar，也經常舉辦文化展覽。

選書以遊記、人物傳記及記錄文學為主，店內也有售賣各式質感日記簿。

Info

營業時間：0800-2200
網址：http://tsukihi.jp

全長1.7km的排列式建築，集合24間新型態的特色店舖。

下北沢 迴遊式商業街
reload `MAP：P.371 C1`

2021年開幕的新概念商業街，以迴遊為概念打造，全長1.7km、上下兩層結構的排列式建築，集合24間新型態的特色店舖，包括咖哩餐廳x畫廊的「SANZOU TOKYO」、精選國內外質感文具的「DESK LABO」、老字號增永眼鏡開設的新概念店「MASUNAGA1905」，還有無印風文青酒店「MUSTARD™ HOTEL」等等。

兩層分棟式設計，店與店之間有多處樓梯可自由通往二樓。

無印風文青酒店「MUSTARD™ HOTEL」，客房￥9500/晚起。

Info
地址：東京都世田谷区北沢3-19-20
營業時間：1030-2000
網址：https://reload-shimokita.com
前往方法：小田急線、京王井の頭線「下北沢駅」，步行4分鐘。

增永一直主打日本手工眼鏡，曾獲眼鏡業界奧斯卡SILMO D'OR大獎。

百年眼鏡老店新舖
MASUNAGA1905

老字號增永眼鏡開設的概念新店，增永眼鏡一向主打日本手工眼鏡，每副眼鏡多達200道工序，曾獲眼鏡業界奧斯卡之稱的法國「SILMO D'OR」等獎項。新店設有蔡司鏡頭公司製作的3D測定機，能快速製出3D立體的人面像，只要在平板電腦上操控，即可體驗各種眼鏡佩戴後的視覺效果。

新店設有蔡司鏡頭公司製作的3D測定機。

由老字號的增永眼鏡開設的概念新店。

Info
地址：reload 1-3
營業時間：1100-2000
休息：逢周四
網址：https://www.masunaga1905.com/en

十段茶師的茶店
下北茶苑大山

　　日本茶專賣店，由日本一的茶師兄弟——茶師十段的大山兄弟經營。茶師是負責鑑定每年市場上的茶質量，十段正是茶師的最高段位。店內置有茶品烘焙機，夏季必吃新鮮烘製的焙茶製作的ESPUMA刨冰。

大山兄弟乃十段茶師，責鑑定每年市場上的茶質量。

抹茶Latte，使用自家烘焙機新鮮烘製的綠茶，茶味濃郁而回甘。￥648

櫃台旁邊一箱又一箱的茶葉，乃IG網美的打卡熱點，影相前請打招呼。

━━ Info ━━
地址：reload 1-11
營業時間：0900-1900
休息：逢周三
網址：https://shimokita-chaen.com/

香の圖書館
APFR

　　2011年由菅澤圭太創立的香薰品牌，全名應為Apotheke Fragrance Tokyo，從產品配方調配、生產到包裝，都在千葉縣的自家工場中手工完成。店內儼如香薰圖書館，30多款香薰任由顧客自由試嗅，每款都有香薰Sticks、Cones、蠟燭、精油和噴霧選擇。

店中央一張Long table長列30多款自家香薰，儼如香薰圖書館。

玻璃瓶中的香薰，任由顧客自由試嗅。

每款香薰，都有香薰Sticks、Cones、蠟燭、精油和噴霧選擇。

LICK ME ALL OVER，水果般的甜香，讓人放鬆。￥4,950

━━ Info ━━
地址：reload 1-17
營業時間：1100-2000
網址：https://www.apothekefragrance.jp/

環球選物店
(乜)sekaiclass_official

　　以「周遊世界，連接世界，豐富生活」為理念的新概念家居選物店。除了來自歐洲的復古家具，還有外國設計師品牌家具，以及本地藝術家製作的餐具，同時兼售戶外裝備。

除了家具，也有本地藝術家製作的餐具，儼如藝術品。

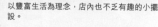

以豐富生活為理念，店內也不乏有趣的小擺設。

來自神戶小鎮的Bean to Bar朱古力，充滿原始焙煎風味。￥756起

主打外國設計師品牌家具，以及自歐洲的復古家具。

━━ Info ━━
地址：reload 1-20
營業時間：1100-1900
網址：https://www.instagram.com/sekaiclass_official/

商店街位於京王井の頭線下北沢一段高架橋下，共有30間店進駐。

下北沢 橋底文化商店街

ミカン下北 (MIKAN下北) MAP: P.371 B2;C2

2022年開幕，位於京王井の頭線下北沢駅高架橋下的商店街。分為A、B、C、D和E街，兩層共有30間店進駐，包括首度進駐下北沢的蔦屋書店、下北沢著名雜貨店東洋百貨店別館等。為展現下北沢的多元文化，A街特別集合多家異國酒場，晚上熱鬧如泰國夜市。還附設圖書館、藝廊和辦公室。

A街特別集合多家異國酒場，晚上熱鬧如泰國夜市。

中央一段長梯級，已成下北沢的等人勝地，常有busking。

Info
- 地址：東京都世田谷区北沢2-11-15
- 網址：https://mikanshimokita.jp
- 前往方法：小田急線、京王井の頭線「下北沢駅」南口，步行1分鐘。

宇都宮人氣麵包店
THE STANDARD BAKERS

源自栃木縣宇都宮市大谷町人氣麵包店，嚴選栃木縣時令食材，直接向生產者購買新鮮蔬果，結合風格新穎的麵包，現在分店已開到東京、大阪、日光等。

創辦人曾於L'Atelier de Joël Robuchon工作，麵包風格新穎。

下北沢店是繼東京車站後另一新店，附設cafe。

嚴選栃木縣時令食材，都是直接向生產者購買新鮮蔬果。

Info
- 地址：ミカン下北A街区A-201
- 電話：03-6450-7590
- 營業時間：1000-2000
- 網址：https://the-sbk.jp/tokyo/

漫畫專區有大量屏幕，全天候播放人氣動漫精彩片段。

下北沢新店特別強化漫畫及次文化區，包括電影評論書籍。

漫畫主題蔦屋
TSUTAYA BOOKSTORE

蔦屋書店首度進駐下北沢，佔據兩層，特別強化漫畫及次文化區，成為下北沢最大漫畫書店。附設「SHARE LOUNGE」，提供舒適的休息室與共享辦公室。

話題人氣書籍漫畫，都有重點推介！

話題書

附設「SHARE LOUNGE」，提供舒適的休息室與共享辦公室。

除了2次元的動漫，也有偌大的偶像書專區，還分好男女Idol。

┏━━Info━━┓
地址： ミカン下北A街区A-208 / A-301
電話： 03-6778-4039
營業時間： 0900-2200
網址： https://store-tsutaya.tsite.jp/store/detail?storeId=2237

下北沢古著王別館
東洋百貨店

下北沢著名古著店東洋百貨店的別館。集合超過10家品牌，民族風、Hip Hop、軍事、英式紳士、Mod look共冶一爐，雜亂得來卻又充滿個性，正是下北沢風格！

東洋百貨店人氣商戶——格仔箱舖「素今步」，專售手工製作飾物雜貨。

不同風格的服飾雜貨共冶一爐，充滿個性。

手工飾物款式風格包羅萬有，勝在￥200、300便有交易。

除了二手古著和美軍制服，場內還有懷舊飾物雜貨店。

┏━━Info━━┓
地址： カン下北A街区A-101
電話： 03-3468-7000
營業時間： 1100-2000
網址： https://bekkan.k-toyo.jp/

EVENT ZONE定期更換活動，採訪時有《超時空要塞》（MACROSS）40周年紀念展。

秋葉原 全球最大BANDAI旗艦 MAP: P.341 B2

TAMASHII NATIONS STORE TOKYO
（東京魂國際商店）

2022年開幕，成為BANDAI世上唯一兼全球最大旗艦店。場內分為介紹TAMASHII NATIONS新產品的「NEW ITEM ZONE」、舉辦特別活動的區域「EVENT ZONE」，以及焦點的販售區「SHOP ZONE」，專售只能在本店購買的限量及最新商品，包括PG高達模型、鏈鋸人Figure等。

*原位於秋葉原Animate的TAMASHII已結業，拼設入新店中。

NEW ITEM ZONE，專門預覽TAMASHII NATIONS的新產品。

新店就在前GUNDAM CAFÉ位置。

《聖門士星矢》紫龍聖衣限定Limited edition figure。￥8,800

重點是販售區「SHOP ZONE」，專售只能在本店購買的限量及最新商品。

《鬼滅之刃》竈門炭治郎專用「日輪刀」1：1模型。￥7,700

《SPY×FAMILY》黃昏可動figure ￥7,150，及安妮亞figure ￥4,950。

TAMASHII NATIONS會場限定版Metal Build《STRIKE GUNDAM》模型，每人限購一盒。￥19,800

Info

地址：東京都千代田区神田花岡町1-1
電話：098-993-6093
營業時間：1000-2000
網址：https://tamashiiweb.com/store/tokyo/
前往方法：JR「秋葉原駅」電氣街口，徒步1分鐘。

步道就在東武鐵道路線下面，走時常有電車急速駛過。

晴空塔、墨田 隅田河岸步道 **MAP:** P.309 A2

SUMIDA RIVER WALK

隅田川新開通的河岸步道，從淺草駅通往橋下商街「TOKYO mizumachi」，全長約160公尺的步道，沿途鋪設精緻的木板道，旁邊便是東武鐵道路線。只需5分鐘步程，即可輕鬆跨越隅田川，更可一直通往晴空塔SKY TREE，還可邊走邊飽覽河岸美景。

「隅田河岸步道」橫跨隅田川，後面還有SKY TREE做背景。

沿途鋪設精緻的木板道，成為附近居民的散步熱點。

橋下常有觀光船駛過，黃昏更可欣賞醉人日落美景。

木板步道中央鑲有玻璃地板，可以俯瞰隅田川。

SUMIDA RIVER WALK　隅田公園

淺草　隅田川　枕橋　北十間川　源森橋　北十間川　小梅橋　SKY TREE

West Zone　01 02 03 04 05 06 07　East Zone　01 02 03 04 05 06 07

TOKYO mizumachi（東京水岸街道）

從鐵絲網圍欄間，可窺看橋身結構，有趣！

Info

地址：東京都墨田区向島1丁目
開放時間：0700-2200
前往方法：東武スカイツリーライン
　　　　　「浅草駅」北口。

東京話題新事

街道以源森橋劃分為西、東區域，走一趟約20分鐘。

沿途有北十間川美景相伴，氣氛悠閒，更是隱藏版的晴空塔打卡點。

晴空塔、墨田 **晴空塔河畔商街**

TOKYO mizumachi
（東京水岸街道）

MAP: P.309 A3

2020年開幕，連結浅草和東京晴空塔兩地的高架橋下商店街，打造成全新的複合式商業設施。全長500公尺的橋下商街，以「Live to Trip」為主題，集合13家特色餐飲、雜貨店、複合式運動中心，以至青年旅舍等，沿途可以眺望隅田公園、北十間川和晴空塔美景，氣氛悠閒，輕輕鬆鬆便從浅草走到晴空塔。

東區域川畔常有本地居民的手作攤。

Info

地址：東京都墨田区向島1-23-11
營業時間：1000-2100
網址：https://www.tokyo-mizumachi.jp/en/
前往方法：東武スカイツリーライン「浅草駅」北口，沿「SUMIDA RIVER WALK」徒步5分鐘。

創意生活用品
KONCENT

策展型生活用品選物店，專售各種創意生活用品，集結超過30個日本品牌，商品實用且設計感強，由文具、飾物，到廚房用品俱備，賣的其實是生活品味。

法國眼鏡品牌IZIPIZI，專門製作抗屏幕藍光眼鏡，大小朋友都適用。¥5,280

Bocchi農田花生醬，用千葉縣產花生，還有不同甜度和顆粒選擇。¥1,296

上川絹屋的洗面指套，質地幼滑能深入清除黑頭死皮。For face ¥990

Info

地址：TOKYO mizumachi West Zone W02
營業時間：1100-1900
網址：http://www.koncent.net

法式布里歐吐司
むうや (MUYA)

表参道人氣烘焙咖啡店「BREAD,ESPRESSO &」策劃的吐司專門店，主打超人氣法式布里歐吐司「mou」，鬆軟濕潤的口感，帶濃郁的牛油香氣，一吃上癮！每天現烤出爐約10次，現場吃最佳，必吃0900-1500供應的吐司套餐。

法式布里歐吐司mou有海苔起司、味噌、葡萄、紅豆等6種口味。¥320起

MUYA Set吐司套餐，mou現烤吐司連季節果醬、牛油和沙律。¥850（加¥150附咖啡）

室內座位區陽光灑落，採自助式服務，還有戶外川畔座位。

吐司專門店，下午時間常要等位。

Info

地址：TOKYO mizumachi West ZoneW07
營業時間：0900-1800
休息：不定休
網址：https://bread-espresso.jp

本地和菓子屋
いちや

區內著名和菓子屋「いちや」新開的甜點店，招牌大福有黑胡麻、杏等5款口味，靈魂的紅豆餡，使用北海道十勝產中，最高級的大粒紅豆「豐祝」，口感特別綿密。加上滋賀產的滋賀羽二重糯米，揉出細緻又帶嚼勁的大福餅皮。

抹茶生奶油銅鑼燒，外皮鬆軟濕潤，抹茶餡清爽而不過甜。¥280

紅豆大福，選用「鬼雙糖」令糖度恰到好處，口感軟糯。¥254

堂食各式季節限定甜品，いちや冬あんみつ（冬季蜜餞）¥1,210、宇治金時¥1,100

堂食從早到晚都滿座，建議逛水岸街道要先來留名等位。

Info

地址：TOKYO mizumachi West ZoneW04
電話：03-6456-1839
營業時間：1000-1800
休息：逢周二
網址：https://www.instagram.com/wagashi_ichiya/

規則簡單，對戰形式每局限時80秒，雙方自由發射「能量球」，飛身出波+閃避，極燃燒脂肪！收費：體驗Course每位￥2,800/60分鐘

台場 AR閃避球

MAP: P.388 B2

HADO ARENA お台場店

　　2022月開幕，由日本遊戲製作公司「HADO」發明，近期瘋魔全球的AR電競遊戲。簡單來說，就是利用AR增強實景技術來玩的閃避球。玩家需佩戴頭戴式顯示器，以及手腕式感應器，然後就像電玩角色般自由發射能量球。每局只有80秒時間雖短，但勁燃燒脂肪，目前已發展到擁有HADO世界盃，一定要來發祥地朝聖！

玩家需佩戴頭戴式顯示器，以及手腕式感應器。

比賽時，現場會加上燈效，恍如進入電玩異世界。

AR版閃避球，不論是玩家還是觀眾，都刺激度爆燈！

場內附設紀念品店，發售HADO官方精品，包括專用頭帶、手腕感應器裝置。

玩法：

家分成兩隊入對戰，每人可以自由出波，或架設盾牌抵擋擊中並KO對方一次可得1分，限時內取得最高分隊伍獲勝。

場館位於台場AQUA CITY，附設Café、紀念品店及休息區。

目前已發展到擁有HADO世界盃，世界各地均定期舉辦大型國際賽事。

━Info━

地址：東京都港区台場1-7-1 AQUA CITY お台場 東エリア5F
電話：070-4802-3190
營業時間：平日1400~2230；
　　　　　周六、日1000~2000
網址：https://hado-official.com/hado-arena/
前往方法：ゆりかもめ線(百合海鷗線)「台場駅」，步行7分鐘。

食品選擇極多，都以小包裝￥500以下零食及食品為主。

將￥100至￥500商品，整齊分類擺放，一貫無印風的視覺美學。

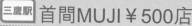

 首間MUJI￥500店

挑選3,000件商品，當中7成定價￥500，尤以文具最多。

無印良品500

　　無印良品首間500円店，選址東京三鷹駅atre商場內，以「生活必需品專賣店」為主題，挑選3,000件商品，當中7成定價￥500，從文具、食品、廚具、化妝品，到護理用品俱備。其實跟一般無印差不多，但將￥100至500商品整齊分類擺放。

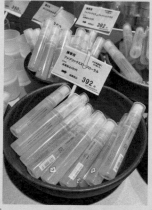

日本無印近期的銷量冠軍——攜帶用香薰保濕噴霧。￥392

MUJI未來計劃於東京都內開設30家無印良品500，主要集中東京地鐵站內。

Info

地址：東京都三鷹市下連雀3-46-1 三鷹駅構內4/F
電話：0422-60-2171
營業時間：1000-2100
網址：https://www.muji.com/
前往方法：JR「三鷹駅」直達，駅改札內4樓(不用出閘)。

世界最大室內魔法影城

東京哈利波特影城

　　東京練馬區的「豐島園」遊樂場在2020年結業後，部分用地變成全新哈利波特影城，並於2023年6月登場，不只是亞洲第一間，更是世界最大哈利波特室內影城！佔地約3萬平方公尺，重現霍格華茲、九又四分之三月台、斜角巷等電影場景，電影中使用的服裝、小道具、魔法動物都有展示。還有全球最大的哈利波特商店、世界最大「奶油啤酒酒吧」。讓各位麻瓜一同進入魔法世界。

Info

地址：東京都練馬區春日町1-1-7
開園時間：0930-1930
票價：成人￥6,300、12-17歲￥5,200、4-11歲￥3,800
網址：www.wbstudiotour.jp/en/
前往方法：西武豐島線、都營地下鐵大江戶線「豐島園駅」，徒步2分鐘。

招牌午市OMAKASE食足20道，都只￥7,700位，可坐在席前近距離欣賞大將發辦！

日本橋 **￥3,850的OMAKASE** `MAP: P.255 A1`

まんてん鮨 日本橋店

疫情期間，香港掀起一陣「OMAKASE廚師發辦」熱，標榜日本直送海鮮動輒HK$2,000一餐。其實在日本，幾千円即可品嚐高質OMAKASE！推介位於日本橋的「まんてん鮨」，日本食評網Tabelog評分高達3.66分，午市OMAKASE食足20道，都只￥7,700位，包括本鮪拖羅、鱈魚白子、蝦夷鮑、鮟鱇魚肝、紫海膽、星鰻等高級食材。午市另有迷你版￥3,850/8貫壽司，CP值爆燈！

當日一共吃到4道吞拿魚，分別來自面頰、赤身、本鮪中和大拖羅。

軟煮蝦夷鮑魚，軟嫩如和牛，鮑魚肝更是脂香！

金針菇握壽司，大膽地將金針菇做成握壽司，口感有趣。

白子，即是鱈魚的魚精，口感細滑豐腴，老饕的至愛。

北海道直送紫海膽，份量超大，滿滿大海的鮮甜味美。

鮟鱇魚肝，海底鵝肝的極品珍味，入口即化。

午市OMAKASE另有￥3,850版本，8貫壽司加1款料理，只限現場排隊。

Omakase收費：
Lunch 排隊 ￥3,850、預約 ￥7,700
Dinner ￥7,700

Info

地址： 東京都中央区日本橋室町2丁目3－1 コレド室町2
電話： 03-3277-6045
營業時間： 午餐 1100-1500、晚餐 1700-2330
網址： https://www.manten-sushi.com
前往方法： 東京Metro銀座線「三越前駅」，徒步2分鐘；半蔵門線「三越前駅」，徒步4分鐘。

味玉中華そば（溏心蛋中華拉麵），叉燒質感厚實充滿脂香，面層灑上馬達加斯加魚子醬胡椒，令湯頭慢慢產生變化，一流！$1,250

取名「八五」因為店舖面積只有8.5坪（約300平方呎）。

完食！

11點開門，但10點前便截龍，筆者一共去了3天終有緣一嚐。

最新話題必吃

銀座 米芝蓮一星 法式拉麵
銀座八五 MAP: P.267 F3

《米芝蓮》一星拉麵名店，日本食評網Tabelog評分高達3.93！主廚曾在京都全日空皇冠假日酒店擔任行政主廚。招牌特製中華麵，以法式清湯為概念，打破傳統不加醬油，僅以鴨肉、土雞、番茄乾、生火腿等熬出清徹的湯頭，味道清爽細膩又高雅。店內只得6個座位，每日限量60碗賣完即收，筆者三顧草廬才有緣一嚐，非同凡響！

┌─Info─┐
地址：東京都中央区銀座3-14-2
營業時間：1100-售完
休息：周六、日不定休
網址：https://www.instagram.com/ginza_hachigou/
前往方法：JR「有楽町駅」，徒步10分鐘；東京Metro日比谷線「東銀座駅」徒步5分鐘。

六本木 米芝蓮牛肝菌拉麵
入鹿Tokyo MAP: P.401 B2

《米芝蓮》必比登推介，源自東京東久留米市，店主曾在拉麵名店AFURI及麵屋一燈修業。招牌名物牛肝菌醬油拉麵，以名古屋地雞、鹿兒島黑豚、伊勢海老、宮島產淡菜及蜆等，熬出鮮甜可口的四重奏高湯。配料包括特製雞肉丸、蝦丸及鴨肉，帶煙燻及柚子香氣，還特別加入一小匙牛肝菌醬，形成獨特香氣，筆者吃至一滴不剩！

柚子塩らぁ麵（柚子塩拉麵），另一款塩味湯頭則多了一份柚子清香。￥1,100

天天大排長龍，筆者這次排了約80分鐘。

トリュフを添えた卵かけこはん（比内地雞蛋牛肝菌醬飯）。￥400

ポルチーニ醬油らぁ麵（牛肝菌醬油拉麵），湯頭鮮美非常，齒頰留香！￥1,100

┌─Info─┐
地址：東京都港区六本木4-12-12
電話：03-5786-0029
營業時間：1100-1500、1800-2000（周日1100-1500）
休息：逢周一
網址：https://ameblo.jp/malbo666/
前往方法：都營大江戶線「六本木駅」7番出口，徒步2分鐘。

神保町 米芝蓮地雞湯拉麵
神保町 黑須

位於神保町的小店，連續3年獲選《米芝蓮》必比登推介！店主黑須太一陸上自衛隊出身，金黃色的湯頭以熊本高級地雞「天草大王」，加上洋蔥、人蔘和芹菜熬煮而成，香氣濃郁味道濃厚卻不膩口，再配以牡蠣醬及黑松露醬，讓湯頭增添變化，味道平衡得宜，完全可以當雞湯來喝。配以薄片的豬里肌叉燒，入口軟嫩Juicy。店內只有8個座位，只做午市，經常不定休，想吃要講緣份。

味玉燒豚醬油蕎麦，拉麵有醬油、鹽味兩款選擇，醬油湯則增添一份醇厚。¥1,600

店內只有8個座位，經常不定休，筆者都去了兩次才吃到。

味玉燒豚塩蕎麦（溏心蛋塩味叉燒拉麵），金光閃閃的湯頭香甜濃郁，跟幼直麵非常夾，薄薄的叉燒粉嫩夠吸汁，最後拌勻牡蠣醬及黑松露醬，令湯頭即變法式風味。¥1,600

本文出版之時，黑須突然休業，未知重開日期，去前請查詢網頁。

Info
地址：東京都千代田区神田神保町3-1-19
營業時間：1030-1500
休息：逢周日
網址：https://jinbochoukurosu.net
前往方法：都營地下鉄新宿線、東京Metro半藏門線「神保町駅」，徒步2分鐘。

幡ヶ谷 米之蓮一星 首創洋式拉麵
Soba House 金色不如帰

《米芝蓮》一星拉麵店，深夜美食劇《愛吃拉麵的小泉同學》第一集也有介紹。秘訣來自花蛤湯頭，加入自家製黑松露醬和法國牛肝菌，味道濃郁鮮甜極致香醇。配低溫慢煮的豬肩肉叉燒，肉質紅潤軟嫩，還有三河屋製麵的中細直麵更加入全麥粉，口感軟糯煙韌。

MAP: P.126 A4

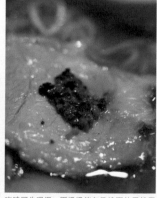

吃時可先喝湯，再慢慢拌勻叉燒面的黑松露醬，令湯頭漸漸變濃。

平日開門前已有近20人排隊，假日例必大排長龍！

味玉醬油そば（滷蛋醬油拉麵），花蛤湯頭鮮甜鹹香，還有菇菌香，那慢煮叉燒更是入口即化。¥950

Info
地址：東京都渋谷区幡ヶ谷2 - 47 - 12
電話：03 - 3373 - 4508
營業時間：1130 - 1500，1830 - 2200
休息：逢周四至五
網址：https://twitter.com/ptwgqjbfwgjw
消費：約¥850 / 位起
前往方法：京王新線「幡ヶ谷」駅北口徒步4分鐘。

最新話題必吃

銀座 米芝蓮雞白湯拉麵
篝 銀座本店 `MAP: P.266 B3`

　　銀座第一長龍排隊拉麵店，《米芝蓮》必比登推介，日本食評網Tabelog 4星推介！位於銀座的新本店，同樣藏身橫街巷子內，但從早到晚大排長龍，且售完即止。招牌「鶏白湯SOBA」，以大量雞骨熬煮的湯頭，呈乳白色，濃稠得像平價雞湯般。雖然添加了奶油，但有大量蔬菜中和，故一點都不膩，啖啖雞肉精華，筆者吃至一滴不剩。

小店藏身橫街小巷內，門面低調，全店只有8席。

吃至一半，可拌入隨麵附送的薑蓉和洋蔥乾，湯頭味道變得更高層次。

特製鶏白湯Soba，賣相超華麗，配料除了雞叉燒，還多了雞肉雲吞，而味玉（醬油蛋）和季節野菜則分碟另上。￥1,500

鶏白湯SOBA，雞胸肉嫩滑非常，搭配爽脆的時令野菜，味道更清爽。並￥1,200

Info
地址： 東京都中央区銀座6-4-12
營業時間： 1100-1500、1730-2200（賣完即收）
網址： https://www.instagram.com/kagari_honten/
前往方法： 東京Metro銀座線、丸ノ内線、日比谷線「銀座」駅C2出口，徒步約3分鐘。

墨田 鯛魚拉麵 `MAP: P.309 C3`
真鯛らーめん麺魚

　　2017年開業的話題拉麵店，《周遊東京》周奕瑋Jarvis也有推介。湯頭用上100公斤愛知縣宇和島的新鮮鯛魚熬煮，100%鮮魚湯，配低溫慢煮以及櫻花木煙燻的叉燒、真鯛魚蓉、爽脆的小松菜，還有注入魚湯的糖心蛋，啖啖鮮魚甜香，尤其受女生歡迎。

平日開門前約有15、16人排隊，一到飯時隨時有30人以上。

真鯛らーめん雑炊セット（真鯛拉麵稀飯套餐），金黃色的湯頭香濃鮮甜，薄片叉燒帶煙燻木香更引食欲。￥1,000

吃完麵，再將混有肉鬆的白飯拌入拉麵湯中，即成鮮美的鯛魚粥！

Info
地址： 東京都墨田区江東橋2‐8‐8
電話： 03‐6659‐9619
營業時間： 1100‐2100
網址： www.mengyo.net
消費： 約￥800／位起
前往方法： JR總武線「錦糸町」駅南口，徒步6分鐘；東京Metro半藏門線「錦糸町」駅1番出口，徒步6分鐘。

吞拿魚納豆軍艦，鮮甜的吞拿魚加上納豆，出奇地清爽順喉。￥132

大盛貝柱握壽司，貝柱滿到都掉下來，搭配紫蘇葉更鹹香而清爽。￥132

晴空塔 壽司郎勁敵！全球最大旗艦店

くら寿司（藏壽司）
晴空塔押上站前店 MAP: P.309 C3

　　日本第2大迴轉壽司品牌，一直是壽司郎勁敵。2022年新開的晴空塔店，乃目前日本最大、最高的旗艦店！請來著名設計師佐藤可士和監修，以繽紛的燈籠牆、浮世繪，以及藏壽司LOGO牆，打造出大和主題空間。佔地兩層，設有277個座位，可飽覽晴空塔美景。壽司定價￥132起，性價比較壽司郎更高，還有遊戲玩，獎品是藏壽司獨家扭蛋玩具。

鱈魚白子橘醋軍艦，資深日本老饕的至愛，充滿脂香。￥190

吃完的壽司碟可以投入水龍頭下方的回收格，每投5碟就可以抽一次扭蛋。

海膽、野生藍鰭吞拿魚，迴轉壽司定番必吃！￥290

迴轉帶上的壽司每碟都有名為「鮮度君」的蓋罩住，保證夠衛生。

特別用簾子打造半個室空間的座位，讓人有包廂的錯感。

1樓設有大型彈珠機BIKKURA PON！DX；2樓則有數碼射擊遊戲。

佐藤可士和特別為藏壽司打造的新logo，源自傳統江戶風毛筆字型。

Info

地址： 東京都墨田区1-8-23 1-2/F
電話： 03-6658-8170
營業時間： 1100-2300
網址： https://www.kurasushi.co.jp
前往方法： 半藏門線押上（スカイツリー前）駅A1出口，徒步1分鐘。

銀座 IG爆紅水果大福
金田屋 MAP: P.266 C3

2022年銀座「EXITMELSA」新開的甜點街，集合12 家特色甜品店，其中水果大福專門店「金田屋」，將日本傳統的紅豆餡大福壓平，再加上不同時令水果，變成像高級洋菓子般精致的賣相，即成IG爆紅打卡店。

渋皮和栗のモンブラン（和栗Mont Blanc），茨城縣産和栗加入黑醋，口感綿密又清爽。￥1,000

就連盛載的包裝盒都極美，季節限定無花果￥1,100、La France￥1,050。

特撰苺，選用「赤い妖精」的特産草莓，加上軟糯的紅豆餡大福：一流。￥1,100

店內附設窗前立食吧，給你即場吃，旁邊還有旋轉的大福裝置。

Info
地址：東京都中央区銀座5-7-12 EXITMELSA 1/F
營業時間：1100-2000
網址：https://kanadaya.co.jp
前往方法：東京Metro「銀座駅」A2出口，徒歩2分鐘。

浅草 吐司專門店 MAP: P.327 A6
Pelican Cafe

源自淺草1942年開業、80年歷史的麵包老店Pelican Bakery，新開設的咖啡館。主打Pelican Bakery吐司麵包做出的各式餐點：碳烤吐司、起司吐司、紅豆吐司……全都使用炭火一片一片烘烤，烤出漂亮的格仔網紋，入口外酥內軟仍帶濕潤，好吃至驚為天人！全店只得10多席座位，想吃早餐記得早起！

ハムカツサンド(炸火腿三明治)，厚切火腿吉列酥炸，多重口感，加上豬排醬和椰菜絲，鹹香中帶點甜味。￥700

80年歷史的Pelican Bakery吐司，在淺草家傳戶曉。

全店只得10多席座位，還沒開店已經在排隊。

炭焼きトースト(炭燒吐司)，3公分厚片吐司，以炭火烤得外脆內軟，簡單抹上牛油和特製果醬已一流。連飲品套餐￥600

Info
地址：東京都台東区寿3-9-11
電話：03-6231-7636
營業時間：0900-1700
休息：逢周日及假期
網址：https://pelicancafe.jp/
前往方法：東京Metro銀座線「田原町」駅，徒歩5分鐘；都營浅草線「浅草」駅，徒歩約5分鐘。

築地 早餐18格！一次吃匀築地名物

築地本願寺Cafe Tsumugi

築地市場旁邊的「本願寺」裏面，竟然藏着一家咖啡店，以「精進料理」為概念，主打蔬食。早上限量供應的「18品の朝ごはん」（十八品早餐），16款小菜全部來自築地市場的名店，包括築地松露的玉子燒、柚子豆腐、山椒燒鴨肉等⋯⋯連同清粥和味噌湯，一次過便吃匀築地名物！

MAP: P.295 A2

Café位於築地本願寺旁邊的服務中心內，有落地大玻璃窗景觀。

十八品早餐附送本地精選茶品，熱飲可讓食客自行沖炮。

I Can Tips

「十八品早餐」每日0800-1030供應，可到官網訂位：https://yoyaku.toreta.in/wacafetsumugi/#/

18品の朝ごはん（十八品早餐），16款築地名物小菜以素菜為多，道道精緻，細細份佐白粥做早餐一流！¥1,800

築地本願寺外觀呈現印度風格，很特別，可順道參觀。

Info

地址：東京都東京都中央区築地3-15-1（築地本願寺服務中心內）
電話：03-5565-5581
營業時間：0800-2100
網址：https://tsukijihongwanji.jp/enjoy/meal-stay/
前往方法：東京Metro日比谷線「築地」駅1號出口直達。

銀座 爆丼三文魚子飯

原始炭燒いろり家

MAP: P.267 E3

位於地庫的熱鬧居酒屋，日本雜誌、電視台經常介紹，主打各式海鮮和酒菜，招牌三文魚子飯「船上めし」，店員會將白飯端到你面前，然後大匙大匙地將三文魚子盛進你碗中，直到完全滿瀉為止，期間全場一起大叫：「Yoosha！Yoosha！」，氣氛熱烈。

吃完三文魚子飯，還可以加入高湯，做成茶漬飯，魚子香味更為突出。

お刺身盛り合わせ（刺身拼盤），精選吞拿魚等新鮮刺身，份量極大。¥980/位

船上めし（三文魚子飯），三文魚子新鮮甜美，吃時還有爆漿效果。小盛¥3,180

店員揼魚子時，全場一起大叫：「Yoosha！Yoosha！」，氣氛超high！

Info

地址：東京都中央区銀座3-11-11 銀座参番館2 B1/F
電話：050-5596-7222
營業時間：平日1800-0300；周六日1700-2300
網址：https://www.iroriya.tokyo
前往方法：東京Metro日比谷線「東銀座駅」A3出口，徒歩3分鐘。

￥1,700刺身放題 `MAP：P.341 C3`

たいこ茶屋（太鼓茶屋）

　　日本電視台經常介紹，甚至《半澤直樹》都有取景，￥1,700刺身放題，限時50分鐘。吞拿魚、三文魚、鰹魚、黃尾鰤、帆立貝⋯⋯各式各樣刺身任你選擇，還有玉子燒、沙拉、明太子、醋飯、味噌湯等等，抵食非常！午飯時間例必座無虛席，很多區外人都慕名而來。

今日主菜有目鉢吞拿魚、鰤魚、鰹魚及炙烤三文魚等。

白飯、醋飯、味噌湯任裝，謹記不能食剩，飯後需自助收拾。

限時50分鐘，常備20-30款新鮮刺身小菜，看似份量不多，但店員補貨速度快！

除了刺身，也有吞拿魚腩蓉、醃漬鮪魚、三文魚等等，確保新鮮。

茶屋位置大樓地庫。

Tips

旅客可網上訂位，但比walk in貴少少，￥1,900/50分鐘。
預約網址：
https://yoyaku.toreta.in/taikochaya/#/

Info

地址：東京都中央区日本橋馬喰町2-3-2
電話：03-3639-8670
營業時間：1100-1430、1700-2300
休息：逢周日
網址：https://www.taikochaya.jp
前往方法：JR總武線「淺草橋駅」西口，徒步3分鐘。

最新話題必吃

￥300任疊吞拿魚

魚参 橫浜西口店

　　《周遊東京》Jarvis介紹過間￥100任疊吞拿魚刺身，位於橫浜的居酒屋「魚参」雖然貴少少，￥300但鉢仔容量更大，且限時5分鐘，最重要是較少香港旅客排隊！其他食物都只￥300 - 500，海鮮每日從橫浜中央市場進貨，新鮮又大件抵食。

真鯛刺，5大片厚切，肉質爽彈清甜，便宜至不能相信。￥300

招牌「鮪ぶつの盛り放題」（任疊吞拿魚刺身），限時5分鐘，任你裝滿小鉢，筆者技術差也盛了12、13塊刺身，但僅記不能倒下或吃剩。￥300

Info

地址：神奈川県橫浜市西区南幸2 - 8 - 21板場ビル2／F
電話：045 - 314 - 6615
營業時間：1700 - 0400
網址：www.oriental - bussan.com
消費：約￥900／位
前往方法：JR「橫浜」駅西口，徒步3 - 4分鐘。

東京必買手信！

東京駅 榛子覆盆子夾心曲奇
COCORIS

東京駅甜點第一名！全球第一家榛子甜點專賣店，由「楓糖男孩The Maple Mania」團隊打造的話題洋菓子。招牌「Sand Cookie」（榛子覆盆子夾心曲奇），一盒3種口味，混合榛子粉的香脆曲奇，夾住濃郁的榛子可可、西班牙朱古力醬，以及酸香的覆盆子醬，3重奢華的滋味。

MAP: P.232-233

Sand Cookie（榛子覆盆子夾心曲奇），溫和的朱古力配上微酸帶清爽果香的覆盆子，連男生也OK的高級味道。一盒10個￥2,160

東京駅乃唯一專門店，從早到晚都大排長龍。

不止是排隊店，也是東京駅的甜點第一名！

───┤Info├───

地址：東京都千代田区丸ノ内1-9-1
　　　GRANSTA東京 1/F
營業時間：0800 - 2200
網址：https://coco-ris.jp
前往方法：JR東京駅閘內。

東京駅 東京芭娜娜 x Calbee+
JAGA BOULDE **MAP: P.232-233**

由東京手信王香蕉蛋糕「東京芭娜娜」，與Calbee+共同開發的進化型薯片「JAGA BOULDE」（じゃがボルダ）。厚切的波浪形薯片富層次感，酥脆非常，再灑滿由廣尾料理名店「廣尾 小野木」監製的一系列日本風調味，包括鰹魚昆布、牛舌WASABI、山椒味噌等，好吃至停不了口！

另一款東京駅限定「JAGA BANANA」，香蕉牛油味Jagabee，有趣。一盒5袋￥594

東京車站店面積偌大，貨量充足。

JAGA BOULDE，厚切的波浪形薯片，入口有層次感，比一般波浪薯片更酥脆，其中牛高湯綠芥末味更奪2021年東京車站手信第一名。

AGA BOULDE號稱進化型薯片，由東京芭娜娜與Calbee+共同開發。一盒4袋￥918

───┤Info├───

地址：東京都千代田区丸ノ内1-9-1
　　　GRANSTA東京 1/F
營業時間：0800-2200
網址：https://www.jaga-boulde.jp
前往方法：JR東京駅閘內（八重洲北口）。

（左起）Strawberry Burger、Cheese Chocolate Burger及季節限定Caramel Chocolate Burger，迷你漢堡造型可愛，打卡度高，鹹甜滋味。

東京駅 打卡迷你漢堡曲奇

CAPTAIN SWEETS BURGER

IG話題迷你漢堡造型曲奇，以及薯條造型的芝士條餅乾，被網友選為東京車站限定手信第一名。招牌「Cheese Chocolate Burger」，(芝士朱古力漢堡)香濃的牛油曲奇，夾住入口即化的濃郁車打芝士朱古力，鹹甜完美平衡，可口細膩。另有Strawberry Burger同每季不同的季節限定口味。 **MAP: P.232-233**

東京駅永遠大排長龍，不少是上班族，請避開放工時間。

就連包裝盒都做成漢堡包盒般，3個一盒裝，送禮自用都一流。

Info
地址：東京都千代田区丸ノ内1-9-1 GRANSTA東京 B1/F
營業時間：0800-2200
網址：https://www.sweetsburger.jp/
前往方法：JR東京駅閘內(銀の鈴前)。

東京駅 銀の鈴最中 **MAP: P.232-233**

香炉庵KOURO-AN

源自橫浜元町的人氣和菓子店，將傳統和菓子「最中」重新包裝成時尚甜點。東京駅限定「東京之鈴最中」(東京鈴最中)，以東京車站約會集合地點的「銀の鈴」為原型設計，造型可愛，鬆脆的威化外殼，夾住綿密的北海道紅豆泥餡，以及煙靭軟糯的求肥餅麻糬，完美結合。

東京鈴もなか(東京鈴最中)，威化外殼輕薄鬆脆，綿密的紅豆泥餡中還藏着大粒求肥餅麻糬，多重口感。

黑糖どらやき(黑糖銅鑼燒)，餅皮濕潤而鬆軟，紅豆餡滑順而不甜，高手。
¥195/個

不時還有季節限定，計有抹茶黑芝麻、蜜柑、和栗味等。

東京鈴もなか，將傳統和菓子，換上時尚包裝。一盒2個¥650、一盒4個¥1,250

東京駅店位置隱秘，但一樣大排長龍。

Info
地址：東京都千代田区丸ノ内1-9-1 銀の鈴エリア
營業時間：0800-2200
網址：http://kouro-an.jp
前往方法：JR東京駅閘內(銀の鈴Aera內)。

東京駅 大人的焦糖夾心曲奇
N.Y.C. SAND `MAP: P.233`

東京玉子本舖公司，花10年時間研制的焦糖夾心餅「N.Y. CARAMEL SAND」，酥脆的牛油曲奇夾住朱古力與黑糖做的焦糖餡，香濃而不過甜，餘韻帶焦香的微苦，充滿成熟的味道。2015年於大丸首賣，1個月已賣出35萬枚，現在乃大排長龍。

N.Y. SCOTCH SAND（蘇格蘭威士忌夾心曲奇），特別加入烤杏仁，口感更有層次。一盒裝5枚￥1,458

黑色的包裝盒低調又名貴。一盒裝4枚￥648、一盒裝8枚￥1,296

N.Y. CARAMEL SAND（焦糖朱古力夾心曲奇），薄薄的夾心餅，味道焦香又濃郁，推介！

經常有期間限定的口味推出，大丸店乃大排長龍。

Info

地址：大丸東京店1/F
營業時間：1100-2000
網址：www.nycsand.com/
前往方法：JR「東京」駅八重洲北改札口。

銀座 「白之戀人」新餅
ISHIYA

以「白い恋人」（白之戀人）聞名的北海道石屋製菓「ISHIYA」，破天荒於銀座GINZA SIX開設北海道以外首家直營店，並獨家發售限定新品貓舌餅乾「Saqu LANGUE DE CHAT」，使用北海道產原料、於北海道工廠製造。薄脆曲奇夾住不同味道朱古力，有北海道芝士、牛乳、抹茶等6款，入口即化，一吃上癮，銀座店每天都大排長龍！（賞味期限約120天） `MAP: P.266 C3 - C4`

銀座店乃北海道以外，首家兼唯一ISHIYA直營店，天天大排長龍。

Saqu LANGUE DE CHAT貓舌餅乾，繼承白之戀人血統入口即化，尤以西尾抹茶和BITTER最印像深刻，連包裝也超精緻。

Saqu 1周年雜錦禮盒，包括12枚Saqu（每款2片）和4件Sitoli蛋糕。1盒18枚￥2,160

Info

地址：東京都中央区銀座6 - 10 - 1 GINZA SIX B2F
電話：03 - 3572 - 8148
營業時間：1030 - 2030
網址：www.ishiya.co.jp/ginza
前往方法：東京Metro銀座線、丸の内線、日比谷線「銀座駅」A3出口，步行2分鐘。

 特濃芝士曲奇

NEW YORK PERFECT CHEESE

東京目前最火手信,由前白宮甜點師Bill Yosses、日本首位芝士鑑評家村瀨美幸、法國MOF芝士職人Rodolphe Le Meunier共同監修,只限東京車站、羽田空港國內線和新宿京王百貨售賣,每日下午便售罄,Amazon甚至出現雙倍價錢排隊代購!酥脆的芝士曲奇,內藏忌廉及原條芝士,充滿深度!(賞味期限約2個月)

MAP:P.233 C4

捲曲的芝士曲奇酥脆有牛油香,內藏忌廉及原條芝士,甜中帶鹹,層次豐富。

東京車站專門店每日0800開店前已大排長龍,下午便售罄!

─ Info ─

地址:東京都 千代田区丸の内1-9-1 東京駅構内 南通路エリア
營業時間:0800 - 2200
前往方法:JR「東京」駅丸之内南口(閘內)。

東京必買手信

東京駅 BAKE新品 焦糖忌廉餅

PRESS BUTTER SAND

芝士揸名牌「BAKE」2017年最新伴手禮品牌。焦糖忌廉夾心餅BUTTER SAND,現烤的牛油餅乾用北海道小麥粉製,以壓縮式燒烤方式,將餅乾麵糊做出扎實厚重的口感,夾着忌廉和焦糖,吃後齒頰留香。東京車站店每天大排長龍,幸好最近晴空塔也有售。(賞味期限約10天)

MAP:P.233 C4

BUTTER SAND,扎實的餅乾牛油味濃郁,夾住忌廉和焦糖,甜中帶點成人的甘,佐咖啡或茶一流。

BUTTER SAND(バターサンド),¥1,020(6個)、¥1,700(10個)

東京駅專門店位置就在NEW YORK PERFECT CHEESE對面,附設工場不停出爐。

─ Info ─

地址:東京都千代田区丸の内1-9-1 JR東京駅構内 南通路エリア
電話:03 - 4362 - 4147
營業時間:0800 - 2200
網址:https://buttersand.com
前往方法:JR「東京」駅丸之内南口(閘內)。

東京4大掃貨超市！

佔地兩層，入口位於2樓，退稅專用收銀處位於3樓。

Tips

退稅櫃台營業時間：1000 - 1900，注意生鮮食品不能退稅。

熟食區位於3樓，昆布飯糰￥49／個，是筆者縱橫日本見過最便宜！

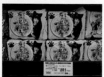

即食麵足足佔據兩條通道，台灣旅客最愛的明星即食麵5包裝￥251。

4公升裝Suntory角瓶威士忌只￥5,999，看你夠不夠力搬！

浅草 便宜到不行
OK Store

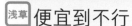

收銀處採用「自助結帳機」，現場有職員協助，顧客只需「入錢」。

日本著名連鎖折價超市，比一般超市更便宜，每天也有5折商品，價錢牌會標明比一般市價便宜多少，堪稱關東版的「玉出超市」！不過分店通常遠離遊客區或車站，推薦淺草附近的「橋場」店，佔地兩層近3萬平方呎，商品選擇多又好逛，最重要是提供退稅服務。

MAP：P.326 D1

2樓設有手信專區，12枚大包裝紅莓KitKat只￥194！

Info

橋場店
地址：東京都台東區橋場1 - 1 - 15
電話：03 - 6802 - 3341
營業時間：0830 - 2130
網址：https://ok-corporation.jp
前往方法：都營線、東京Metro、東武鉄道「浅草」駅轉乘的士，車費約￥730；浅草駅東武浅草駅前巴士站，乘台東區循環巴士「めぐりん」，於「橋場老人福祉館西」駅下車，徒歩1分鐘。

池袋 24小時營業
SEIYU（西友超市）

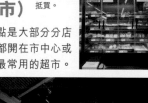

店內附設麵包工場，￥93專區超抵買。

日本最大連鎖超市集團，賣點是大部分分店都24小時營業，店面寬敞，通常都開在市中心或車站旁邊，方便就腳，是本地人最常用的超市。其中池袋店位置就在Sunshine City對面，佔地兩層，且24小時營業，半夜來掃貨一流，唯一缺點是不設退稅，但逢周六有95折優惠。

MAP：P.205 E4

柚子雞湯杯麵只￥80。

熟食便當價格便宜，滑蛋炸豬排飯￥398。

Info

Sunshine店
地址：東京都豊島區東池袋4 - 27 - 10
電話：03 - 3989 - 4300
營業時間：24小時
網址：www.seiyu.co.jp
前往方法：東京Metro「東池袋」駅6、7番出口，徒歩約3分鐘；JR「池袋」駅東口，徒歩約8分鐘。

池袋店佔地兩層，24小時營業，半夜來掃貨一流。

1樓有生鮮魚市場，精選全國新鮮海產，包括旅客必買刺身、壽司。

熊本縣產紅肉蜜瓜。￥1,450／個

魚市場每日傍晚會有減價，雜錦刺身原價￥2,500，再減￥300！

MAP: P.356 B4

上野 廉價室內漁市場

吉池

創業超過90年的家庭式百貨超市，上野總店連地庫樓高11層，1樓有生鮮漁市場、地庫1至2樓有偌大的超市和日用雜貨店、9樓還有食堂。同大樓還有UNIQLO和GU上野店，大可一併同遊。

座落上野御徒町駅，同大樓還有UNIQLO和GU上野店。

地庫1樓為食品超市；地庫2樓還有日用雜貨店和酒精部。

新潟縣十日町產「新之助」白米，2kg只￥1,706！

━Info━

御徒町總店
地址：東京都台東區上野3－27－12 御徒町吉池本店ビル
電話：03-3836-0445
營業時間：0930-2030（餐廳各異）
網址：www.yoshiike-group.co.jp
前往方法：JR「御徒町」駅旁邊。

上野 餐飲店專用超市

業務スーパー
（業務Super）

專為餐飲業商戶而設的連鎖超市，主打食品乾貨與餐飲業常用雜貨，特點是特大包裝。由於自設食品工廠生產，故此定價便宜，連本地家庭主婦都經常來掃貨。

MAP: P.356 B4

上野店以飲品最便宜，波子汽水低至￥65／支！

5包裝醬油即食麵，只￥137，便宜到不能相信。

店內有大量特大包裝，2,950g超甜粟米罐頭。￥495

每間「業務」所售的貨品，會因應地區而略有不同，上野店位置最就腳。

━Info━

上野 小路店
地址：東京都台東區上野2－3－4
電話：03-5812-2168
營業時間：0900-0000
網址：www.kobebussan.co.jp
前往方法：東京Metro銀座線、都營大江戶線「上野広小路」駅，徒步約2分。

最強Camping/山系入貨點！

SOLO CAMP

3-5樓為露營用品區，其中4樓特設Solo camp專區，集合一切輕量型的Solo用品。

新宿 日本最大戶外用品店
Alpen TOKYO

2022年開業，連地庫樓高10層，集合240個運動及戶外品牌、35萬件商品。每層各有主題，像1樓是籃球和田徑、2樓是足球主題等。焦點是3-5樓的露營用品區，網羅超過240個露營品牌，包括snow Peak、Coleman、TNF等大牌。超過8萬件產品分門別類，並特設Solo camp專區、露營食品專區等，全部任摸任試，最重要是提供退稅。

Camping食品專區「DINing」&「FOOD」，爐具、食器、食品應有盡有。

Iwatani FORE WINDS摺疊式煮食爐LUXE，黑魂色系超有型！¥16,500

MAP: P.126 C1

網羅超過8萬件用品，全部任摸任試任比較，甚至有帳篷試搭專區。

5樓有另一人氣露營品牌DOD，商品之齊，連DOD自家店舖都不及。

3樓有THE NORTH FACE、TRIANTAN、CHUMS等大熱山系服飾品牌專區。

因日本足球隊在世界盃表現優秀，連帶日本隊球衣和精品都熱賣。¥15,730

連地庫樓高10層，集合240個運動及戶外品牌、35萬件商品。

Info

地址：東京都新宿区新宿3-23-7
電話：03-5312-7680
營業時間：平日1100～2200；
　　　　　　周六、日1000～2200
網址：https://store.alpen-group.jp/
　　　　alpentokyo/CSfTokyoTop.jsp
前往方法：JR「新宿駅」東口，步行
　　　　　　1分鐘。

9樓Camp floor，露營用品雖比Alpen少，勝在店員能提供專業的用家意見。

集齊CHUMS、snow peak、TNF、Columbia、Colemon、karrimor、Marmot等大牌。

新宿 10層山系殿堂
L-Breath 新宿店

MAP: P.127 D3

日本著名登山用品店，於山系界無人不識。東京都內有多間分店，筆者最愛新宿店，位置就近JR新宿駅，交通方便。一整棟連地庫樓高10層，2022年底完成大整修，加入更多時尚戶外品牌，比以前更好逛！每層各有主題，重點是3樓的山岳專區，以及9樓的Camp floor，所有用品全部任試，買滿￥5,000還可以即場辦理退稅！

營火造型發熱咕哩，USB充電，冬天Camping一樣暖洋洋。

日版Columbia設計更時尚實用，比國際版靚好多。防潑水背心￥17,600

3樓山岳專區有齊各式登山鞋，現場還有石卵斜坡給你試行。

近年登山界大熱的HOKA，L-Breath常有減價。女裝免稅後￥28,000

就連鞋墊都有專區，店內還有專業素描機，幫你找到最適合的鞋墊。

連地庫樓高10層，全部任試，買滿￥5,000還可以即場辦理退稅！

Info
地址：東京都新宿区新宿4-1-11
電話：03-3354-8951
營業時間：1100-2000（周日及假期1030-1930）
網址：https://www.supersports.com/ja-jp/lbreath
前往方法：JR、小田急線、京王線「新宿駅」東南口，徒步2分鐘。

採自助式服務，客人可自由試用，但有需要時職人能提供專業意見。

各式露營月亮櫈一字排開，連禦寒的羽絨櫈墊都有大量選擇。

台場 專門向戶外用品

WILD-1　MAP: P.388 B2

1984年成立，以自然與人為核心的戶外運動用品店，向以專門見稱。位於台場DECKS 5樓的台場店為最大分店，商品種類、品項、款式超級豐富，屬於全方位的戶外用品店，露營、滑雪、游泳、高爾夫球，以至冷門的釣魚用具都有齊，還有不少獨家露營品牌，同樣提供退稅。

Grip Swany 抗火Camping Vest，源自美國、現為日本戶外服飾品牌。¥ 13,800

獨家品牌tent-Mark x PANDA LIGHT，專為Solo camp而設的超輕量金字塔帳蓬。¥ 25,080

┌Info┐
地址：東京都港区台場1-6-1 東京DECKS
電話：03-3599-5311
營業時間：1100-2100
網址：www.wild1.co.jp
前往方法：ゆりかもめ（百合海鷗線）「お台場海浜公園」駅，步行3分鐘。

東京駅 山系女裝最強

石井スポーツ 大丸東京店　MAP: P.233 D4

另一日本著名山系用品店，男女服裝選擇較為時尚向，新宿Bicqlo頂層分店曾是筆者至愛，可惜2022因疫情無奈結業。現在轉去東京車站的大丸分店，附設7家戶外品牌專區，其中女裝部分選擇尤其豐富，還有大量女職員提供協助，最重要是有退稅！

單是Cook Set已有一整排選擇，方便你直接比較完才購買。

法國著名戶外品牌Millet 30+10L backpack，人體工學設計更貼身舒適。¥ 28,930

筆者至愛的運動帽子品牌AXESQUIN，專為「日本人」身形而設計。

集合多個品牌的登山鞋，還設有模擬斜坡給你即場試步。

時尚向戶外用品店，附設MAMMUT、HARD WEAR等7家戶外品牌專區。

┌Info┐
地址：東京都千代田区丸の内1-9-1
　　　大丸東京店11/F
電話：03-5220-3580
營業時間：1000-2000
　　　　　（周四至五1000-2100）
網址：https://www.ici-sports.com/
前往方法：JR「東京駅」八重洲北口。

東京駅 東京都最大旗艦

snow peak
LANDSTATION TOKYO

MAP: P.233 B4

2022年開幕的東京新旗艦，位於東京車站旁邊的KITTE商場內，一店集合Local wear和snow peak Cafe，還有專業Staff為客人解答一切露營問題，顧客更可優先預約全國snow peak營地。焦點是snow peak首次推出的家具系列「TUGUCA」，還有多款限定精品。

男女裝款式全日本最齊，還有多款Landstation限定的露營用品。

snow peak首次推出的家具系列「TUGUCA」，多功能自由組合。

snow peak最新型號帳蓬、天幕、露營椅等都有一一展示任試。

附設snow peak Cafe，主打本地優質食材，以及snow peak自家食器。

顧客可現場優先預約全國snow peak營地。

---Info---
地址：東京都千代田区丸の内2-7-2 JP Tower「KITTE」4F
電話：03-6256-0855
營業時間：1100-2100 （周日及假期1100-2000）
網址：https://www.snowpeak.co.jp/
前往方法：JR「東京駅」丸の内南口。

原宿、表參道 原宿新旗艦

MAP: P.178 B2

THE NORTH FACE
SPHERE

TNF於明治通一街擁有6間分店，儼如主題街一樣！2022年開幕的原宿新旗艦店，連地庫樓高7層，由建築師澤田浩、橋村雄一設計，每層各有主題，焦點是首次發放的服裝訂製服務「141 CUSTOMS」、提供專業維修服務，以及面向戶外運動愛好者的On line shop。

TNF於明治通共有6間分店，面積最大的SPHERE為原宿旗艦店。

SPHERE主戶外活動愛好者所需，常有特別Popo Up Store。

連地庫樓高7層，每層各有主題，經常有特別活動舉辦。

3樓設有服裝定制服務「141 CUSTOMS」，可自選擇不同顏色組合的服飾來訂製。

---Info---
地址：東京都渋谷区神宮前6-10-11
營業時間：1100-1900
休息：逢周三
網址：https://www.goldwin.co.jp/tnf/standard/
前往方法：東京Metro千代田線、副都心線「明治神宮前」駅步行2分鐘。

Camping用品位於地庫；4樓還有帳蓬、睡袋和其他登山用品。

mont-bell ALPINE LIGHT PACK 40L背囊，超輕量兼防水質料。￥21,450

渋谷 8,000平方米巨店 MAP: P.156 B3

mont-bell 渋谷店

日本著名登山品牌，1975年由攀山家辰野勇和登山好友共同創立，一直致力開發最輕的野外服裝及裝備，而且性價比極高，一句到尾就是抵着！渋谷店連地庫佔地5層，函蓋各式男女童登山與戶外服裝、用具等，還有東京區限定Tee發售。空間廣闊陳列完整，甚至有一面貫穿多個樓層的攀岩牆。

店內有一面貫穿多個樓層的攀岩牆，勁有氣勢，間中可見店員露兩手。

3樓為女裝及兒童戶外服飾，童裝選擇尤其豐富。Strider踏步車￥16,940

Info

地址：東京都渋谷区宇田川町11—5
電話：03-5784-4005
營業時間：1030-2100
網址：https://www.montbell.jp
前往方法：JR「渋谷駅」，徒步8分鐘。

新宿 美系潮流山系 MAP: P.127 F1

A&F COUNTRY 本店

開業40多年，兼具露營器具和登山裝備的戶外用品店，以環保出行為理念，本店雖然遠離新宿駅，但商品種類非常多，包括KAVU、PENDELTON、Mystery Ranch、OR等美系的品牌都應有盡有。露營配件像是收納箱、露營椅、鑄鐵鍋等等也是種類繁多，還有世界第一座由木頭砌成的人造攀岩牆。

店內還有世界第一座由木頭砌成的人造攀岩牆，直通至天花。

戶外服和用品以美牌居多，計有KAVU、PENDELTON、Mystery Ranch等。

KAVU Moss保暖外套，美國西雅圖戶外品牌，設計時尚。￥17,600

imabari muffler多用途戶外圍巾，用「今治綿織」，多色多尺寸。￥2,200

Info

地址：東京都新宿区新宿6—27—56
電話：03-3209-0750
營業時間：1100-2000
休息：不定休
網址：https://aandf.co.jp/
前往方法：東京Metro「東新宿駅」，徒步4分鐘。

佔地22萬平方呎的Mori Park，一次過集合最人氣的山系品牌，還附設關東最大的戶外攀石牆。

花園設有200米長的「年輪」步道，是以購物村興建時砍伐的木材廢料打造，給你體驗森林健行。

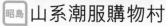

昭島 山系潮服購物村

Mori Park Outdoor Village

　　日本登山的另一吸引之處，是各式靚到爆的山系服飾。2015年開幕的山系購物村Mori Park，由15個品牌組成，坐落東京西部的昭島市，往奧多摩、御岳山登山後不妨順道一遊。佔地廣達22萬平方呎，單是運動品牌就有13個，由露營裝備、山系服飾到登山主題餐廳俱備，包括snow Peak首家主題餐廳、mont-bell首家食堂Harvesterrace、Coleman的旗艦店、SORA、CHUMS等等。更附設關東最大的戶外攀石牆，已成日本山系控朝聖地。

Mori Park內建有十多棟小木屋商店，加上遍布花草與水池，環境綠意盎然。

由專業登山家辰野勇創辦的「Mont - bell」，登山服以輕巧聞名，Mori店男女童裝俱備。

戶外攀石牆高16.45米、闊15米，可惜只限會員使用，但附設的Cafe則開放予公眾。

「昭島」駅北口旁邊還有大型購物村Mori Town，有空可順道一逛。

---Info---

地址：東京都昭島市田中町610 - 4
電話：042 - 541 - 0700
營業時間：平日1100 - 2000；
　　　　　　周六、日1000 - 2000
休息：逢周三
網址：http://outdoorvillage.tokyo
前往方法：
JR中央線、青梅線「昭島」駅北口，徒步3分鐘。從新宿駅出發，車程最快40分鐘（特別快速）；奧多摩駅出發，約1小時車程直達；若從高尾山口駅出發，車程最快37分鐘，但要換乘2 - 3次。

たっぷり野菜のラタトウイユ（蔬菜雜燴），以清湯燴煮的野菜超清甜，那帶骨肉腸更油脂豐富，用上招牌鑄鐵鍋盛載，更富風味。￥580（鑄鐵鍋￥27,964）

男裝防蟲外套，通爽透氣。￥9,800

毛巾質料女裝Tee，手感柔軟舒適。￥27,000

時尚山系日牌 首設餐廳
snow peak / snow Peak Eat

　　日本當今最紅的戶外品牌，1958年由山井幸雄於新潟創立，由露營和登山裝備起家，近年轉戰時尚的山系服飾，大受潮人歡迎。Mori店特別設有日本唯一餐廳「snow Peak Eat」，選用本地上等食材之餘，更用上自家品牌的露營餐具，包括招牌鑄鐵鍋，吃完還可以到旁邊的snow peak掃貨。

店旁附設偌大花園，除了展示招牌營幕與露營裝備，假日還會舉辦「Eat Garden」活動。

「snow peak」部分富空間感，集合自家品牌的山系服飾與用品，男女裝齊備。

餐廳「Snow Peak Eat」連家具裝潢都有戶外感覺，加上大片落地玻璃與高樓底，更舒服。

snow peakコーヒー（咖啡），咖啡以自家招牌Titanium Single Wall盛載，香味持久。￥500（Titanium杯￥1,868）

─ Info ─

Snow Peak Eat
營業時間：平日1100 - 2200；
　　　　　周六日1000 - 2200
網址：www.snowpeak.co.jp

必掃日本限定紫Label
The North Face

兩層高新店附設Cafe和小型展覽空間,潮人追捧的日本獨家限定支線Purple Label,以及挪威航海名牌Helly Hansen(HH)的新品,款式比其他分店多而齊,幾乎佔據全店。

橫間Bikini,型!
￥7,800

挪威航海名牌Helly Hansen(HH)Tee。
￥4,800

樓高兩層,男女童裝與露營用品俱備。

日本獨家限定支線Purple Label Tee,具透氣速乾功能。￥7,800

━Info━
網址:www.goldwin.co.jp/tnf

日本最大旗艦店
Coleman

美國百年戶外品牌Coleman的旗艦店,店內有如陳列室一樣,登山用品款式比香港店更多更潮,包括跟不同日牌合作的crossover限定版,並附設Coleman Factory維修室。

面積偌大的旗艦店,貨品齊全如陳列室一樣,單是招牌露營椅已有數十款選擇。

專業登山背包,20L容量,只售￥7,452。

雙人戶外用摺椅連小枱。￥5,378

Coleman Japan 40周年限定版帆布背包,外形超時尚。

━Info━
網址:www.coleman.co.jp

潮流露營雜貨
A&F Country

1977年創業的戶外用品店,搜羅世界各地不同戶外品牌用品,特點是造型時尚好看又實用,被露營迷奉為「會買到瘋的專門店」。Mori店面積廣闊,分為露營用品及時尚山系服飾兩部分,全都色彩繽紛。

原木裝潢的A&F,中央還有個以原木條砌成的「洞穴」,內部展售滑水裝備。

各式戶外用品從登山、露營、滑水等分門別類,款式選擇極多。

Made in USA的美國老字號背包品牌Kletterwerks,全人手製作。￥27,000

特設童裝專區,有大量好看又實用的戶外用品,即變山系潮童。

━Info━
網址:www.aandf.co.jp

最強Camping／山系入貨點

東京近郊登山路線！

艷紅色的鐵橋名為「ゴルフ橋」（高爾夫橋），據説昭和初期當地曾有過高爾夫球場。

溪谷有30多處湧泉，四周長滿濕生植物，充滿原始美。

路線：	等々力駅→ゴルフ橋→玉沢橋→稚児大師堂→稲荷堂. 不動の滝→雪月花→等々力不動尊→等々力駅
全長：	1.2km
需時：	15分鐘
難度：	☆

（初級）**東京鬧市中的清泉**

等々力溪谷（等等力溪谷）

東京都內碩果僅存的天然溪谷，由谷澤川一直流向多摩川，從「等々力」駅步行5分鐘即達，堪稱鬧市中的清泉。沿溪設有1.2公里長的步道，高低落差不超過10米，一路鬱鬱蔥蔥、流水潺潺，即使盛夏亦覺清涼。春季有梅櫻盛放、秋季則紅葉夾道，漫步其中絕對療愈身心，恍如世外桃源。途經「不動の滝」（瀑布）、別稱「等等力不動」的「明王院」，還有日式茶寮和雪糕店，被選為世田谷區百景之一。

步出「等々力」駅後轉右，跟著地下的指示石板或滿滿的人潮便是了。

溪谷入口位於「ゴルフ橋」旁邊，沿橋邊樓梯拾級而下即達。

Info

地址： 東京都世田谷区等々力1 - 22、2 - 37～38
網址： http://home.catv.ne.jp/dd/ohmura
前往方法： 東急大井町線「等々力」駅，步行5分鐘，從渋谷駅出發，車程約16 - 21分鐘。

等々力溪谷屬天然形成的侵蝕谷，溪畔步道約1.2公里長，沿途一片鬱蔥。

（地圖）

東急大井町線
等々力駅
溪谷入口
成城石井
ゴルフ橋
等々力溪（步道）
環八通り
玉川野毛町公園
等々力溪谷公園
横穴古墳
不動の滝
等々力不動尊
目黒通り
雪月花
六所神社
溪谷出口
善養寺
多摩堤通り
区立多摩川遊園
玉堤小学
多摩川

圖例：
━━━ 本文所走登山線

等々力溪谷步道

接近不動の滝時先途經「稚兒大師御影堂」，稚兒乃日本佛教開山祖師「弘法大師」的幼年稱號。

用巨石挖空而成的「水手舍」，清澈泉水從山上源源不絕輸送。

等々力溪有多條小橋或棧道橫跨，每條造型都不一樣，留影一流。

沿途高樹參天林蔭夾道，走起來涼風陣陣，即時暑氣全消。

稲荷堂·不動の滝

進入等々力不動尊前的「不動の滝」，乃善信修練的靈場。「等等力」一名，據說正源自轟轟的瀑布聲。

兩道泉水從岩壁奔流而下，修行者則站在瀑布下沖身，但非修行者嚴禁步入。

不動の滝往不動尊的山坡中，還隱藏着威嚴的金岡像。

雪月花

等々力不動尊前的日式茶寮，供應抹茶、甘酒、紅豆湯、刨冰等，內部鋪設榻榻米，可邊欣賞不動の滝，邊品嗜抹茶甜點，乃人氣休息站，每逢假日都客似雲來。

遙香，高級版「即沖」抹茶，樽頂內藏抹茶粉，搖開搖勻即有新鮮抹茶。￥550

「おやき」，唯一鹹點選擇，熱呼呼的包子裏着滿滿的「野沢菜」，即是我們的雪菜，但爽脆彈牙，好吃！￥500

茶寮門口撐住一把巨型紅傘，已成Selfie勝地。

---Info---
地址：東京都世田谷区等々力1 - 22 - 47
營業時間：平日1100 - 1600；
　　　　　　周六、日1000 - 1600
休息：逢雨天
網址：www.manganji.or.jp/oyasumi.htm

等々力不動尊

由真言宗派的興教大師所創，最早始建於平安時代，本堂則於江戶時代末期建造，供奉修驗道開山鼻祖「役之行者」的不動明王，為關東三十六不動尊靈場之一，故一年到晚都有善信來朝聖。

人氣第一「バニラ」（雲呢拿／香草）味軟雪糕，口感軟綿富奶香。￥300

參拜前請先到「水手舍」，清洗雙手及漱口。

據說等々力不動尊能夠締結姻緣，對祈求交通安全和學業成就也特別靈驗。

寺內的小食店「四季の花」，專售不動尊名物「不動まんじゅう」（不動饅頭，￥100／個）和飲料。

---Info---
地址：東京都世田谷区等々力1丁目22番47号
網址：www.manganji.or.jp

13個親子遊推薦！

藍色尖頂的「姆明之家」Muumitalo乃園區地標，內部還原姆明家的生活起居。

埼玉縣 **真・姆明谷**　　　**MAP：封面摺頁**

Moominvalley Park
(姆明主題公園)

繼芬蘭後，亞洲首個、全球第2個姆明主題公園，坐落東京近郊的埼玉縣南部，池袋出發車程只1個小時。佔地7.3公頃，藏身森林湖畔、北歐風的自然景色中，重現《The Moomins》故事中的各個場境。

園內分為姆明谷「Muumilaakso」、大門「Poukama」等4大區域，焦點包括真實還原的「姆明之家」、姆明展覽館Kokemus，還有多個互動遊樂設施、真人劇場、主題餐廳，以及大量限定精品。姆明家族「真人」不時現身給你集郵，打卡度爆燈。旁邊更有購物街和土產市場，足夠消磨大半天。

下車後，先會經過餐飲街metsä village，和大型土產市場market Hall。

繪本造型的巨型大門Poukama是第一個打卡位，代表姆明世界的開始。

乘西武池袋線到「飯能駅」，於北口1號巴士站，便有開往姆明公園的巴士。

樓高5層的「姆明之家」，內部還原姆明家的家居，可參加免費導賞團。

Info

地址：埼玉県飯能市大字宮沢327-6 metsä
電話：05-7003-1066
開放時間：平日1000-1700；
　　　　　　周六日及假期1000-1800
入場費：成人￥3,200、
　　　　　　小童(中小學生)￥2,000
網址：https://metsa-hanno.com/
前往方法：池袋乘西武池袋線到「飯能駅」(急行車程約50分鐘)，於北口1號巴士站轉乘往「metsä」的直行巴士，至終站下車。

姆明爸爸的「沖涼小屋」矗立湖畔，配上浪漫紅葉，風景美如北歐小鎮。

展覽館Kokemus，將原著繪本放大並立體化呈現，有大量打卡場景。

露天劇場Emma teatteri，每日有3場真人劇場，姆明、科妮、阿美勁歌熱舞。

郵局POSTI內，有很多有趣的姆明明信片和文具精品。￥660

姆明家族真人現身：

姆明家族角色「真人」，不時現真身給你近距離集郵打卡！

森林中忽見「浪子」打扮男生，原來是真人版史力奇！

限定精品：

園內有8間精品店，其中展覽館地下的一家最大，有大量限定品。

最受歡喜限定精品，一定是姆明家族公仔扣，可以夾在身上。￥2,100

芬蘭PUULELUT姆明家族木質公仔，每隻木紋都不一樣。￥4,180

世界小鎮區，由微型藝術家打造的原創世界，暗藏30個活動機關。

台場 世界最大迷你世界
MAP: P.389 F2

SMALL WORLDS TOKYO

　2020年於台場開幕，佔地8,000平方米，世界最大的室內型微縮世界。分為6大展示區：太空中心區、世界小鎮區……焦點是美少女戰士、新世紀福音戰士格納庫，以及「新世紀福音戰士第3新東京市」。模型均以1:80比例製作，運用日本獨家科技，打造成「會動的」迷你世界。每隔15分鐘日夜交替，風景截然不同，就連摩天輪都有燈光特別效果。

美少女戰士區域，重現漫畫中以水晶打造的未來世界「Crystal • Tokyo」。

其中一棟大廈天台，可找到對望中的Sailor Moon與禮服蒙面俠。

細心睇，發現每個迷你人偶的擺放都有故事性，且動作有趣。

新世紀福音戰士區，完美重現被使徒襲擊的「第3新東京市」世界。

Figure Gallery，顧客可透過3D掃描製作自己的迷你人偶。1:80 ￥2,000、1:35 ￥3,500

報告！發現混入人群中的使徒！

新世紀福音戰士格納庫，可看到各EVA機從發射台彈射的經典場景。

Info

地址：東京都江東區有明1-3-33 有明物流Center
開放時間：1100-1900（每日不同）
入場費：成人￥2,700、12～17歲￥1,900、4～11歲￥1,500
網址：https://www.smallworlds.jp
前往方法：ゆりかもめ線（百合海鷗線）「有明テニスの森駅」，步行3分鐘；りんかい線（臨海線）「國際展示場駅」，步行9分鐘。

如同白色梯田般的小山丘建築，每層斜面都是大型溜滑梯或攀岩牆。

横浜 全球首座親子公園

UNIQLO PARK

　　2020年開幕，開宗明義主攻親子的最新旗艦店。坐落橫浜港灣三井OULET旁邊。佔地3,300平方米，連屋頂花園樓高4層，純白色梯田般的臨海建築，如同一座立體大公園，由著名建築師藤本壯介設計，以「既是公園，也是店鋪」為概念，將溜滑梯、攀岩牆、繩網陣等遊玩融入建築中。內部集合UNIQLO與GU，童裝專區特大。小朋友放電之餘，打卡度更是滿分！

建築師將溜滑梯、攀岩牆、繩網陣等，完美地融入建築中。

坐落橫浜港灣三井OULET旁邊，可眺望橫浜海灣美景。

3樓有集合UNIQLO與GU的童裝專區，從嬰幼兒到中童俱全。

1樓UT專區有客製服務「UTme」，大可即場製作獨一無二的親子裝。

2樓GU特設Shoes Lab，牆身掛滿鞋履如同裝置藝術品，定價便宜。

親子必遊：橫浜
橫浜市內有大量親子向的景點，就近東京，交通超方便。

UNIQLO x Disney KIDEA系列，幼兒夾棉睡衣。
￥1,990

Info

地址：神奈川県横浜市金沢区白帆6-5
電話：045-350-5057
營業時間：1000-2000
網址：https://map.uniqlo.com/jp/ja/detail/10101653
前往方法：JR京浜東北・根岸線至「新杉田駅」，轉乘Seaside line至「鳥浜駅」下車，徒步8分鐘。

入口旁的「杯麵之牆」，展出3,000多件來自世界各地的杯麵，壯觀非常！

「安藤百福」生平

安藤百福（1910 - 2007年），台裔日籍，生於台灣嘉義縣，乃日本日清食品的創辦人。1958年，於位於池田市的寓所中，研製出世上首個即食麵「雞湯拉麵」。其後他到美國視察時，看見超市員工把雞湯拉麵敲碎後放進杯子中食用，因而啟發他於1971年，再發明出世上首個杯麵，被譽為「即食麵之父」。

提提你

橫浜 合味道紀念館

13個親子遊推薦

安藤百福発明記念館
（CUPNOODLES MUSEUM）

要數20世紀最偉大發明，非「杯麵」莫屬，由日清食品創辦人安藤百福於1971年所發明。繼大阪的即食麵發明館，2011年再於橫浜市開設合味道紀念館，找來日本廣告及設計界猛人佐藤可士和先生作創意總監，介紹60多年的即食麵歷史。除了大受歡迎的杯麵DIY「My Cupnoodles Factory」、雞湯拉麵體驗工房、環球拉麵街「NOODLES BAZAAR」等等之外。焦點是MUSEUM SHOP有大量橫浜限定，以及佐藤可士和先生監修的設計紀念品。

環球拉麵街「NOODLES BAZAAR」，集合8國家的特色美食，包括越南牛肉河粉。

杯麵DIY「My Cupnoodles Factory」，只需付￥300，即能親手製作獨一無二的杯麵。

百福研究小屋，仿照昔日安藤研發即食麵時所用的小木屋。

Chicken Ramen Factory，由導師帶領小朋友從搓麵粉到炸麵，做出獨一無二的雞湯拉麵。收費￥500（須預約）

!!! CUPNOODLES MATRYOSHKA

MUSEUM SHOP有大量橫浜限定，以及佐藤可士和先生監修的設計紀念品。cupnoodle matryoshka￥10,000

Info

地址：神奈川県橫浜市中区新港2－3－4
電話：045 - 345 - 0918
開館時間：1000-1800
　　　　　（最後入館1700）
休息：逢周二
入館費：成人￥500、高校生以下免費
網址：www.cupnoodles-museum.jp/chinese
前往方法：みなとみらい線「みなとみらい」駅或「馬車道」駅，徒步約8分鐘。

在購物商場廣場，麵包超人節目，載歌載舞之餘，更會帶領小朋友做體操，不懂日文也玩得開心。

©Takashi Yanase / Froebel-kan,TMS,NTV

横浜 横浜最佳親子樂

横浜麵包超人兒童博物館

　　2007年開幕，乃日本首個麵包超人兒童博物館，樓高3層，分為需購票入場的博物館，以及免費進入的購物商場兩部分。先來博物館：3樓有卡通立像群、景觀模型、體驗型遊樂場等，大量攝影場景；2樓有迷你商店街和遊戲教室；1樓有劇場和滑梯、幼兒活動區。購物商場部分則集合22家主題商店與食肆，由理髮店、DIY專門店，到影樓俱備，還有角色造型麵包與限定精品，無論大小朋友一樣玩得盡興。

横浜麵包超人兒童博物館佔地廣達0.7公頃，分為3層的博物館，以及購物商場兩部分。

果醬叔叔麵包工場（麵包店），麵包超人、細菌人等角色麵包，可愛得不捨得吃！￥310 - 390

麵包超人Hair Salon，座椅設計勁有心思，每個座位前還有電視播放《麵包超人》動畫。

Info

地址：神奈川県横浜市西区みなとみらい4 - 3 - 1
電話：045 - 227 - 8855
横浜麵包超人兒童博物館
開放時間：1000-1700(最後入館1600)
入場費：博物館成人及1歲以上小童
　　　　￥2,200～2,600；商場免費
網址：www.yokohama-anpanman.jp
前往方法：みなとみらい線「新高島」駅，徒步約7分鐘。

面積雖不大，小動物亦不算多，勝在可以近距離接觸。

另一邊廂飼有天竺鼠、小雞等小動物，可以用手摸。

園的水豚是明星，冬季會在室內浸浴；夏天則會在戶外日光浴。

不止用手摸，還可以親手餵飼，動物都很溫馴，幼童都OK！

横浜 親親水豚君！小動物園

Anitouch港未來
（アニタッチみなとみらい）

　　伊豆仙人掌動物園開設的室內動物園，坐落橫浜港WORLD PORTERS商場內。飼有水豚、環尾狐猴、二趾樹懶、獴、土撥鼠、紅腿貓頭鷹等，約20種類、300多隻小動物。面積雖不大，勝在可以近距離接觸，而且落雨都不怕。

MAP：封面摺頁

─────── Info ───────
地址： 神奈川県横浜市中区新港2-2-1横浜
　　　　WORLD PORTERS 2F外側Deck Street
開放時間： 平日1030-1900；
　　　　　　周六日及假期1030-2100
入場費： 平日成人￥1,500、
　　　　　4歲-小學生￥800
　　　　　周六日及旺季成人￥1,800、
　　　　　4歲-小學生￥1,000
*3歲以下 免費
網址： https://anitouch.jp/
前往方法： JR線「桜木町」轉乘空中覽車，
　　　　　　步行約5分鐘。

13個親子遊推薦

過山車Diving Coaster「Vanish！」，尾段突然往水池俯衝，刺激度爆燈。收費￥700

摩天輪「Cosmo Clock 21」112.5米高。收費￥900

除了嚇破膽的機動遊戲，也有小朋友最愛的Battery Car，可以「自駕」麵包超人。

横浜 海景遊樂園

Cosmo World

　　1999年開園，佔地超過22萬平方呎的都市型遊樂園。不但免費入場，更座擁MM21港區無敵海景。規模雖小，但刺激玩樂不少，人氣必玩包括橫浜地標摩天輪「Cosmo Clock 21」、世界第一個落水過山車「Diving Coaster Vanish！」，以及2018年新增的世界第一高VR激流等等。

急流滑梯「Cliff・Drop」～絕叫Grandprix～，從400米長的急流滑梯俯衝下來，水花四濺。收費￥700

─────── Info ───────
地址： 神奈川県横浜市中区新港2丁目8番1号
電話： 045 - 641 - 6591
開放時間： 1100 - 2100
　　　　　　（周六、日1100 - 2200）
入場費： 入園免費；遊戲收費￥100 - 900
網址： http://cosmoworld.jp
前往方法： みなとみらい線「みなとみらい」
　　　　　　駅，徒步約2分鐘。

旅客可隔着玻璃，一睹從切麵、蒸麵到油炸等，整個點心麵的製作過程，更附設Food court，提供鮮炸點心麵。

鮮炸點心麵，可自選配料，有粟米蛋黃醬、中華肉片等選擇。￥550

紀念品店有多款限定口味和精品。

横浜 童星點心麵館
Baby Star Land

　　從小吃到大的「童星點心麵」主題館，位於中華街橫濱博覽館的2樓，旅客可一睹點心麵的製作過程，品嚐現場新鮮炸起的點心麵之餘，還可以自選配料。紀念品店更有多款限定口味和精品，食買玩俱備！

Baby Star Land位於博覽館2樓。

Info
地址： 神奈川県横浜市中区山下町145番地
　　　　横浜博覧館2/F Snack factory
電話： 045 - 640 - 0081
開放時間： 1000 - 2000
　　　　　（周六及假期前夕1000 - 2100）
入場費： 免費
網址： www.oyatsu.co.jp/enjoy/land
前往方法： みなとみらい線「元町中華街」駅2
　　　　　番出口，步行約3分鐘。

場內以昭和年代的下町街景為主題，氣氛懷舊。

昭和風下町主題裝潢，佈置逼真。

集合全國拉麵名店的麵碗打卡牆。

横浜 懷舊拉麵街
新横浜ラーメン博物館

　　1994年開幕，樓高3層的拉麵主題街，仿照日本50、60的年代的下町而建的主題街景，集合9家來自日本各地的人氣拉麵店，還有介紹拉麵歷史文化的展覽。人氣麵店包括橫浜本地的「支那そばや」、山形縣的「龍上海本店」等等。

MAP：見封底摺頁

來自沖繩那覇的名店「通堂」，有黑碗的豚骨湯，和紅色碗的雞骨湯兩款。￥1,080

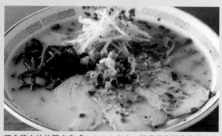

源自熊本的拉麵名店「こむらさき」，豚骨湯拉麵的代表。王様ラーメン￥850

Info
地址： 神奈川県横浜市港北区新横浜2-14-21
電話： 045 - 471 - 0503
新横浜拉麺博物館
開放時間： 1100-2100（假日1030-2100）
入場費： 成人￥380、小中高校生￥100
網址： www.raumen.co.jp
前往方法： JR東海道新幹線、JR横浜線、横
　　　　　浜市営地下鉄線「新横浜」駅，徒
　　　　　步約5分鐘（横浜市営地下鉄8番
　　　　　出口，徒步約1分鐘）。

見學當日，遇上ANA常用的波音737小型客機正進行檢查，132個座位，全長31公尺，如此龐然大物，現在就擺在眼前！

服務台登記後，學員會獲發參觀證，見學完還有小禮物贈送。

羽田 飛機維修工場見學

ANA機体工場

其實日航（JAL）都有維修工場見學，之所以選擇全日空（ANA），全因這裏是木村主演日劇《GOOD LUCK》的拍攝場地。「ANA機体工場」位於羽田空港，見學Tour完全免費，每日有4場，每場約90分鐘，學員觀賞完短片介紹、導賞員講解後，便是重點的「格納庫」（維修機棚）參觀。跟着導賞員環繞維修機棚一圈，逐一講解飛機維修的種種知識，近距離一睹維修員的工作情況。平日只能「遠觀」的飛機，現在就擺在眼前，那股震撼，無論是否航空迷都必定瘋狂！

MAP：P.封面摺頁

13個親子遊推薦

每台引擎價值高達13至20億日元，原來扇葉中心印了「鳴門」（漩渦）圖案。

由於停機坪為禁區，學員只可站在棚內遠眺。

ANA機体工場見学
費用：全免
見學語言：日語
網上預約：
www.ana.co.jp/group/kengaku/how.html

── Info ──

地址：東京都大田区羽田空港3‧5‧4
休館：逢週六、日及假期
網址：www.ana.co.jp/group/kengaku
前往方法：
山手線「浜松町」駅，轉乘「東京モノレール」（Monrail）至「新整備場」駅（請選乘「各停」的普通車），穿過隧道後右轉，再沿馬路直走約15分鐘即達。

ANA機体工場位於羽田空港旁的「新整備場」駅，出站後需沿馬路直走約15分鐘才能到達。

現場還有1：1的駕駛艙給你Selfie，操控桿、標靶等都是貨真價實！

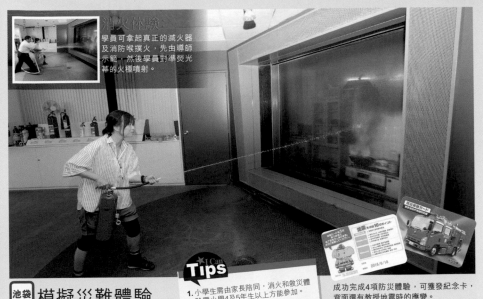

消火体験：
學員可拿起真正的滅火器及消防喉撲火，先由導師示範，然後學員對準熒光幕的火種噴射。

成功完成4項防災體驗，可獲發紀念卡，背面還有教授地震時的應變。

13個親子遊推薦

池袋 模擬災難體驗

池袋防災館

　　日本消防廳設有多個「防災教育中心」，而位置最方便的，首選「池袋防災館」。位於池袋消防署4-5樓，每日提供多款防災體驗Tour，最齊備的「基本コース」（Course）全程100分鐘，包括地震、濃煙、消火、救急/救助4項模擬體驗，以及短片欣賞，體驗7級地震的「滋味」。每個體驗約25分鐘，全程由退役消防員導師講解，好玩之餘又極富教育意義。

MAP: P.204 A4

Tips

1. 小學生需由家長陪同，消火和救災體驗需小學4及5年生以上方能參加。
2. 需於開場前10分鐘抵達。

防災体験Tour
體驗時間：
基本Course　0930、1300、1500
（每場約100分鐘）
Short Course　1110 - 1200
（地震体験加影片欣賞）
お昼休地震体験　1200 - 1230
費用：全免
見學語言：日語（導師能説簡單英語）
參加方法：
旅客可即場報名，但周末或下午時段容易額滿，建議請下榻的酒店或旅館職員幫忙致電預約。
預約狀態表： www.tfd.metro.tokyo.jp/hp - ikbskan/yoyaku1.pdf

地震体験：
學員可選擇震度有1至7級，畫面亦有戶外、家居等選擇。

煙体験：
學習火警時的逃生方法。學員要在煙霧瀰漫、伸手不見五指的窄巷中尋找出口。

「池袋防災館」位於池袋消防署4-5樓，旅客請先到4樓服務台報名。

Info

地址：東京都豊島区西池袋2 - 37 - 8
東京消防庁池袋都民防災教育センター 4 - 5 / F
電話：03 - 3590 - 6565
開放時間：0900 - 1700
休息：逢周二、每月第3個周三
網址：
www.tfd.metro.tokyo.jp/hp - ikbskan
前往方法：JR「池袋」駅南口或西口，徒步約5分鐘。

救助体験：
學習救援工作，依照導師示範，利用槓桿原理抬起瓦礫，救出傷者。

必掃防災用品
4樓「紀念品corner」除了有售消防廳的紀念商品，還有大量防災用品和食品，不妨買來預備「不時之需」。

「淨水器」飲管，能將污水過濾成清潔的飲用水，每支能過濾100升。¥2,190

13個親子遊推薦

池袋 食物模型製作體驗
大和サンプル製作所

　　日本餐廳櫥窗的食物模型（食品サンプル），向來逼真得令人嘖嘖稱奇，其實製作過程比魔術還要神奇。位於北池袋的體驗教室「大和」，就提供多種食物模型製作體驗。最受旅客歡迎的「天婦羅生菜Set」歷時約40分鐘。將熱溶了的塑膠蠟，運用不同技巧擠入溫水中，揉揉捏捏，即變成幾可亂真的食品模型。好玩之餘，製成品也似模似樣，超有成功感！

導師先示範，然後到學員做。本來有一定難度，但神奇地只要跟着導師一步步做，完成品也似模似樣，現場的架妹學員都玩得勁開心！

体験教室
收費：天婦羅生菜Set￥1870(約40分鐘)
體驗時間：
天婦羅逢周六、日及假期1100、1200、1300
其餘體驗1000 - 1600 (每小時一場)
教學語言：日語、英語
網上預約：
www.veltra.com/en/asia/japan/tokyo/a/113374（英語）
http://yamato - sample.com/hpgen/HPB/entries/9.html（日語）

用手指執住已凝固的邊位，輕輕按入溫水中，並緩緩往後拉，瞬間便成一大片生菜，神奇過變魔術！

接着做天婦羅，將黃色蠟汁慢慢倒入溫水做麵衣，再夾上南瓜。

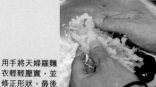

用手將天婦羅麵衣輕輕壓實，並修正形狀，最後放冷水定形。

學員一共可製作兩件天婦羅（炸蝦、南瓜各1件），以及1個生菜。

Info

地址：東京都豊島区上池袋4 - 18 - 2立松マンション101
電話：03 - 5980 - 8099
營業時間：1000 - 1730
休息：逢周三、四
網址：www.yamato - sample.com
前往方法：東武東上線「北池袋」駅，徒步5 - 8分鐘。

大堂的放大版沙律醬乃「Kewpie Gallery」，足足有50倍大，面前還擺滿可愛的蔬菜椅子，乃人氣拍照位！

Tips

1. 建議至少2個星期前預約。
2. 小學生以下需有家長陪同方能參加。
3. 需於開場前15分鐘抵達。
4. 參觀模擬工廠時，不能拍照。

調布 Kewpie沙律醬見學
MAYO TERRACE

以BB為Logo的Kewpie（丘比），於1925年生產出日本第一支沙律醬（蛋黃醬），從此改寫日本人的飲食文化。2014年開幕的見學中心「MAYO TERRACE」，前身為60年歷史的「仙川工場」，座落東京都調布市，交通超方便。每日提供4場見學活動，歷時約90分鐘。全程有導賞員帶領，參觀Kewpie Gallery和模擬工廠，以雞蛋的視點，體驗沙律醬的生產過程。最後還有實驗廚房，可試吃自己調配的沙律醬。見學完全免費之餘，還有大堆禮物贈送，難怪成為親子遊首選！

館內隨處可見Kewpie BB和沙律醬的蹤影，無論女生還是小朋友都大愛。

Kewpie BB布偶。￥1,700

見學中心座落東京都調布市，佔地800平方米。

見學後會收到大堆禮物，包括兩支沙律醬和食譜；小朋友還有Kewpie公仔和文具套裝。

導賞員正介紹Kewpie的品質管理，所用原料的食用限期都需經QR code確認。

Kewpie Kitchen試食，工場會提供沙律菜和各式調味料，給你自行調配不同味道的沙律醬。

マヨテラス見學
見學時間：1000～、1150～、1340～、1530～（每場90分鐘）
費用：全免
見學語言：日語
網上預約：www.kewpie.co.jp/mayoterrace/reservation

Info

地址：東京都調布市仙川町2-5-7 仙川キューポート（Kewpie Port）
電話：03-5384-7770
休館：逢週六、日及假期
網址：www.kewpie.co.jp/mayoterrace
前往方法：京王線「仙川」駅，徒步約7分鐘即達。

13個親子遊推薦

東京必玩遊園地！

2020年登場的全新美女與野獸城堡，高達30公尺，神還原故事中的華麗建築。

舞浜 人氣第一夢幻樂園

東京迪士尼樂園（Tokyo Disneyland）

　　1983年開園，座落東京近郊的千葉縣浦安市，是亞洲首個、也是美國以外首個據點，訪客人數一直是世界第一！整個度假區佔地200公頃（包括迪士尼海洋等），其中迪士尼樂園面積51公頃，分為7大主題園區，擁有39個玩樂設施，獨家設施包括「星際旅行：冒險續航」及「怪獸電力公司迷藏巡遊車」。並經常有新設施推出，還有大量表演項目，以及日本獨家的限定精品，足夠玩足一整天。2022年還有全新的《美女與野獸》城堡，以及全新遊樂設施「Baymax Happy Ride」登場。

樂園每日都有多場迪士尼明星表演，其中西部樂園的廣場樓閣舞台，就有米奇米尼領軍的「超級跳跳跳」。

© Disney

園內的戶外洗手盤為「隱藏彩蛋」，一按即有米奇形洗手泡沫。

Baymax Happy Ride，首個以電影《大英雄聯盟 - 醫神》為主題的全新遊樂設施。

© Disney

晚上還有長達20分鐘的夢幻投影Show「童話之夜」。

Info

地址：千葉県浦安市舞浜1-1
開園時間：約0830-2100（請查詢官網）
入場費：
1 Day Pass成人￥7,900～9,400、青年（12 - 17歲）￥7,000～7,800、小童（4 - 11歲）￥5,000～5,600
網址：www.tokyodisneyresort.jp/
前往方法：JR京葉線、武藏野線「舞浜」駅南口直達。東京車站出發，車程最快13分鐘。

明日樂園(Tomorrowland)：

重點：星際旅行：冒險續航、太空山、巴斯光年星際歷險、怪獸電力公司「迷藏巡遊車」。

© Disney / Pixar

「巴斯光年星際歷險」，玩家需拿起光線槍，與巴斯光年一同對抗邪惡的札克大王。

東京獨有的「怪獸電力公司迷藏巡遊車」，玩家要拿起手電筒找出怪獸，老幼咸宜。

© Disney

「太空山」，搭上火箭高速穿梭銀河系，乃園內最刺激的遊戲。

動物天地 (Critter Country)：

重點：飛濺山

© Disney

「飛濺山」，乘坐木舟暢遊動物世界，結尾從16公尺高、45度傾斜的瀑布俯衝而下，尖叫聲不絕。

樂園攻略：

1.網上購票

迪士尼門票已全面改為線上售票，票價分為￥7,900、￥8,400、￥8,900、￥9,400四種，依淡旺季及估計來園人數而定，3歲以下免費入園。旅客可於迪士尼官網、各大旅行社、Disney Store、迪士尼酒店、kkday、Klook等購買。

▶ 東京迪士尼樂園（陸地）、東京迪士尼海洋門票獨立分開售售。
▶ 目前，兩日護照、3日、4日魔法護照等方案皆暫停販售。

2.入園人數預測

購票前，可到東京迪士尼入園人數預測網站，參考不同日期的預計入園人數、樂園營業時間等各項因素，再決定前往日期。

網址：www15.plala.or.jp/gcap/disney/

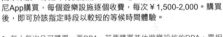

3.下載官方App

一定要下載迪士尼官方手機App，除可查看各遊樂設施的實際等候時間，還可以購買樂園門票、抽選預約等候卡Standby Pass、購買Disney Premier Access、報名體驗活動Entry Request，以及預約餐飲設施優先入席等等，非常有用。但要留意，預約Standby Pass等操作需入園後才可使用，建議入園前先下載妥迪士尼App。

立即下載：

Google Play
で手に入れよう

App Store
からダウンロード

各遊樂設施的即時等候時間，一目了然！

▶ **注重：**
官方App有鎖定手機區域，下載前需將手機的地區改成日本，並允許迪士尼App取得手機定位。

4.三大新Fast Pass

2022年5月起，東京迪士尼已全面取消Fast Pass，取代之是使用迪士尼App購買或抽選的Disney Premier Access、Standby Pass 和 Entry Request。

購買DPA後，需於該指定時段到設施排隊。

Disney Premier Access（DPA / 迪士尼尊享卡）

簡單來說，即是「付費版的Fast Pass」。旅客入園後，透過迪士尼App購買，每個遊樂設施逐個收費，每次￥1,500-2,000。購買後，即可於該指定時段以較短的等候時間體驗。

▶ 每人每次只可購買一張DPA，若要購買其他遊樂設施的DPA，需相隔 60分鐘，或搭乘完該設施後，才可再次購買。
▶ 除透過迪士尼App以信用卡購買外，亦可於樂園內的「大街服務所（Main Street House）」購買。
▶ DPA每日發行數量有限，售完即止。
收費：每次￥1,500-2,000(需入園後可購買)

可使用遊樂設施：
東京迪士尼陸地美女與野獸「城堡奇緣」、杯麵歡樂之旅、飛濺山
東京迪士尼海洋玩具瘋狂遊戲屋、驚魂古塔、翱翔：夢幻奇航、地心探險之旅

Standby Pass（SP / 預約等候卡）

類似昔日的Fast Pass，即是免費版的等候卡，樂園會依照當日人潮，為部分人氣遊樂設施推出Standby Pass。旅客入園後，即可透過迪士尼App抽選SP，並於指定時段至現場排隊。
收費：免費

可使用遊樂設施：
幽靈公館、米格勒黃金國快餐中心、船塢邊快餐館...等

▶ 發行Standby Pass的設施，每日按實際情況而變更，詳情留意App公報。
▶ 人潮不多時未必會發SP；人潮太多時，可能整天只限持有SP卡的旅客排隊。
▶ 每抽選完一次SP時，需相隔兩小時才能抽下一次。

入園後，於App按My Plan即可抽選Standby Pass。

Entry Request（報名體驗）

部分園區體驗如舞台表演及與迪士尼明星合照的「迪士尼明星迎賓會」，現在須透過迪士尼App報名才可體驗。

▶ 每個設施每日只可報名體驗1次，但次數將不因報名結果而變更。

節省輪候時間Tips：
除了一入園即預約Standby Pass、購買DPA，其實入園後第一時間跑去人氣的遊樂設施更有效，隨時不用排隊！
1.留意開園時間
越早入園越能抽到較多的免費SP，官方開園時間為0900，但其實平日0830已開園，周六、日假期更早至0815。想快人一步，建議至少提早1小時排隊入園。
2.入住迪士尼酒店
住客尊享開園時間提前15分鐘，從特殊通道入園，並享有入園保證。
3.預先規劃行程
園區佔地極廣，出發前先睇熟園區地圖，預先規劃玩樂路線，可大大大節省撻路時間。目前，人氣遊樂設施包括：美女與野獸「城堡奇緣」、太空山、巴斯光年、怪獸電力公司等。

東京必玩遊園地

卡通城(Toon Town)：

重點：高飛遊漆屋、艾芝迷你雲霄飛車

主打適合小朋友的遊樂設施，園區內的建築猶如童話世界，拍照一流。

探險樂園(Adventureland)：

重點：加勒比海盜、叢林巡航：勇闖野生世界

「叢林巡航：勇闖野生世界」，10分鐘的叢林之旅，沿途見盡鱷魚、獅子等野生動物，夜晚還有燈光效果。

西部樂園(Westernland)：

重點：巨雷山

「巨雷山」，乘坐採礦列車在坑道瘋狂奔馳，經歷一連串驚險無比。

夢幻樂園(Fantasyland)：

重點：幽靈公館、小小世界、小熊維尼獵蜜記

「小熊維尼獵蜜記」乃夢幻樂園最受歡迎遊戲，坐上蜜糖甕穿梭森林尋找蜜糖。

Character greeting：

園內設有3個迪士尼明星迎賓會地點，正門入口有兩個會面點，不同角色輪番出場；而卡通城的米奇公館則只有米奇。

正門入口兩旁經常有迪士尼明星忽然現身，很易「野生捕獲」！

日／夜間巡遊：

夜間巡遊「電子大遊行～夢之光」，花車加上五光十色的LED燈，效果更繽紛精彩。

日間巡遊名為「幸福在這裡」，從幽靈公館出發，繞過灰姑娘城堡直至小熊維尼獵蜜記。

迪士尼必吃：

各式餐廳和小吃攤遍布樂園。三眼仔和菓子連造型盒￥880

芝士牛肉漢堡套餐，明日樂園舞台餐廳有售。￥980

抵食推介：探險樂園的「中國航海家」，中華冷麵套餐「ポイジャーセット」，連飲品及甜品只售￥1,580。

限定爆谷桶：

香港迪士尼只得一款爆谷桶，但東京迪士尼則有多達13款角色造型，還經常有新造型或特別版推出。不同遊玩設施附近都有相應角色的爆谷桶發售，像Star Wars、Toystory等都是人氣之選。售價：￥2,100

Star Wars爆谷桶售賣店位於明日樂園，面積最大。

東京必玩遊園地

迪士尼必買：

Toy Story迷你積木。
¥1,400 - 1,600

米奇手飯勺、米奇腳飯勺座。
各¥500

巴斯「開口」原子筆。各¥850

白雪公主Costume圍裙。
¥3,500

《怪獸公司》毛毛及跳跳虎帽。¥2,800

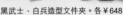

黑武士、白兵造型文件夾。各¥648

三眼仔護腕。¥850

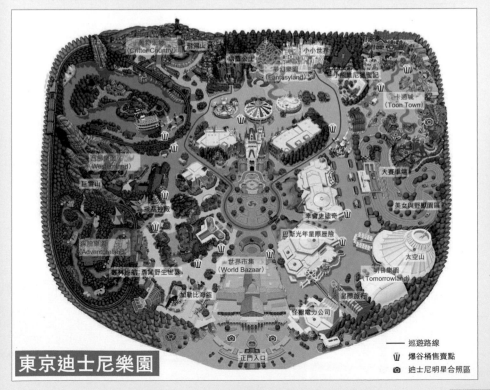

東京迪士尼樂園

—— 巡遊路線
爆谷桶售賣點
迪士尼明星合照區

東京必玩遊園地

入口廣場的巨型地球噴泉「水之行星」乃樂園地標，旁邊還有15周年紀念的「美好心願年」金色帆船。

舞浜 全球唯一海洋主題
東京迪士尼海洋
（Tokyo DisneySea）

2001年開幕，乃全球唯一以海洋為主題的迪士尼樂園。佔地49公頃，分為地中海港灣、美國海濱、發現港、失落河三角洲、阿拉伯海岸、美人魚礁湖及神秘島7大「主題海港」區域。相比起隔壁的東京迪士尼樂園，遊樂設施更為刺激，更適合成年人。焦點包括亞洲唯一的「Toy Story Mania!」，以及獨創的吉祥物「Duffy」熊。2024年還有全新園區「Fantasy Springs」，內有《冰雪奇緣》、《魔法奇緣》、《小飛俠》3大新主題區域。

佔地49公頃的東京迪士尼海洋，環境充滿異國情調與電影元素，取景拍照一流。

每晚，地中海港灣都會上演歷時20分鐘的水上表演「Fantasmic!」，巨大水幕加上鐳射燈光及煙火效果，場面震撼。

失落河三角洲的「憤怒雙神」，乘坐古典運石車急速穿梭石神像之間，帶來天翻地覆的驚險體驗。

全新遊樂設施「翱翔：夢幻奇航」，乘上以飛行為主題的「夢想飛行器」翱翔世界。

Toy Story Mania！

必玩

位於美國海濱的「Toy Story Mania！」，玩家戴上3D眼鏡，穿梭三輯《Toy Story》的玩具世界，乃全園人氣第一遊戲，謹記入場後第一時間來索取Fast Pass。

「Toy Story Mania！」只設小型精品車，獨家精品很少。

迪士尼海洋必買：Duffy熊

「Duffy」熊是東京迪士尼海洋獨創的角色，地中海港灣的「迪士尼商場」便有最多Duffy精品。

Duffy熊公仔。￥3,900

Duffy爆谷桶售，賣點位於「發現港」與「美國海濱」之間。￥2,500

Disney Resort Line

環繞「東京迪士尼度假區」一周的單軌電車，設有4個車站，連結JR舞浜駅（南口）、迪士尼樂園、迪士尼海洋及度假區酒店。每4至13分鐘一班，票價劃一為￥260。*可使用Suica或PASMO付款。

車窗和扶手環都有米奇造型，粉絲記得自拍。

失落河三角洲 (Lost River Delta)
忿怒雙神
風暴騎士
阿拉伯海岸 (Arabian Coast)
發現港 (Port Discovery)
美人魚礁湖 (Mermaid Lagoon)
神秘島 (Mysterious Island)
海底兩萬哩
地心探險之旅
美國海濱 (American Waterfront)
地中海港灣 (Mediterranean Harbor)
驚魂古塔
Toy Story Mania！
海濱廣場
正門入口
P

東京迪士尼海洋

Info

地址：千葉県浦安市舞浜1-13
開園時間：約0830-2100（請查詢官網）
入場費：1 Day Pass 成人￥7,900～9,400、青年（12-17歲）￥7,000～7,800、小童（4-11歲）￥5,000～5,600
網址：www.tokyodisneyresort.jp/
前往方法：從迪士尼樂園往迪士尼海洋，須乘搭樂園單軌列車「Disney Resort Line」，至「Tokyo DisneySea駅」。車費成人乃￥260、小童￥130

高飛車，車廂駛到最高點時突然下墜，以世界最大傾斜度（121度）過山車，列入健力氏世界紀錄大全。￥2,000

東京必玩遊園地

山梨 富士山下最刺激樂園

富士急HIGHLAND（Fuji - Q）

1961年開園，座落富士山山麓，距離東京市中心約2小時車程，全免費入場。以擁有全日本最多「絕叫系」機動遊戲而聞名，包括4大過山車：世界最大傾斜度「高飛車」、最大落差「FUJIYAMA」、時速172公里「DODONPA」、世界最多旋轉數「eejanaika」、可自由操控旋轉的「テンテコマイ」，還有史上最恐怖鬼屋「戰慄迷宮」、動漫迷朝聖地「EVANGELION The Flight」、親子必玩的「THOMAS LAND」、「ゲゲゲの妖怪横丁」等等。2022年再升級，新增高空景觀台「FUJIYAMA SKYDECK」、日本最高最長溜滑梯「FUJIYAMA SLIDER」，以及高空散步「FUJIYAMA WALK」等3大新設施。

© 2017 Gullane(Thomas)L

THOMAS LAND，小朋友可乘坐Thomas小火車暢遊，還有各式兒童遊戲、森林迷宮、3D劇場、兒童餐廳等。

eejanaika（ええじゃないか），座位以前後方向迴轉，以時速126km旋轉大迴環，加上雙腳懸空，像被拋到半空中一樣驚嚇！￥2,000

Info

地址：山梨県富士吉田市新西原5 - 6 - 1
電話：0555 - 23 - 2111
開園時間：平日0900 - 1700；
　　　　　周六、日0900 - 1800*
休息：每月不定休，出發前請查詢官網
入場費：免費入場；遊戲逐項收費 ￥400 - 8,000
網址：www.fujiq.jp
*開園時間依季節各異，詳情請查詢官網。

前往方法：
1. 東京駅、新宿、池袋、羽田空港均設有高速巴士（巴士）直達。新宿駅南口的「バスタ新宿」發車，車程約90分鐘，車費成人￥1,750。（另有車費連入場券的套票，詳情請查詢官網。
2. JR中央線「大月」駅（新宿出發車程約60分鐘，車費￥1,317），轉乘富士急行線至「富士急ハイランド」駅（車程約50分鐘，車費￥1,280）下車即達。

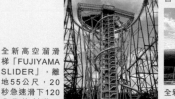

全新高空溜滑梯「FUJIYAMA SLIDER」，離地55公尺，20秒急速滑下120公尺的刺激。￥800-1,200

全新景觀台「FUJIYAMA SKYDECK」，位於雲霄飛車FUJIYAMA的維修塔，可眺望富士山。￥1,000

富士急以擁有最多「絕叫系」機動遊戲而聞名，左邊的DODONPA過山車，可體驗1.8秒瞬間加速至時速172km的刺激！￥2,000

FUJIYAMA，最高時速130km、最大落差70米、最高頂點79米等，被譽為「過山車之王」。￥2,000

鉄骨番長，迴轉式的鞦韆，以時速51km圍繞59米的高塔攀升。￥1,500

絕凶·戰慄迷宮，以荒廢醫院為主題的鬼屋，900米長的路徑如迷宮般，帶來60分鐘的超驚嚇體驗。￥4,000～￥8,000

富士急 Highland

360度自控飛機

2016年7月登場的全新遊戲「空中旋轉飛行機」，玩家坐上「私人飛機」從地面緩緩旋轉升至32米高的塔頂，眺望富士山下美景。特別的是玩家可自行操控飛機雙翼的角度，在風速氣流帶動下，能做出360度瘋狂「自轉」，現場尖叫聲不斷！

全新遊戲「空中旋轉飛行機」，24架小飛機會以時速40km兼旋轉，攀升至32米高的塔頂，眺望富士山下美景。收費￥1,500

玩家可自行操控飛機雙翼的角度，兩邊角度相差愈人、旋轉速度愈快，甚至能做出連環旋轉，超刺激！

東京必玩遊園地

3樓屋上庭園「はらっぱ」設有多組拍照場景，重現A夢的經典名場和道具，包括隨意門、大雄的恐龍，以及大雄等經常聚集的3根水管公園。

神奈川 誰都喜歡你……「多啦A夢博物館」

藤子·F·不二雄博物館

日本殿堂級已故漫畫家藤子·F·不二雄，筆下的《多啦A夢》、《Q太郎》等，陪伴幾代人的成長。紀念館由藤子老師妻子藤本正子於2011年創立，選址為老師半生創作地的川崎市，從新宿出發車程最快只20分鐘。樓高3層，總面積38,700平方呎，展出老師的珍貴原稿，設有老師的工作室、漫畫閱讀區、遊玩區、紀念品店、主題Cafe等，屋上庭園還有多個漫畫場景模型供粉絲自由拍照。

MAP：封面摺頁

接駁巴士有多啦A夢、Q太郎等4款主題，連車廂內的座椅、扶手環和落車鐘也有特色設計。

購票方法：
不設現場購票，採指定日期及時段預約制，可在日本全國LAWSON便利店的電子購票機「Loppi」預約購買，Loppi購票方法可參考P.040。若嫌麻煩或是暑假等旺季，「日航天地」或「KKday」都有提供代購。

博物館內外都有很多隱藏的主題佈置，靜待你來發掘。

除了多啦A夢，屋頂還有神奇小子等藤子老師的其他作品場景可找到。

Info

地址：神奈川県川崎市多摩区長尾2丁目8番1号
開園時間：1000 - 1800
參觀時段：1000、1200、1400、1600
休息：逢周二
入場費：
成人￥1,000、中高生￥700、小童￥500、3歲以下免費
網址：http://fujiko-museum.com
前往方法：小田急線「登戶」駅，轉乘川崎市バス（巴士）直達，車費成人￥210、小童￥100，車程約10分鐘。

旅客於指定時間來到，還需要排隊分批進場，帶小朋友來的家長要注意。

「大家的廣場」，提供多項可用手接觸的體驗遊戲，包括電子桌面遊戲、懷舊貼紙機等。

廣場除了遊戲，還有「如果電話亭」和多啦A夢所住的壁櫥。

博物館內有2個展廳，第一展室展出5萬張漫畫原稿；第二展室則有期間限定的珍貴手稿。

參觀者會獲發語音導覽器，有日、英、中、韓語選擇，日文版還有大人和兒童用兩款。

這兩台巨型多啦A夢扭蛋機，乃全日本獨有。

先生の部屋，1:1復原老師的工作室，包括他用過的工具、卡式錄音帶播放機，頭頂還有8.5米高的書架。

漫畫 Corner，有齊藤子老師所有漫畫書，不論大小朋友都排坐着看書。

源自多啦A夢故事中的〈金銀斧頭〉，誤墮願望井的胖虎，歷史性地變成美男！

Museum shop

位於1樓的Museum shop，提供近400款漫畫精品，不乏博物館限定或外間罕見，粉絲一定失控。

採訪時適逢胖虎生日，推出多款限定精品。美男版胖虎鐵盒糖果￥1,080

限定版胖虎Tote bag，一面是「正常」樣子、一面是靚仔樣。￥750

經典胖虎Tee，只有童裝size，最大140cm，瘦小女生都適合。￥3,240

Gift corner「藤子屋」

3樓屋上庭園內的Gift shop，有售記憶麵包（￥130）、豆沙包（￥210）等小吃，全是博物館限定。

東京必玩遊園地

Museum café

全日本獨家的主題餐廳，提供各式漫畫造型餐點，全日都大排長龍，記得早點來取籌。每年6月15號胖虎生日，還有期間限定的特別版胖虎豬排丼供應。

Info

消費：約￥1,000 / 位起

Latte、朱古力和牛奶，不論冷飲熱飲，都有漫畫角色圖案拉花。￥510 - 620

はらっぱプレート，甜品拼盤包括多啦A夢蛋糕、3根水管蛋卷，隨意門朱古力，超精緻可愛。￥1,200

フレンチトーストde アンキパン，記憶麵包配雪糕，IG打卡熱選。￥930

「AQUA Museum」，飼有超過500種、10萬隻海洋生物，樓高3層的巨型大水槽經常在日劇出現。

日劇場景 日本最大水族館
横浜八景島Sea Paradise

座落橫濱港灣的人工島上，佔地4公頃，集合大型遊樂園「PLEASURE LAND」、水族館、遊艇碼頭、購物中心，以及度假酒店於一身。焦點是由3個水族館組成的「AQUA RESORTS」，設有日本最大規模的水族館「AQUA Museum」、以海豚為主題的「Dolphin Fantasy」，以及可以跟海洋生物近距離接觸的「Fureal Lagoon」。是繼東京迪士尼後另一約會勝地，《朝五晚九》、《世界上最難的戀愛》等多齣愛情日劇也曾在這裏取景。

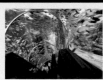
AQUA Museum內有多條「海底隧道」，其中一條可身處5萬條沙甸魚群中。

「Fureal Lagoon」，可以跟海洋生物近距離接觸，包括親親小白鯨。

「Dolphin Fantasy」，旅客可穿梭巨型水槽隧道，抬頭即見海豚游走，恍如置身海底世界。

日本最高跳樓機「Blue Fall」，體驗從107米高度垂直墜下的快感。

東京必玩遊園地

大型遊樂園「PLEASURE LAND」以大海為主題，擁多項刺激的機動遊戲，包括「急流泛舟」。

最受歡迎的「波浪過山車」全長1,271米，每逢夏季加設噴霧機關，如同海上衝浪一樣。

Info
地址：横浜市金沢区八景島
電話：045 - 788 - 8888
開園時間：平日1000 - 1900；周六、日 0900 - 2000（請上官網查詢）
入場費：
One Day Pass 成人/高中生￥5,600、中小學生￥4,000、4歲以上￥2,300
AQUA RESORTS 成人/高中生￥3,300、中小學生￥2,000、4歲以上￥1,000
網址：www.seaparadise.co.jp/
前往方法：「横浜駅」轉乘京浜急行線至「金沢八景駅」；或於JR根岸線「新杉田駅」，轉乘Seaside Line 至「八景島駅」，步行3分鐘。

三鷹 宮崎駿博物館

三鷹の森吉卜力美術館
（三鷹の森ジブリ美術館）

2001年開館，由動畫大師宮崎駿親自設計並擔任館長。2016年適逢15周年，特意關閉約2個半月整修，7月16日始重新開放。重修後，美術館外牆變回開館時的繽紛色彩。1樓常設展室新增掛滿原畫的「少女的房間」，還有新展覽「乘貓巴士往Ghibli森林」，以精華方式重現過往的展出。而最大變動，是「屋上庭園」加設了《天空之城》中的碳礦道。 **MAP: 封面摺頁**

© Museo d'Arte Ghibli

翻新後美術館外牆變回了2001年開幕時的鮮艷繽紛色彩，宮崎老師刻意將內部佈置如迷宮一樣，讓參觀者自行發掘。

美術館內禁止拍攝，要Selfie只能跟「屋上庭園」的1:1《天空之城》巨神兵合照。

Tips
美術館內禁止拍攝。

購票方法：
不設現場購票，採指定日期及時段預約制，跟Snoopy Museum一樣，可在日本全國LAWSON便利店的電子購票機「Loppi」預約購買，美術館前已有分店；或於LAWSON網頁預購（只設日語版面），每月10號開放下月的預購。若嫌麻煩或是暑假等旺季，「日航天地」或「KKday」都有提供代購。

LAWSON訂票： www.lawson.co.jp/ghibli

Info
地址： 東京都三鷹市下連雀1-1-83（井の頭恩賜公園西園內）
電話： 05-7005-5777
開放時間： 1000-1800
參觀時段： 1000、1200、1400、1600
休息： 逢周二
入場費： 成人￥1,000、中高生￥700、小童￥400、4歲以上＋￥100
網址： www.ghibli-museum.jp
前往方法： JR「三鷹」駅徒步15分鐘；或於南口轉乘「Community bus」2路線，車費單程￥210，於「三鷹の森ジブリ美術館」駅下車即達。

稲城 四季玩樂 老幼咸宜 **MAP: 封面摺頁**

東京讀賣樂園（遊園地よみうりランド）

1964年開園，總面積廣達37萬平方米，位於東京西郊半山上，從新宿出發車程只半小時。雖然老牌，但擁有多項刺激的機動遊戲，一年四季風景優美，每逢春天有過千株櫻花綻放、夏天有大型水上樂園「WAI」、冬天則有夜間燈飾「Jewellumination」，刺激與合家歡俱備。還有全新體感園區「Goodjoba!!」（グッジョバ!!），玩轉日清U.F.O.炒麵激流與碰碰車，2021年更有全新「Space Factory」園區。

2016年增建的全新體感園區「Goodjoba!!」設有4個室內主題館，共15款全新遊戲。

必玩FOOD factory的「日清燒そばU.F.O.」，體驗杯麵的製作過程。

逢夏季開放的水上樂園「WAI」，設有5個水池與3條滑水道，還有海獅表演。

160公尺高的「大観覧車」，天氣晴朗時連富士山和晴空塔也清楚可見。

全長1,560米的「Bandit」，曾為世界最快速過山車，最高時速達110km，圖為夏季限定的「Splash Bandit」。

Info
地址： 東京都稲城市矢野口4015-1
電話： 044-966-1111
開園時間： 0900-2000 / 1000-1700（開園時間依季節各異）
休息： 每月不定休
入場費：
基本入園料 成人￥1,800、中高生￥1,500、小童￥1,000；
One Day Pass 成人￥5,800、中高生￥4,600、小童￥4,000
網址： www.yomiuriland.com
前往方法： 小田急線「読売ランド前」駅，轉乘小田急バス（巴士）直達；或至京王線「京王よみうりランド」駅，轉乘小田急バス（巴士）或吊車Sky shuttle直達。

東京必玩遊園地

095

東京市集漫遊！

每月第1及3個週日，於東京国際會議中心舉行的「大江戶骨董市」，乃日本最大型的露天古董市集。

東京駅 **日本最大露天古董市集**

大江戶骨董市

　　喜歡收集舊物的，都知日本的骨董市是個寶庫，要數日本最大型的露天古董市集，首推「大江戶骨董市」。為紀念「江戶」開府400周年，於2003年創立，每月兩次於「東京国際會議中心」廣場上舉行，每次有超過200個店攤參加，場面熱鬧。日本和西方古物各佔一半，由古董和服、古着洋服飾物、舊相機、舊唱片、舊書、舊家具電器，到玩具雜貨都應有盡有，可以找到許多價格便宜的珍品，而且保存度高，吸引各國專業買家來掃貨。

MAP : P.233 B5

古董女裝ROLEX，附保存盒。￥18,000

1999年製的巨靈神搪膠公仔。￥6,000

古董旅行皮箱，另一潮人icon！￥9,000

潮人最愛的綠色Fire King，貨源超多。馬克杯￥4,000、碗￥4,500

舊黑白照片，雖然有點邪，但超珍貴！各￥200

舊版Olympus PEN菲林相機。￥3,300

Info

地址：東京都千代田区丸の内3 - 5 - 1 「東京国際會議中心」1階地上広場
電話：03 - 6407 - 6011
舉行時間：每月第1及3個週日 約0900 - 1500（雨天中止）
網址：www.antique-market.jp
前往方法：JR、東京Metro有楽町線「有楽町」駅徒歩約1分鐘；JR「東京」駅徒歩約5分鐘。

鬧市中央難得的假日農市，主打天然有機農產，以及健康食品。

原宿 鬧市中的假日農市

Farmer's Market @ UNU

　表參道鬧市中央難得的假日農市，逢周六、日舉行，位於青山的國際連合大學前空地，每次約有40、50個來自日本各縣的農夫擺攤，主打天然有機耕種、不使用農藥的友善農產，以及健康食品，新鮮又便宜，大受年輕家庭歡迎。同場還有小型古董手作市集舉行，加上大量特色餐車和駐場DJ打碟，氣氛熱鬧溫馨，交通方便，已成筆者東京必遊。

MAP: P.178 C4

「楽らく玄米」甘酒，近年日本女生大熱的酒粕，可調配牛奶或豆漿，比香港日式百貨售價平1半！
¥900

很多攤檔都有試吃，像這鮮胡椒專門店Break pepper，伴薯片或意粉吃一流！
¥756 / 瓶

各式農產蔬果都是全國各地直送，遠至沖繩西表島的菠蘿也有，超甜！¥500 / 個

自家醃製的漬物色彩繽紛，由常見的大根、青瓜，到椰菜花、蒜頭、枝豆都有。
¥1,080瓶

場內有10多台餐車，推介「米汁菜」的Omusubi Set，鹹香煙薰肉配烤飯糰和流心薰蛋，一流。¥790

全場最受歡迎的攤檔，蔬菜都來自海拔1,000米以上，格外鮮甜。

同場還有小型古董手作市集舉行，由二手服裝、古董飾物、手作傢俱。

Info

地址：東京都渋谷区神宮前5 - 53 - 70
　　　青山・國際連合大学前
舉行時間：逢周六、日1000 - 1600
網址：http://farmersmarkets.jp
前往方法：東京Metro銀座線、半藏門線、
　　　千代田線「表參道」駅B2出口，
　　　步行5分鐘。

「手創り市」每月一次於豐島区的「鬼子母神堂」舉行，高樹參天，環境靜謐。（另一場地於附近的大鳥神社舉行）

東京人氣手作市
雜司ヶ谷 手創り市

　　每月第3個周日舉行，主打手作的中型市集，選址位於都電荒川線途經的「鬼子母神堂」，古樹參天環境靜謐。每次約有140個攤販，多為年輕人，販售商品計有原創服飾、皮革配件、陶藝、織品、藝術畫作等等，還有專售麵包蛋糕咖啡的專區。主辦單位對參展攤有嚴格規定：一定要親手製作，不能代售，而且同一角色不能「二次使用」，每月至少有4組新人登場，故所售的都有一定水準，在東京手作界甚有知名度！

MAP: 封面摺頁

軍事風帆布背包連萬用小袋，設計和手工媲美名牌。¥9,800

「雜司ヶ谷」為寧靜的舊區，沿參道開滿特色小店和咖啡店。

鬼子母神堂，社內有一條迷你鳥居隧道，乃最佳拍照位。

社內有日本最古老的「駄菓子屋」（零食店），連吉卜力高畑勳動畫《歲月的童話》都有出現過。

自家手編草蓆帽，充滿文青風。¥12,900

味噌抹醬，使用國產米麴發酵而成，有黑芝麻和火蔥味。各¥450

─── Info ───
地址： 東京都豐島区雜司ヶ谷3 - 15 - 20
　　　　「雜司ヶ谷鬼子母神堂・大鳥神社」
電話： 03 - 3956 - 2254
舉行時間： 每月第3個周日 約0900 - 1600
網址： www.tezukuriichi.com
前往方法： 東京Metro副都心線「雜司が谷」
　　　　駅1番出口，徒步約5分鐘；或
　　　　都電荒川線（三ノ輪、早稻田間）
　　　　「鬼子母神前」駅下車。

立川 日本最大跳蚤市場

東京蚤の市 **MAP: 封面摺頁**

2012年首創，號稱日本最大規模的跳蚤市集，出市攤檔超過200個！一年舉行兩次，關東、關西各一次，雖然要付入場費，但規模之大，商品種類之多，足夠逛上一整天！從古董雜貨、二手書、老家具、古着，到食品、手作俱備。顧客還可以即場參加workshop體驗，更有獨立歌手表演。

東京調布市會場分為室內、室外兩部分，佔地極廣。

食品是「蚤の市」的另一主打，都強調天然健康。

古董舊物有日本的，也有歐洲市集搜羅的好物。

一連兩日的「東京蚤の市」，參展攤販超過200個。

會場有很多歐洲風的懷舊家具，都充滿質感。

Info

地址：東京都立川市綠町3173 國營昭和記念公園
電話：042-444-5367（舉辦前兩日使用）
舉行時間：每年兩次（關西、關東各一次）
　　　　　週末約0930-1700
入場費：¥1,300
網址：http://tokyonominoichi.com/
前往方法：JR中央線「立川」駅下車，徒步10分鐘。

月島 熱鬧農市

太陽のMarche（太陽市集）

日本最大型的都市型農市，每月第2個周末於築地附近的「月島」舉行，每次有超過120個來自全國的農家參與。專售當季新鮮蔬菜水果、有機食品、自釀紅酒清酒等，還有一架架餐車駐場，大賣環球美食，熱鬧如嘉年華會！

MAP: 封面摺頁

大部分攤主都提供試食，還會耐心介紹自己的產品。

每次約有20多架流動餐車駐場，所有料理皆使用有機食材烹調。

現點現製豆腐漢堡，配料滿瀉，會場人氣第一！¥800

築地市場「米川水產」自家製吞拿魚咖喱罐頭，佐酒佳品。¥350/罐

熊本縣產的「肥後グリーン」蜜瓜，糖度高達16度！¥2,000/個

Info

地址：東京都中央区勝どき1-9-8「月島第二兒童公園」
舉行時間：
每月第2個周末1000-1600（10~3月）、1000-1700（4~9月）
網址：http://timealive.jp/#Marche
前往方法：都營地下鉄大江戶線「勝どき」駅A4a、A4b出口即達。

關東3大爆買Outlet！

以美式度假小鎮佈局，擁有20多家餐廳與大型Foodcourt，Locker、提款機、退税等設施亦齊備。

旅客可到Information憑護照領取Coupon booklet，於指定店舖購物享有額外折扣。

靜岡縣 富士山下 關東最大Outlet

御殿場PREMIUM OUTLETS
(GOTEMBA PREMIUM OUTLETS)

為「PREMIUM」集團的日本旗艦店，也是關東最大，擁有210個國際及日本品牌，一線或國際brand居多，包括Alexander McQueen、Anna Sui、Jimmy Choo、Issey Miyake、Beams、ZUCCa、Tsumori Chisato、Nikon、LE CREUSET等等數之不盡。位於靜岡縣富士山腳下，賣點是能眺望富士山景觀，從新宿或東京駅乘高速巴士，車程不過90分鐘，若然會去箱根溫泉或富士急Highland的話，不妨順道一遊。

Info

地址：靜岡縣御殿場市深沢1312
電話：0550-81-3122
營業時間：3-11月1000-2000；
12-2月1000-1900
休息：每年2月第3個周四
網址：www.premiumoutlets.co.jp/cht/gotemba

前往方法：
1. 東京駅八重洲南口「バスターミナル」（Bus Terminal），乘搭高速巴士御殿場Premium Outlets號，每天0800、0830、0900、0930、1000、1030開出，車程約1.5小時，單程車費￥1,650。注意，回程尾班車為2000。
2. 新宿駅南口「バスターミナル」（Bus Terminal）乘搭高速巴士直達，每日0855及1005發車，車程1.5小時，單程車費￥1,650。回程班次為1500、1700、1900。
3. 新宿乘小田急小田原線あさぎり至JR「御殿場」駅，車程約95分鐘，箱根乙女口設有免費接駁巴士直達。
4. 箱根登山鐵路「強羅」駅，轉乘巴士直達。

重點品牌：

FAUCHON

法國百年食品名店，招牌朱古力、茶葉都有特價，還附有麵包店和Cafe，位置就在車站旁，最適合休息補給。

招牌熊仔罐餅乾連杏仁糖套裝，原價￥3,240，特價￥1,512。

Triumph

日本Triumph價格本來已比香港低，款式也較fancy，喱士Bra最平￥1,500有交易。

me closet系列喱士Bra，特價￥1,800。

Tsumori Chisato

全日本只得5家TC outlet，御殿場店面積最大、貨品最新，平均7至9折。

彩藍色毛冷外套，原價￥11,200，特價￥9,856。

Nikon

關東只得御殿場有Nikon Outlet，雖然相機減價不多，重點是相機配件，有售Nikon×PORTER和Nikon×Lafuma系列。

Nikon 24 - 85mm (f3.5) 變焦鏡，特價￥30,000。

Nikon×PORTER DC專用包￥2,571。

CA4LA

日本全國只得御殿場和輕井沢有CA4LA Outlet，各式男女帽子選擇不少，折扣從7折起。

女裝闊邊草帽，原價￥5,940，特價￥4,158。

Nike

Outlet掃貨必到之一，減價貨以跑步系列居多，難得的是特價鞋款不乏Air Max等人氣系列，斷碼鞋款選擇更多。

店內的斷碼鞋專區選擇極多，尋寶聖地。

期間限定Air Max Trax，原價￥8,980，特價￥6,999。

PLAZA

日本知名連鎖生活雜貨店，從服飾、精品玩具、零食，到藥妝都有特價，掃手信一流！

PLAZA限定MSH Love Liner眼線筆，原價￥3,456，特價￥2,138。
Fjallraven's Kanken背包，原價￥10,000，特價￥7,000。

THE NORTH FACE

雖然只得9折，但連日本獨賣的PURPLE LABEL和HELLY HANSEN（HH）系列也有減價，女裝鞋減幅更大！

HH男裝滑水上衣特價￥4,130、女裝長袖Jacket特價￥7,700。
女裝Ultra Kilowatt特價￥5,000。

ZUCCa

關東只得御殿場和酒酒井有ZUCCa outlet，男女裝、日韓版俱備，也有大量配件小物，折扣從7折起。

黑白色布Wrist，原價￥3,360，特價￥1,080。

背包，原價￥18,000，特價￥8,000。

LE CREUSET

港女至愛法國鑄鐵鍋，比香港專門店平3成，御殿場店顏色選擇豐富，尤以粉色系最強，還有大量限定特價。

22cm粉藍色雙鍋，原價￥23,100，特價￥19,635。

其他注目品牌：adidas、Vivienne Westwood、Agnes B. Voyage、As Know As、Furla、Camper、Gap、G‧Shock、Tsumori Chisato、Francfranc、Timberland、Tomorrowland、BEAMS、Wacoal、Columbia、Disney store……

關東3大爆買Outlet！

關
東
3
大
爆
買
Outlet
！

酒酒井2015年翻新後，新增大量人氣品牌，包括BEAMS、Nike等，吸引度大增，小心買到delay！

Tips

1. 往返成田機場的巴士，每隔20至40分鐘一班，注意酒酒井回程尾班車為1925，錯過便要破費乘的士，車費約￥5,500。
3. 旅客到Information，除可憑護照領取Coupon booklet，還可領取Wi‐Fi密碼。
2. Outlet有大量大型Locker，旅客出示巴士券，Information亦可免費寄存行李。

Foodcourt設有屏幕，顯示成田機場的最新航班資料，方便旅客。

千葉縣 成田機場附近新場

酒酒井PREMIUM OUTLETS
(SHISUI PREMIUM OUTLETS)

　　2013年開幕，乃關東最新，距離成田機場只15分鐘車程，每日有18班高速巴士來回機場，最適合剛到埗或離境前盡地爆買！雖然店舖只得180家，但人氣品牌俱備，還有不少首次登陸日本，包括山系服裝店Chums和Marmot、意大利優閒服飾Franklin & Marshall、日本家品廚具212 Kitchen Store等等，全是日本初出店！

Info

地址：千葉縣印旛郡酒々井町飯積2‐4‐1
電話：043‐481‐6160
營業時間：1000‐2000
休息：每年2月第3個周四
網址：www.premiumoutlets.co.jp/cht/shisui
前往方法：
1. 成田機場第1、2、3航廈，均設有高速巴士「成田空港～酒々井プレミアム・アウトレット」直達，車程約15‐20分鐘，單程車費約￥350，旅客請在機場的巴士售票櫃買票。
2. 東京駅八重洲口「バスターミナル」（Bus Terminal）（京成巴士1号乘車處），有高速巴士直達，車程約50分鐘，單程車費￥1,100。

重點品牌：

URBAN RESEARCH
　　男女裝以至飾物配件俱備，惟只有上季款式設有特價，但仍不難找到抵買貨。

迷彩背包，原價￥8,000，特價￥4,000。

Né‐net / mercibeaucoup,及ZUCCa
　　兩店相連，集合A‐net旗下3大品牌，其中Né‐net和mercibeaucoup，更是關東初出店，定價7折起，以前一季的服裝居多。

mercibeaucoup，連帽女裝西裝外套，原價￥16,000，特價￥6,400。

mercibeaucoup，牛仔布女裝西裝，原價￥23,000，特價￥16,100。

Kit Kat Premium Gift Shop

酒酒井的獨家店，網羅全日本的地方限定版和特別版Kit Kat，附設Cafe還有自助Kit Kat雪糕！

Kit Kat雪糕，付￥540即可在櫃台任加Topping（限1次），有多款口味選擇。

Wasabi味Kit Kat。￥648

Marmot

美國著名戶外裝備品牌，首次登陸日本，男女裝冬夏季俱備，折扣不多只得9折，但都比香港便宜。

女裝防UV legging，原價￥4,000，特價￥2,400。

LE CREUSET

除了比香港專門店平3成，酒酒井店特別多碗、碟等小物配件，顏色選擇豐富，還有大量限定特價。

心形迷你鍋（附餐刀），送禮一流！特價￥2,000／個

少見的水煲，各￥9,600。

LOWRYS FARM

當季新貨齊備，定價低廉，幾乎全都有特價，女生一定有收穫！

洗水牛仔外套，特價￥5,850。

（圖右）白色長外套，特價￥2,900

Francfranc Bazar

日本多家Outlets都有Francfranc，酒酒井店面積又大，減價貨又多，由小型家具到餐具雜貨俱備。

400ml保溫瓶，原價￥2,400，特價￥1,700。

Ice Candy洗碗綿，原價￥572，特價￥450。

女裝Trench coach雨衣，原價￥6,900，特價￥2,000。

As know As

香港OL至愛品牌，很多都是當季新貨，折扣低至半價，買夠兩件還加多9折，更有超廉價的B品（少量瑕疵）。

圖案Print中袖sweater，特價￥4,300。

Columbia

日本山系大熱，店內減幅由6至7折不等，男女裝冬夏季俱備，難得連當季的新貨都有減價，推介！

防水透濕機能爬山鞋，原價￥10,500，特價￥7,300。

Wahkeena系列，原價￥10,000，特價￥5,000。

成田ゆめ牧場

千葉縣著名觀光農場，乃酒酒井的獨家店，除了鮮牛乳雪糕，招牌芝士麵包、雞蛋布甸等都有特價。

Soft cheese cake，賞味期限2天。￥1,500／個

招牌芝士麵包，原價￥850，特價￥820。

其他注目品牌：Agnes B. Voyage、Chums、ISETAN、Garrett popcorn、Edwin、GAP、Disney store、Samantha Thavasa、American Eagle Outfitters、Franklin & Marshall、BEAMS、Nike、Wacoal、Triumph、Coleman、Danner ……

以「都會中的花園」為概念設計，分為A、B、C、D - site 4棟兩層高建築，店舖集中好逛。

千葉縣 交通方便 迪士尼回程必經

幕張MITSUI OUTLET PARK

　　雖然只得137間店舖，卻是離東京交通最方便的一家，位置剛好夾在成田機場和東京中央，鄰近台場和迪士尼，跟迪士尼更只相隔6個車站（還無需轉車），最適合回程時順道一遊。以日本流行品牌為主，且定價較相宜，焦點包括Outlet少有的agnès b.，以及日本首家藥裝Outlet「マツモトキヨシ」（松本清）。

Info
地址：千葉県千葉市美浜区ひび野2 - 6 - 1
電話：043 - 212 - 8200
營業時間：1000 - 2000
網址：www.31op.com/makuhari
前往方法：
1. 東京駅轉乘JR京葉線快速，至「海濱幕張」駅，車程約30分鐘，再步行約1分鐘即達。
2. 成田機場乘往「幕張・稻毛」的京成高速巴士直達，車程約40分鐘，單程車費￥900，再步行約3分鐘即達。
3. 迪士尼出發：於「舞浜」駅乘JR京葉線至「海濱幕張」駅，車程約21分鐘，再步行約1分鐘即達。

重點品牌：

agnès b.

　　全關東只得兩家的agnès b.主線Outlet，幕張店男女童裝、服飾包包一應俱全，Voyage系列低至4折，最重要是日本製！

粉紅色手袋，原價￥23,000，特價￥13,800。

マツモトキヨシ（松本清）

　　日本首家藥妝Outlet，乃幕張獨家，還要是專門針對旅客的白色招牌店。擁有大量當店限定的特價品，還可以退稅，女生一定瘋狂！

Kanebo Suisai酵素洗顏粉￥1,512，每人限購5盒。

LE CREUSET

　　幕張店面積雖少，卻是折扣最多的一家，平均85折，還有大量幕張限定的特價品，靚太必掃！

幕張限定Tea Set，包括茶壺和4隻茶杯茶碟，只售￥8,700。

其他注目品牌：A BATHING APE PIRATE STORE、Y - 3、COACH、nano・universe、TOMORROWLAND、UNITED ARROWS、Nike、adidas、New Balance、Columbia、THE NORTH FACE、Gap、TOMMY HILFIGER、Francfranc、三愛水着樂園、SHIPS、Wacoal、Triumph、URBAN RESEARCH、mont - bell ……

最強東京住宿推介！

位於頂樓的60公尺長無邊際泳池，使用飯店內的溫泉水，附設Poolside bar，天氣好時甚至看到富士山！

立川 溫泉水Infinity Pool

SORANO Hotel

2020年開幕，坐落立川市Green Springs未來概念園區，以「身心健康」為主題，請來銀座Ginza Six的設計師Gwenael Nicolas設計，以自然木質打造成洗鍊的空間。擁有81間客房，每間均配備景觀露台。焦點是位於頂樓、60公尺長的無邊際泳池，使用飯店內的溫泉水，可眺望國營昭和紀念公園美麗綠地，天氣好時甚至看到富士山！

泡在溫泉水池中，沉浸「海天一色」的自然美景中！

酒店以「身心健康」為主題，設有Spa、溫泉、三溫暖等豐富設施。

Spa Suite，雖然距離東京心臟地帶稍遠，但景色和設備均一流。

內部運用大量自然光線和隨處可見的植栽，打造成洗鍊的空間。

Modern Park View，81間客房面積最少都有560平方呎，還有景觀露台。

DAICHINO RESUTAURANT，融合日、洋風格的創意料理餐廳。

毗鄰「國營昭和紀念公園」，乃賞櫻、賞銀杏的勝地。

Info

地址：東京都立川市綠町3-1 W1
電話：04-2540-7777
房價：Park view HK$ 1,652/晚起（含稅）
網址：https://soranohotel.com/
前往方法：JR「立川駅」北口徒步8分；
多摩Monorail「立川北駅」徒步5分。

OMO品牌強調在地體驗，特別揀選富有歷史文化的赤坂——充滿故事的社區，帶住客一同探索。

OMO3
Tokyo Akasaka
Go-KINJO Map

赤坂 住客尊享小旅行Tour
OMO3東京赤坂

　　日本著名酒店品牌「星野集團」的副線，繼OMO5東京大塚後，2022再打造「OMO3」，以「發現好地方」為概念，選址東京都心富有歷史的黃金地段——赤坂。樓高11層、提供140間客房，內裝以簡約原木色系為主調。OMO不止提供住宿，更講究在地文化體驗。特設「Go-KINJO」Tour，由嚮導OMO Ranger帶領，漫遊赤坂古街神社，訪尋當地人才知的個性老店與私藏小吃，感受最道地的赤坂。

住客可用「擲飛鏢」來決定行程，旁邊還有赤坂一帶的「食、玩、買」推介。

名店聯乘限定餐點：

不設自家餐廳，反而跟周邊店家合作，為住客提供限定菜單。早餐可在著名的「上島咖啡店」，享用限定的真鯛高湯炒蛋三明治和咖啡。

內裝以原木色系簡潔為主，雙人房睡床足160 cm闊，最喜歡L形的Corner Sofa。

晚餐跟著名手工啤酒店「YONAYONA BEER WORKS」合作，提供住客限定菜式「Yona Ball」，三段式有田燒裝住煙燻章魚、烤雞和手工香腸等酒菜，還贈送迎賓啤酒赤YONA。

Info

地址：東京都港区赤坂4丁目3-2
電話：050-3134-8095
房價：(2人1室)每位￥6,000/晚起(含稅)
網址：https://hoshinoresorts.com/ja/
　　　　hotels/omo3tokyoakasaka

前往方法：
東京Metro千代田線「赤坂駅」1番出口，
徒步3分鐘；東京Metro丸之內、銀座線
「赤坂見附駅」10番出口，徒步3分鐘。

「Go-KINJO」漫步赤坂Tour：
全程約1小時，由周邊嚮導OMO Ranger帶領，穿梭赤坂街道，細說有趣的歷史和文化，探訪在地人常去的神社、私房店家，品嚐隱藏美食。收費￥1,000

嚮導ＯＭＯ Ranger熟悉周邊景點，能提供日語或英語導賞。

狐狸乃稻荷神的使者，社內以擁有數百尊狐狸雕像而聞名。

求金運神社：

主祭稻荷神是掌管豐收、財富之神，東京商人會來祈求生意興隆。

日本藝能界會向稻荷祈求藝道上達，現場可見山下智久、土屋太鳳的納奉燈籠。

數百尊狐狸雕像表情大小各異，記得拜狐狸要用腐皮和甜食。

斜坡多：

赤坂向以斜坡多而聞名，筆直的円通寺坂，正是居民每日必經的街道。

赤坂一共有19個坂（斜坡），像藥臼般彎彎曲曲、兩邊高中間低的是藥研坂。

名物腐皮壽司：

藝妓酒吧：

最後探訪由前藝妓湯川倫代開設的酒吧兼Salon，藏身商業大樓內，若非熟人帶路根本找不到。

離開前，嚮導特意帶我買「稻荷寿司」（腐皮壽司），原來是當地人才知的隱藏名物！￥330/3件

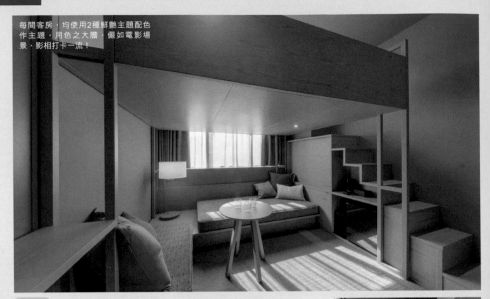
每間客房，均使用2種鮮艷主題配色作主題，用色之大膽，儼如電影場景，影相打卡一流！

水道橋 **色彩主題房**

toggle hotel

2021年開業，樓高9層，以色彩表達「切換toggle」的設計主題。84間客房，每間客房均有2種繽紛鮮艷的主題配色，紅、黃、藍、綠、紫……每層各有主題，用色之大膽，打卡私影一流。位在東京巨蛋旁邊，最適合看演唱會入住。一開幕即奪《Dezeen Awards》中的「Hotel and short-stay interior」大獎。

Loft Room分為上下兩層，上層是雙床鋪、下層則是客廳兼單人臥房。

每個樓層各有主題色，明確的切割線，令顏色對比格外強烈。

Standard Room，以顏色劃出玄關與臥房，讓房間活潑起來。

Premier Loft Room，同樣是上下兩層設計，可供4人入住。

位在東京巨蛋旁邊，鄰近JR水道橋駅，最適合看演唱會入住。

位於9樓的空中Cafe，以白色與綠色為主題，自然光灑落的空間。

Cafe還附設鋪有木地板的半露天陽台，座位設計自成一角。

Info

地址：東京都千代田区飯田橋3-11-4
電話：03-3239-1096
房價：Standard Room A ￥13,200/晚起、Loft Room A（3 beds）￥15,300/晚起（含稅）
網址：https://www.togglehotel.com/suidobashi/
前往方法：JR「水道橋駅」西口，徒步約3分鐘。

Party Suite為最大間的房間，包含兩張雙人床和中島式廚房，還有投影機方便開Party。

渋谷 鬧市中的設計酒店

MAP: P.156 C3

All Day Place Shibuya

2022年開幕，距離JR渋谷站只5分鐘步程，對面便是宮下公園。酒店由設計過無印良品酒店的團隊DDAA設計，樓高14層擁有160間房間，提供13種房型，裝潢走現代工業風，每間房都有大窗戶看到鄰近公園，一片綠意的景致。而且一下樓就有多間人氣美食名店，包括丹麥精釀啤酒Mikkeller Kiosk/Bar、中目黑著咖啡店ABOUT LIFE COFFEE BREWERS等。

Corner King角落房，每間18平方米大，即使購物狂行李箱較多也無問題。

盥洗用具用澳洲高端有機護膚品牌Appelles，還有竹炭製牙刷，牙膏則是紙片型。

Styling Room，由日本新銳策展人KIAN打造的主題房間。

GOOD CHEESE GOOD PIZZA，每日早餐拼盤的芝士，由東京清瀨牧場直送生乳製成。

ABOUT LIFE COFFEE BREWERS，由中目黑烘焙咖啡名店ONIBUS COFFEE開設。

---Info---

地址： 東京都渋谷区渋谷1-17-1
電話： 03-6452-6830
房價：
Compact ¥27,820/晚起、Medium Double ¥36,920/晚起(含税)
網址： www.uds-hotels.com/all-day-place/
前往方法：
東京Metro「渋谷駅」B1出口，徒步1分；JR「渋谷駅」宮益坂口，徒步5分。

Deluxe Twin可容納3人，粉紅色調混搭木質家具，最適合閨蜜一同打卡。

池袋 少女系打卡房

Hotel Hisoca Ikebukuro

2022年開業，鄰近JR池袋駅位置方便，主打輕奢路線，只有32間客房，但面積最小的都有366呎。裝潢用上少女最愛的粉色系，配以勁IGable的淺木色家具，打卡度極高！建築前身為love hotel，浴室特別寬敞，每間房都配備Jacuzzi浴缸或私人桑拿，更準備埋香薰精油、藍芽喇叭給你Shopping後relax，難怪一開幕即迅速Full booking！

`MAP: P.204 B3`

hisoca Cabin，碌架睡床設計，最多可容納5-6人，適合大班朋友。

11間客房設有桑拿、21間附有蒸氣spa，Suite甚至配備有露天風呂。

酒店鄰近JR池袋駅，附近便是Lumine、東武、西武等大型百貨公司。

房內備有香薰機及3款精油、藍芽喇叭給你relax。

只得一間的hisoca Suite DS，附設露天風呂，還有乾、濕桑拿房。

最基礎的Standard Double面積已有366呎，配備180cm寬king size大床。

Tatami Wide Bed Twin，榻榻米式設計最多可容納4人。

Info

地址：東京都豊島区西池袋 1-10-4
電話：03-6692-8181
房價：Standard Double（MIST SAUNA）¥22,900/晚起（含税）
網址：https://hotelhisoca.com
前往方法：JR、東武東上線「池袋駅」西口，徒歩2分鐘。

5間Pokémon主題房，床上擺有巨型卡比獸玩偶，
牆身、餐枱、地氈都搵到Pokémon蹤影！

©Pokémon, ©Nintendo/Creatures Inc./GAME FREAK inc.

上野 Pokémon主題房

MAP: P.356 C3

MIMARU東京 上野EAST

　　MIMARU為公寓型酒店集團，與日本寶可夢合作，2019年底起於旗下酒店開設Pokémon主題房，特別推薦交通方便的上野店。Pokémon主題房共有5間，房內有巨型卡比獸玩偶，隨處可見Pokémon蹤影，住客還可獲贈限定小禮物。本身為親子向酒店，提供4-6人入住的寬敞大房，每間都配備廚房及用餐區，洗衣機、煮食爐、微波爐、餐具等都一應俱全。

Pokémon主題房限定禮物，分為關東、關西版本，上野店有購物袋、行李牌和比卡超卡片。

Pokémo主題房設有4張單人床，最適合一家大小精靈訓練員入住。

每間客房都配備廚房及用餐區，洗衣機、煮食爐、微波爐、餐具齊備。

除了牆紙、時鐘，就連餐具、餐碟、馬克杯等都有精靈球圖案。

房間比一般日本酒店寬敞，飯廳還有洋式和和式榻榻米選擇。

MIMARU多人大房型特別多，Family Standard Room設有4張單人床。

MIMARU為公寓型酒店，混合和洋式風格的裝潢，設計也很User friendy。

Info

地址：東京都台東区東上野4-26-3
電話：03-5811-1677
房價：Pokémon Room ￥73,125/晚起（含稅）
網址：https://mimaruhotels.com/jp/hotel/ueno-east/
前往方法：JR山手線、京浜東北線、上野東京Line「上野駅」入谷改札口，徒步約2分鐘。

焦點是頂樓的「空の森」，打造原木板空中庭園，傍晚來欣賞晴空塔亮燈一流！

MAP：P.309 C2

墨田 隈研吾打造

One@Tokyo

SKYTREE附近的話題酒店，由香港財團投資興建，請來日本建築大師隈研吾主理，還有林海峰拍廣告。門面有隈簽名式的「鳥巢」設計，內裝混合自然與工業風格，142間客房，運用大量原木材質，型格與質感兼具，瀰漫藝術氣息，Loft套房和Rooftop更可欣賞晴空塔美景。

最頂級的Library Suite面積廣達600平方呎，房內有大量建築畫冊，還有晴空塔景。

Lobby擁有15米長的木吧台，巧妙地將櫃台與Cafe兩個空間合而為一

清水泥模建築配隈研吾簽名式的「鳥巢」設計，利用交錯的原木條呈現層次美。

142間客房都備有免費電話「Handy」，供你外出使用，相當貼心。

採用資生堂LE MONDOR的沐浴備品，開放式浴室富空間感，但較適合情侶。

Loft房型面積超過300平方呎，可加床至3人入住，賣點是窗外有晴空塔美景。

面積最小的Studio房型，小巧精緻，一體化的牆櫃連桌子應記一功。

Info

地址：東京都墨田区押上1-19-3
電話：03-5630-1193
房價：Studio￥8,684／晚起、Loft￥15,240／晚起、Atelier Suite￥34,905／晚起
網址：https://onetokyo.com
前往方法：京成線、都營浅草線、東京Metro半蔵門線、東武線「押上」駅B3出口，徒步3分鐘。

特別設計的「Ｙａｇｕｒａ Room」，床架下有舒適的梳化區域，增加休息和活動空間，最多可3人入住。

星野一向強調在地文化體驗，大堂一旁有大地圖介紹本區隱藏景點、食店和活動，用手機一掃QR Code即有介紹。

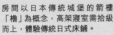

大塚 平住「星野」副線

OMO5東京大塚

日本頂級度假酒店「星野集團」的廉價新副線，是針對觀光客打造的都市型飯店。2018年開幕的東京店，選址山手線上的老區「大塚」，旁邊便是熱鬧的池袋，交通方便。主打實惠價格、友善服務與體驗，房租每位￥7,000起，客房「Yagura Room」雖然小巧，但立體家具多功能，高架床下有舒適梳化區，令活動空間大增。貫徹星野強調在地文化體驗，特設「OMO戰隊」，每日帶領住客穿梭區內最地道的小店，體驗舊區獨有的美食、美酒與人情味。

距離山手線「大塚」駅只1分鐘步程，旁邊便是熱鬧的池袋，交通方便。

房間以日本傳統城堡的箭樓「櫓」為概念，高架寢室需拾級而上，體驗傳統日式床鋪。

星野認為沐浴是重要一環，故擁有都市型酒店罕見的大浴缸，且衛浴分離。

早餐提供自家烘焙的酥皮盒，可自選沙律、燉肉等餡料，配街景吃超美味。

特設「OMO戰隊」，帶領住客穿梭區內小巷，體驗只有當地人才知的道地秘店。收費￥1,000 / 約2小時（消費自付）

---Info---

地址：東京都豊島区北大塚2-26-1
電話：0570-073-022
房價：（2人1室）每位￥7,000 / 晚起*
網址：https://omo-hotels.com/otsuka
*含服務費及消費稅。
前往方法：JR山手線「大塚」駅北口徒步1分鐘。

比鄰皇居御苑，外牆以傳統和服花紋為靈感。

價格最高的套房「菊」，面積近900平方呎，還擁有雙邊採光。

東京駅 市中心的溫泉旅館 MAP: P.232 B1

星のや東京（虹夕諾雅東京）

2016年開幕，是「星野集團」於東京開設的第一家、都市型日式溫泉旅館。重新演譯「旅館」二字，只招待入宿旅客，隔絕繁囂，不止得榻榻米、庭園和茶道，還有神級的服務。每層附設茶室「お茶の間」，隨時有專人供應日本茶、手沖咖啡、清酒，以及江戶老店的和菓子。但真正焦點是頂層的溫泉大浴場，泉水抽取自地下1,500米的大手町溫泉，還有巧妙的露天設計，已成政要名人之選。

星野另一強項是傳統文化體驗，旅館備有茶道、人力車遊覽，甚至直升機漫遊等體驗活動。

備有3種房型選擇，「櫻」為雙人房，配備B&O音響和藏身鏡面的電視。

每層都有Lounge「お茶の間」，專人供應各式飲料與時令和菓子。

頂層的溫泉大浴場，佈置莊嚴，巧妙的露天設計，抬頭即見閃閃星空。

早餐可在自己房間享用，其中日式早餐包含釜飯、小鉢、烤魚、甜點，精緻又豐富。

挑高5.5米的玄關長廊，有整面竹編鞋櫃，脫掉鞋履踩在榻榻米上，即進入另一空間。

┃Info┃

地址： 東京都千代田区大手町一丁目9番1
電話： 0570 - 073 - 066 / 03 - 6214 - 5151
房價： ￥72,000／晚起
網址： https://hoshinoya.com/tokyo
前往方法： 丸ノ内線「大手町」駅A1出口，徒步1分鐘；東京駅丸の内北口，徒步10分鐘。

京橋 《米芝蓮》型格推介

Courtyard by Marriott Tokyo Station

　　2014年開幕，乃日本第2家Marriott，一開業即奪東京版《米芝蓮》旅館推介。座落京橋商業區，往東京車站和銀座都是徒步可達。內部裝潢時尚型格，取名「Library」的大堂，置滿設計家具和當代藝術品，雖以商務旅客為主，但氣氛輕鬆cozy，一點不拘謹。150間客房以4大主題設計，計有Creators、The editors、Photographers，還有女性專用的Curators。

MAP: P.233 D5

接待大堂位於4樓，取名「Library Bar」，置滿設計家具和當代藝術品，氣氛輕鬆，住客可在此享用飲料。

Info

地址：東京都中央区京橋2 - 1 - 3 Kyobashi Trust Tower 2 - 4 / F
電話：03 - 5488 - 3923
房價：
Creators double、Curators double ￥35,000 / 晚起；
The editors queen/King、Creators twin ￥40,000 / 晚起
網址：www.cytokyo.com
前往方法：東京Metro銀座線「京橋」駅7番出口，徒步1分鐘；JR「東京」駅八重洲南口，徒步5分鐘。

4大主題客房：
Creators

以網絡、IT創作人為主題設計，面層從170至280平方呎。青綠色的牆面，能激發創作靈感，還附設書枱。

Curators

全館只得5間的女性專用客室，以現代藝術館館長為靈感設計，一室素白配Baby blue。浴室還特別選用法國L'Occitane和AROMA ESS的用品。

Photographers

Monotone設計，以環遊世界的自然攝影師為靈感設計，牆上的鏤空相框，帶來無窮想像。Corner Twin附設客廳，面積澗達355平方呎。

筆者最喜歡的Deluxe Twin面積足有
329平方呎，都位於高層，擁有雙窗
戶、豪華工作枱，以及特大浴室。

12米長的背光式設計接待櫃枱，兩旁配以傳
統日式屏風，背後的LED屏幕更有日本四季
美景輪番放映。

新宿 時尚禪味新裝 `MAP: P.126 C1 - C2`

Shinjuku Prince Hotel
（新宿太子酒店）

1977年創立，港人常住的新宿老牌酒店，為迎接2020年東京奧運，2016年重新裝修，請來香港的「思聯建築設計」規劃，以日本大自然元素，將以往沉實的設計，換成禪味盎然的時尚和風。位於西武新宿駅旁邊，佔盡地理優勢，還附設5家高質餐廳。真正彩蛋是，571間客房都位於10至24樓，居高臨下可飽覽新宿夜景。

最大賣點是每間客房都可飽覽新宿繁華美景，更可俯瞰新宿東寶大樓頂的巨型哥斯拉！

房內備有空氣清新機、手沖咖啡、衣物除臭劑，還有自家製作的新宿旅遊指南。

酒店位於西武新宿駅旁邊，樓下便是購物商場PePe、Uniqlo、無印良品、100円店Cando俱備。

Roast Beef Gougere
Sandwich，奶酪鹹泡芙，夾
住軟嫩的烤牛肉，加上自家製
酸忌廉，無敵！￥800

餐廳裝潢充滿現代和風元素，還有LED屏幕不停播放車站班次資訊。

━Info━
地址：東京都新宿区歌舞伎町1 - 30 - 1
電話：03 - 3205 - 1111
房價：Standard Double￥15,444 / 晚起、
　　　Deluxe Twin￥20,314 / 晚起
網址：www.princehotels.com/zh-tw/shinjuku
前往方法：JR、地下鉄、小田急線、京王線
　　　　　「新宿」駅，徒步約5分；西武
　　　　　新宿駅2樓直達。

6間「IoT Double Room」，色調柔和設計簡潔，住客可體驗近未來型的設備操控，簡直是懶人恩物！

秋葉原 未來型Hostel

&AND HOSTEL AKIHABARA

秋葉原2018年開業的「科技型」Hostel，幕後搞手其實是東京一家IT公司「and factory」，旅客入住時會獲發一台近未來型的專用手機「IoT」，房內所有設備，包括開門、燈光、香薰、電視、拉窗簾等，都可以「IoT」一鍵操控！內裝色調柔和清新，新店目前只得6間IoT體驗的「IoT Double Room」、6間普通雙人房，以及30個男生限定的Dormitory床位。 **MAP: P.341 C3**

入住時會獲發專用手機「IoT」，房內所有設備，包括開門、香薰、拉窗簾等，都可用「IoT」操控。

&AND HOSTEL今年一口氣於東京上野、淺草等地開設分店，尤以秋葉原店最方便。

Dormitory住宿需共用浴室及洗手間，備有多個淋浴間，沐浴用品也齊備。

另有30個Dormitory床位，男生限定，上下舖格局，原木質裝潢實徹清新風格。

Dormitory雖無Iot體驗，但每個床位都有獨立充電座、小燈與窗簾。

大堂早上是咖啡吧；晚上則變身住客交流的小酒吧。

酒店服務強調「人與人」的聯系，職員皆為充滿朝氣的年輕人。

Info

地址：東京都千代田区神田佐久間町3 - 9 - 1
電話：03 - 3863 - 2200
房價：IoT Double Room￥9,000 / 晚起、
　　　　Smart Dormitory￥3,600 / 晚起
網址：https://andhostel.jp/akihabara
前往方法：JR山手線「秋葉原」駅昭和通口，徒步5分鐘。

全館只得一間的 GODZILLA ROOM，門口有縮細版哥斯拉恭候、床背有巨型龍爪破牆而出，電視還會播出一段哥斯拉突襲的新聞，超認真！

新宿 哥斯拉主題酒店

Hotel Gracery Shinjuku

緊急報告！新宿發現「哥斯拉」突襲！説的其實是為紀念哥斯拉60周年，兼電影版上映而興建的裝置藝術，12米高巨型頭像破頂而出，轟立於新宿東寶大樓8樓平台。而旁邊新開幕的Hotel Gracery，更設有1間主題房「GODZILLA ROOM」，門口有縮細版哥斯拉恭候，還有巨型龍爪破牆而出以及限定禮品送贈。另有6間可眺望哥斯拉頭的單人房可供選擇。更正的是，所有住客都可以到8樓平台，近距離跟哥斯拉瘋狂Selfie！

MAP: P.127 D1

酒店所有住客皆可獨享到8樓平台，近距離一睹如此龐然巨大的哥斯拉，感覺更震撼！

位於8樓的餐廳 Café Terrace Bonjour，露天座位可與哥斯拉共餐，開業初期還有主題甜點供應。

GODZILLA ROOM住客可獲贈一系列限定禮品，VIEW ROOM住客也有限定袋和毛巾。

12米高的哥斯拉頭像，就爬在新宿東寶大樓8樓平台，離地面約52米。

Hotel Gracery全館970間客房，一般房型的水準也不俗，Standard Twin面積也有258平方呎。

每逢正午12時及晚上7時，哥斯拉都會發出震撼叫聲，晚上更有噴煙和燈光效果。

┌─ **Info** ─────────────────
地址：東京都新宿区歌舞伎町1 - 19 - 1
電話：03 - 6833 - 1111
房價：
Standard Twin（2人）¥25,400 / 晚起
GODZILLA ROOM / GODZILLA VIEW
ROOM ¥54,120 - 64,120 / 晚起*
網址：http://shinjuku.gracery.com
*房租含早餐。
前往方法：JR「新宿」駅東口，徒歩約5分
　　　　　　鐘；西武鉄道「西武新宿」駅，徒
　　　　　　歩約3分鐘。

「漫畫」，以最能代表日本的流行文化為題，牆身的漫畫更以渋谷為背景。

渋谷 視覺系場景酒店 MAP: P.157 A4

Shibuya hotel EN

2016年開幕，座落渋谷東急百貨附近，大玩主題佈置。樓高9層，每層走廊都以日本傳統或渋谷流行文化為主題，包括漫畫、日式手巾、京都町家小路、能劇舞台、千本鳥居等，任何女生見到無不「嘩」一聲大叫，通通都是Selfie拍照場景。70間客房內裝以日本人的「家」為主題，強調溫暖舒適且設施齊備，充滿驚喜。

大堂設計像極教堂，櫃台兩旁長長的帳幔輕飄，有種說不出的神聖。

「北齋赤富士」，以日本江戶時代著名浮世繪畫家——葛飾北齋的代表作《赤富士》為題。

「千本鳥居」，無窮無盡的鳥居隧道，恍如去了京都伏見的稻荷大社，走廊盡頭還掛滿住客的繪馬。

酒店前身為Shibuya City，位置就在道玄坂紅燈區邊緣，但環境靜中帶旺。

客室分為「Factory Modern」及「Japanese Modern」兩款，前者擁有一整面紅磚牆Feature Wall，拍照一流。

浴室為淋浴式設計，並選用英國香薰精油護膚品牌AROMATHERAPY的沐浴備品。

Info

地址：東京都渋谷区円山町1-1
電話：03-5489-1010
房價：
Japanese Modern Duble ￥21,780/晚起、
Factory Modern Twin ￥34,000/晚起
網址：www.shibuyahotel.jp
前往方法：
JR山手線「渋谷」駅ハチ公口，徒步約7分鐘；東京Metro「渋谷」駅A3出口，徒步約5分鐘；東急百貨附近。

6樓頂層設有傳統檜木風呂，一室木香之餘，更可眺望Skytree及浅草寺五重塔美景。

浅草 鬧市中的傳統旅館
旅館浅草指月

要在首都圈內一嘗傳統日式旅館體驗，浅草是首選。其中座落仲見世通旁邊的「指月」，乃80多年歷史的老字號，前身為二層木建築，現在樓高6層，加建升降機以外，保留原來的榻榻米和室、中庭，以及細心的服務，筆者向職員查詢附近食店位置，二話不説便幫忙致電訂位，再加送耐心引路。另一賣點是，頂層附設傳統日式風呂，可邊泡浴邊眺望Skytree及浅草寺五重塔美景。

MAP: P.327 C4

房內備有Wi-Fi，當然也有精緻茶點、茗茶組合，以及靚靚的傳統浴衣。

需付費的「朝食」有和食和洋食選擇，前者包括自家漬物、烤魚、時令配菜等，真正東京民家風味。
¥1,080 - 1,300

「指月」座落繁華的仲見世通旁邊，入口低調，但深受旅客歡迎。

鋪設榻榻米的和室，內有冷/暖氣、電視、茶几、冰箱等設施，晚上會有服務員來鋪設被舖。

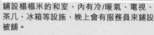

位於6樓頂層的特別階只得一間，客廳和睡房相連，擁有五重塔景觀，弧形門框為一大標記。

每間客房均附設私家浴室及洗手間，採乾濕分離式設計，沐浴備品更選用法國品牌L'Occitane。

─Info─

地址：東京都台東區浅草1 - 31 - 11
電話：03 - 3843 - 2345
房價：和室（2人）Standard ¥16,950 / 晚起、
　　　特別階 ¥28,900 / 晚起；
　　　洋室（1人）¥8,000 / 晚起
網址：www.shigetsu.com
*包免費風呂

前往方法：東京Metro銀座線、都營地下鉄浅
　　　　草線「浅草」駅，徒步約5分鐘。

120

頂樓風呂背後的瓷磚，是著名藝術家ミ一石井花了兩天繪製，再以「有田燒」製成，充滿現代和風。

三ノ輪 時尚和風Hostel
行燈旅館

東京時尚Hostel的先驅，2003年創立，位於浅草附近的「三ノ輪」，碧綠色的玻璃牆面建築，由著名建築師入江正之設計，在下町老區格外顯眼！女主人石井敏子也是背包客，會說流利英語，亦心知旅人最愛體驗當地人生活。內部裝潢像日本傳統古民家，24間客房全是榻榻米和室，面積雖不大，浴室洗手間也需共用，但頂樓設有型格的Jacucci風呂，池邊瓷磚找來著名藝術家ミ一石井繪製，而且採「貸切」制，只要入住時預約即能私人獨享！

榻榻米和室可供1至2人入住，面積雖小，但被舖、電視、毛巾、盥洗用品齊全，還有靚靚浴衣。

地下一角僻有小和室，放滿女主人旅遊時在世界各地搜集的古董。

3層高的玻璃牆面建築，由早稻田大學著名建築師入江正之設計。

旅館每日都有不同的日本文化體驗舉行，像和服試穿、花道、摺紙等。

天台取名「行燈Sky terrace」，可遠眺Sky Tree，是住客喝酒聊天的勝地。

浴室洗手間需共用，但每層都有男、女廁、沐浴間和洗面台，還有免費的茶水角。

Info

地址：東京都台東区日本堤2 - 34 - 10
電話：03 - 3873 - 8611
房價：Single ￥7,720／晚起、
　　　Dould ￥11,800／晚起
網址：www.andon.co.jp
*包免費風呂。
前往方法：
東京Metro日比谷線「三ノ輪」駅3番出口，徒歩約5分鐘；JR「南千住」駅，徒歩約15分鐘。

名為「祭り」的客房，由東京藝術家石原七生操刀，以日本傳統祭典為主題，充滿喜慶神樣。

新橋 藝術家主題房

Park Hotel Tokyo

位處Shiodome Media Tower（汐留媒體之塔）的25至34樓，座擁東京鐵塔景觀，是東京唯一入選Design Hotel的旅館。焦點是31間Artist Room，請來日本藝術家在客房內添上獨一無二的壁畫，主題包括櫻花、祭典、錢湯、相撲等日本傳統文化。房間本身也夠舒適，使用席夢思寢具，沐浴備品選用泰國水療品牌THANN，還附浴鹽。難怪被評為非常快適的東京版《米芝蓮》「黑3」。

酒店另一賣點，是座擁東京鐵塔景觀。

酒店擁有6家高級餐廳和酒吧，包括主打懷石料理的「花山椒」。

部分畫作甚至伸延至浴室，不少都歷時半年創作。

成田朱希的「金魚」，將整間客房化成夢中的金魚缸，床背壁畫還有立體效果。

阿部清子歷時10日繪畫的「龍」，水墨畫風的雲龍由門口一直奔騰至床背，氣勢非凡。

畫家大竹寬子作品「桜」，將日本傳統屏風畫化成彩繪，金色的浮雲更以400枚金箔貼成。

以「錢湯」為主題，出自畫家右田啓子之手，一個個泡浴中的胖子表情趣怪。

Info

地址： 東京都港区東新橋1丁目7番1号 汐留Media Tower Front
電話： 03 - 6252 - 1111
房價： Artist Room（Double Queen / King）¥25,000 / 晚起
網址： http://parkhoteltokyo.com
前往方法：
都營地下鉄大江戶線、ゆりかもめ（臨海線）「汐留」駅7或8番出口直達；JR、東京Metro、都營地下鉄「新橋」駅，徒步約7分鐘。

時尚膠囊

9hours成田空港

京都時尚膠囊旅館「9 hours」，2014年進駐成田空港。一開幕即奪「SDA設計賞」，膠囊設計如同太空船艙，淋浴區、化妝室需共用，但網絡設施和日常用品一應俱全。凌晨入住、第2天1000退房，收費只￥7,200起，其餘時間還可以時租補間，最適合凌晨機的旅客。

© Nacasa & Partners

長長的化妝室一邊是洗面台、一邊是廁所，還備有吹風機。

獨立淋浴間內備有沐浴乳、洗髮乳等，整潔又光猛。

住客會獲發Locker鑰匙，足夠放下29吋行李箱。還有毛巾、浴衣和拖鞋等用品提供。

膠囊內設有獨立空調、充電插座，還有Panasonic特別為酒店開發的燈光開鐘。

━Info━
地址：千葉県成田市古込字古込1番地1立体駐車場第2ビルB1/F
電話：0476 - 33 - 5109
房價：過夜￥7,200／晚起（0000 - 1000）；時租首小時￥1,500，其後￥500／小時（0900 - 1800）
網址：https://ninehours.co.jp/narita
前往方法：成田空港「Terminal 2」有通道連接。

鬧市中的露天風呂

APA Hotel Shinjuku - Kabukicho Tower

著名連鎖商務酒店集團「APA」，300多家分店遍布全日本，品質一向有口皆碑，2015年開幕的歌舞伎町店，提供620間客房，貫徹舒適簡潔設計之餘，更特別加添和風元素。最大賣點是頂樓設有半露天風呂，以及明石溫泉，雖然是人工溫泉，但身在鬧市有如此享受，夫復何求！

MAP: P.127 D1

APA位置其實就在哥斯拉酒店Hotel Gracery旁邊。

準天然光明石溫泉（人工溫泉）大浴場，位於酒店頂層28樓。

每家APA裝潢都大同小二，面積最大的Deluxe Twin近300平方呎，裝潢簡潔但舒適。

━Info━
地址：東京都新宿区歌舞伎町1丁目20 - 2
電話：03 - 5155 - 3811
房價：Double￥30,000／晚起、Twin￥38,000／晚起
網址：www.apahotel.com/hotel/shutoken/39_shinjuku - kabukichotower
前往方法：JR「新宿」駅東口徒歩約6分鐘；西武鉄道「西武新宿」駅徒歩約2分鐘。

頂層浴場附設露天風呂，男、女湯獨立，圖為設有信樂燒陶缸的男湯。

浅草 居酒屋Hostel
BUNKA HOSTEL TOKYO

淺草話題Hostel，座落淺草「すし屋通り商店街」（壽司屋通）上，由一棟30年歷史的舊商廈改建，最便宜的Dorm room為雙層床鋪設計，浴室洗手間需共用，房租只￥3,000/晚，另有附私家浴室的4人房選擇。焦點是以居酒屋為主題，簡潔的大堂晚上會變身熱鬧的居酒屋。

MAP: P.327 B4

提供超過30款日本各地清酒和佐酒小菜，綠色瓶是自家品牌清酒。

Hostel座落「すし屋通り商店街」上，附近食店林立。

最便宜的Dorm room，雙層床鋪以木板間隔，入口刻意不同方向，令私人度大增。

帶點和風設計的大堂兼餐廳，晚上會搖身一變成熱鬧的居酒屋，讓來自世界各地的住客交流。

---Info---
地址：東京都台東區浅草1 - 13 - 5
電話：03 - 5806 - 3444
房價：
DORMITORY ROOM ￥3,000 / 位、
FAMILY ROOM（4人）￥16,800 / 房*
網址：http://bunkahostel.jp
*房租已含稅。
前往方法：
東京Metro銀座線「浅草」1番出口，或「田原町」駅3番出口，徒步5分鐘；都營地下鐵浅草線、東武鉄道「浅草」駅，徒步約5分鐘。

高円寺 話題藝術旅店
BnA Hotel Koenji

多得airbnb，令東京的特色旅館和民宿愈開愈多。一個以「可住宿的畫廊」為宗旨的經營團隊「Bed & Art Project」（BnA），專門找來本地不同藝術家合作，將老公寓改造成藝術旅店。2016年開幕的高円寺店，只有兩間雙人房，包括日本即興畫家高橋洋平，以及平面設計師荻野竜一，儼如住進藝廊般。

MAP: P.434 A2

旅館由一棟3層高老廈改造，座落以次文化聞名的高円寺，附近開滿小酒館。

每間房均附設私家浴室洗手間，採乾濕分離設計，洗手盤位於入口旁。

地庫設有酒吧「FrontDesk Bar」，平日是輕食餐廳兼接待處，逢周末晚則變成小酒館。

由80後藝術家高橋洋平創作的「Into the foreign」，充滿生命力的狼群壁畫從門口一直伸延至天花及陽台，畫風狂野。

---Info---
地址：東京都杉並區高円寺北2丁目4-7
房價：雙人房￥17,000 / 晚起
網址：www.bna-hotel.com
前往方法：東京Metro東西線、JR中央線、JR中央総武線「高円寺」駅北口，徒步約1分鐘。

全新「Bus Terminal」 MAP：P.126 C3

新宿駅南口新落成的Bus Terminal「バスタ新宿」，前往機場、箱根或關西等地的高速巴士都在這裏乘搭，還有對應英語的旅遊詢問處、免費Wi-Fi、大型Locker，以及付費的行李寄存服務，不用擔心行李太大。

網址：http://shinjuku-busterminal.co.jp
前往方法：JR「新宿」駅新南口對面。

提！提！你

不夜の城

新宿

しんじゅく / Shinjuku

交通　JR山手線、JR中央線、JR埼京線、JR湘南新宿線、JR湘南新宿ライン、京王線、小田急小田原線、都營新宿線「新宿」駅；東京Metro丸ノ內線、東京Metro副都心線、都營新宿線「新宿三丁目」駅；都營大江戶線「新宿西口」駅；西武新宿線「西武新宿」駅。

　　東京3大副都心之一。新宿駅乃全日本最繁忙的車站，每日使用人次超過360萬，人潮絡繹不絕。大型百貨商店、商業中心與政治機關鱗次櫛比，購物娛樂飲食一拳集合。而歌舞伎町一帶則燈紅酒綠，徹夜歌舞昇平。從早到晚繁華喧鬧，充滿活力，一直是旅遊東京的熱點！

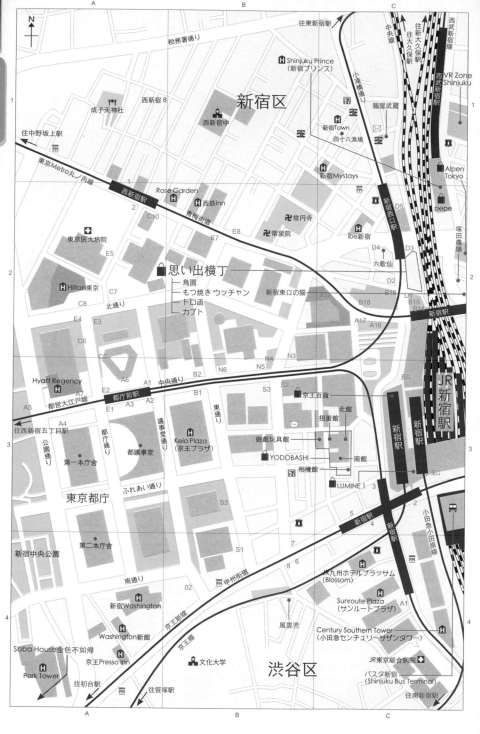

N

往東新宿駅

西武新宿線

税務署通り

Shinjuku Prince
(新宿プリンス)

中央線
往新大久保駅
往大久保駅

VR Zone
Shinjuku

西新宿8

新宿区

小滝橋通り

麺屋武蔵

成子天神社

西新宿中

新宿Town

四十八漁場

Alpen
Tokyo

往中野坂上駅

新宿Mystays

pepe

東京Metro丸ノ内線

Rose Garden

西新宿駅

西鉄Inn

常円寺

青梅街道

塚田農場

C10

常泉寺

E8

E7

新宿西口駅

ibis新宿

D5

東京医大病院

E5

思い出横丁

D4

D3

六歌仙

Hilton東京

C7

鳥園

新宿東口の猫

D2

C8

北通り

もつ焼き ウッチャン

新宿西口の猫

A18

B16

D1
B15
B14

E4

E3

トロ凾

A17

A16

新宿駅

C6

C5

カブト

N4

N3

JR
新宿駅

A6

A1

中央通り

B2

N6

N5

Hyatt Regency

E2

都庁前駅

B1

S2

S3

京王百貨

新宿駅

A7

都営大江戸線

A3

A2

東通り

北館

都庁大江戸線

A5

E1

議事堂通り

扭蛋館

南口

往西新宿五丁目駅

A4

Keio Plaza
(京王プラザ)

遊戯玩具館

YODOBASHI

南館

東京都庁

都庁通り

都議会堂

相機館

新宿駅

第一本庁舎

ふれあい通り

LUMINE 1

3

小田急小田原線

S3

5

新宿駅

4

第二本庁舎

S1

新宿中央公園

南通り

7

02

甲州街道

8 6

JR九州ホテルブラッサム
(Blossom)

A1

新宿Washington

Sunroute Plaza
(サンルートプラザ)

風雲児

Century Southern Tower
(小田急センチュリーサザンタワー)

Washington新館

京王新線

Soba House金色不如帰

文化大学

渋谷区

JR東京総合病院

京王Presso Inn

京王線

バス新宿
(Shinjuku Bus Terminal)

Park Tower

往初台駅

往笹塚駅

往南新宿駅

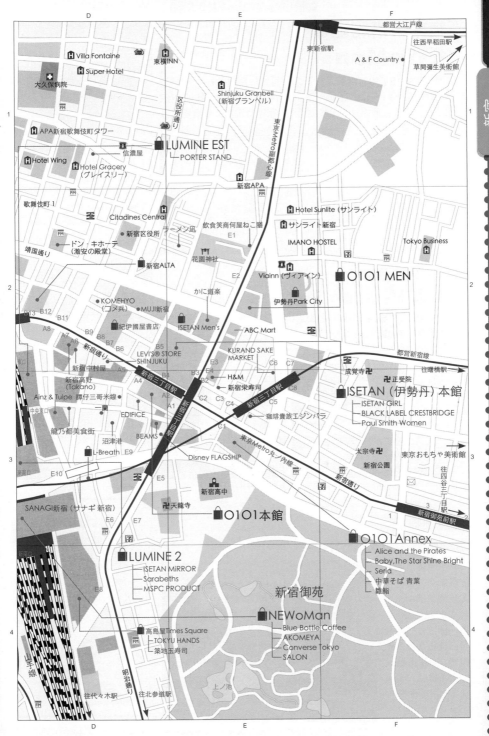

都営大江戸線
往西早稲田駅
東新宿駅
A & F Country
草間彌生美術館

Villa Fontaine
東横INN
Super Hotel
大久保病院
Shinjuku Granbell
(新宿グランベル)

APA新宿歌舞伎町タワー
LUMINE EST
PORTER STAND
Hotel Wing
Hotel Gracery
(グレイスリー)
信濃屋
新宿APA

歌舞伎町1
Hotel Sunlite (サンライト)
Citadines Central
飲食笑商何屋ねこ膳
サンライト新宿
IMANO HOSTEL
Tokyo Business
ドン・キホーテ
(激安の殿堂)
新宿区役所
ラーメン凪
E1
靖国通り
花園神社
新宿ALTA
E2
Viainn (ヴィアイン)
O1O1 MEN
かに道楽
伊勢丹Park City
KOMEHYO
(コメ兵)
MUJI新宿
紀伊國屋書店
ISETAN Men's
ABC Mart
B13 B12 B11
A8 B9
B7 B6
LEVI'S® STORE
SHINJUKU
B5
KURAND SAKE
MARKET
C6 C7
都営新宿線
往曙橋駅
新宿通り
E3
成覚寺
正受院
新宿中村屋
新宿三丁目駅
新宿高野
(Takano)
A4
B4 B3 E4
H&M
C2 C3 C4
新宿栄寿司
C5
C8
ISETAN (伊勢丹) 本館
Ainz & Tulpe 譚仔三哥米線
一蘭
EDIFICE
A1
新宿三丁目駅
珈琲貴族エジンバラ
ISETAN GIRL
BLACK LABEL CRESTBRIDGE
Paul Smith Women
龍乃都飲食街
沼津港
BEAMS
C1
東京Metro丸ノ内線
太宗寺
東京おもちゃ美術館
L-Breath
E9
Disney FLAGSHIP
新宿公園
往四谷三丁目駅
E10
E5
新宿通り
SANAGI新宿 (サナギ新宿)
新宿高中
天龍寺
O1O1本館
E6
E7
新宿御苑前駅
3
1
新宿御苑前駅
O1O1Annex
LUMINE 2
ISETAN MIRROR
Sarabeths
MSPC PRODUCT
E8
Alice and the Pirates
Baby,The Star Shine Bright
Seria
中華そば 青葉
雛鮨
新宿御苑
高島屋Times Square
TOKYU HANDS
築地玉寿司
NEWoMan
Blue Bottle Coffee
AKOMEYA
Converse Tokyo
SALON
山手線
往代々木駅
明治通り
往北参道駅
上ノ池

新宿南口構物地標
NEWoMan

　　歷時長達15年的新宿駅南口重建工程終於完成，終於2016年開幕的NEWoMan，乃全新地標商場，由日本百貨業巨頭LUMINE集團打造，主攻上班族女生，集結近100家流行服飾、雜貨與美妝店，還有美食大廳，當中超過8成是首次登陸新宿，通通都是當下日本OL的人氣之選。

`MAP: P.127 D3`

　　NEWoMan位於新宿駅南口新落成的MIRAINA TOWER，美食大廳則位於新南口站內2樓，旁邊還有新Bus Terminal。

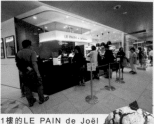

1樓的LE PAIN de Joël Robuchon，有售多款新宿店限定麵包，包括朱古力混Tonka豆包￥1,350。

Info
地址： 東京都新宿区新宿 4 - 1 - 6
電話： 03 - 3352 - 1120
營業時間： 1100 - 2200
　　　　　　（Food Hall 0700 - 0400）
網址： www.newoman.jp
前往方法： JR「新宿」駅新南口直達。

茶店 × 潮流服飾
S SALON adam et ropé

　　樓中樓設計，結合茶店和服飾店，主打由料理監製淺本充主理的輕食，以及一系列優閒風格的服裝和生活雜貨。

S SALON男女裝俱備，還有品牌精選的優質生活雜貨。

自家品牌麻質背心裙￥13,000

店內採樓中樓設計，茶店就位於閣樓。

S SALON有售自家烘焙的咖啡豆，還有自家果醬。咖啡豆（S）￥1,200

Info
地址： NEWoMan 3 / F
網址： http://salon.adametrope.com

話題咖啡店
Blue Bottle Coffee

　　來自美國的著名咖啡店，堅持現點現泡，素有「咖啡界的Apple」之稱。繼清澄白河和青山店造成激烈話題後，3號店進駐NEWoMan，還有限定咖啡杯發售。

日本Blue Bottle向以型男咖啡師聞名，新宿店則有多名女咖啡師座鎮。

新宿限定咖啡杯￥486

Info
地址： NEWoMan 1 / F
網址： https://bluebottlecoffee.jp

日本米雜貨店
AKOMEYA

　　總店位於銀座、以米為主題的
食材雜貨店，位於NEWoMan 1樓的
新店乃首家分店，同樣有搜羅自全
日本的好米，以及各式配飯的醬料
小菜、廚具和食材，掃手信一流。

半枡，日本傳統量度食米的單位，1枡足夠1
人每餐食用。￥600 / 個

提供約18種來自全日本的優質白米與糙
米。￥490起 / 450g

日本著名「萬古燒」迷你1人炊飯
鍋，可放微波爐加熱。￥3,000 / 個

┌─ **Info** ─────
地址：NEWoMan 1 / F
網址：www.akomeya.jp
└──────────

限量日版特多
Converse Tokyo

　　日本Converse獨家支線，最
新直營店有大量限定商品，包括日
本知名造型師野口強的最新聯名系
列，以及配飾雜貨。

新店還有大量名
人的聯名精品。
Y u l i a × N a N a
NaNa iPhone case
￥6,700

大星女裝Tee￥4,800

大星流鬚Tote bag￥13,000

┌─ **Info** ─────
地址：NEWoMan 2 / F
網址：www.converse.co.jp
└──────────

新晉瑜伽女牌
emmi

　　2015年成立，主打瑜伽
及室內運動服飾的日牌，除
了Made in Japan的自家服
裝，還有代理Nike、adidas
by Stella McCartney等人氣
系列。

主打的瑜伽服設計時尚舒適。

自家品牌的運動服
全是日本製。

┌─ **Info** ─────
地址：NEWoMan 2 / F
網址：http://emmi.jp
└──────────

渋谷

原宿、表參道

池袋

青山

新宿

渋谷

原宿・表參道

池袋

青山

年輕品牌+美妝
LUMINE 2

　　JR新宿駅南口直達的LUMINE 2，網羅品牌不多，但男女裝及美妝俱備，整體格調較為年輕，焦點是2樓的紐約早餐女王「Sarabeths」。

MAP: P.127 D3

退稅專櫃位於2樓。

──Info──
地址：東京都新宿区新宿3-38-2
電話：03-3348-5211
營業時間：商店1100-2200
　　　　　　餐廳1100-2300
網址：www.lumine.ne.jp/shinjuku
前往方法：JR、小田急線、京王線「新宿」
　　　　　　駅南口，徒步約1分鐘。

迷你版Loft
PLAZA

　　日本知名連鎖生活雜貨店，主攻年輕女生族群，從服飾、玩具精品、零食，到人氣藥妝、雜貨都應有盡有，堪稱迷你版的Loft。

隱形五指絲襪。
¥580、¥980

VINTORTE防UV礦物粉（SPF 50+ PA++++），@cosme人氣no.1。
¥3,300

──Info──
地址：LUMINE 2 2/F
網址：www.plazastyle.com

紐約早餐女王
Sarabeth's

　　有「紐約早餐女王」之稱的曼哈頓名店，新宿店開業至今人氣不減，每天仍然大排長龍。日本店正在早餐全日供應，還有限定Menu，招牌Eggs Benedict 和French Toast幾乎是每枱必點，難怪全球銷售超過千萬份。

新宿店裝潢優雅亮麗，平均排隊1小時，本地人開門前便來。

Lemon and Ricotta Pancake，口感濕潤實在，充滿檸檬的清香。¥1,450

招牌Fat & Fluffy French Toast，外脆而內軟且濕潤，蘸點楓糖漿或butter cream更佳。
¥1,250

店內還有售創辦人Sarabeth以家族食譜製的成名果醬，以及scone等糕餅。果醬¥1,750

──Info──
地址：LUMINE 2 2/F
網址：http://sarabethsrestaurants.jp
消費：約¥1,250／位起

高級美妝店
ISETAN MiRROR

　　由三越伊勢丹打造的高級美妝店，精選日本及全球20個人氣美妝品牌，還有自家品牌「ISETAN MiRROR beaute」，經常與其他品牌或名人大搞聯乘計劃。

香薰品牌a day，有不同香草及花香味。

店內裝潢高貴古典，服務員也專業非常。

KOBAKO專為東方人設計的睫毛夾，有很多根對不同眼形的型號，還有左、右眼睫毛夾。￥2,200

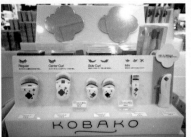

自家品牌「ISETAN MiRROR beaute」，包括化妝及身體護理系列。

Info
地址：LUMINE 2 2／F
網址：http://isetanmirror.com

日本製功能王
MSPC PRODUCT

　　1994年誕生於大阪的男裝包包品牌，堅持全日本製做，強調功能實用與時尚設計，適合日常使用，素有「功能王」美譽。MSPC 有齊旗下的master - piece 和「02DERIV.」。

master - piece x FULLCOUNT Collaboration，深受潮人追捧。

公事包系列FLAT - Nylon version。￥38,000

master - piece x Pertex Shield+全黑肩袋。￥10,000

Info
地址：LUMINE 2 3／F
網址：http://master-piece.co.jp

主攻成熟OL `MAP: P.126 C3`
LUMINE 1
LUMINE 1

　　隸屬JR東日本的駅前商場「LUMINE」，於新宿駅旁共有4棟分館，網羅的品牌各有不同，賣點是營業至2200。位於京王線新宿駅上蓋的LUMINE 1，1976年開業，連地庫樓高10層，客源主攻OL，格調較為成熟高貴，包括多家獨家品牌店。

退稅專櫃位於5樓，場內還支援SUICA等交通卡付款。

Info
地址：東京都新宿區西新宿1 - 1 - 5
電話：03 - 3348 - 5211
營業時間：商店 1100 - 2200
　　　　　餐廳 1100 - 2300
網址：www.lumine.ne.jp/shinjuku
前往方法：JR、小田急線、京王線「新宿」駅南口，徒步約1分鐘。

妝物select shop
B - TIME

Info
地址：LUMINE 1 4／F

　　美妝select shop，集合SK - II、KOSE等日本8大護膚及化妝品牌，賣點是服務人員能提供專業解說以及化妝技巧教路，並附設美妝體驗與美容室。

美妝體驗區，顧客能嘗試不同品牌的彩妝。

南口購物巨人
高島屋Times Square

1996年開業以來，一直是新宿南口的購物地標，由本館和南館組成，樓高14層的本館包含各佔7層的高島屋百貨和TOKYU HANDS，還有大型電器店Best、劇場、電影院，以及兩層的Restaurant Park；南館則為紀伊國屋書店。**MAP: P.127 D3 - D4**

高島屋百貨網羅過百個人氣品牌，每年聖誕節，2樓對出的Southern Terrace都有燈飾裝置。

南館1 - 7樓為「紀伊國屋書店」，最近還有紀伊國屋Southern Theater落成。

Info
地址：東京都渋谷区千駄ケ谷5丁目24番2号
電話：03 - 5361 - 1111
營業時間：平日1000 - 2000；
　　　　　周六、日及假期1000 - 2030
網址：www.takashimaya.co.jp/shinjuku/
　　　timessquare
前往方法：JR「新宿駅」新南改札口，徒步約
　　　　　1分鐘；東京Metro副都心線「新
　　　　　宿三丁目」駅，徒步約3分鐘。

築地直送
築地玉寿司

源自築地的寿司店，標榜所有食材均每天由築地直送，新鮮料好之餘，價格亦便宜，手握寿司￥100起。

築地特撰にぎり，包括大拖羅等11件手握寿司，連茶碗蒸及湯。￥3,500

新宿店已不供應「寿司放題」，想吃請到銀座、橫浜或品川店。

提提你

Info
地址：高島屋Times Square 13 / F
電話：03 - 5361 - 1866
營業時間：1100 - 2300（L.O.2210）
網址：www.tamasushi.co.jp
消費：約￥2,000 / 位

東京最大分店
TOKYU HANDS

佔據本館整整7層，乃東京都內面積最大分店。重點包括2樓的旅遊用品Travel Market、3樓的美容Beauty Line、6樓的DIY手作素材，以及8樓的文具層，還有退税服務。

屁股專用暖貼，據稱可改善女生腰寒問題。￥834

大眼矯形器，聲稱1日使用30次就變「大眼仔」。￥1,000

大河劇《真田丸》大熱，連帶紙皮版武士盔甲也熱賣。伊達政宗￥2,480

3樓Beauty Line，設有卡通人物面膜專區。￥278起

退税專櫃位於2樓扶手電梯後面。

Info
地址：高島屋Times Square本館2 - 8 / F
電話：03 - 5361 - 3111
營業時間：1000 - 2100
網址：https://shinjuku.tokyu - hands.co.jp

貴為本店的「Multi - Media」館，分為北、南及東館，重點是樓高9層的北館，人氣家電全集合。

人氣電器

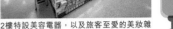

2樓特設美容電器，以及旅客至愛的美妝雜貨專區，備有中文服務員和免稅櫃位。

美容電器設有試用台，服務員還會提供化妝鏡，甚至以假髮作示範。

dyson無扇頁電風筒，因渡邊直美而爆紅！¥48,600

西口電器王國

YODOBASHI

新宿西口本店（ヨドバシカメラ）

　　1960年創立的日本著名連鎖電器店，於新宿駅西口包括本店在內，一共擁有14座分館之多（東口另有一店），以家電、相機、電玩遊戲、鐘表、維修等主題分門別類，還有專為旅客而設的美容護理專區，及免稅專用收銀台，堪稱電器小王國。

MAP: P.126 C3

地庫扭蛋館

玩具館對面，有個位於地庫的扭蛋館，備有超過500台扭蛋機，最重要是2200關門後依然開放！

遊戲玩具館

「Game, Hobby」館樓高6層，玩具與電玩分門別類，重點是地庫的人氣玩具與動漫模型。

1：12《Star Wars》Clone Trooper模型。¥2,200

多拉A夢 3D立體砌圖。¥1,750

4樓有LEGO、Tomica專區，以及多台懷舊街機；3樓還有個四驅車場讓你試車。

攝影館

樓高7層攝影器材館，相機還經常有特價。Panasonic HX - A14攝錄機¥19,480（港售HK$1,880）

Info

地址：東京都新宿区西新宿1 - 11 - 1
電話：03 - 3346 - 1010
營業時間：1070 - 2200
網址：www.yodobashi.com
前往方法：JR山手線「新宿」駅西口，徒步約2分鐘。

新宿
渋谷
原宿・表參道
池袋
青山

主打年輕時尚
O1O1 Annex

　　2013年開業的「丸井百貨」分館，主打年輕時尚品牌，連地庫樓高9層，以Lifestyle為主題，網羅70個人男女服飾品牌，還有多家生活雜貨與餐廳街，整體價格較相宜好逛，還有跟不同人氣品牌聯乘的「丸井限定」，男女老幼皆宜。 **MAP: P.127 E3**

1樓的O1O1包包專區有多款「丸井限定」，包括PORTER「VOICE」×丸井系列。左￥20,520、右￥21,060。

2樓有裏原宿起家的潮流古着店「RAGTAG」。

2樓網羅Frapbois、mercibeaucoup、gomme、TC、Ne‐Net等人氣女裝品牌。

Info
地址：東京都新宿区新宿3‐1‐26
電話：03‐3354‐0101
營業時間：周一至六1100‐2100；周日及假期1100‐2030（餐廳1100‐2300）
網址：www.0101.co.jp
前往方法：都營新宿線「新宿三丁目」駅C1出口直達；東京Metro副都心線「新宿三丁目」駅B2出口，徒步約3分鐘。

100円優質雜貨
Seria

　　超過800間分店的連鎖100円店，主攻年輕女性市場，主打Kawaii設計的廚具、生活雜貨，更特設手作材料專區，不乏歐陸風格小飾品，掃手信一流。

不止生活雜貨，就連「花火」（煙花）套裝只是￥100／份。

各式廚具、餐具都走可愛風設計，粉紅、心心小瓷鍋乃女生最愛。各￥100

假睫毛選擇極多，很多高中女生都來掃貨。￥100／2對

Info
地址：O1O1Annex 4／F
網址：www.seria-group.com

長龍中華拉麵
中華そば 青葉

　　1996年於中野創立的中華拉麵名店，只有中華拉麵及沾麵兩款選擇，湯頭以東京風拉麵的青花魚、鰹魚等熬煮的魚介湯，混合九州風的豬骨湯，味道清爽而濃厚，被譽為「雙湯始祖」。

招牌「中華そば」，湯頭味道清爽而香，還比一般拉麵減鹽；集中中華拉麵和烏冬大成的特製麵條，更有小麥風味。￥730

傳統拉麵店格局，只有10多個座位，食客以男生居多。

Info
地址：O1O1Annex 8／F
網址：www.nakano-aoba.jp
消費：約￥730／位起

Lolita始祖
Baby,The Star Shine Bright

六至7樓主打次文化，擁有多個Cosplay服裝品牌和動漫Cafe，包括原宿Lolita系服裝始祖、被深田恭子着紅的Baby,The Star Shine Bright，走少女夢幻風格。

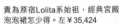
貴為原宿Lolita系始祖，經典宮殿泡泡裙怎少得。左￥35,424

Info
地址：O1O1Annex 7 / F
網址：www.babyssb.co.jp

《愛麗絲》
Alice and the Pirates

Baby,The Star Shine Bright的同門姊妹品牌，以《愛麗絲夢遊仙境》為主題，走歌德風格，自2013年起更跟迪士尼聯乘的獨家《愛麗絲》系列。

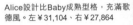
Alice設計比Baby成熟型格，充滿歌德風。左￥31,104、右￥27,864

Info
地址：O1O1Annex 6 / F
網址：www.babyssb.co.jp

人氣壽司放題
雛鮨

主打壽司放題的日本料理店，120分鐘的「寿司食べ放題」提供超過60款職人手握壽司選擇，不乏拖羅、海膽、穴子（海鰻）等貴價之選，最便宜的純壽司放題收費￥4,900起，附松葉蟹的壽司放題也不過￥5,500起。

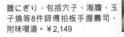
雛にぎり，包括穴子、海膽、玉子燒等8件師傅拍板手握壽司，附味噌湯。￥2,149

Info
地址：O1O1Annex 8 / F
營業時間：1100 - 2300
收費：
高級壽司食べ放題 女￥4,900、男￥5,200
ずわい蟹盛合せ＋高級壽司食べ放題 女￥5,500、男￥5,800
*限時120分鐘。
網址：www.hotpepper.jp/strJ000660305

歌舞伎町

新宿駅東口以北一帶，為東京最大的夜生活與紅燈區，聚集各式酒吧、劇場、牛郎店、夜總會、情人旅館等，燈紅酒綠夜夜笙歌，素有「不眠の街」與「慾望迷宮」之稱。原本龍蛇混雜，但因外國旅客慕名而至，現在也變成景點。

區內除了風俗店，其實還有很多平價食店、拉麵店和網吧。

Info
地址：東京都新宿区歌舞伎町一番街
網址：www.kabukicho.or.jp /
前往方法：JR「新宿」駅中央東口，徒步約4分鐘。

歌舞伎町愈夜愈熱鬧，堪稱「不夜城」。

潮流指標
ISETAN（伊勢丹）本館

★I Can
Tips
6樓設有退稅櫃台，並提供外幣兌換服務。

　　前身為1886年（明治19年）創立的「伊勢屋」，於新宿大小分店共5家。1933年開業的本館主打女裝，連地庫樓高9層，經常跟不同名牌推出限期限定的聯乘，一直是日本潮流指標。2003年起，耗資100憶日圓，進行歷時10年的翻新工程，以「世界最高的Fashion Museum」為概念，2至6樓增設「ISETAN Park」，以期間限定形式介紹新品牌，大搞聯乘活動，繼續「潮流指標」的殿堂地位。

MAP: P.127 D2；E2 - E3

1933年開業的新宿本館，已入選「東京都の歷史建造物」。

「ISETAN Park」，期間限定的Pop up store每兩星期更換一次，次次來都有新發現。

Info
地址：東京都新宿区新宿3 - 14 - 1
電話：03 - 3352 - 1111
營業時間：1030 - 2000
網址：http://isetan.mistore.jp/store/shinjuku
前往方法：東京Metro丸ノ内線「新宿三丁目」駅B5、B4或B3出口，徒步約1分鐘；JR「新宿」駅東口，徒步約5分鐘。

潮流生活提案
ISETAN GIRL

　　主攻年輕女生，精選當今最流行的服飾品牌。還有像潮流雜誌般推出各式生活提案，如水着展、睡衣展、新品Pop up store等等。

BLUE LABEL CRESTBRIDGE前身為Burberry授權的日本獨家女裝副線，現在仍保持經典格紋設計。

ISETAN GIRL網羅10多個年輕品牌，並推出各式主題活動。

Info
地址：ISETAN本館2 / F

剛陽女副線
Paul Smith Women

　　2樓網羅超過60個日本及國際的中價女裝品牌，包括多個男裝品牌的女裝副線，計有Paul Smith Women和PS by Paul Smith。

帶點剛陽氣息的PS女裝系列，一向深受OL歡迎。One piece￥31,320

Info
地址：ISETAN本館2 / F
網址：www.paulsmith.co.uk/uk-en/shop/womens

潮童專區
Re-style Kids

　　6樓童裝部特設「Re - style Kids」專區，以Shop in shop形式陳列，搜羅近20個日本國內外人氣童裝品牌，包括GUCCI、Dior、FENDI、Burberry等名牌的童裝系列，潮媽一定瘋狂爆買！

Gucci Children's GG Supreme cat tote，其實成人都想要。￥59,900

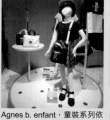
Agnes b. enfant，童裝系列依舊法國風。畫家帽￥6,696、格紋One Piece￥15,120

Hysteric Mini，黑超B造型一直是潮童指定品牌，ISETAN專櫃特多中童尺碼。

Info
地址：ISETAN本館6 / F

1樓「祭」：集合日本47都道府縣的傳統工藝與特產，還有一系列BEAMS JAPAN限定精品。

4樓為TOKYO CULTUART by BEAMS，由3D造型團隊GELCHOP設計，挑選當今流行文化及視覺藝術的商品。

新宿店限定「Shinjuku Gold」Kewpie搪膠公仔。大 ¥30,240

名為「ASOBEAMS」（遊）的劍玉，邀請坪井泰一郎等設計。¥5,000－9,000

除了當代流行文化玩物，還有Beams×PORTER的「B印Yoshida」專櫃。

地庫有跟「日光金谷飯店」合作的和式洋食餐廳「CRAFT GRILL」，必吃新宿百年ライスカレー（咖啡飯）。¥1,944

全新旗艦店，1樓附設東京知名咖啡專門店「猿田彥」；6至7樓還有高級男士服飾系列「BEAMS F」。

「日本」主題新旗艦
BEAMS JAPAN

　　為慶祝成立40周年，將新宿店徹底改裝成集合服裝、工藝雜貨、餐廳與藝術空間的全新旗艦店，並於2016年開幕。請來知名創作人小山薰堂出任顧問，以「TEAM JAPAN」為主題，不只賣服飾，連地庫樓高8層，各以「食」、「祭」、「衣」、「眼」、「趣」、「匠」6大概念，展現大和文化。焦點是跟百年老店「日光金谷飯店」合作開設的首家餐廳「CRAFT GRILL」。還有跟TOGA PULLA、HUMAN MADE等名牌合作的聯乘，全店合共超過5,000件「Made in Japan」！ MAP: P.127 D3

新宿店限定「BEAMS JAPAN」圖案Tee。各 ¥3,000

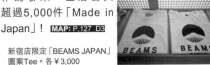

Ray BEAMS×TOGA PULLA壓紋皮革Sandals，潮人之選！¥48,600

Info

地址：東京都新宿區新宿3-32-6 B1-5/F
電話：03-5368-7300
營業時間：1100-2000
　　　　　（猿田彥珈琲0830-2230）
網址：www.beams.co.jp/beamsjapan
前往方法：JR「新宿」駅中央東口，徒步約3分鐘。

樓高三層，總面積1,710平方公尺，旗艦店限定精品多不勝數。

日本最大旗艦店

MAP: P.127 D3

Disney FLAGSHIP TOKYO

　　2021年開幕，樓高三層全日本最大。以Imagination Beyond為概念設計，集合Disney、Pixar、Marvel、STAR WARS全系列商品。除可買到東京迪士尼，或海外迪士尼精品，更有大量旗艦店獨家限定品，包括Disney x Franck Muller名表、Disney x Coach包包等等。就連以往只限網店供應的訂製商品「D-Made」，也首次設置實體店面，Tee、tote bag、公仔都可以客製化。

渡邊直美監修的UniBEARsity小熊。￥3,520

Disney x MISSHA韓妝系列，走成熟路線。￥2,090

跟名牌聯乘的系列集中於2樓，旁邊還有Marvel和STAR WARS。

Disney 跟名錶品牌Franck Muller聯乘的《幻想曲》主題錶。￥2,960,000

旗艦店外牆有大型屏幕，最新迪士尼廣告不停放送。

Disney x Coach背包，特別使用環保水溶性原料印製。￥101,200

Disney x BRUNO 廚具系列，以白色為主調。￥9,020

Info

地址：東京都新宿区新宿三丁目17番5号　T&TIIIビル
電話：03-3358-0632
營業時間：1000-2100
網址：https://shopdisney.disney.co.jp/
前往方法：JR「新宿駅」東口，步行5分鐘。

138

雖然是舊衣物，但每件都經過MUJI藍染加工，並重新加上白色縫線作點綴。

衣物經藍染加工會縮水，故ReMUJI以細碼居多，Fit晒嬌小型女生如我！

￥1,990藍染ReMUJI
MUJI新宿 `MAP: P.127 D2`

新宿兩間無印於2021年均整修完成重開，其中MUJI新宿以「環保與社會議題」為概念，佔地3層，設有最大的「ReMUJI」賣場，回收無印良品舊衣物，重新藍染加工後再販售，每件只售￥1,990，為舊衣物再生。館內還設有最大「IDÉE」賣場，售賣MUJI居家雜貨、家具等，也會邀請當地藝術家或創作者，舉辦以藝術、環境為議題的活動。

ReMUJI衣物不論種類，每件定價只售￥1,990，超抵着！

店內有回收箱收集舊物，舊衣物會成ReMUJI，食品和書則會轉贈社福機構。

選擇最多的是各式恤衫，Japan blue很美，由於藍染加工每件都不一樣。

ReMUJI有齊男女裝，函蓋春夏秋冬四季服飾，甚至還有少量包包。

もったいない市，以優惠價格，販售有輕微瑕疵，但使用上沒問題的無印商品。

館內設有最大IDÉE賣場，主打MUJI居家雜貨和家具。

┌Info┐
地址：東京都新宿区新宿3-15-15新宿Piccadilly B 1～2/F
電話：03-5367-2710
營業時間：1100-2100
網址：https://www.muji.com/
前往方法：JR「新宿駅」東口/東南口，步行5分鐘。

日本唯一TAILOR SHOP
LEVI'S® STORE SHINJUKU

2012年開設的新宿店連地庫樓高4層,乃全日本最大。除了手工更靚的日版牛王,焦點包括2樓的501系列專區、3樓的Vintage專區,還有顧客訂製服務店「Levi's® TAILOR SHOP」,乃日本唯一兼亞洲首間,可為你打造出獨一無二的專屬牛仔褲!

MAP: P.127 D2

日版Levi's全日本製,著重細緻的車功,最明顯的detail位就是褲腳側邊的車線。

3樓的客製服務店「TAILOR SHOP」,不止修改長度,還可以加刺繡￥3,000起、或布章￥1,000起。

新宿店乃日本最大,地庫主打女裝

2樓有最人氣的501系列專區,501 Original Fit售￥16,000。

3樓Vintage專區搜羅不少美版舊款牛仔褲,包括1933年的501® XX復刻版。

Info

地址:東京都新宿區新宿 3 - 29 - 12
電話:03 - 5363 - 4501
營業時間:平日1100 - 2100;
　　　　　周六、日及假期1000 - 2100
網址:http://levi.jp
前往方法:JR「新宿」駅中央東口,徒步
　　　　　約3分鐘。

最難訂票的美展
MAP: P.127 F1
草間彌生美術館

日本殿堂級藝術家,素有波點女王之稱的草間彌生,於2017年開設首個個人美術館,選址新宿附近的早稻田,連地庫樓高6層,白色大廈由久米設計公司打造,正門有黑白波點落地大玻璃,內有展覽室、商店、閱覽室等。主題展覽每半年更換一次,焦點包括4樓體驗式裝置的全新鏡屋,以及戶外展示空間,展出新創作的閃石《南瓜》雕塑。

主題展覽每半年更換一次,還有講座、作品鑑賞團等活動。

購票方法:
採預約制,每天分4個參觀時段,每月1號上午1000公布3個月後的門票,但每次都秒殺,譽為最難訂票的美展!

Info

入場時間:1100、1230、1400、1530
網上訂票:www.e-tix.jp/
　　　　　yayoikusamamuseum

招牌波點南瓜雕塑又怎少得?

1樓有草間彌生商品店,屬收費區內。南瓜曲奇￥648

4樓的體驗式裝置空間,將有全新的南瓜波點鏡屋。

Info

地址:東京都新宿區弁天町107
電話:03 - 5273 - 1778
開放時間:1100 - 1700
休息:逢周一至三
入場費:成人￥1,100、小中高生￥600
網址:https://yayoikusamamuseum.jp
前往方法:東京Metro東西線「早稻田」駅
　　　　　1出口徒步約7分鐘;都營地
　　　　　下鉄大江戶線「牛込柳町」駅
　　　　　東口徒步約6分鐘。

獨家品牌藥妝店
Ainz & Tulpe

MAP: P.127 D3

今季粉底第一位是MISSHA的Magic Cushion。￥1,000

　　由北海道大型調劑藥局開設的美妝店，於東京、大阪、名古屋都有分店。新宿店連地庫樓高3層，較著重彩妝保養類，品牌選擇多，還有許多獨家化妝品牌，像自家品牌LIPS and HIPS、AYURA等，2樓更附設AYURA Cafe。

地庫為藥品區，分類清晰，價格便宜，還有退稅服務櫃台。

跟@cosmo一樣設有熱賣排行榜，還有自助Beauty Bar讓你試用。

MD by Dr.ISHII藥用暗瘡膏。￥2,500

Info
地址：東京都新宿区新宿3丁目36 - 10 ミラザ新宿ビルB1 - 2 / F
電話：03 - 5925 - 8566
營業時間：1000 - 2300
網址：http://ainz-tulpe.ainj.co.jp
前往方法：JR「新宿」駅中央東口，徒步約1分鐘。Lumine EST對面。

潮牌聯乘select shop
EDIFICE

新宿店樓高兩層，2樓為另一同門女裝品牌Spick & Span，風格完全不同。

　　優質潮流男裝select shop，跟JOURNAL STANDARD、WISM等同樣隸屬BAYCREW'S GROUP旗下，走歐美式高雅簡約風格，經常跟不同著名品牌推出聯乘，計有adidas Originals、Levi's、PORTER、CANADA GOOSE等等，粒粒皆星。

跟法國球會Paris Saint Germain聯乘的傳統日式便服——甚平。￥32,000

MAP: P.127 D3

新宿店每季皆有主題裝潢，2016年男裝大玩運動和日本傳統主題。

Info
地址：東京都新宿区新宿3 - 31 - 9 1 / F
電話：03 - 5366 - 5481
營業時間：1130 - 2100
網址：http://edifice.baycrews.co.jp
前往方法：JR「新宿」駅中央東口，徒步約3分鐘。

旅行裝備店
PORTER STAND 新宿

MAP: P.127 D3

　　2021年開幕，繼品川、東京駅和京都後，於日本開設的第4家PORTER STAND。也是PORTER的全新概念店，主打既實用又富有設計感的旅行裝備，還有跟其他品牌合作的聯乘系列，計有Medicom Toy、吉卜力工作室的《龍貓》、猿田彥咖啡等等。

主打旅行裝備和背包，商品都是最新的Hot items。

一貫簡約風格裝潢，飾櫃都以旅行箱為造型設計。

PORTER STAND新宿，位置就在新宿駅中央東口。

PORTER的全新概念店，有跟其他品牌合作的聯乘系列。

Info
地址：東京都新宿区新宿3-38-1 LUMINE EST新宿B1/F
電話：03-6380-5230
營業時間：平日1100-2100；周六日1030-2100
網址：https://www.yoshidakaban.com/
前往方法：JR「新宿駅」中央東口連接。

名牌二手百貨
KOMEHYO（コメ兵）

MAP: P.127 D2

　　コメ兵 源自名古屋，為日本國內最大級別的名牌二手店。原位於新宿伊勢丹對面的新宿店，2020年已遷至東口。新店分為時計館、時尚館和ANNEX館3棟大樓。二手名牌男女裝、手袋、名表分門別類，有新貨、也有罕見的限定版。

FENDI新品小包，原價￥127,440，現售￥108,000。

二手ROLEX經典黑圈綠面原價￥3,423,600、現售￥2,598,000；藍面￥2,798,000

MIU MIU二手心心圖案銀包。￥34,980

─Info─
地址：東京都新宿区新宿3-19-2
營業時間：1100-2000
網址：https://www.komehyo.co.jp/
前往方法：JR「新宿駅」東口/東南口，步行4分鐘。

打書釘勝地
紀伊國屋書店 新宿本店

　　1927年（昭和2年）創立的著名連鎖書店，位於三丁目的新宿本店，連地庫樓高10層，重點包括B1的旅遊雜誌區，7樓的藝術設計區還有大量攝影集、畫集繪本、漫畫，不時有作者原畫及簽名版展出。不過地庫的隱世小食堂已於2021年結業。

MAP: P.127 D2

地庫和1樓的雜誌區和旅遊部，書籍全部沒包裝，乃打書釘勝地。

店內常有作者原畫及簽名版展出，間中還會有附作者簽名的書刊發售。

7樓除了一般攝影集，當然還有日本著名的「寫真集」，可惜全部包膠袋。

─Info─
地址：東京都新宿区新宿3 - 17 - 7
電話：03 - 3354 - 0131
營業時間：1000 - 2100
　　　　　（紀伊茶屋1000 - 2130）
網址：www.kinokuniya.co.jp
前往方法：JR「新宿」駅中央東口，徒步約3分鐘。

橋底食街
SANAGI新宿（サナギ 新宿）

　　2016月底開幕，由Lumine百貨策劃，位於NEWoMan和新宿東南口甲州街道的一段高架橋下。以「亞洲‧日本的屋台村」為主題，4家餐飲店以Food court形式分佈，包括東南亞風的「炎のGai Yaang」、中華風「點心爛漫」、和風「こちらトーキユー」、酒肴「綠黃色人種」，還有展覽空間。賣點是大膽的內裝，且氣氛熱鬧。

MAP: P.127 D3

「SANAGI新宿」由「中目黑高架下」的團隊策劃。

燈籠、書法、塗鴉雜亂又瘋狂，風格各異，正是新宿特色。

內裝強調多元混雜、無國界，大膽得來其實很華麗。

對面有新開的「新宿觀光案內所」，提供免費Wi - Fi。

─Info─
地址：新宿区新宿三丁目35 - 6 甲州街道高架下
電話：03 - 5357 - 7074
營業時間：1100 - 2330
網址：http://sanagi.tokyo
前往方法：JR「新宿」駅東南口。

3D巨貓看板
新宿東口の猫

3D貓咪是全新商廈Cross Shinjuku Vision的廣告看板，也是日本一等級的4K大螢幕。

2021年登場的廣告看板，位於Cross 新宿大樓外牆的巨型LED弧形螢幕，運用3D裸視技術，加上4K高畫質，讓貓咪看起來超逼真，立體得像由屏幕走出來！

MAP: P.126 C2

3D裸視技術，加上4K高畫質，令貓咪逼真得很！

┌Info┐
地址：東京都新宿区新宿3-23-18
官方Youtube頻道：www.youtube.com/c/CROSSSPACE_ch/featured
前往方法：JJR「新宿駅」東口。

日劇場景
花園神社

花園神社四周被高度群包圍，社內綠樹成蔭，儼如城市綠洲。

社內有一迷你版「千本鳥居」，一直通往「威德稻荷神社」，甚多女生參拜。

早在江戶幕府時代以前已存在，乃「內藤新宿」區的總鎮守社，地位崇高，加上位處繁華市中心，因此經常於日劇、電影或歌舞伎故事中出現，包括《相棒》、《警視庁科學特捜班》，甚至迪士尼動畫《Big Hero》中都有出現。

MAP: P.127 E2

花園神社的「拝殿」，多次經歷火災，現在艷色的建築為二次大戰後所建。

因為位處遊客區，神社早已成景點，寫滿不同語文的繪馬成一大特色。

┌Info┐
地址：東京都新宿区新宿5 - 17 - 3
電話：03 - 3209 - 5265
網址：www.hanazono-jinja.or.jp
前往方法：東京Metro丸ノ内線、副都心線「新宿三丁目」駅E2出口直達。

日本威士忌入貨點
信濃屋

因為位處歌舞伎町，所以連紅酒都有「叶姉妹」推介?！

余市只售¥4,150；宮崎峽更特價¥3,700。

日本威士忌熱潮未退、清酒潮又起。要買日本好酒，除了機場、Bic Camera和百貨公司，建議到本地人去的酒舖。「信濃屋」是日本著名連鎖店，於歌舞伎町也有分店，由葡萄酒、威士忌、清酒，到啤酒俱備，款式齊全。因為老闆跟Nikka酒廠負責人相熟，所以旗下的余市、宮崎峽等存貨最多。

MAP: P.127 D1

店內有KIRIN的地區限定一番搾。東京¥220、橫浜¥220

Suntory的響、白州等已斷市，只剩「角餅」，但有復刻版。¥1,250

┌Info┐
地址：東京都新宿区歌舞伎町1 - 12 - 9タテハナビル1／F
電話：03 - 3204 - 2365
營業時間：1100 - 0400（周日及假期1100 - 2200）
網址：www.shinanoya.co.jp
前往方法：JR「新宿」駅中央東口，徒步約8分鐘，コマ劇場楽屋口前。

日本初上陸
譚仔三哥米線

　　港人至愛譚仔正式登陸日本，2022年開幕的1號店就坐落新宿。裝潢沿用香港店風格，以霓虹燈帶出港式氣氛。菜單跟香港大同小異，有6款湯底、10級辣度，和25種配料選擇。雖然定價較香港貴，辣度也調低了，但有帶子、肥牛、鵪鶉蛋等日本獨有配料，還有日本限定小菜和酒精飲品供應。

MAP: P.127 D3

至於大家最關心的譚仔姐姐？答案是沒有，店內只有「日本妹妹」。

麻辣米線配牛肉、帶子，日版湯底有高野豆腐、芽菜、韭菜，連飲料套餐￥1,200

味道跟香港相若，惟完全唔夠辣，筆者點的是4小辣，但感覺像10小！

日本限定小菜「芥末醬菠菜」，味道香辣，不錯。￥300

食飯時間經常要排隊，很多都是日本唸書工作的同鄉！

Info

地址：東京都新宿区新宿3-28-16 1-2F
電話：03-3341-2772
營業時間：1100-2200
網址：https://www.tjsamgor.jp

￥3,600日本酒放題
KURAND SAKE MARKET 新宿店

MAP: P.127 E3

　　2015年開業的日本酒放題專門店，分店遍布新宿、秋葉原等地，其中新宿店店設有座椅！￥3,600無限時暢飲，提供超過100款日本酒選擇，種類繁多，還有啤酒和多款果實酒。全自助式服務，雖然不供應餐點，但歡迎自備食物，還提供餐具調味料等，甚至可以自由進出，成為上班旅的派對熱點！

收費：
無限放題￥3,600（1800-2300）
￥2,500/90分鐘、￥1,500/30分鐘
周六日￥2,500（1200-1600）
*旅客可於官網訂位（英語）。

限定的芝士（芝士香易入口）和巧克力清酒（味道苦澀），還附送芝士和巧克力佐酒。

入場時，食客可自選酒杯，經驗之談是記得揀大杯！

除了清酒，也有啤酒、果實酒，甚至味噌湯供應，清酒還可以熱飲或加冰加水。

Info

地址：東京都新宿区新宿3-9-9 新宿Watasei Tamaville 6/F
電話：03-6273-2055
營業時間：平日1800-2300、
　　　　　周六日1200-1600、1800-2300
網址：https://sakemarket.tokyo/shinjuku
前往方法：地下鉄新宿三丁目駅C6出口，左側大樓6樓。

大瓶裝清酒全都放在大冰箱中，食客可自行取用，瓶身吊牌都有簡單介紹。

附近上班旅和年輕人都自備大堆刺身、佐酒菜來暢飲，氣氛輕鬆。

《深夜食堂》庶民食街
思い出横丁

MAP: P.126 C2

日文解作「回憶橫丁」，原名應是「新宿西口商店街」，乃東京著名的庶民食街，日劇／漫畫《深夜食堂》正以它為藍本。源自二戰結束後形成的黑市「屋台」（攤販），16,000多平方呎的小區，竟聚集了80家居酒屋、串燒店與廉價食堂。至今仍保存住昭和風味，狹窄的小巷四通八達，紅燈籠與招牌映照，每到傍晚便有大批上班族湧至，把酒言歡，體驗真正道地風味。

Info
地址：東京都新宿区西新宿1-2
網址：www.shinjuku-omoide.com
前往方法：JR「新宿」駅西口，右轉徒步約2分鐘。

鱗次櫛比的小店看似雜亂，串燒店的炊煙濃罩，十足《深夜食堂》場景。

思い出人氣居酒屋
もつ焼き　ウッチャン

2008年始開業，卻是「思い出橫丁」內最人氣的居酒屋，每到下班時間總大排長龍。主打串燒、豬內臟刺身等佐酒小菜，呈「コ」字型的吧台只有27席，食客需並肩而坐，還經常要移動座位，好騰出相連座位讓後來的人，但大家卻毫不介意。縱使言語不通，上班族、遊客跟店主卻有説有笑，充滿人情味。

上タン（特級豬舌￥220）、とろはつ（豬心￥180）串燒，烤得剛熟，口感軟嫩有彈性，蘸點紅味噌吃更油潤甘香。

はらみユッケ，炙烤過的生橫隔膜肉質帶嚼勁，拌以生雞蛋黃和洋蔥，味道鮮甜辛辣，佐酒一流。￥490

モツ煮込み（豬雜煮），豬肚、豬肉等全都炊得軟嫩入味，真想用來佐飯，雖是下欄食材，卻是每家居酒屋的精粹。￥490

ホッピー（Hoppy），即威士忌梳打，味道清爽易入口，配串燒最適合。￥490

吧台呈「コ」字形，大廚就站在中央烤串燒，肉香撲鼻，更引人食慾。

於「ウッチャン」認識的鄰座食客，四眼哥哥堅稱他們為姊弟。

Info
地址：東京都新宿区西新宿1-2-7 穗波ビル
電話：03-5909-5890
營業時間：1600-2300（L.O.2200）
休息：逢周日及假期早收
網址：http://kiwa-group.co.jp/restaurant/227
消費：約￥1,000／位

熱鬧居酒屋
鳥園

「思い出横丁」開業70年的老牌居酒屋，兩店相連，一間是立食，一間有座位，店內氣氛熱鬧，新鮮海產和野菜每日從產地直送，提供超過120款料理，包括刺身、串燒、炸物、煮物等等，很受年輕人歡迎。

縞ほっけ，肉厚大條的縞魚，以一夜乾製法保持鮮美和油脂。￥1,199

モツ煮込み（豬雜煮），豬雜加有蘿蔔和蒟蒻同煮，味道更清甜爽口。￥599

黑味手羽先揚げ5本，雞翼炸得皮脆肉嫩，以名古屋風的黑椒調味，入口更惹味。￥599

店內裝潢仍保持傳統居酒屋格局。

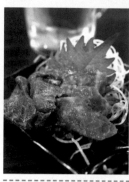

特選馬刺し，包括赤身和霜降兩部位，前者鮮甜；後者油脂豐富。￥699

━━Info━━
地址：東京都新宿区西新宿1-2-4
電話：03-3342-2011
營業時間：1200-2340（L.O.2300）
*價格未連税。
消費：約￥1,100/位

超平海鮮BBQ
卜口函

主打海鮮刺身和「浜燒」的居酒屋，「浜燒」即海鮮BBQ，每枱設有迷你烤爐，三兩知己自己動手慢慢烤，把酒聊天，氣氛更熱鬧。最重要還是價格便宜，厚切拖羅刺身（トロ鮪の切り落とし）只￥754、海膽刺身也只￥1,186。

活貝浜燒盛り合わせ，包括海螺、蛤和扇貝各1隻，看着它慢慢烤熟打開殼身，發出吱吱聲，更引人垂涎。￥1,186

因為夠新鮮，吃時只加點醬汁或鹽來調味，已夠鮮美。

函盛りウニ（生膽刺身），足足一板新鮮海膽刺身，味道鮮甜而充滿海水味。￥1,186

穴子白燒き，新鮮海鰻只以鹽調味，原條慢烤至微焦，那股鮮美爽口更勝傳統蒲燒。￥399

━━Info━━
地址：東京都新宿区西新宿1-2-5
電話：03-6914-2033
營業時間：平日1700-2300；
　　　　　　週六、日及假期1600-2300
*價格未連税。
消費：約￥1,200/位

70年烤鰻魚
カブト

　1948年（昭和23年）創業的烤鰻魚店，也是「思い出横丁」的始創老店之一。招牌烤鰻魚套餐「うなぎ串焼き」，可吃到由魚頭、魚皮、魚肉到魚肝魚腸等整條鰻魚串烤。

うなぎ串焼き7本（烤鰻魚套餐），首先的烤鰻魚頭烤得焦香惹味，惟魚骨太多。￥1,430

右邊的一口蒲燒（魚肉）軟綿油潤；左邊的魚肝魚腸串，彈牙香甜，味道甘香無比。

Kirinビール，大瓶麒麟啤，配烤鰻魚一流。￥370

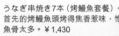

店子小小，大廚就站在食客面前烤鰻魚，見烤爐的陳年炭漬，便知歷史悠久。

Info
地址：東京都新宿区西新宿1 - 2 - 11
電話：03 - 3342 - 7671
營業時間：1400 - 2100（L.O. 2045）
休息：逢周日及例假日
消費：約￥800 / 位起

食蟹專家
かに道楽 新宿本店

Tips
午市廉價套餐供應至下午4點。

　1962年於大阪開業的著名蟹料理專門店，店前的巨型松葉蟹看板，幾成大阪地標。東京本店位於新宿，提供近百款煮法的蟹料理。蟹宴本身不便宜，但午市有廉價的套餐，最人氣的「味彩」只￥5,130，包括松葉蟹腳酢、刺身、蟹肉茶碗蒸、蟹肉釜飯等共8道菜。**MAP: P.127 E2**

焗蟹肉（グラタン），以白汁忌廉焗製，味道creamy豐厚。

午市套餐「味彩」，包括頭盤松葉蟹腳酢，蟹腳已經拆好，肉質鮮甜帶清香。

かに道楽還有自家紀念品，包括和Kitty貓的Crossover。公仔￥2,000

Info
地址：東京都新宿区新宿3 - 14 - 20 テアトルビル7 - 8 / F
電話：03 - 3352 - 0096
營業時間：1130 - 2300
網址：http://douraku.co.jp/kanto/shinjyuku_h
消費：約￥3,000 / 位起
前往方法：東京Metro丸の内線、副都心線「新宿三丁目」駅B3出口，徒步約3分鐘；都營新宿線「新宿三丁目」駅B3出口，徒步約3分鐘。

Café au lait（latte），拉茶版latte的泡沫口感軟輕盈，更能喝出牛奶咖啡原來的味道，有趣。單點 ¥900

沖調時，店員會將用古典銅壺盛載的牛奶和咖啡，像印度拉茶般，從高處快速倒入杯中，撞出綿密的泡沫。

24小時「拉茶」Latte
珈琲貴族エジンバラ 新宿本店

1975年於新宿創立的舊式咖啡店，使用傳統虹吸式沖調的咖啡，格外芳香並充滿回甘。招牌「Café au lait」（latte），店員會在客人面前即席炮製，沖調時會像印度拉茶般，將牛奶和咖啡從高處快速倒入杯中，做出綿密的泡沫。內裝保持昭和風懷舊氣氛，咖啡可免費續杯，提供免費Wi - Fi與書籍雜誌，更24小時營業，故成為東京作家、記者等文化人的愛店。

`MAP: P.127 E3`

保留昭和時代咖啡館的懷舊裝潢，古老木地板配精緻的皮梳化。

ロールパンセット（麺包卷套餐），每日0600 - 1130供應的傳統日本洋式早餐，很抵吃。連自選咖啡 ¥830

咖啡店位於大樓的2樓，樓下有Family Mart為記。

店內提供超過40款咖啡和茶飲，也有Bagle、多士、蛋糕等輕食。

早餐附送的甜點是自家製雪糕，灑點苦苦的可可粉，味道更高級。

ブレンド，採用傳統虹吸式沖調的blend coffee，味道香醇，也是席前斟酌。單點 ¥750

┌ **Info** ┐

地址： 東京都新宿区新宿3 - 2 - 4 新宿M&Eスクエアビル 2／F
電話： 03 - 5379 - 2822
營業時間： 24小時
網址： http://edinburgh.jp
消費： 約¥750／位起
前往方法： 東京Metro丸ノ内線「新宿三丁目」駅C4出口，徒步約1分鐘；JR「新宿」駅南口，徒步約5分鐘。

滿到瀉迴轉壽司
沼津港 新宿本店

號稱「新宿No.1的回轉寿司店」，並非一般廉價壽司店，所用的當季時令海鮮，全部由静岡伊豆半島的「沼津港」直送。提供超過100款壽司選擇，全部席前手握，招牌「富士山盛り」系列，海膽、櫻花蝦等配料堆至滿瀉，誇張到爆燈！

MAP: P.127 D2

桜えび富士山盛り，櫻花蝦堆至滿瀉，鮮甜味美。￥420

生しらす富士山盛り，生白飯魚乃季節限定，口感嫩滑鮮甜。￥420

生うに富士山盛り（海膽富士山盛），海膽入口即化鮮度爆燈。￥1,000

其他壽司也不過￥90起。

Info
地址：東京都新宿区新宿3-34-16
電話：03-5361-8228
營業時間：1100-2230
網址：www.numazuko.com
消費：約￥1,000／位
前往方法：東京Metro副都心線「新宿三丁目」駅E9出口，徒步約1分鐘。

宮崎走地雞專門店
塚田農場

來自宮崎縣日向市的人氣居酒屋，供應九州鄉土料理，蔬菜全由農場直送之餘，主打的各式雞料理，更選用位於九州的自家農場走地雞，肉質特別富彈性。招牌「みやざき地頭雞」，以炭火快速炙烤，幾近半生熟的雞肉，但鮮甜到不得了。其餘小菜全是佐酒佳品，款款出色加上價格便宜，故分店愈開愈多！

MAP: P.126 C2

みやざき地頭雞，雞肉表面烤至灰黑，內裏仍是生的，入口鮮甜嫩滑又惹味。中￥1,220

宮崎名物「チキン南蛮」（南蠻炸雞），鮮炸好的雞肉充滿肉汁，配自家特製他他醬和沙律，吃法豪邁。￥650

ニラ釜玉，宮崎西都市的新鮮韮菜，拌上走地雞蛋黃和土佐醬油，入口鮮甜嫩滑，推介！

とまとキムチ（番茄泡菜），九州農場直送的番茄本身已甜如水果，配上酸辣醬汁更是醒胃。￥480

Info
地址：東京都新宿区新宿3-23-2 新宿サンビル B1／F
電話：03-5919-3039（予約專用03-5919-3039）
營業時間：1700-0000（周五1700-0100、周六1600-0100）
網址：www.tsukadanojo.jp
消費：約￥1,500／位起
前往方法：JR「新宿」駅東口，徒步約3分鐘。

抵吃海鮮居酒屋
四十八漁場 西新宿店

MAP: P.126 C1

跟「塚田農場」同樣隸屬餐飲集團「Ap company」旗下的海鮮居酒屋品牌，標榜所有海產全部由產地漁夫、天天直送，包括北海道、三陸、岩手、宮崎等地，保證新鮮料靚，最重要是便宜抵吃。

Info
地址：東京都新宿区西新宿7-8-3 新宿ミスズビル1／F
電話：03-5348-5241
營業時間：1700-0000（周日及假期1600-2300）
網址：www.48gyojyou.com/shop/35
消費：約￥1,500／位
前往方法：西武新宿線「西武新宿」駅，徒步約3分鐘。

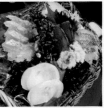
招牌「漁師の刺し盛り」（刺身拼盤）（中）2人前￥1,280

サバの燻製ポテトサラダ（青花魚煙燻薯仔沙律）。￥560

新宿
渋谷
原宿・表参道
池袋
青山

￥3,300高級水果放題
果物專門店 新宿高野（Takano）

1885年（明治18年）創業的水果商，新宿本店5樓「Fruit bar」的水果放題，￥3,300即可瘋狂任食日本水果，包括近萬円一個的網紋蜜瓜、巨蜂葡萄、水蜜桃等，還有沙律、蛋糕、芭菲等甜點，甚至有炒飯、豬扒等熱食鹹點選擇。不同時段入座，還有蛋包飯、Pizza等限定Menu，食足90分鐘，保證回本。 **MAP: P.127 D2**

放題水果約有10款選擇，按季節時令供應，但招牌網紋蜜瓜則全年登場！

放題餐點連水果約有10、30種選擇，每月的Special Fruit Day還有高價水果。

新宿本店大樓B1／F是高級水果店，也是日本唯一的蜜瓜專門店。千葉縣產蜜瓜￥3,240

如此份量的水果，筆者只吃了一盤，但現場目擊有架妹連吃3盤之多。

除了水果甜點，也有炒飯、豬扒等熱食鹹點選擇，另有自助飲品吧。

Info
地址：東京都新宿区新宿3‐26‐11新宿高野本店ビル5／F
電話：03‐5368‐5147
營業時間：1100‐2130
果物放題收費：￥2,700／90分鐘
網址：http://takano.jp/takano
前往方法：JR「新宿」駅東口，徒步2分鐘；東京Metro丸ノ内線「新宿」駅A7出口直達。

日本第一咖喱
新宿中村屋 旧本店

1901年創立，創辦人相馬愛蔵夫妻，最初在東京大學門前賣麵包成名，直至其女兒下嫁流亡日本的印度革命家，得其傳授正宗印度咖喱製法，終變成日本家傳戶曉的咖喱屋。2014年落成的新本店連地庫樓高10層，重點包括B1／F菓子店的咖喱包，以及B2／F平民食堂Manna的成名印度咖喱。 **MAP: P.127 D2**

B1／F為中村屋的麵包菓子店「Bon！na」，有售招牌咖喱包、可樂餅、即食咖喱和各式甜點。

本店大樓有兩家中村屋餐廳，位於B2／F的Manna收費較便宜，很多老夫婦來回味。

2014年落成的新本店，除了餐廳和菓子店外，還有自家美術館。

中村屋純印度式カリー，成名的印度風咖喱富香料味，味道較一般日本咖喱辛辣惹味。￥1,620

招牌「特製カリーパン」（咖喱包），外皮炸得香脆，咖喱內餡香濃惹味。￥324／個

Info
地址：東京都新宿区新宿三丁目26番13号新宿中村屋ビル
電話：03‐5362‐7501
營業時間：
B1／F Bonna 1000‐2030
B2／F Manna 1100‐2200；周六、日及假期1100‐2230
網址：www.nakamuraya.co.jp
消費：約￥1,700／位起
前往方法：JR「新宿」駅東口，徒步2分鐘；東京Metro丸ノ内線「新宿」駅A6出口直達。

◥ 新宿拉麵激戰區

東京拉麵傳奇
麵屋武藏 新宿本店

　　人來人往的新宿，為東京拉麵店3大激戰區之一，區內必吃人氣店，包括新宿起家的「麵屋武藏」，老闆山田雄原為年賺23億日元的時裝商人，1996年毅然轉行賣麵，自稱無師自通的湯頭，以豬骨、秋刀魚節和海老油熬成，創出「動物系+魚介」的混合湯底新潮流。山田雄更廣收徒弟，堪稱拉麵傳奇。

`MAP: P.126 C1`

武藏ら・麵，麵質有嚼勁，湯頭濃郁非常，重點是那花肉叉燒，炆至軟腍入味。￥1,100

「麵屋武藏」分店遍布全東京，而在本店學藝後獨立的拉麵師傅，一樣紅遍全日本。

主廚煮麵甩水時，其餘店員都會一同大叫，十足武士揮劍般壯氣。

Info

地址：東京都新宿区西新宿7 - 2 - 6 K1ビル 1 / F
電話：03 - 3363 - 4634
營業時間：1100 - 2230（L.O.2230）
網址：www.menya634.co.jp
消費：約￥1,000 / 位
前往方法：JR「新宿」駅西口，徒步約5分鐘。

特濃沾麵王
風雲児

　　2007年開業的人氣排隊店，招牌沾麵的湯頭，以四國瀨戶內海捕獲的頂級魚乾（包括高知縣柴魚片、愛媛縣吻仔魚），加上原隻國產雞連骨熬煮8小時，再放置一天熟成，富含雞肉與海鮮精華，充滿膠質。配上東京大成食品製造的粗麵，讓人一吃難忘。

`MAP: P.126 B4`

目前只此一家，並無分店。

つけめん（沾麵），配料不多，精華都溶於濃稠的湯頭中，帶嚼勁的粗麵條掛湯力佳，富麥香。建議吃剩一半，才拌勻中間的魚粉。￥800

見門口人龍很短？少年你太年輕了，實情是入到店內仍然要繼續排。

Info

地址：東京都渋谷区代々木2 - 14 - 3 北斗第一ビルB1 / F
電話：03 - 6413 - 8480
營業時間：1100 - 1500、1700 - 2100
休息：逢週日及假期
網址：www.fu - unji.com
消費：約￥800 / 位起
前往方法：JR「新宿」駅西口，徒步約8分鐘。

魚乾濃湯麵　`MAP: P.127 E2`
ラーメン凪

　　招牌湯頭，特別用上20種頂級魚乾熬成，全是日本各地漁場直送，味道鹹香濃厚，堪稱極品！每天自家製的麵條還有普通的太麵（幼身）和闊麵，更是彈牙煙韌。即使本店位於「新宿黃金街」平房的頂樓，又熱又擠逼，分店亦已開到台灣，但依舊客似雲來。

すごい煮干ラーメン，每碗都用上60g魚乾熬的湯頭味道超濃郁，建議吃剩一半，才拌勻中間的熟成魚乾醬，味道更不同。￥820

窄長的本店面積很小，男生吃麵時都手碰着手，夏天更是悶熱，但大家毫不介意。

食客可自由選擇醬油的濃度、麵條的軟硬度、油份的多少等。

Info

地址：東京都新宿区歌舞伎町1 - 1 - 10ゴールデン街（黃金街）G 2通り2 / F
電話：03 - 3205 - 1925
營業時間：24小時
網址：www.n-nagi.com
消費：約￥820 / 位
前往方法：花園神社後面。

天朗氣清時，可一睹市中心難得一見的富士山全景，通常冬季機會更大。

243米高的「東京都庁」，由第一、第二本庁舍，以及都議会議事堂3棟建築組成。

1樓的「TOKYO地域特產品売店」，率先發售2020東京奧運會官方紀念品。匙扣￥864、襟章￥648

無料觀景台
東京都庁 展望室

都庁内還附設東京和全國觀光中心，提供一站式旅遊查詢與免費地圖派發。

1990年落成的新都廳，以位於45樓、離地202米的展望室而聞名，可飽覽東京都全景，天氣好時更可遠眺富士山，最重要是完全免費。兩座大樓各設南、北展望室，前者附設咖啡廳和玩具手信店；後者則開放至晚上10點半，並附設咖啡廳和酒吧。

MAP: P.126 A3-A4

旅客需於「第一本庁舍」，乘搭展望室專用電梯，只要55秒即達45樓的展望室。

南、北展望室景觀其實大同小異，要注意兩室休息日及關門時間也不同。

━━Info━━
地址：東京都新宿區西新宿二丁目8番1号
電話：03 - 5320 - 7890
開放時間：南展望室 1070 - 1730；
　　　　　北展望室 1070 - 2300
休息：
南展望室 第2及3周二；
北展望室 第2、4個周一（遇假期改翌日）
網址：www.yokoso.metro.tokyo.jp
前往方法：JR「新宿」駅西口，徒步約10
　　　　　分鐘；都營地下鉄大江戶線
　　　　　「都庁前」駅直達。

賞櫻名園
新宿御苑

新宿御苑内建有日本傳統的池泉回遊式庭園，小橋流水，景色古樸雅致。

佔地58.3公頃，橫跨新宿區與渋谷區的城市綠洲，原是江戶時代信州藩主內藤家的宅邸，1906年修建為皇室庭園，直至二戰結束後始開放給民眾參觀。園內擁有日、英、法式不同風格庭園，小橋流水，還有溫室和森林，一年四季花開滿園，更是東京著名的賞櫻和賞楓勝地。

MAP: P.127 E4-F4

每到賞櫻季節，日本人便會自備華麗便當，到櫻花樹下野餐。

新宿御苑一共有3個入口，紅葉林位置靠近JR千駄谷駅的「千駄谷門」。

園內種有1,500珠櫻花樹，每逢初春便一片粉紅花海。

━━Info━━
地址：東京都新宿區新宿1
電話：03 - 3341 - 1461
開放時間：0900 - 1600（1630閉園）
休息：逢周一（遇假期改翌日）
入園費：成人￥200、中小學生￥50
網址：http://fng.or.jp/shinjuku
前往方法：東京Metro丸の内線「新宿御苑
　　　　　前」駅1番出口1，徒步約5分
　　　　　鐘；東京Metro副都心線「新宿
　　　　　三丁目」駅E5出口，徒步約5
　　　　　分鐘；都營新宿線「新宿三丁
　　　　　目」駅C1、C5出口，徒步約5
　　　　　分鐘。

焦點是2樓活動室有萬顆木球的波波池，還有各式木製攀爬設施。

親子玩具博物館
東京おもちゃ美術館

玩具工房有玩具研究員駐場，教你利用廢物製作獨一無二的玩具。

前身為中野區一家私人玩具博物館，2008年遷至新宿四谷。由「四谷第四小学校」的舊校舍改造，佔地3層，展出100個國家、超過15萬件玩具，尤以木製或益智的玩具居多，全都可以動手玩，強調從0到100歲男女老幼都能玩。焦點包括擁有萬顆木球的波波池，不時有音樂表演或活動，還有專人教你利用廢物製作玩具，附近有東京消防博物館，親子必遊！

MAP: P.127 F3

博物館由已廢棄的「四谷第四小学校」的舊校舍改造，附近幼稚園也常來活動。

3樓一隅設有木製模擬廚房，好讓家長和小朋友玩「煮飯仔」。

博物館強調親子同樂，特別多可多人共玩的益智玩意，還有專人教你玩。

「四谷三丁目」駅2番出口一出即見「東京消防博物館」，可順道同遊。

筆者眼見，很多大人比小朋友玩得更興奮，果真是童心未泯。

1樓有以木為主題的「嬰兒專用屋」，有助嬰兒觸感發展，還有表演。

Info

地址：東京都新宿区四谷4 - 20 四谷ひろば A館 1 - 3 / F
電話：03 - 5367 - 9601
開放時間：1000 - 1600
休息：逢周四
入場費：中学生以上￥800、小童￥500
網址：http://goodtoy.org/ttm
前往方法：東京Metro丸ノ内線「四谷三丁目」駅2番出口，徒步7分。

今期流行⋯⋯

渋谷

交通 JR山手線、JR埼京線、湘南新宿ライン「渋谷」駅；東京Metro銀座線、半蔵門線、副都心線「渋谷」駅；京王井の頭線、東急田園都市線「渋谷」駅。

しぶやく / Shibuya

古稱「鹽谷之里」的低窪地帶，現在是東京著名的購物天堂，與新宿、池袋並列為東京3大副都心。街道錯綜複雜，從早到晚人如潮湧。「2020東京奧運」宣傳片開場一幕，那萬人空巷橫過馬路的盛況，取景地正是JR渋谷站前的五岔路口。大型百貨公司的激戰區，潮流服裝店更是遍地開花，一直是日本潮流時尚，與流行文化的指標，盛極一時的「朱古力妹」、109辣妹、辣男，正是渋谷系的代表。

注意：「渋谷」中文譯名應為「澀谷」，「涉谷」其實是錯別字。

「渋谷」二三事

1.「ハチ公」忠犬銅像
JR渋谷駅前的「八公像」，源自真人真事。話説東京帝國大學教授上野英三郎、收養了一頭秋田犬，取名「小八」（ハチ），忠心的小八每日傍晚都會跑到渋谷駅前，迎接下班歸來的主人。直至1925年教授因病猝死，不知就裏的小八依然每天在車站默默守候，一等10年風雨不改，後人為緬懷小八的忠心，於是立像紀念，此故事更被拍成荷里活電影《忠犬八公》

2.「電車」旅客中心
渋谷駅前除了八公像，還有一台綠色的舊「電車」（火車）車廂，原為東急東橫線所用，現已改裝成旅客中心，內部不止提供渋谷旅遊玩樂資訊，還有休息座位、紀念蓋章和旅客專用免費Wi-Fi，已成等人集合勝地。

開放時間：1000 - 1800
網址：http://play-shibuya.com

3.「明日之星」表演勝地
駅前廣場是日本街頭藝人或音樂人Busking的表演勝地，據説Do As Infinity出道前都有在這裏演唱過。

提提你

©サッカー南米遠

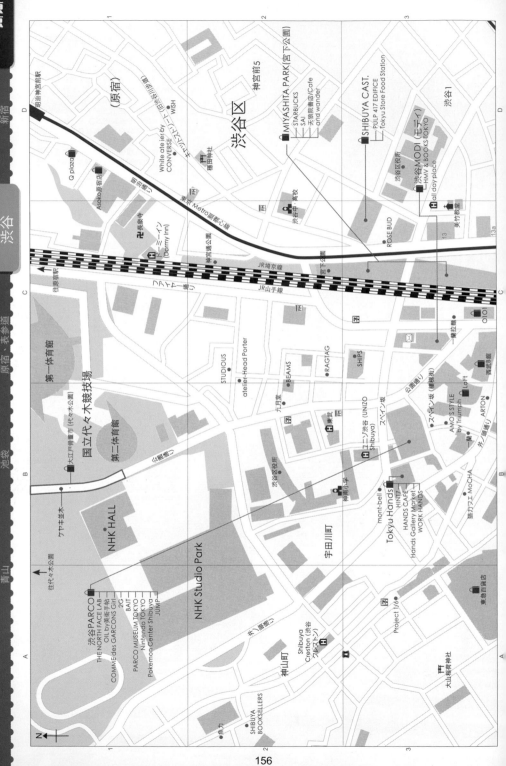

渋谷区

渋谷区

（原宿）

神宮前5

明治神宮前駅

Q plaza

Asoko原宿店

White ate ie by CONVERSE
WISH

穏田神社

明治通り

東京Metro副都心線

卍長泉寺

ドーミーイン
(Dormy Inn)

神宮通公園

原宿駅（住原宿駅）

キャットストリート通り

JR埼京線

JR山手線

MIYASHITA PARK(宮下公園)

STARBUCKS
SAI
and wander
天狼院書店/Cafe

SHIBUYA CAST.

PULP 417 EDIFICE
Tokyu Store Food Station

渋谷区役所

渋谷MODI (モディ)
HMV & BOOKS TOKYO
all day place

美竹教室

渋谷1

渋谷中・高校

宮下公園

ROSE BUD

13

13a

OIOI

一蘭立裏

第一体育館

国立代々木競技場

第二体育館

大江戸骨董市 (代々木公園)

ケヤキ並木

NHK HALL

NHK Studio Park

代々木公園

渋谷PARCO
THE NORTH FACE LAB
OIL by美術手帖
2G
BAIT
COMME des GARÇONS Girl
PARCO MUSEUM TOKYO
Nintendo TOKYO
Pokemon Center Shibuya
JUMP

神山町

宇田川町

井ノ頭通り

Shibuya
Creston (渋谷
クレストン)

公園通り

STUDIOS

atelier-Head Porter

九月堂

BEAMS

RAGTAG

東武

ユニゾ渋谷 (UNIZO
Shibuya)

SHIPS

渋谷区役所

神南小学

スペイン坂

公園通り(楽楽路)

LoFt

AMO'S STYLE
by Triumph

西武B館

ARTON

猫力フェ MoCHA

井ノ頭通り

Tokyu Hands

mont-bell

HINT?
HANDS CAFE
Hands Gallery Market
WORK HANDS

Project 1/6

東急百貨店

大山稲荷神社

SHIBUYA
BOOKSELLERS

魚力

N

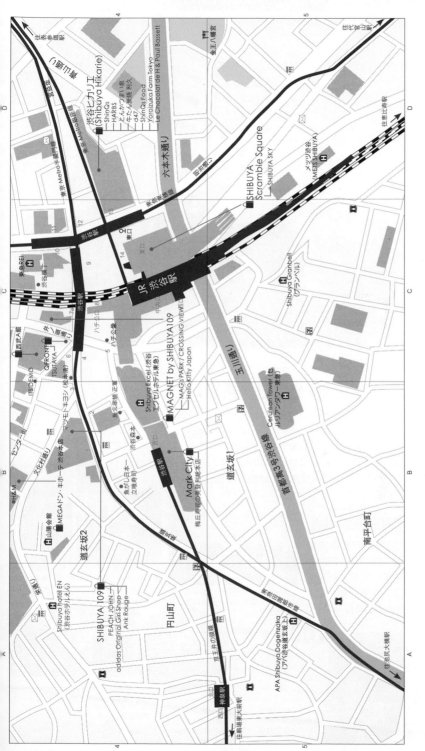

新宿

渋谷

原宿、表参道

池袋

青山

MAGNET by SHIBUYA109

前身為東京男裝潮流指標「109MEN'S」，連地庫樓高9層，將於2019年春季完成全部改裝。

109MEN'S全新登場

MAGNET by SHIBUYA109

　　東京男生潮流指標「109MEN'S」2018年起閉館重修，2019年春季完成改裝，但第一階段已於2018年4月，以「MAGNET by SHIBUYA109」重新登場。7樓有全新概念美食街「MAC7」，將食物與音樂、藝術結合。但真正焦點是頂樓的的「MAG's PARK」，可俯瞰渋谷駅前聞名的十字路口，還有獨家自拍服務。 **MAP: P.157 C4**

屋頂自拍

MAG's PARK / CROSSING VIEW

　　頂樓展望台可俯瞰渋谷駅前聞名的十字路口，更特設「CROSSING VIEW」的自拍服務，旅客可利用智能手機，操控屋頂的鏡頭自拍，拍出SHIBUYA109限定的高空視角。

┏Info┓

地址：東京都渋谷区神南1 - 23 - 10
電話：03 - 3477 - 5111
營業時間：1000 - 2100（餐飲、MAG71100 - 2300；MAG's PARK、Cafe1000 - 2300）
網址：www.shibuya109.jp／MAGNET
前往方法：JR「渋谷」駅ハチ公口，徒步約5分鐘。

在售票機購買一張QR卡，再利用智能手機掃一掃QR碼，便可在100秒內自由自拍，相片可全數下載到個人手機。收費￥1,000

MAGNET by SHIBUYA109座落渋谷駅前，可俯瞰渋谷駅十字路口聞名的過馬路盛況。

Tips

展望台使用守則：禁止使用無人航拍機、自拍棒、三腳架...等器材，攝影時

SHIBUYA109限定的高空自拍，有渋谷駅前十字路口做背景，打卡一流！

1樓就有Hello Kitty新店，還有售Hello Kitty Japan限定的Kitty Donut蛋糕。

┏Info┓

地址：MAGNET by SHIBUYA109 R／F（需於7／F轉走樓梯）
開放時間：1000 - 2300（最終入場2230）
入場費：￥500

渋谷PARCO

螺旋狀的建築，以
「原石の集積」原
石堆積為概念，集
合當今日本最人氣
的品牌。

渋谷流行指標
渋谷PARCO

歷經3年改造的渋谷PARCO，2019年底終盛大重開！1973年創立的PARCO，一直引領渋谷時尚和流行文化，新店以「原石の集積」為概念，打造成螺旋狀的特色建築。連地庫樓高9層，集結193個最當時得令的品牌，包括日本首家「任天堂」旗艦店、THE NORTH FACE全球首間度身訂製概念店、首家COMME des GARCONS Girl、戶外服飾專區、動漫專區等等，還附設展館和劇院，決心打造「獨一無二的次世代商場」。

MAP: P.156 B3

1樓的
HUMAN
MADE，
與Pharrell
Williams 聯名的
Sake Storm Cowboy為主題。

Junya Watanabe、GARCONS HOMME、CABANE de ZUCCa等潮牌集中於5樓。

餐廳街設於7樓及B1/F，其中地庫集合多家人氣酒場，氣氛熱鬧。

地庫餐廳街隱藏一家黑膠唱片店union record，新貨、中古唱片皆有。

5樓有Outdoor Park專區，集合POLeR、norDISK、CHUMS、OGAWA等人氣品牌店。

日本著名帳蓬品牌OGAWA面積最大，室內草坪上的人氣帳蓬、天幕全部任試。

Info

地址：東京都渋谷区宇田川町15-1
電話：03-3464-5111
營業時間：商店1100～2100；
　　　　　餐飲1130～2300
網址：https://shibuya.parco.jp/
前往方法：JR 山手線、東京Metro「渋谷駅」，步行5分鐘。

新宿

渋谷

原宿・表參道

池袋

青山

日本動漫專區
JAPAN CULTURE

　　6樓特設日本次文化專區，集合JUMP 、CAPCOM、刀劍亂舞等專賣店，焦點包括日本首家任天堂旗艦店和Pokemon Center，還有全日本第一家「GG電競咖啡廳」，逢周末大螢幕都有直播電競賽。

CAPCOM入口有街頭霸王阿龍等身原大雕像，等你來打卡！

JAPAN CULTURE現場，每家店都有大量打卡位。

CAPCOM專賣店，集合《魔物獵人》、《快打旋風》、《惡靈古堡》等商品。

Info

地址：渋谷PARCO 6F

日本首間任天堂專門店
Nintendo TOKYO

　　日本首間任天堂官方專門店，佔據大半個樓層，分為《Super Mario》、《薩爾達傳說》、《動物森友會》及《漆彈大作戰Splatoon》熱門4區。巨型人偶打卡位眾多，任天堂限定商品應有盡有，還有增設「Switch遊戲機專區」，逛累了可以打場電動relax一下，每日都有全球機迷來朝聖，遊人多過迪士尼！

除了Mario，還有薩爾達傳說、漆彈大作戰、星之卡比等任天堂家喻戶曉遊戲。

Tips

逢周末假期或暑假旺季，需先拿整理券才能入場。

6樓戶外樓梯旁還有另一水管Mario打卡位。

一走進店內，即見巨型Mario跟你打招呼，限定商品可愛爆燈，小心買破產！

「Nintendo TOKYO」限定膠囊Logo Tee，有灰色和紅色兩款。￥4,800

Mario工人褲圖案Zip up及BB夾蓖衣，毛巾質料好柔軟。￥8,470

現場有任天堂角色迷你擦膠，只要買瓶子￥400就可以自由挑選裝瓶。

Info

地址：渋谷PARCO 6F
網址：https://www.nintendo.co.jp/officialstore/index.html

《One Piece》最齊
JUMP

集英社《週刊少年Jump》最新專門店,主打旗下最人氣的動漫《One Piece》,門口處有巨型等身路飛和悟空雕像迎賓!集合海賊王與其他人氣動漫周邊,計有《咒術迴戰》、《我的英雄學院》、《SLAM DUNK》等等,還有大量渋谷店限定精品。

JUMP PARCO店以《One Piece》為主打,入口有大大隻路飛雕像!

店內還有大量動漫人形立牌,包括《咒術迴戰》、《我的英雄學院》。

渋谷店限定《ONE PIECE FILM RED》電影版原畫File。￥660

最新電影版《THE FIRST SLAM DUNK》(灌籃高手)限定商品。￥4,070

─Info─
地址:渋谷PARCO 6F
網址:https://www.shonenjump.com/j/jumpshop/

門口等身大的超夢人偶,藏身藍色膠囊內,隨着水流起伏呼吸栩栩如生。

與施華洛世奇水晶聯乘的「CRYSTAL STONE」系列,多了分奢華感。手機殼￥33,000

東京最大比卡超專門店
Pokemon Center Shibuya

Pokemon專門店就在任天堂正對面,乃目前東京最大規模專門店。內裝充滿未來感,齊集歷代Pokemon周邊精品,由初代比卡超、小火龍,到最新新葉喵都應有盡有。限定商品包括與知名插畫家Number-D聯乘的塗鴉比卡超,以及與施華洛世奇合作的水晶系列「CRYSTAL STONE。

店內有齊所有Pokemon成員的布偶,由初代比卡超到新葉喵都有。￥1,210

Pokemon Design Lab,Pokemon T-shirt DIY服務,店內有幾部觸控機,可設計自己的T-shirt。

Pokemon Center Shibuya乃目前東京最大規模專門店,精品應有盡有。

與知名插畫家Number-D聯乘的塗鴉比卡超系列。

─Info─
地址:渋谷PARCO 6F
網址:https://www.pokemon.co.jp/shop/pokecen/shibuya/

首設Order made
THE NORTH FACE LAB

全球第一間Order made系列「141 CUSTOM」的新型態概念店，能度身訂製自己專屬的Jacket，先挑選喜歡的顏色，再進到實驗室測量尺寸，製作時間約一個月。

其餘TNF以日版Purple Label系列為主，故碰口碰面都是香港潮童！

店內有齊男女裝以及各式配件，機能冬裝靚到不得了！

Order made系列「141 CUSTOM」，先挑選喜歡的顏色，再進到實驗室測量尺寸即可。

面積偌大，集合TNF一眾人氣單品。

Info
地址：渋谷PARCO 2F
網址：https://www.goldwin.co.jp/tnf/

首發少女心副線
COMME des GARCONS Girl

全球首發的GARCONS副線GIRL系列，沿襲大膽的剪裁及反時尚設計風格，並融合女性獨有的柔美氣息。店內以少女心的粉色與波點圖案裝飾，限定販售與Disney、CDG、Lewis Leathers和Converse等品牌合作的聯乘系列。

2樓可以找到全球首發的GARCONS副線GIRL系列。

副線GIRL沿襲大膽的剪裁及反時尚設計風格，並融合女性獨有的柔美氣息。

內裝以少女心的粉色與波點圖案裝飾，GARCONS從未如此甜美。

單品包括各式針織衫、襯衫、外套、裙裝等等。

Info
地址：渋谷PARCO 2F

時尚動漫聯乘
BAIT

5樓有來自加州、首次登陸日本的潮流名店BAIT，集結Nike、THE NORTH FACE、STUSSY等大品牌，經常跟日本或美國人氣動漫聯乘，計有Marvel Studios、《ONE PIECE》、《進擊的巨人》、《一拳超人》等等多不勝數，還有大量限量版服飾發售。

BAIT經常跟Marvel Studios、《ONE PIECE》等日本或美國人氣動漫聯乘。

集結Nike、THE NORTH FACE、STUSSY等大品牌。

BAIT x Astro Boy x Reebok三方聯乘系列，pattern超搶眼。

1000% Be@rbrick數量之多，媲美4樓的時尚名店2G。

Info
地址：渋谷PARCO 5F
網址：https://baitme.jp

日本藝廊x商店
OIL by美術手帖

　　日本著名美術專門雜誌《美術手帖》開設的複合式藝術空間，結合藝廊、商店和Café，定期舉辦不同藝術家展覽，並發售藝術家的原創商品。可以先在櫃檯點杯飲料，再到旁邊的開放式空間邊賞藝術作品邊喝茶。

日本藝術家富田菜摘作品《日常に非ず3》。￥132,000

美術專門雜誌《美術手帖》首家複合式藝術空間，結合藝廊和商店。

《美術手帖》會以「成為藝術家的基本知識」為題，介紹新晉藝術家。

1948年創刊的《美術手帖》，乃日本著名美術專門雜誌。

Info
地址：渋谷PARCO 2F
網址：https://oil.bijutsutecho.com

時尚潮童聖地
2G

　　由知名藝術團隊NANZUKA主理的複合式Select Shop，分為「Gallery」、「Select Shop」與「Art Toys」三部分，Select Shop由日本時尚界指標Poggy主理，獨家發售Nike、空山基、Sean Wotherspoon、Carhartt WIP等的三方聯乘，而Art Toys 部分則由Medicom Toy負責，簡直是潮童聖地！

店內放滿早已炒至天價的be@rbrick，儼如玩具博物館，值得一逛！

Select Shop由日本時尚界指標Poggy負責，故此能line up Nike、Puma等大牌。

每有限定版be@rbrick，均需先在網店抽獎，才能入店選購。

Info
地址：渋谷PARCO 2F
網址：https://2gtokyo.com

流行文化展館
PARCO MUSEUM TOKYO

　　PARCO之所以被稱為渋谷流行文化指標，全因附設展覽館和劇院，經常舉辦大型的話題展。重開後的PARCO MUSEUM位於4樓，以藝術、設計、時尚為主題，開幕展就有大友克洋原畫展《AKIRA ART OF WALL》，採訪時則有經常跟NIKE、UNIQLO合作的英國插畫家James JARVIS。

採訪時正舉行英國插畫家James JARVIS作品展《hello bauhaus》。

James JARVIS身兼藝術、插畫家和玩具設計師，經常跟NIKE、UNIQLO、SONY等合作。

重開後的開幕展，有大友克洋原畫展《AKIRA ART OF WALL》。

James JARVIS來自英國倫敦，作品充滿街頭文化風格，充滿童趣。

Info
地址：渋谷PARCO 4F
網址：https://art.parco.jp

文化體驗式消費

渋谷MODI（モディ）

MAP: P.156 C3

丸井「O1 City」結業後，原址2015年11月變身「MODI」登場！連地庫樓高10層，以「知性」打造而成的「大人的遊樂場」，強調消費中的體驗與得着，也有不少超嶄新的概念。焦點包括佔據3層的新形態唱片書店「HMV&BOOKS」，還有旅行社×咖啡店「猿田彦珈琲」等等。

2至3樓也有mercibeaucoup，等潮牌。

Info

地址：東京都渋谷区神南1‐21‐3
電話：03‐4336‐0101
營業時間：
B1‐4／F 1100‐2100；
5‐7／F 1100‐2300；9／F 1100‐2330
網址：http://shibuya.m-modi.jp
前往方法：JR「渋谷」駅ハチ公口，徒步約7分鐘。

音樂×書×生活

HMV&BOOKS TOKYO

融合書店、音樂、映像、雜貨與活動的全新概念店，佔地3層，以「世界の旅」、「highlights」（話題）、「大人の趣味」等主題分類，並附設多間Cafe、設計小店、gallery、live Stage，甚至電台直播室。

HMV佔地3層，每層各有主題，主題區的選書不乏流行文化，包括Cult片王園子溫的專區。

附設live Stage，許多人氣偶像都在這裏舉行發佈會或活動。

HMV在日本音樂界地位仍然舉足輕重，店內有多幅偶像簽名牆！

6樓甚至附設「占卜部屋」，四柱推命、算命、西洋占星術、掌相樣樣齊。

「大人の趣味」可找到不少冷門的航空主題書籍，這《絕景の飛行機》相集便以昔日的香港九龍城為封面。

設有多部電子試聽系統，提供超過300萬首音樂試聽。

Info

地址：渋谷MODI 5‐7／F
網址：www.hmv.co.jp/select/hmvbooks

附設關東首間HANDS CAFE，窗邊還有多部免費Mac機任用。

大人の科学園

MAP: P.156 B3

Tokyu Hands

　　由A、B、C三棟大樓組成，連地庫樓高9層，重點是7樓的生活科學主題區「HINT7」，專售望遠鏡、骷髏骨模型等趣味科學家品雜貨，甚至有一整排《大人の科学》雜誌專櫃。附設關東首間HANDS CAFE，設有免費電腦和露天terrace。同場還有格仔櫃「Hands Gallery Market」，專售日本手作素人的作品。

7樓特設「HINT7」，中央的「SCIENCE BASE」專售望遠鏡、地球儀、恐龍模型等科學雜貨。

Wi－Fi顯微鏡，可連接智能電話使用，最高放大80倍。￥36,852

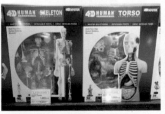

4D立體骷髏骨和人體模型。各￥1,800

「HINT7」入口旁邊，設有日本手作格仔櫃「Hands Gallery Market」。

1樓有BEAMS×Tokyu Hands的「WORK HANDS」，功能與時尚兼備。

Info

地址：東京都渋谷区宇田川町12－18
電話：03－5489－5111
營業時間：1000－2100
網址：www.tokyu－hands.co.jp
前往方法：JR「渋谷」駅ハチ公口，徒步約7分鐘。

購物文化地標
渋谷Hikarie（渋谷ヒカリエ）

2012年開業，連地庫樓高38層的複合式大樓，高層為辦公室，中層有音樂劇場「東急THEATRE Orb」。重點是B3至5樓的輕熟女百貨「ShinQs」，6、7樓還有餐廳街，合共網羅超過200家品牌和餐飲，超過7成為渋谷首登場，包括名媛蛋糕店HARBS、京都吸油紙大王Yojiya等等。 **MAP: P.157 D4**

5樓有期間限定的Market place，每季更換主題，像採訪時便遇上山系服飾專題。

名字Hikarie為日文「光へ」，解作向着光明走。

—Info—
地址：東京都渋谷区渋谷2 - 21 - 1
電話：03 - 5468 - 5892
營業時間：1000 - 2100（餐廳1100 - 2300；Creative Space 8 1100 - 2000）
網址：www.hikarie.jp
前往方法：JR、東京Metro銀座線「渋谷」駅東口；東京Metro副都心線、東急東橫線、田園都市線「渋谷」駅15番出口直達。

B3 - 5 / F為輕熟女百貨「ShinQs」特別在每層女洗手間設計都不同，部分更有豪華化妝間、除煙味機。

日本全國特產展
d47

日本著名風土雜誌《d design travel》幕後設計團隊「D&DEPARTMEN」，以介紹日本47個都道府縣物產而開設的概念店，包括展場「d47 MUSEUM」、食堂「d47 SHOKUDO」，以及挑選日本各地超過200款特產工藝雜貨的「d47 design travel store」，一次過便可買盡全日本好物。

來自山梨縣「印傳屋」的銀包，用耐用的鹿皮手工製作。￥6,800

「d47 design travel store」，日本47個都道府縣物產工藝全集合，每件好物都附有詳盡介紹。

2009年創刊的《d Design》，每期挑選一個日本縣府，深入介紹當地的食物、產品與風土人情。

桜島椿油，100%天然無日添加，每日2滴護髮，即能高效保濕。￥1,200 / 100ml

食堂「d47 SHOKUDO」，主打10多款傳統和式定食，都選用日本各地當季時令食材入饌。

—Info—
地址：渋谷ヒカリエ 8 / F
網址：www.d-department.com/jp/shop/d47

名媛最愛蛋糕店
HARBS

名古屋蛋糕名店，對女生恍惚有懾人魔力，全日本分店已30家，但每家都大排長龍。標榜使用日本國產兼時令原材料製作，常有季節限定口味，每季應供約10多款，必吃推介包括水果千層蛋糕，或各式草莓蛋糕。

Orange mousse tarte，mousse做得軟盈柔滑，配襯酸香的橙肉，味道更清爽。￥600（Coffee ￥600）

除了蛋糕，午市也有供應意粉、沙律等餐點。

Hikarie店擁有80席，座位舒適，全店食客清一色女生！

招牌水果千層蛋糕Mille Crepes，每塊薄餅煎得透薄，夾住滑順的忌廉和鮮果，美味！￥780

Info
地址：渋谷ヒカリエ ShinQs 4 / F
網址：www.harbs.co.jp/harbs
消費：約￥600 / 位起

甜點激戰區
ShinQs Food

地庫2層是甜點激戰區，雲集44家最當時得令的人氣甜點品牌，包括「朱古力愛好者俱樂部」大賽得主——辻口博啓、「當代四大甜點名廚」青木定治（Aoki）、常溫蛋糕女王津田陽子的CENT QUATRE VINGTS 45°、PIERRE HERMÉ等等國際級大師。

京都蛋糕名店「然花抄院」，招牌半熟蛋糕「然」かすてら，使用丹波黑豆餵飼的雞蛋製，5樓還有Cafe。￥648

鎧塚俊彥主理的Yoroizuka Farm，以日本食材做的甜點，包括信州米粉做的戚風蛋糕。限定禮盒￥2,401

B3 / F還有食材超市Natural Market，以及近30家日本食品老店。

新鮮刺身肥美高質，不妨買回酒店慢慢品嚐。￥990起

Info
地址：渋谷ヒカリエ ShinQs B2 / F

甜點與咖啡大師聯乘
Le Chocolat de H & Paul Bassett

自由が丘Mont St. Clair的甜點大師辻口博啓，跟世界咖啡師大賽（WBC）冠軍Paul Bassett，聯手開設的甜點咖啡店，一次過便能嚐盡兩位大師之作。

入口位置是辻口博啓的朱古力專欄，除了甜點，也有三文治、蛋糕供應。

Affogato，冰凍而香甜的雲呢拿雪糕，淋上醇厚的意大利濃縮咖啡，對比強烈。￥780

店內另一招牌Macaron，同樣有配Latte的套餐（￥1,100）。各￥250

Bob Bon Chocolat Set，辻口博啓招牌手工朱古力，配Paul Bassett的Latte，最喜歡那粒Arriba，甘醇而富可可香。￥1,200

Info
地址：渋谷ヒカリエ ShinQs B2 / F
網址：http://lcdhpb.jp
消費：約￥800 / 位

新宿

渋谷

原宿・表參道

池袋

青山

渋谷潮流地標
SHIBUYA 109

　　1979年開業，一直是渋谷潮流文化的地標。地下2層、地上8層，主攻10代、20代年輕女生，匯聚120家人氣服飾品牌，因競爭激烈汰弱留強，故常有新品牌加入。2014年35周年時更大翻新，加入多家日本首見品牌，包括adidas Original Girl Shop、搞笑藝人渡邊直美設計的女牌PUNYUS等。 **MAP: P.157 B4**

「109」的名稱來自「東急」的日語諧音，也是其營業時間。

B2／F有日本搞笑藝人渡邊直美設計的女牌PUNYUS，由普通的Free size到6L俱備，肥得有型！

Info
地址：東京都渋谷区道玄坂2 - 29 - 1
電話：03 - 3477 - 5111
營業時間：1000 - 2100
網址：www.shibuya109.jp
前往方法：JR「渋谷」駅ハチ公口，徒步約5分鐘。

女生限定adidas
adidas Original Girl Shop

　　全球兼日本首家專為女生而設的adidas Original，由運動服裝、球鞋到配飾俱備，當然只限女裝，而且都偏向時尚之選，店員每日的打扮，更完美示範何謂運動時尚？

adidas Original三葉Logo 衛衣。￥8,300

店內以顏色分類，深明女生購物的喜好。

2014年開業，乃全球首家專為女生而設的adidas Original。

球鞋款式都偏向時尚、易親衫，不似男生注重功能。三間拖鞋￥9,072

Info
地址：SHIBUYA 109 4／F
網址：http://japan.adidas.com/originals

日版Victoria Secret
PEACH JOHN

　　日本人氣內衣品牌，風格少女，設計可愛得來不失性感，素有「日版Victoria Secret」之稱。據說連徐若瑄、藤井Lena都是其用家。

心形圖案Bra。原價￥2,480，特價￥1,980

Info
地址：SHIBUYA 109 3／F
網址：www.peachjohn.asia

《Popteen》潮模主理
Ank Rouge

　　《Popteen》當紅「讀者model」松岡里枝主理，曾獲Developer設計大獎中的新人獎。走可愛夢幻復古風格，女生最愛的碎花、蕾絲、蝴蝶結……樣樣齊。

黑色Off shoulder上衣。￥3,900

Info
地址：SHIBUYA 109 6／F
網址：http://ankrouge.jp

盡覽渋谷街景
TSUTAYA `MAP: P.157 C4`

QFRONT中央大電視名為「Q's EYE」，足有13×7.7米大。

B1 / F雜誌區有大量旅遊指南，日本女生打書釘其實更狼！

渋谷駅八チ公口對出的五叉路口，已成外國電影的熱門取景地。背景中的巨型大電視，正是1999年落成的「QFRONT」。連棟庫樓高10層，初期原為東寶旗下的影院，2010年閉店後已變成老牌連鎖唱片兼書店TSUTAYA的基地。

佔地9層，地庫兩層為書店，最新潮流雜誌、旅遊指南、遊戲攻敵全部任揭看看，更營業至凌晨2點，打書釘一流。重點是2樓的STARBUCKS，面向馬路的一排窗邊座位，盡覽渋谷駅八チ公五叉路口，每逢綠燈亮起，人潮從四面八方洶湧而來，讓人嘆為觀止。

1樓主打最新上市的CD、DVD，當紅偶像MV更是不停播放。

2樓STARBUCKS窗邊的一排座位，位置對正八チ公五叉路口，乃拍照熱點。

B2 / F有不少「中古」（二手）CD、DVD，《20世紀少年》豪華特別版DVD只售￥980。

Info
地址：東京都渋谷区宇田川町21 - 6
電話：03 - 5459 - 2000
營業時間：1000 - 0200
　　　　　（TONE1100 - 2000）
網址：http://tsutaya.tsite.jp
前往方法：JR「渋谷」駅八チ公口，徒步約1分鐘。

二手潮服淘寶
RAGTAG

裏原宿起家的二手潮服買取店，目前全日本一共17間分店，渋谷店樓高4層，男女裝俱備，集齊當今最人氣的潮牌，包括UNDERCOVER、COMME des GARCONS、Maison Margiela、Yohji、Prada、TOGA等的當季款式，很多甚至是新品，價格卻比正價平近兩成。 `MAP: P.156 C2`

不時發現絕版筍貨，像這全球限定100對的Martin Margiela 22。￥22,500（原價￥120,000）

每件衫都會註明新舊程度，還有原來的定價參考。

ENFOLD白色長裙￥15,800（原價￥26,000）

Stella McCartney clutch bag￥22,500（原價￥90,000）

著名二手潮服買取店RAGTAG，很多潮人旅遊東京都必定要來朝聖。

Info
地址：東京都渋谷区神南 1 丁目17 - 7
電話：03 - 3476 - 6848
營業時間：1200 - 2100
網址：www.ragtag.jp
前往方法：JR「渋谷」駅八チ公口，徒步約7分鐘。

優閒綠洲
SHIBUYA CAST.
MAP: P.156 C3

渋谷新開的複合式優閒施設，樓上為辦公室及住宅；地下則集合多家商店，包括日本時裝集團Baycrew's的全新買手店「PULP 417 EDIFICE」、東急集團的超市「Tokyu Store Food Station」等，重點是附設偌大的多用途廣場，逢周末假期都有市集或藝術活動舉行。

SHIBUYA CAST. 橫跨整個街區，自成一國，還有多家特色餐飲。

幾乎每個周末都有手作式二手市集，期間還有大量美食車駐守。

附設偌大的多用途廣場，提供大量休息座椅，成為附近上班族的午餐勝地。

Info
地址: 東京都渋谷区渋谷1 - 23 - 21
電話: 03 - 5778 - 9178
營業時間: 0800 - 2200
網址: http://shibuyacast.jp
前往方法: JR山手線、埼京線、湘南新宿ライン、東京Metro銀座線「渋谷」駅徒步7分。

潮流買手店
PULP 417 EDIFICE

日本時裝集團Baycrew's（旗下有IENA、EDIFICE等）的全新買手店，以「新世代的街頭文化」為主題，精選日本及各國潮牌，包括紐約的Hood By Air、山本耀司副牌S'YTE、John UNDERCOVER等。附設健康Cafe「PULP Deli & Cafe」，乃渋谷女生的打卡店。

以「新世代的街頭文化」為主題，主打高檔Street fashion品牌。

附設「PULP Deli & Cafe」，主打健康沙律的西式餐點，還有自家甜點。

Maison Margiela皮革拖鞋。¥34,560

佔地兩層，函蓋男女服裝、飾品及鞋履，內裝帶點未來感。

Info
地址: SHIBUYA CAST. 1 - B1 / F
電話: 03 - 5778 - 9233
營業時間: 1100 - 2000
（Café 0800 - 2000）
網址: http://pulp.four-one-seven.jp

鬧市中的廉價超市
Tokyu Store Food Station

東急集團旗下的超市，分店大多位於東急電鐵車站旁，屬於社區型的超市，為方便在職家庭，主打生鮮蔬果、食品和熟食。難得位處渋谷鬧市中央，依然定價親民，精緻便當¥398起，還有¥100麵包專區，已成渋谷區內上班族的覓食熱點。

漢堡扒雜錦便當¥398，5點後8折只售¥318，抵吃到不能相信。

黃金炸雞腿肉，媲美7 - 11的炸雞，最佳下酒菜。¥253

附設烘焙工房，麵包全部¥100 / 個，難怪被搶購一空！

超市對象為上班族和在職家庭主婦，主打生鮮蔬果、食品和熟食。

Info
地址: SHIBUYA CAST. 1 / F
電話: 03 - 5778 - 9116
營業時間: 0700 - 2300
網址: www.tokyu-store.co.jp

自製圖案Tee
ARTON

自製圖案Tee專門店，顧客可選老闆馬場敏典設計的240多款圖案，甚或自攜設計，只需3分鐘，即可製作出「獨一無二」的圖案Tee。店內提供數十款顏色、尺碼的Tee，絕非女人街老翻動漫Tee可比。

MAP: P.156 B3

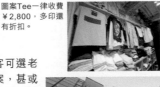
圖案Tee一律收費 ¥2,800，多印還有折扣。

Tee款有多種顏色及款式，還有totebag、衛衣、外套等選擇。

選完Tee和圖案，便可交給店員即場打印，全個過程不過3分鐘。

除了平面圖案，也有立體的，超愛這海綿造的方包Tee。¥2,800

ARTON位於大廈4樓。

卡通雜貨妝物
ITS'DEMO

1998年成立的連鎖飾品雜貨店，主攻年輕OL與女學生，專售廉價飾物、人氣美妝與雜貨小物，部分分店還有服裝。並經常跟迪士尼、LiccA、Pokemon等卡通角色推出限定版妝物，別處買不到。渋谷店為路面旗艦店，每件貨品售價不高，最適合掃手信給姊妹。

MAP: P.157 B4

各式耳環一律¥1,000，設計大方。

ITS'DEMO × Disney 限定蜜粉，有保濕、遮瑕和SPF 22防曬功效。¥580

ITS'DEMO以首都圈為主，現在分店已超過60家。

渋谷店佔地兩層，1樓主打飾物雜貨；地庫則是美妝，還有退稅。

日本限定可愛風內衣
AMO'S STYLE by Triumph

德國內衣大王Triumph，2002年於日本推出的限定副線。特色是風格少女、清新可愛，主打粉色系、碎花、Lace、蝴蝶結等設計，最重要是售價便宜，深受日本年輕女生喜愛。但注意日版Bra大多厚墊「承托力」驚人，所以尺碼比正常大，買前記得試身！

MAP: P.156 B3

除了少女風格，近年也有較成熟的設計。Bra ¥6,200

渋谷店位置就位於樓梯街的中央，樓高兩層。

最新「夢幻」Bra，少女風一樣有「爆乳」效果。¥3,990

女生都知日本Bra尺碼比歐美品牌大1至2級，姊妹記得試清楚。

文青書店 MAP: P.156 A2

SHIBUYA BOOKSELLERS

渋谷著名書店，由同名出版社開設，找來Hiroshi Nakamura & NAP Architects建築事務所設計，特別在店內附設編輯部，客人可從落地大玻璃看到編輯室的工作情況。主打設計、文化、旅遊、生活類書籍，選書較連鎖店有趣。還有售本地手作與外國設計精品，不少都跟文學有關，文青必愛。

店內有很多有趣的書架，形狀不一，其實都是大師設計。

選書都是店長或編輯推薦，還有很多主題推介，包括這登山專題，筆者都忍不住購買。

書套，印有日本殿堂級文學家川端康成、太宰治肖像，文青大愛！各￥1,500

本地手作人創作的「言葉」（説話）木襟章，所選文字如寫真、本（書）、ぼく（我）等，都是文青的icon。各￥1,200

書店特色在前舖是書店；後舖是出版社編輯部，在日本出版界很有份量。

Info

地址：東京都渋谷区神山町17 - 3
電話：03 - 5465 - 0588
營業時間：1200 - 0200
網址：www.shibuyabooks.net
前往方法：東京Metro千代田線「代代木公園」駅2番出口，徒步約8分鐘。

真 • 日本潮牌

STUDIOUS

由谷正人於 2008年創立的潮店，自家品牌UNITED TOKYO，標榜「ALL MADE IN JAPAN」，另有售SOPHNET、GOOD ENOUGH等優質潮牌。渋谷店樓高兩層，店內更設有鋪設榻榻米的和式試身室。 MAP: P.156 C2

手工美牌CHUBASCO的別注AZTEC。￥15,800

Info

地址：東京都渋谷区神南1 - 5 - 19
電話：03 - 6277 - 5582
營業時間：1200 - 2000
網址：www.studious.co.jp
前往方法：atelier - HEAD PORTER斜對面。

長龍壽司店

梅丘寿司の美登利

昭和38年（1963年）於世田谷梅丘創立，強調食材每天由築地直送，向以CP值高、超抵吃見稱，連DJ森美也曾推介。 MAP: P.157 B4

午市限定「なでしこ ランチ」。￥2,000

Info

地址：東京都渋谷区道玄坂1-12-3 Mark City East 4 F
電話：03-5458-0002
營業時間：1100-1500、1700-2100（周六日假期1100-2100）
網址：https://www.sushinomidori.co.jp/
前往方法：京王井の頭線「渋谷」駅直達；JR「渋谷」駅西口。

Tips

1. 每日1030、1930為餵飼時間。
2. 拍攝時，請關閉閃光燈。
3. 嚴禁擅自餵飼、追趕，或強行抱貓。
4. 為免嚇親貓咪，請保持安靜。

貓Cafe座落渋谷市中心，居高臨下景觀一流，貓咪都醒目地在陽光底下睡懶覺。

上層以原木裝潢成室內森林，光線柔和，不論怎樣拍都美，其實單純Selfie自拍已夠玩。

店內不供應餐點，但有飲料機，付￥359即可放題，還有免費漫畫書任看。

佔地兩層，下層以英式古典裝潢，由於窗簾全關上，這層便成為貓迷們的「男友」午睡專區。

想一嘗被全場貓咪圍攻？可花￥550買數量限定的乾糧餵飼。

客人進入前必須換上拖鞋，以及消毒雙手，開門時記得小心別撞到貓咪。

貓咪樂園
貓カフエ MoCHA

2015年開業的人氣貓Cafe，於新宿、池袋和秋葉原也有分店。渋谷店佔地兩層，飼有超過20隻不同品種的大小貓咪，全都活潑好動又親近人，每日早晚開餐時間還會一字排開。入場收費￥200 / 10分鐘，若想貓咪主動埋身，還可花￥550買乾糧餵飼。內裝舒適得來有設計感，加上位於頂層，落地玻璃窗採盡天然光，拍照效果一流，怎樣拍都美！ **MAP: P.156 B3**

貓咪Snap shot：隨便一拍，都似貓寫真！

Info

地址：東京都渋谷区宇田川町32 - 12 アソルテイ渋谷8 / F
電話：03 - 6455 - 3503
營業時間：1000 - 2200
收費：每10分鐘￥200（周六日￥250）（飲品飼料另計）
網址：http://catmocha.jp
前往方法：JR「渋谷」駅ハチ公口，徒步約5分鐘。

MedicomToy唯一限定店
Project 1 / 6

日本潮流玩具廠牌MedicomToy開設的直營店，「1 / 6計画」原是只限通販發售的限定版，渋谷店乃唯一實體店，有大量絕版BE@RBRICK、KUBRICK，還有自家限定精品，以及跟PORTER聯乘的限定潮物。

`MAP: P.156 A3`

Project 1 / 6限定
400%「Sex Pistols」
BE@RBRICK。
￥10,800

BE@RBRICK×PORTER
限定Tote bag。
￥13,000

除了BE@RBRICK，還有聯乘著名藝術家的精品。
Banksy塗鴉杯￥3,024

日本限定版1,000%「THE JOKER」BE@RBRICK。
￥39,960

Info

地址：東京都渋谷区宇田川町37 - 10 麻仁ビル1 / F
電話：03 - 3467 - 7676
營業時間：1100 - 2000
網址：www.medicomtoy.co.jp
前往方法：東急百貨店北行約5分鐘。

雙層個性女裝 `MAP: P.156 C3`
ROSE BUD

1993年創立的服飾店，自家同名品牌走歐洲優閒風格，大方而有個性，並經常跟其他品牌Crossover，深得日本OL喜愛。分店眾多，渋谷店樓高兩層，外形猶如摩洛哥古城，集齊全線品牌，風格多元化。

ROSE BUD由服裝、鞋履、包包到飾品俱備，另外還有男裝系列。

渋谷店外牆有精緻雕飾，猶如摩洛哥古城，充滿南非洲的華麗風格。

除了自家品牌，也有搜羅自歐洲的小眾品牌，都貫徹其優閒風格。

ROSE BUD×OUTDOOR手袋，Lady又有運動風。￥9,800

Info

地址：東京都渋谷区渋谷 1 - 23 - 18 ワールドイーストビル1 - 2 / F
電話：03 - 3797 - 3290
營業時間：1100 - 2000
網址：http://rosebud.co.jp
前往方法：LUMINE MAN旁、穿過電車路橋底即達。

每逢整點，3D秋田犬便會在大樓間穿梭玩耍，寄框而出！

逢整點報時
3D秋田犬

除了新宿的3D貓看板，2022年起渋谷街頭也有「3D秋田犬」。由日本HIT廣告公司打造，於渋谷駅前4座建築物頂部，設置共8台巨形3D屏幕，以渋谷象徵忠犬八公為主角，每逢整點8面屏幕便會同步播放30秒立體秋田犬影象，為路人報時。

`MAP: P.156-157`

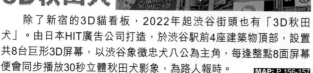

Info

位置：渋谷十字路口(Shibuya Scramble Square對面)
播放時間：0700-2300逢整點

「庶民米芝蓮」2星
渋谷森本

1948年開業、渋谷絕品串燒老舖，晚晚座無虛席，曾奪《庶民米芝蓮》2星推介。選用岩手縣南部產的雞肉，經簡單調味後，即以備長炭烘烤，吃時無需蘸醬，吃出啖啖原味。日本串燒有不同風格，掌火的主廚能做到香口而不燒焦，完美保留雞肉的鮮嫩。

MAP: P.157 B4

每晚7時前已座無虛席，來晚了，招牌菜色都會賣完。

つくね，招牌雞肉棒，混入洋葱的雞絞肉，充滿清香，肉汁更是充沛。單點 ￥200

筆者當晚選了「C コース」（套餐C），包括雞肉棒、雞皮、雞肝、雞膶、椎茸（冬菇）等共9串，以及超清爽的醃菜一份。￥2,200

血肝，即是雞膶，燒得剛剛熟，入口即化，卻沒半點腥味。

掌火的主廚造詣深厚，全晚獨自一人，指揮若定卻從容不逼。

Info

地址： 東京都渋谷区道玄坂2 - 7 - 4 浜之上ビル1／F
電話： 03 - 3464 - 5233
營業時間： 周一至五1700 - 2300；
周六1630 - 2200
休息： 逢周日及假期
網址： www.shibuyadogenzaka.com/morimoto/main.html
消費： 約￥2,000／位起
前往方法： JR「渋谷」駅西口，徒步約1分鐘。

《孤獨》推介五郎烤魚
魚力

明治年間創業，由鮮魚店直營的傳統食堂。家庭式經營，內裝平凡，卻連人氣日劇《孤獨的美食家》都有推介。午市供應10多款定食套餐，招牌「さば味噌煮」（味噌煮鯖魚），用長野縣白味噌以壓力鍋熬煮12小時而成，軟臉到連魚骨都可以吃下。其餘鹽燒鯖魚、雜錦刺身飯也充滿媽媽的味道，滿滿人情味。

MAP: P.156 A2

餐牌就掛在門旁，食客點餐要自行取下牌子交給店員。

サバ塩焼き（鹽燒鯖魚），魚皮烤得焦脆，滑嫩魚肉加上皮下脂香，回味無窮；套餐附蜆肉味噌湯、刺身，白飯和醃菜更可無限添加。午市定食￥1,030

家庭式食堂格局，老闆娘會說流利英語，溝通無難度！

さば味噌煮（味噌煮鯖魚），魚肉軟臉入味，超佐飯。午市定食￥1,030

牌子背後都有1個數字，只要跟老闆當天公布的幸運數字相同，即送自選前菜一碟。

Info

地址： 東京都渋谷区神山町40 - 4
電話： 03 - 3467 - 6709
（預約專用050 - 5868 - 5432）
營業時間：
平日1100 - 1400、1800 - 2200；
周六1100 - 1400、1730 - 2200
休息： 逢周日
網址： www.uoriki6709.com
消費： 約￥1,030／位
前往方法： 東京Metro千代田線「代代木公園」駅2番山口，徒步約8分鐘。

立食壽司￥75起
魚がし日本一 立喰寿司

Tips
每位客人限時20分鐘。

足料手握壽司￥75起，5件晚酌Set都只￥680，比迴轉壽司店還要便宜，代價是「立食」，而且限時20分鐘。老闆擁有海產拍賣牌，每日專人從築地、大田市場進貨，食材都是一級正貨，而且全部現點現握。

`MAP: P.157 B4`

夏の三貫王，用料依時令季節變更。￥450

うに軍艦（海膽），甜美非常。￥300；かにみそ軍艦（蟹黃），味道鹹香惹味。￥75

Info
地址：東京都渋谷区道玄坂2‐9‐1
電話：03‐5428‐4851
營業時間：1130‐0200
網址：www.uogashi-nihonichi.com/shibuyadougenzaka
消費：約￥1,000／位
前往方法：JR「渋谷」駅ハチ公口，徒步約5分鐘。

健吾推介地雞串
炭火串燒 正軍

雞肉串燒店，標榜選用薩摩、甲州等全國直送的「地雞」（本地雞），包括日本三大走地雞之一的薩摩軍雞，肉質彈牙又鮮甜。雞屁股、卵巢等刁鑽部位也得吃，連日本通健吾也有推介。

`MAP: P.157 B4`

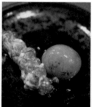

軍鶏のとりわさ，即是川燙過的雞刺身，感覺較易接受，肉質鮮甜。￥600

ちょうちん，老饕至愛的雞卵巢連輸卵管，入口有爆漿效果，極希少部位，限量供應。￥240

串燒全部￥190/2串起，必吃推介雞肝（レバー）、雞肉丸（つくね）和雞皮。

Info
地址：東京都渋谷区道玄坂2‐6‐6 和光ビル2‐4/F
電話：03‐3780‐3908
（予約專用050‐5872‐7329）
營業時間：1700‐0000（周五1700‐0100；周六1600‐0100；周日1600‐0000）
網址：http://r.gnavi.co.jp/gbmn100
消費：約￥2,500／位
前往方法：JR「渋谷」駅西口，徒步約2分鐘。

清新拉麵Cafe
九月堂

新派拉麵店，內裝時尚清新如咖啡店，打破傳統麵店的速食店形象。拉麵的醬油湯頭由國產豬骨、雞脖、鰹魚碎、魚乾，再混合丹波黑豆、野菜等熬煮，味道清爽調和，還有供應和洋式甜點與咖啡，深得東京女生喜愛。

`MAP: P.156 B2`

每日1400‐1700還有限定的迷你拉麵連甜點套餐，只￥930。

座落公園對面，入口處的紅磚牆與落地格了窗，甚為搶眼。

無菌白配原木地板，加上天然採光，環境清新舒適。

らーめん有濃、淡兩款湯頭，前者是雞脖野菜湯；後者是鰹魚、魚乾湯，皆味道清爽。￥770

スペシャルつけ麺，沾麵彈牙軟糯，配濃厚的沾汁和招牌味玉，一流。￥980

Info
地址：東京都渋谷区神南1‐15‐12 佐藤ビル2/F
電話：03‐6327‐4056
營業時間：1100‐2200（周六及假期1130‐2200；周日1130‐2100）
休息：逢週一
網址：www.kugatsudo.net
消費：約￥770／位起
前往方法：渋谷BEAMS附近。

潮流指標

原宿・表参道

はらじゅく / Harajuku、 おもてさんどう / Omotesando

　早在70年代，日本潮流雜誌《non-no》、《anan》創刊時，即以原宿街道為背景，自此奠定原宿的潮流指標地位。但「原宿系」不同於隔壁的「渋谷系」，中心思想是Kawaii，而且多元化。裏原街頭文化、山系、森林系、Cosplay、古着等等各式其式。區內地標式購物場，與新牌小店接連開幕，從竹下通到表參道，再到裏原宿，盡是悉心打扮的型人。走一圈，大抵已知道東京最新潮流。

交通　JR山手線「原宿」駅；東京Metro千代田線、東京Metro副都心線「明治神宮前」駅；東京Metro千代田線、東京Metro半蔵門線、東京Metro銀座線「表参道」駅。

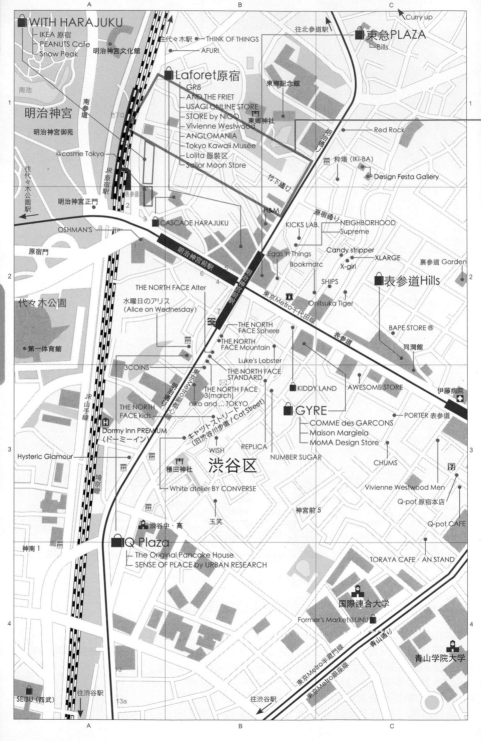

WITH HARAJUKU
- IKEA 原宿
- PEANUTS Cafe
- Snow Peak

THINK OF THINGS
往代々木駅
AFURI

Curry up
東急PLAZA
Bills

明治神宮文化館
Laforet原宿
- GR8
- AND THE FRIET
- USAGI ONLINE STORE
- STORE by NIGO
- Vivienne Westwood
- ANGLOMANIA
- Tokyo Kawaii Musée
- Lolita 服装区
- Sailor Moon Store

東郷記念館
東郷神社

Red Rock

粋場 (IKI-BA)

Design Festa Gallery

南池
明治神宮
明治神宮御苑
@cosme Tokyo
明治神宮正門
原宿門

JR原宿駅

CASCADE HARAJUKU
OSHMAN'S

明治神宮前駅

H&M
KICKS LAB.
Supreme
Eggs 'n Things
Bookmarc
SHIPS
Onitsuka Tiger

原宿通り
NEIGHBORHOOD
Candy stripper
X-girl
XLARGE
裏参道 Garden
表参道Hills

BAPE STORE ®
同潤館

THE NORTH FACE Alter
水曜日のアリス
(Alice on Wednesday)

第一体育館
代々木公園

3COINS

THE NORTH FACE Sphere
THE NORTH FACE Mountain
Luke's Lobster
THE NORTH FACE STANDARD
THE NORTH FACE 3(march)
niko and... TOKYO
THE NORTH FACE kids

KIDDY LAND
AWESOME STORE
伊藤病院

GYRE
- COMME des GARCONS
- Maison Margiela
- MoMA Design Store

PORTER 表参道

JR山手線
埼京線

Dormy Inn PREMIUM
(ドーミーイン)

Hysteric Glamour

穂田神社

White atelier BY CONVERSE

キャットストリート
(旧渋谷川歩道 / Cat Street)
WISH
REPLICA
NUMBER SUGAR

渋谷区

CHUMS

Vivienne Westwood Men
Q-pot 原宿本店
Q-pot CAFE

神南1

渋谷中・高
玉笑

Q Plaza
- The Original Pancake House
- SENSE OF PLACE by URBAN RESEARCH

神宮前5

TORAYA CAFE・AN STAND

国際連合大学
Former's Market@UNU

青山学院大学

SEIBU (西武)
往渋谷駅

13a

往渋谷駅

青山通り

竹下通り

HUMAN MADE
OFFLINE STORE

OS DRUG

PARIS KID'S 　Daiso

竹下通り

Body Line

Thank You Mart

WEGO1.3.5... 明治通り

竹下口

靴下屋

原宿ALTA

TOTTI CANDY FACTORY

SoLaDo
PINK-latte HARAJUKU

妙円寺　長安寺

神宮前3

キラー通り

外苑前駅

3 2
1b
1a

BE:SIDE

CUTE CUBE HARAJUKU
CANDY・A・GO・GO
spinns

まい泉 本店

青山兒童館

外苑西通り

幸せのパンケーキ

長者丸通り

Flying Tiger Copenhagen

東京Metro半蔵門線

東京Metro銀座線

Apple Store

善光寺

清水湯

表参道駅

港区

A2
A1　A3
A4
A4
A5
B2　B3
B1

koti

南青山4

往乃木坂駅→

東京Metro千代田線

停車通り

根津美術館

舊「原宿駅」已拆卸

屬二代目的原宿駅，於1924年（大正13年）落成，是東京現存歷史最悠久的木造車站，並入選「関東の駅百選」。可惜為迎接2020東京奧運，官方恐現有車站不足應付人潮而決定改建。

提提你

179

由建築師澤田浩、橋村雄一設計的原宿新旗艦店，每層裝潢都不一樣。

3樓有服裝訂製服務「141 CUSTOMS」，顧客可自選不同顏色組合的服飾來訂製。

原宿新旗艦   MAP:P.178 B2

THE NORTH FACE Sphere

　　TNF於明治通一街擁有6間分店之多，儼如主題街一樣！2022年開幕的原宿新旗艦店，由建築師澤田浩、橋村雄一設計，連地庫樓高7層，每層各有主題，像地庫主打Training、2樓主打Running等等。焦點是首次公開的Order Made訂製服務「141 CUSTOMS」。更提供專業維修服務，以及面向戶外運動愛好者的On line shop。

SPHERE主打戶外活動愛好者所需，常有特別Pop Up Store。

TNF於明治通共有6間分店之多，儼如主題街道一樣。

2022年開幕的原宿新旗艦店，連地庫樓高7層，每層各有主題。

地庫主打Training及Conditioning系列，挑高樓底有自然光。

━━Info━━
地址：東京都渋谷区神宮前6-10-11
營業時間：1100-1900
休息：逢周三
網址：www.goldwin.co.jp/tnf/
前往方法：東京Metro千代田線、副都心線
　　　　　　「明治神宮前」駅步行2分鐘。

山系專門店   MAP:P.178 B2

THE NORTH FACE Mountain

　　原為「The North Face原宿店」，2019年重新改造後，變身TNF Mountain旗艦店。內裝以木質打造與自然共生的概念空間。主要販售登山及戶外機能服飾，包括高度專業的登山用品，如最先高性能極限登山的系列SUMMIT SERIES等。

內裝以木質打造，中央哪塊一枚板原木展示柜極度搶眼！

前身為TNF原宿店，現在變身山系專門店。

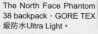

The North Face Phantom 38 backpack，GORE TEX級防水Ultra Light。

━━Info━━
地址：東京都渋谷区神宮前6丁目10-11 原宿
　　　　ソフィアビル 1F
電話：03-5466-9278
營業時間：1100-2000
網址：www.goldwin.co.jp/tnf/
前往方法：東京Metro千代田線、副都心線
　　　　　　「明治神宮前」駅步行2分鐘。

簡約自然新系列

MAP: P.178 B2

THE NORTH FACE Alter

全新風格系列，以Alter（變化）一詞命名，希望用家者重新思考「科技與自然的關係」。內部裝潢充滿未來感，店內展出兩公尺的圓頂帳篷（品牌象徵），並定期更換季節性主題。設計以原始和簡單為主，限定版衣物包括 Tee、帽衫、衛衣等單品。

銀灰色調的內部裝潢充滿未來感，以表達未來的簡約科技。

店內展出兩公尺的圓頂帳篷（品牌象徵），並定期更換季節性主題。

冬季系列離不開保暖的羽絨、防風褸、羽絨雪Boot等。

Info

地址：東京都渋谷区神宮前6-10-9原宿童友ビル 1F
電話：03-6427-1180
營業時間：1100-2000
網址：www.goldwin.co.jp/tnf/
前往方法：東京Metro千代田線、副都心線「明治神宮前」駅步行2分鐘。

「黑標」都市型男

MAP: P.178 B2

THE NORTH FACE STANDARD

TNF自家Select shop，黑色方塊LOGO被暱稱為「黑標」，主打大熱的都市型戶外休閒風格Urban Outdoor。佔地4層，每層各有主題，強調結合戶外與都市的機能性設計。還有大量跟知名品牌合作的聯乘產品，如渡邊淳彌系列，更有獨家限定的露營系列。

每層各有主題，1樓Style Package主打當季的人氣Urban Outdoor。

地4層，門口的黑色方塊LOGO被暱稱為「黑標」。

3樓Gear Package主打功能性的設計系列，包括適合露營的機能性背包。

Info

地址：東京都渋谷区神宮前6-10-9原宿ビル 1-4F
電話：03-5464-2831
營業時間：1100-2000
網址：www.goldwin.co.jp/tnf/
前往方法：東京Metro千代田線、副都心線「明治神宮前」駅步行2分鐘。

戶外女生限定

MAP: P.178 B2

THE NORTH FACE 3(march)

首間為女性所打造的戶外服飾概念店，3(March)一名源自日本3月3日的女兒節，也有「前進與發展」的含意。樓高兩層，潔白牆面加上綠意的植栽，販售TNF的女性單品，由瑜伽、跑步、登山，到Street wear、紫標俱備。

潔白牆面加上綠意的植栽，最新的TNF概念店。

Info

地址：東京都渋谷区神宮前6-10-8 NAビル
電話：03-6418-4921
營業時間：1100-2000
網址：www.goldwin.co.jp/tnf/
前往方法：東京Metro千代田線、副都心線「明治神宮前」駅步行2分鐘。

TNF戶外童裝

MAP: P.178 B3

THE NORTH FACE kids

TNF自家童裝專門店，距離明治通5店約5分鐘步程。主打專為兒童而開發、高度專業的戶外運動裝備，函蓋露營、登山甚至攀岩等服飾和裝備，可愛又專業。

一店集合TNF戶外運動裝備與服飾，很可愛！

Info

地址：東京都渋谷区神宮前6-15-9グランテール神宮前 1F
電話：03-6433-5218
營業時間：1100-2000
網址：www.goldwin.co.jp/tnf/
前往方法：東京Metro千代田線、副都心線「明治神宮前」駅步行6分鐘。

潮牌基地
裏原宿 MAP: P.178 B2·C2

俗稱「裏原」(URAHARA)，泛指竹下通以東、表參道以北的內街巷弄。90年代初，日本經濟泡沫爆破，年輕人開始質疑大企業大品牌的價值觀，一批擁有理想的年輕藝術家與設計師，陸續聚集裏原開設小店或工作室，推崇街頭流行文化。Fragment Design的藤原浩、BATHING APE的NIGO、Wtaps的西山徹、Neighborhood的瀧澤伸介、Undercover的高橋盾、Number (N) ine的宮下貴裕等大師輩出，開創日本Street Fashion盛世。

─Info─
地址：東京都渋谷区神宮前2～4
網址：http://urahara.org
前往方法：東京Metro千代田線、副都心線「明治神宮前」駅5番出口，徒步5分鐘。

Marc Jacobs書店
Bookmarc MAP: P.178 B2

Marc Jacobs開設的書店，也是亞洲首間。以藝術、文化及音樂相關書籍為主，全是他的親自挑選。重點是店內有售Marc Jacobs的原創文具系列，記事簿、tote bag等都值得入手。地庫還有Marc by Marc Jacobs Men。

（上）Skyline note book¥2,592、（中下）Mini Journal¥1,944。

─Info─
地址：東京都渋谷区神宮前4 - 26 - 14
電話：03 - 5412 - 0351
營業時間：1100 - 2000
網址：www.marcjacobs.jp/bookmarc
前往方法：表參道轉入「旧渋谷川步道」(Cat Street) 附近。

裏原殿堂品牌
MAP: P.178 B2
NEIGHBORHOOD

1994年由瀧澤伸介所創，乃首代裏原宿品牌。主腦人瀧澤沉迷美式重機文化，每季設計都有不同主題，但總離不開軍事、denim、機車等元素，一直深受港日藝人和潮人追捧。

除了自家品牌，也有售賣其他裏原品牌。

─Info─
地址：東京都渋谷区神宮前4 - 32 - 71 / F
電話：03 - 3401 - 1201
營業時間：1100 - 2000
網址：www.neighborhood.jp
前往方法：KICKS LAB. 附近。

美國街牌王
Supreme

源自美國紐約曼哈頓，主打滑板、Hip - hop等街頭文化。原宿店位置就在NEIGHBORHOOD樓上，事實兩品牌也老友鬼鬼，2006年起更推出聯乘「SUPREME x NEIGHBORHOOD SAVAGE DENIM」。 MAP: P.178 B2

逢周六為新貨發售時間，例必大排長龍。

─Info─
地址：東京都渋谷区神宮前4 - 32 - 7 2/F
電話：03 - 5771 - 0090
營業時間：1100 - 2000
網址：www.supremenewyork.com
前往方法：KICKS LAB. 附近。

自訂布鞋體驗 MAP: P.178 B3

White atelier BY CONVERSE

日本首家CONVERSE直營「純白概念店」，佔地兩層，焦點是地庫的「Customize space」，原本只限美國獨有的客制化服務，現在你也可以打造獨一無二的布鞋。基本的全白色CONVERSE ¥7,000，顧客可按喜好自選圖案（¥2,000），甚或配上不同鉚釘配色，最後交給店員即場打印，全個過程最快1小時完成。

自訂步驟：

1.先選size，基本的全白色「無地」CONVERSE售價 ¥7,000。

2.鞋側及鞋舌都可加上圖案，如英文字母、數字等，收費每個¥2,000，店內有3本圖案簿給你選擇。

3.其中一組圖案是CONVERSE特別找來高橋信雅、sunui等著名藝術家設計，但就限制顧客不能更改圖案位置。

地庫為「Customize space」，除了客人訂製服務，還有售「Timeline」復刻版All Star。

1樓鞋店專售經典和長青的All Star鞋款，還有大量日本和美國限定版。

Info

地址：東京都渋谷区神宮前6 - 16 - 5 HOLON - III B1 - 1/F
電話：03 - 5778 - 4170
營業時間：1100 - 2000
網址：www.converse.co.jp/white - atelier - by - converse
前往方法：「Cat Street」（渋谷川步道）「隱田神社」附近。

原宿玩具旗艦 MAP: P.178 B2

KIDDY LAND

前身為1946年於表參道創業、兼售玩具的「橋立書店」，現在已是日本連鎖玩具店龍頭。1950年開業的原宿店，早已是表參道地標，2012年閉門一年整修後，變成連地庫樓高5層的旗艦店，每層各有不同卡通角色專區，還有大量原宿限定。

原宿限定SNOOPY × 八幡屋礒五郎「七味粉」¥600

4樓有Rilakkuma Store和Kitty Store。

地庫有一整層的SNOOPY TOWN。

3樓STAR WARS GALAXY，有等身大黑武士駐場。

原宿限定杯緣子。¥650

Info

地址：東京都渋谷区神宮前6 - 1 - 9
電話：03 - 3409 - 3431
營業時間：1100 - 2100（週六、日及假期1030 - 2100）
網址：www.kiddyland.co.jp/harajuku
前往方法：GYRE商場隔壁。

首家直營店
MAP: P.178 C3

PORTER 表参道

　　吉田株式會社第一家直營店，2015年吉田創立80週年紀念，特別以酒店大堂形象重新打造。樓高兩層，擁有螺旋形樓梯，表達PORTER、LUGGAGE LABE和POTR的世界觀。集合PORTER全線人氣系列，提供大量限定商品，以及跟其他大品牌合作的聯乘作品，店內更附設小型藝廊。

Freestyle系列，採用Dyneema Bonded Leather 物料製作，比鋼還要強硬15倍。

內部以酒店大堂主題作裝潢，可見巨型行李箱形飾櫃。

樓高兩層，乃吉田株式會社第一家PORTER直營店。

PORTER x Converse Chuck Taylor All Star。￥18,700

PORTER GRIZZLY BEAR，選用經典TANKER材質製作。￥33,000

────Info────
地址：東京都渋谷区神宮前5-6-8
電話：03-5464-1766
營業時間：1200-2000
網址：https://www.yoshidakaban.com/
前往方法：東京Metro千代田線、半藏門線、銀座線「表参道」駅步行3分鐘。

NIGO全新旗艦店
MAP: P.179 D1

HUMAN MADE OFFLINE STORE

　　HUMAN MADE東京直營店，2021年從中目黑遷至渋谷。全新旗艦店佔地兩層，裝潢糅合過去與未來元素，面積更大之餘，附設全球唯一Human Made x Blue Bottle聯乘外賣店，還有Blue Bottle的聯名商品。

GRAPHIC T-SHIRT #10，Human Made經典圖案。￥10,780

店內置滿NIGO最愛的自動點唱機、霓虹鐘、鬥牛犬雕像。

入口處的環形櫃台極搶眼，基本上逢周六發售新品，記得早點來排隊。

HUMAN MADE 22FW TIGER系列，一出已斷市。

全球唯一Human Made x Blue Bottle聯乘外賣店，更有Blue Bottle聯名商品。

────Info────
地址：東京都渋谷区神宮前2-6-6
電話：03-6804-2569
營業時間：平日1100-1900；周六、日及假期1100-2000
網址：https://humanmade.jp
前往方法：東京Metro千代田線、副都心線「明治神宮前」駅步行8分鐘。

美顔Cafe
MAP: P.179 D2

BE:SIDE 表参道店

　　2021年開業，由216年歷史的傳統甜點──葛餅名店「船橋屋」，於表參道開設的新型態副線。新店一分為二，甜品店SWEET:SIDE，主打自家研究培育的「葛餅乳酸菌®」制作的甜點，不止健康，而且超美顏。而美容店TREATMENT:SIDE，則使用自行研發的「発酵化粧水」，提供一系列美容療程。

店內除了各式傳統甜點，也有用乳酸菌製作的小點心發售。

飲むくず餅乳酸菌（飲之葛餅），即乳酸菌，味道酸酸的清爽又健康。￥1,300

みずくず餅セット（水葛餅套餐），表參道店限定，加入比葛餅更多的水分，口感柔軟潤滑。佐以黑蜜黃豆粉，味道清爽不甜膩，配無農藥的日本茶或有機咖啡。￥1,250

店前的弧形木框既是座椅也是遮陽蓋，乃人氣打卡位。

Info

地址：東京都渋谷区神宮前3丁目14-6
電話：03-6432-9323
營業時間：1100-1800(Last Order 1700)
網址：https://www.beside-natural.com
前往方法：東京Metro千代田線、半藏門線、銀座線「表參道駅」A2出口，步行6分鐘。

NIGO的咖哩飯

Curry up

　　由NIGO開的咖哩專門店，名字更由NIGO 好友Pharrell Williams 提案，餐單上亦有以Pharrell Williams 為名的食品。5款咖哩口味偏向日式，分為小中大3個份量。內部裝潢簡樸，但不少用品都是名牌，就連垃圾桶都出自美國品牌simplehuman。重點是有售自己精品，並經常跟其他品牌聯乘。

MAP: P.178 C1

招牌Butter chicken，牛油味香濃帶出食欲，同時做到口味清爽而不膩。

記得加點蕎頭碎，清爽酸甜，拌入咖喱中更添口感。

Combination Curry可自選兩款咖喱，Spicy Beef Curry香料味重，香辣惹味。M size ￥1,500

內部走美式裝潢簡樸，其實連垃圾桶都是美國品牌simplehuman。

Info

地址：東京都渋谷区神宮前2-35-9 105
電話：03-5775-5446
營業時間：1130-2000
網址：http://curryup.jp
前往方法：東京Metro千代田線、副都心線「明治神宮前」駅步行10分鐘。

新宿
渋谷
原宿・表参道
池袋
青山

Margiela情景香水
REPLICA

　　法國知名時裝Maison Margiela推出的香水品牌，以「跨越時代的普遍性」為概念，藉由氣味重現各種生活情景，像圖書館、美髮店、花市等，並主張男女皆可使用。過去曾在表參道展開Popup store，因反應熱烈，終開設路面店。「REPLICA」系列商品將全數到齊。

MAP: P.178 B3

REPLICA藉由氣味重現圖書館、美髮店等各種生活情景，打開記憶的味覺。

Maison Margiela的香水品牌，平日都要實施人流管制入場。

每瓶香水都詳細列明出自哪一個情景、年份、香味描述等資料。￥14,500

Info

地址：東京都渋谷区神宮前6-7-10
電話：03-6427-2823
營業時間：1100-2000
網址：https://memory.maisonmargiela-fragrances.com/tokyo-catstreet
前往方法：東京Metro千代田線、副都心線「明治神宮前」駅步行3分鐘。

全球最大旗艦店
Onitsuka Tiger

　　裏原店樓高兩層，乃全球最大旗艦店，有齊各式限定及跟其他品牌的罕有聯乘。焦點是2樓的日本限定系列「NIPPON MADE」，從上色、洗水加工，到塑形，全為日本職人以傳統技術手製，盡現日本工藝之高超。

MAP: P.178 C2

「NIPPON MADE」金色跑鞋，以柔軟的山羊皮製，鞋墊還印有「日本製」。￥22,000

內裝以日本為主題，大量運用竹木素材，同時有售香港店也沒有的飾品。

Easy wearing系列條紋sneaker，假日休閒必着。￥8,000

Info

地址：東京都渋谷区神宮前4-24-14
電話：03-3405-6671
營業時間：1100-2000
網址：www.onitsukatiger.com/ja-jp
前往方法：表參道Hills後面。

北歐人氣雜貨店
Flying Tiger Copenhagen

　　來自丹麥哥本哈根的超人氣生活雜貨店，供應超過1,500件商品，從文具、雜貨、廚具、擺設，到CD、玩具、小家品等一應俱全。北歐風設計鮮明活潑，色彩繽紛，看得人心情也開朗，難得平均￥100-500便有交易，選擇眾多，大可盡情掃貨。

MAP: P.179 D2

歐風尖頂帳幕。￥1,900

店內設有一間休息小木屋，擺滿枱椅、圖書和各式Board game任玩。

迷你版原木足球機只售￥2,000！

Info

地址：東京都渋谷区神宮前4-3-2
電話：03-6804-5723
營業時間：1100-2000
網址：www.flyingtiger.jp
前往方法：東京Metro千代田線「表參道」駅A2出口，徒步約2分鐘。

原宿時裝遊樂場
東急PLAZA（プラザ）

2012年開幕，由日本年輕建築師中村拓志設計，耗資6百億日圓打造。以「時裝遊樂場」為主題，連地庫樓高9層，27間店舖貴精不貴多，包括世界第一澳洲早餐店bills、Tokyu Hands副牌Hands be、TOMMY HILFIGER世界最大旗艦店等等。

MAP: P.178 B2

5樓有Tokyu Hands的副牌「hands be」，主攻女性市場，主打流行、美體、美容系列的產品。

入口處的不規則鏡面，有如萬花筒般將不同景觀反射過來。

Info
地址： 東京都渋谷区神宮前4 - 30 - 3
電話： 03 - 3497 - 0418
營業時間： 1100 - 2100
　　　　　（餐廳約0830 - 2300）
網址： http://omohara.tokyu - plaza.com
前往方法： 東京Metro「明治神宮前」駅5番
　　　　　　出口，徒步約2分鐘。

世界第一早餐
Bills

來自澳洲悉尼，原宿店每天都大排長龍。招牌Scrambled egg被《紐約時報》評為「世界第一早餐」，連萬人迷Leonardo都是粉絲。不過查實以Ricotta芝士及蛋白製成的Ricotta Hot cake，味道更一絕。

內裝刻意營造「家」的感覺，左邊還有個「書房」。

Scrambled Organic Eggs with Toast，以有機蛋加上鮮忌廉炒成，口感嫩滑輕盈，蛋味清幽。￥1,300

每日開店前，排隊人龍已長到6樓。

Ricotta Hot cakes，以Ricotta芝士和蛋白做的Hot cake，配蜂蜜牛油，鬆軟得如棉花糖般入口即溶。￥1,400

Info
地址： 東急PLAZA 7 / F
營業時間： 0830 - 2300
網址： http://bills - jp.net
消費： 約￥1,200 / 位起

安藤忠雄傑作
表参道Hills

由六本木Hill開發商，聯同建築師安藤忠雄，在「同潤會青山公寓」舊址上打造的地標式商場，2006年開幕時一度轟動國際。分為本館、西館及同潤館三棟，地上3層、地下3層，集合約100家本地及國際品牌名店。今年適逢十周年，有大量新店加入，包括MM6 Maison Martin旗艦店、三原康裕的唯一旗艦Maison MIHARA YASUHIRO等等。

MAP: P.178 C2 - C3

同潤會青山公寓，曾是昭和初期文化型城市生活的象徵，現在仍保留一棟。

安藤忠雄巧妙地將全長250公尺的斜坡地形，以漸次降低的建築樓層來調和。

Info
地址： 東京都渋谷区神宮前4 - 12 - 10
電話： 03 - 3497 - 0310
營業時間： 1100 - 2100
　　　　　（餐廳1100 - 2330）
網址： www.omotesandohills.com
前往方法： 東京Metro銀座線、千代田
　　　　　　線、半藏門線「表参道」駅
　　　　　　A2出口，徒步約2分鐘。

Laforet

原宿潮流指標
Laforet原宿（ラフォーレ）

1978年創立，從Laforet出道而走紅的日本時裝品牌多不勝數，一直是原宿的潮流指標。樓高13層，匯聚140個當紅的年輕品牌，包括gomme、Ne‐net、FRAPBIOS等等，還不時有潮牌POP UP Store和限定發售。每年都有新品牌加入，去年更有15間新店登場，包括Lady Gaga都有去的select shop「Scramble Market」、NIGO新店「STORE by NIGO®」等。 **MAP: P.178 B2**

Info
地址：東京都渋谷区神宮前1‐11‐6
電話：03‐3475‐0411
營業時間：1100‐2100
網址：www.laforet.ne.jp
前往方法：東京Metro「明治神宮前」駅5番出口，徒步1分鐘。

Tips
超過一半商戶提供免稅，2樓提供免費Wi‐Fi及手機充電設施。

開業30多年，地位崇高，經過多次翻新，每次都有新品牌加入。

NIGO回歸新店
STORE by NIGO®

NIGO離開BAPE兩年後開設的新店，專售他跟其他品牌的聯乘，像adidas Originals by NIGO、與西山徹合作的 DOUBTFUL AS DOUBLE等。也有HUMAN MADE、BILLIE IDLE 等知名街牌。

店面設計大玩唐人街雜貨店，主打Tee和飾物小配件。DOUBTFUL AS DOUBLE Tee ¥6,500

Info
地址：Laforet原宿1‐2/F
網址：https://storebynigo.amebaownd.com

¥7,560和服體驗
Tokyo Kawaii Musée

由設計師YAMAMOTO YUMI開設的潮流和服店，更提供¥7,560的和服體驗，有專人教授穿着，最重要是全套浴衣可以「帶回家」！

和服體驗收費¥7,560，包浴衣連腰帶，事後更可帶回家紀念。

浴衣款式繽紛，最平低至¥3,500起。

Info
地址：Laforet原宿B0.5/F
收費：キモノ体験¥7,560
網址：
www.facebook.com/TokyoKawaiiMusee

年輕副牌
Vivienne Westwood ANGLOMANIA

Westwood以丈夫的名字Andreas Kronthaler推出的年輕副牌，以「英雄專屬」為標籤，主打MacAndreas格紋，設計較花俏，價格亦較親民。

ANGLOMANIA繼承了VW早期的叛逆設計，更受日本潮人追捧。

Info
地址：Laforet原宿1/F
網址：www.viviennewestwood‐tokyo.com

潮服網店
USAGI ONLINE STORE

人氣服飾網購的實體店，代理品牌包括emmi、gelato pique、Lily Brown、FRAY I.D等近30個。還有設計girly的自家女裝品牌USAGI Item、USAGI Vintage。

官網設有熱賣榜和店長穿搭示範。

心心短袖恤衫。￥6,000

Info
地址：Laforet原宿1.5 / F
網址：http://usagi-online.com

人氣浮誇街牌
GR8

聚集當下日本最人氣的高級街頭品牌，主打原宿系Hip Hop，亦不乏小眾卻設計獨特的新牌，如RICK OWENS、OFF-WHITE、GEO，華麗、浮誇與優雅共冶一爐。

店內特設iPhone CSE專櫃，主打潮牌推出的限定款式。

真皮biker jacket。￥356,400

Info
地址：Laforet原宿2.5 / F
網址：http://gr8.jp

人氣薯條專門店
AND THE FRIET

翻新後，2樓增設SOFTREE等多家小吃和Cafe，當中最人氣首推薯條專門店AND THE FRIET。依季節時令供應6-8款炸薯，還有9款蘸醬可選，都是現點現炸。

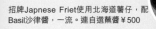

招牌Japnese Friet使用北海道薯仔，配Basil沙律醬，一流。連自選蘸醬￥500

Info
地址：Laforet原宿2 / F
網址：http://andthefriet.com

請勿拍照
Lolita服裝區

地庫最底層集合10多個Lolita服裝品牌，包括ALICE and the PIRATES、ATELIER PIERROT、Ozz Croce、Metamorphose等等，還有90年代紅極一時的少女品牌SUPER LOVERS，以及雜貨飾品店SWIMMER，謹記此層嚴禁拍照。

Angelic Pretty，專售童話繪本中的女生服飾。

Info
地址：Laforet原宿B1.5 / F

時尚名牌漩渦
GYRE

名字解作：漩渦，連樓層也一如其名，旋轉交錯堆疊。地庫樓高5層，主打型格設計的時尚品牌，包括3家COMME des GARCONS、Maison Margiela、visvim等等，還有紐約現代美術館首家海外分店「MoMA Design Store」。

MAP: P.178 B2

Info
地址：東京都渋谷区神宮前5 - 10 - 1
電話：03 - 3498 - 6990
營業時間：1100 - 2000
（餐廳1130 - 0000）
網址：http://gyre - omotesando.com
前往方法：東京Metro千代田線、副都心線「明治神宮前」駅4或7番出口，Dior旁邊。

紐約現代美術館分店
MoMA Design Store

紐約現代美術館首家海外分店，精選2,000件世界各地著名藝術家的商品，包括Andy Warhol、草間彌生、奈良美智等一眾響噹噹的名字，還有自家原創與日本設計精品。

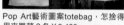

Pop Art藝術圖案totebag，怎捨得用來買菜？各￥3,400

Andy Warhol「哲學」鉛筆，型！￥1,166

MoMA自家記事簿，連拉鏈袋膠套。￥840

佔地近4,700平方呎，2000件精品包括家品雜貨、文具、餐具與服飾。

Info
地址：GYRE 3 / F
網址：www.momastore.jp

3店全集合
COMME des GARCONS

川久保玲COMMME des GARCONS於GYRE一共有3店之多，包括全日本唯一概念店「TRADING MUSEUM COMME des GARCONS」、主打設計雜貨的「GOOD DESIGN SHOP COMME des GARÇONS」，以及「PLAY」專門店。

Info
地址：GYRE 2 / F & 1 / F
網址：www.comme - des - garcons.com

法國解構王
Maison Margiela

沒有了主帥Martin Margiela的解構主義品牌，現在已變成法國品牌。一室素白的GYRE店，店面與設計依舊低調神秘。

Info
地址：GYRE 2 / F
網址：www.maisonmargiela.com

免税潮鞋店
KICKS LAB.
MAP: P.178 B2

2009年開業的原宿著名波鞋店，樓高兩層，款式齊備，尤以多日本限定和潮牌聯乘版見稱，價錢未必最便宜，但一定有貨，最重要是可以退稅。近年更跟PUMA、ASICS等廠牌推出獨家限定版。

店內密密麻麻的波鞋牆，尤其壯觀。

Info
地址：東京都渋谷区神宮前4 - 32 - 5
　　　 HTS Bldg 1 - 2 / F
電話：03 - 6459 - 2124
營業時間：1200 - 2000
網址：http://store.kickslab.com
前往方法：Supreme 附近。

全新旗艦店
BAPE STORE®
MAP: P.178 C2

自從被香港I.T收購後，很多潮人已不當它為「日本品牌」，但無可否認，BAPE的確是裏原宿最具代表性品牌。位於表參道Hills後面的新店樓高3層，男女童裝俱備。

Aape和Bape的分別？
全名為A Bating Ape in Lukewarm Water，源自美國電影《猿人襲地球》，由長尾智明（NIGO）於1993年創辦。2011年被香港I.T收購。I.T翌年再打造年輕廉價支線Aape，其裏原宿專門店位置就在BAPE Store舊址。

提提你

Info
地址：東京都渋谷区神宮前4 - 21 - 5
電話：03 - 5474 - 0204
營業時間：1100 - 2000
網址：https://bape.com
前往方法：表參道Hills後面。

原宿休閒食廈
Q Plaza
MAP: P.178 B1

東急不動產2015年打造，連地庫樓高12層，由代官山「蔦屋書店」的建築師Klein Dytham設計，禪得來有型。集合16家以餐飲為主的話題商戶，包括美國鬆餅老店「The Original Pancake House」。不過真正焦點是Urban Research新牌「SENSE OF PLACE」的旗艦店。

Info
地址：東京都渋谷区神宮前6 - 28 - 6
營業時間：1100 - 2000
　　　　　（餐廳約1130 - 2300）
網址：www.q - plaza.jp/harajuku
前往方法：東京Metro千代田線、副都心線「明治神宮前」駅7番出口，徒步約1分鐘。

191

國民筆記本campus
THINK OF THINGS

`MAP: P.178 B1`

樓高3層，1樓店面附設Cafe和展覽場地。

店後還有個綠意小庭園，自成一國環境寧靜，儼如城市綠洲。

日本百年文具品牌「KOKUYO」的首家實體店。1905年創業，以紙製品起家，日本國民筆記本campus正出自KOKUYO。三層概念店，1樓店面工業風裝潢，附設與三軒茶屋著名的OBSCURA COFFEE ROASTERS共同打造的Cafe；2、3樓分別為多功能展廳和辦公室。

Cafe有售日本小學「給食」的麵包三明治。牛奶忌廉包￥250。

THINK OF THINGS的原創筆記本，使用製作辭典的紙張，輕薄具彈性卻不易破損。￥410

Info
地址：東京都渋谷区千駄ケ谷3 - 62 - 1
營業時間：1000 - 2000
休息：每月第2及4個周三
網址：http://think-of-things.com
前往方法：JR「原宿」駅竹下口徒步3分鐘。

「愛麗絲」專門店
水曜日のアリス
（Alice on Wednesday）

《愛麗絲夢遊仙境》主題雜貨店，幕後搞手是著名的少女風雜貨店「COUCOU」。原宿店樓高3層，提供超過2,000款飾品，不乏撲克牌、女皇、禮服兔等元素。內裝猶如主題樂園般夢幻又華麗，一開幕即成架妹IG打卡勝地，誇張到要拿「整理券」分時段進場。

`MAP: P.178 B2`

名為「Drink Me」的汽水，顏色美極。各￥300

2樓「紅心皇后的房間」裝潢華麗，主打飾物，紅心皇后寶座更是拍照熱點。

外觀跟足原著設有4個門口，記得從最小的一道門進入。

每層各有主題，3樓是「帽子店工作室」，主打袋、手機殼跟明信片。

Info
地址：東京都渋谷区神宮前6 - 28 - 3カノンビル
電話：03 - 6427 - 9868
營業時間：1100 - 2000
網址：www.aliceonwednesday.jp
前往方法：東京Metro千代田線、副都心線「明治神宮前」駅7番出口，徒步1分鐘。

歐式雜貨店
AWESOME STORE

2014年於原宿創立的人氣雜貨店，歐式復古風格設計，2,500款商品從居家雜貨、文具、廚具，到個人護理、Party用品俱備，大部分商品定價￥200 - 400。表參道旗艦店佔地兩層，還有許多原宿限定食品。

`MAP: P.178 C3`

原創角色Kuloe貓，找來曾任濱崎步美指的原神一共同開發。毛公仔￥390

藥用入浴劑，包裝懷舊又實用，送禮一流。￥120 / 包

旗艦店藏身表參道旁小巷，佔地兩層，提供超過2,500款商品。

Info
地址：東京都神宮前5 - 8 - 7 IIDAビル1 - B1 / F
電話：03 - 6450 - 6021
營業時間：1100 - 2000
網址：www.awesomestore.net
前往方法：東京Metro「表參道」駅A1出口，徒步3分鐘。

2層旗艦巨店
niko and ... TOKYO

MAP: P.178 B3

跟HARE、LOWRYS FARM等潮牌同屬日本Adastria旗下，由「通販」（郵購）起家，以「Cool and Slow Life」為主題，設計走「森林系」休閒路線，日本雜誌如《GINZA》、《LEE》等也經常介紹，深受日本OL寵愛。2014年開設的原宿旗艦店，更附設Cafe和餐廳。

入口旁邊是咖啡店niko and ... COFFEE，有售自家咖啡豆和各式咖啡杯。

2/F為家具雜貨和美國有機菜葉餐廳navarre。「吊床」椅各￥11,000

1/F男女裝俱備，門口的主題展區每兩個月更換一次，常有跟其他品牌的聯乘。長裙￥6,600

Info
地址：東京都渋谷区神宮前6 - 12 - 20
電話：03 - 5778 - 3304
營業時間：1100 - 2200
網址：http://tokyo.nikoand.jp
前往方法：東京Metro千代田線、副都心線「明治神宮前」駅7番出口，步行3分鐘。

幸福の鬆餅
幸せのパンケーキ

MAP: P.179 D2

同樣大阪起家，跟gram齊名的人氣鬆餅店。現點現做，需等待約20分鐘，使用日本國產小麥、奈良田中牧場的有機雞蛋，加上北海道熟成牛油來煎，吃時再淋上世界第一的紐西蘭Manuka蜂蜜。味道比gram多了蛋香，曾奪日本食評網Tabelog的甜點第一名！

招牌「幸せのパンケーキ」（幸福鬆餅），質感輕柔蓬鬆，蛋味濃郁，口感比gram紮實，且濕潤綿密。￥1,100

濃厚チーズムースパンケーキベリーソースがけ（芝士慕斯配紅莓醬）。￥1,280

內裝綠意盎然，取名「幸せ」，是希望吃後能有幸福感覺。

位於地庫的表參道店，仍東京最大分店，提供75個座席。

Info
地址：東京都渋谷区神宮前4 - 9 - 3 清原ビルB1F
電話：03 - 3746 - 8888
營業時間：0930 - 1930
　　　　　（周六、日及假期0900 - 1930）
網址：http://magia.tokyo
前往方法：東京Metro「表参道」駅A2出口，徒步3分鐘。

手工焦糖軟糖
NUMBER SUGAR

MAP: P.178 B3

12粒盒裝Classic Caremel，集齊10款口味（另加2粒隨機之選），乃送禮首選。￥1,188

由前原夫婦於2014年創立的手工焦糖軟糖店，強調無添加、無色素、無香料、無防腐劑，每粒都是職人一粒一粒「丁寧」製作。每日限量生產杏仁、鹽、橙皮等10款口味，不時有季節限定登場，味道香濃，已成隱藏版的東京手信。只此一店。來晚了，分分鐘賣完。

10款口味各以號碼命名，「人氣一番」是No.2的salt，經常售罄！

除了焦糖軟糖，店內也有售各式牛奶抹醬。各￥400

附設Cafe和工房，必喝夏季限定的Caramel smoothie。

Info
地址：東京都渋谷区神宮前5 - 11 - 11
電話：03 - 6427 - 3334
營業時間：1100 - 2000
網址：www.facebook.com/NUMBERSUGAR
前往方法：KIDDY LAND旁邊小路直走約4分鐘。

新宿

渋谷

池袋

青山

日本獨家LANVIN副牌
LANVIN en Bleu MAP: P.178 B2

入門Tee約￥13,000。

法國知名時裝品牌「LANVIN」，專為日本打造的副牌，沿用LANVIN的剪裁與用色，但Chic & Style的設計更年輕易襯，最重要是價格更相宜。原宿旗艦店樓高兩層，男女裝各佔一半，服飾、袋、鞋履齊備。

Info
地址：渋谷区神宮6 - 1 - 3
電話：03 - 3486 - 5858
營業時間：1100 - 2000
網址：www.lanvin - en - bleu.com
前往方法：KIDDY LAND旁邊的小路上。

Yamagirl必掃山系
CHUMS旗艦店

美國戶外品牌，由運動用眼鏡繩起家，向以色彩繽紛見稱，深得日本山系潮人熱捧。原宿旗艦店面積極廣，男女服飾與戶外用品齊備，不乏日本限定版，當然最重要是售價比香港便宜。　MAP: P.178 C3

男裝Denim外套￥12,900

Info
地址：東京都渋谷区神宮前 5 - 2 - 21
電話：03 - 6418 - 4834
營業時間：1100 - 2000
網址：www.chums.jp
前往方法：東京Metro千代田線「表參道」駅A1出口，徒步約3分鐘。

甜美飾品王
Q - pot本店 /
Q - pot CAFE

由日本人氣男模若松忠明，於2002創立的飾物品牌，朱古力、蛋糕、餅乾等一系列迷你版甜點的造型，吸引萬千少女。原宿本店連地庫樓高4層，裝潢猶如甜品世界，斜對面還有自家Cafe。　MAP: P.178 C3

Info
地址：本店 東京都港区北青山3 - 7 - 11
　　　Café 東京都港区北青山3 - 10 - 2
電話：03 - 5467 - 5470
營業時間：1200 - 2000（Cafe1130 - 1930）
網址：www.q - pot.jp
前往方法：東京Metro銀座線、千代田線、半蔵門線「表參道」駅A1出口，徒步約2分鐘。

日本限定男裝
Vivienne Westwood Men

Vivienne Westwood對日本特別偏心，不止Latoret的「ANGLOMANIA」，原宿還有日本限定的男裝副線，大玩Punk文化，也不失英式紳士的優雅。

MAP: P.178 C3

Info
地址：東京都港区北青山3 - 8 - 17 LA CHIARA表参道1 / F
電話：03 - 3486 - 3498
營業時間：1100 - 2000
網址：
www.viviennewestwood - tokyo.com
前往方法：東京Metro銀座線、千代田線、半蔵門線「表參道」駅A1出口，徒步約2分鐘。

東京版旺角
竹下通

原宿區內最具代表性街道，從竹下口一直延伸到與明治通，約400公尺長的行人專用街，兩旁開滿流行服飾、雜貨和小吃店。街上不時看到聯群結隊的年輕人，以Cosplay、Lolita、萌系打扮出發。從早到晚人頭湧湧，熱鬧過新年行花市！

MAP: P.179 D1；E1；F1

昔日竹下通有很多日本偶像精品店，現在已所餘無幾。

逼得水洩不通乃竹下通的日常風景。

竹下通入口的招牌，已換上電子顯示板。

Info
地址：東京都渋谷区神宮前
前往方法：JR山手線「原宿」駅竹下口直達。

少女主題商場
MAP: P.179 E1
SoLaDo

2008年開幕的主題商場，以「充滿明光的空間」為概念設計，集合近20個少女品牌服飾雜貨和餐飲，包括空姐主題服飾店「PINK - latte HARAJUKU」、2樓的大型Food Court，3樓還有甜點放題Sweet Paradise。

1樓入口處有空姐主題服飾店「PINK - latte HARAJUKU」，中央那巨型飛機模型極其搶眼。

Info
地址：東京都渋谷区神宮前1‐8‐2
電話：03‐6440‐0568
營業時間：1020‐2030
　　　　　（周六、日1030‐2100）
網址：www.solado.jp
前往方法：竹下通、明治通交界附近。

￥315飾物
MAP: P.179 D1
PARIS KID'S 本店

竹下通開業30年的飾物店，任何時間都人頭湧湧，店內超過3,000件飾物，一律只售￥315，還要已連稅。由頭飾、耳環、頸鏈，到近期大熱的Choker俱備，《Popteen》、《nicola》等日本潮流雜誌也常介紹。

日本潮流雜誌《nicola》熱捧的Choker頸鏈。各￥315

頭飾、髮夾更加抵買，很多OL一掃就10多個。各￥315

耳環選擇最多，不同風格俱備。煎蛋耳環各￥315

Info
地址：東京都渋谷区神宮前1‐19‐8
電話：03‐3423‐3251
營業時間：平日1000‐1930；周六1000‐
　　　　　2000；周日0900‐2000
網址：www.pariskids.jp
前往方法：JR「原宿」駅竹下口附近。

CUTE CUBE

竹下通Kawaii基地
CUTE CUBE HARAJUKU

入口有原宿可愛教父「增田セバスチャン」，創作的七彩雕塑。

　　2013年開幕的小巧商場，以少女至愛的粉紅為主色，連地庫樓高4層，精選11家最能詮釋原宿Kawaii文化的商戶，包括夢幻糖果店CANDY A．GO．GO、布甸狗主題餐廳Pom Pom Purin Cafe、人氣泡芙ZakuZaku新店、關東首家Monki等等。

MAP: P.179 E1·F1

—Info—
地址：東京都渋谷区神宮前1 - 7 - 1
營業時間：B1 - 2 / F 1000 - 2000；
3 / F 1100 - 2100
網址：http://cutecubeharajuku.com
前往方法：JR山手線「原宿」駅竹下口，徒步約4分鐘。

日版夾糖店
CANDY A·GO·GO

　　日本著名糖果店，主打自選軟糖櫃，但並非香港屋頓商場十元八塊的夾糖可比，超過100款選擇，全是搜羅自世界各地的高級糖果，全都彩色繽紛，任何女生都大叫Kawaii！

自選軟糖以重量收費￥500 / 100g。

美國品牌桶裝棉花糖。各￥600

—Info—
地址：CUTE CUBE HARAJUKU 1 / F
網址：www.candyagogo.com

京都古着旗艦
spinns (スピンズ)

　　源自京都，跟WEGO齊名的潮流古着雜貨店，位於CUTE CUBE 2樓的為全國最大旗艦店。以「Attitude make style！」為忠旨，主打街頭風格，男女裝、衫褲鞋履飾品齊集，新貨與古着俱備，最重要是價格便宜又時尚。

自家男裝品牌FUVA ANARCHY，甚有潮牌影子。￥2,999

店內特設一條女生飾品隧道。

HARIBO熊仔軟糖人字拖鞋。各￥1,800

正版卡通人物圖案古着Tee。￥3,238起

—Info—
地址：CUTE CUBE HARAJUKU 2 / F
網址：www.spinns.jp

￥390古着雜貨
Thank You Mart

　　因為日文Thank You的發音跟「3」和「9」相似而得名。全場貨品一律￥390，服飾、波鞋、玩具雜貨一應俱全，有古着有新貨，也有獨家限定聯乘，絕大部分都物超所值，《Cutie》、《ViVi》等日本雜誌也常有介紹。

MAP: P.179 F1

Thank You Mart在竹下通有兩家，位於地庫的這間面積最大最好逛。

原宿限定Fantasy PRINCESS Tee。￥2,900

正版Simpsons iPhone 6 / 6S case。各￥390

變裝用的假髮、面具也是熱賣商品。各￥390

Info
地址：東京都渋谷区神宮前1-16-4 原宿ALTA B1/F
營業時間：1100-2030
網址：https://www.390yen.jp/
前往方法：JR「原宿駅」竹下口步行2分鐘。

首間《美少女戰士》專門店
Sailor Moon Store

　　適逢《美少女戰士》25周年紀念，繼Cafe後有全球首間專門店，選址原宿Laforet，分為精品及服裝兩部分，由服飾、雜貨，到化妝品、包包、文具等俱備。除了公式店限定商品，更有不少先行發售，包括跟Samantha Vega聯乘的露娜手挽袋等等。

MAP: P.178 B2

Face Powder ￥4,860

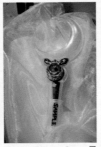
Sailor Moon Store限定，月野兔Moon Stick。￥3,218

全店粉紅色裝潢，面積不大，但全球《美少女》粉絲都聚首一堂。

變身器紙膠帶Cutter。￥1,404

Info
地址：東京都渋谷区神宮前1 - 11 - 6 Laforet原宿B0.5 / F
營業時間：1100 - 2100
網址：http://sailormoon-official.com
前往方法：東京Metro「明治神宮前」駅5番出口，徒歩1分鐘。

WEGO首家雜貨店
WEGO 1.3.5...

　　著名廉價潮流古着店WEGO，首家生活雜貨專門店，從文具、生活雜貨、耳環髮飾，到美妝都應有盡有，全都色彩繽紛，Kawaii爆燈。大部分貨品均以￥100、￥300和500三款定價，當手信也不錯。

MAP: P.179 F1

CONVERSE布袋，店內人氣No.1。￥1,900

雜貨類都以女生最愛的粉紅、紫色為主調，連裝潢也Kawaii過人。

各式螢光色系化妝袋。各￥300

新店面積偌大，其中一隅還有服裝區和化妝品。

Info
地址：東京都渋谷区神宮前1 - 5 - 10 神宮前タワービルテイング 1 / F
電話：03 - 6432 - 9301
營業時間：1000 - 2100
網址：www.wego.jp
前往方法：JR「原宿」駅竹下口下車，徒歩約8分鐘。

50年炸豬扒

MAP: P.179 D2

まい泉 青山本店

昭和40年（1965年）創業的炸豬扒名店，選用最高級的鹿兒島「純粹六白沖田黑豚」，由熟練的職人逐塊斷筋、叩打，撲上自家調配的麵衣鮮炸，最後蘸上秘製醬汁，號稱「用筷子就能輕易剪斷的軟嫩肉質」，入口外酥內嫩，且毫不油膩。

青山本店前身為傳統「錢湯」（澡堂）。

醬汁除了甘口（甜）和辛口（辣），還有黑豚專用醬汁。

黑豚ロースかつ膳，麵衣入口喀滋喀滋，黑豚里脊肉肉質嫩滑，肉汁充沛，沒一絲油膩感，讓人一口接一口猛吃。連湯、飯和甜點￥3,100

Info

地址：東京都渋谷区神宮前4-8-5
電話：0120-428-485
營業時間：1100-2245（L.O. 22:00）
網址：http://mai-sen.com
前往方法：東京Metro銀座線、千代田線、半蔵門線「表参道」駅A2出口，徒步約3分鐘。

夏威夷忌廉山鬆餅

Eggs'n Things

1974年於夏威夷創立的人氣pancake店，2010年在原宿表參道開店後即風靡全日本，幾乎天天都大排長龍！人氣No.1的忌廉山鬆餅「Whip Cream w/Nuts Pancake」，鬆餅面的鮮忌廉足足10cm高，卻口感輕盈而不油膩，保證一吃愛上！除了各式Pancake，還有奄列、牛扒、All Day Breakfast供應。

MAP: P.178 B2

Strawberry Whip Cream w/Nuts Pancake，軟綿的Pancake富麵粉香，忌廉滑順輕盈，夏威夷果仁更添層次。￥1,150

Eggs Benedict，半熟的蛋汁跟清爽的荷蘭醬Hollandaise Sauce配合得天衣無縫。￥1,2150

餐枱上有3款醬汁給你蘸Pancake吃，左起楓糖、椰奶和草莓，各有特色。

Info

地址：東京都渋谷区神宮前4-30-2
電話：03-5775-5735
營業時間：平日0900-2230；
　　　　　　周六、日及假期0800-2230
休息：不定休
網址：www.eggsnthingsjapan.com
前往方法：東京Metro千代田線、副都心線「明治神宮前」駅5番出口，徒步約2分鐘。

潮人紅豆包

TORAYA CAFÉ·AN STAND 北青山店

500年和菓子老舖「虎屋菓寮」的創新品牌咖啡店，專售以虎屋著名「紅豆餡」為主題創作的甜品和健康餐點。2017年10月開幕的北青山店，樓高兩層，裝潢簡約時尚，一開幕即成潮人熱話，必吃北青山店限定的紅豆包，以及紅豆咖啡牛奶等等。

MAP: P.178 C3

あんパン（紅豆包￥422），用蒸的紅豆包麵糰有嚼勁，配上飽滿且甜而不膩的紅豆餡，很特別；ストカフエオレ（紅豆咖啡牛奶￥702）漸層造型，用紅豆餡代糖調味，味道更佳。

北青山店座落表參道南，位置寧靜隱蔽。

紅豆包吃時先扮開兩半，入口更方便。

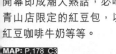

純白裝潢風格清新，1樓的老虎馬賽克磁磚，由資生堂平面設計師、《花椿》藝術總監仲條正義創作。

店內有售虎屋紅豆蓉醬（￥648），以及草莓醬（￥1,080）等伴手禮。

Info

地址：東京都港区北青山3-12-16
電話：03-6450-6720
營業時間：1100-1900
休息：逢周三
網址：www.toraya-group.co.jp/toraya-cafe
前往方法：東京Metro「表参道」駅B3出口，徒步約3分鐘。

隱世花園中的家常菜

粹場（IKI-BA）

繁囂的原宿，竟藏着一個秘密花園。老闆黑﨑輝男，乃家具名店「IDEE」的創始人。餐廳樓高兩層，日文店名解作：自立、自律，希望提供自由的飲食空間。1樓是開放式廚房；2樓為圖書館一樣的用餐區。看似平凡的道地家常菜，其實殊不簡單，選用日本各地的時令食材，像米飯便是新潟農園出產，充滿驚喜。

MAP: P.178 C1

IKI-BA おにぎり定食，新潟米口感軟糯充滿飯香，配以時令醃菜、味噌、三文魚等，都超級下飯，連湯和關東煮，推介！￥800

1樓為開放式廚房，手起刀落的大廚是位美女，旁邊還有酒吧和煙草吧。

2樓名為Library，放滿新舊經典Designer chair，還有介紹日本文化的書籍。

Tips

店內採用購票機下單。

おすすめ，即廚師推薦，當天是「魚の酢漬け」，3款製法的酢漬沙丁魚，味道有層次，佐酒一流。
￥600

花園佈置充滿東南亞度假氣氛，中央的老樹於都市開發時一度慘被砍伐，現在已再次長出嫩芽。

Info

地址：東京都渋谷区神宮前3-21-17
電話：03-6447-2457
營業時間：1130-2300
休息：逢周一
網址：http://iki-ba.jp
前往方法：STAYREAL東京店小巷直入。

「裏参道GARDEN」由一棟建於昭和27年，超過60年歷史的古民家改建，藏身潮流聖地表參道以北的巷弄中，隱蔽而寧靜。

穿過小巧木門，即見雅致的石庭園，秋季坐在庭中會有黃葉飄落，意境更浪漫。

大和飲食古宅
裏参道GARDEN

2016年開幕，將一棟建於昭和27年（1952年）的古民家，改造而成的日本文化飲食花園。藏身表參道以北的寧靜巷弄中，以「體驗日本文化」為概念，樓高兩層木建築，內裏像古典版的Food court，集合8家特色餐飲小攤，主打日本茶道、日本酒、日本甘味（甜點）、日本咖啡，以至日本薰香文化，焦點包括憑一道「天使の淚」而爆紅的「甘味Club」、京都綠茶名店「宇治園」等等。附設庭園美景，讓旅客盡情體驗大和「食」之藝術。**MAP：P.178 C2**

1樓有5家餐飲小攤，客人可坐在各攤的吧台中，也可坐在中央的common table，嚐遍各家。

天使的淚，即是水信玄餅，用海藻造成水晶球一樣的透明狀，本身無味，吃時要拌黑蜜和黃豆粉，乃IG人氣甜點。￥700

みたらし団子，食客自己動手烤糯子，還可從11款創新蘸醬中選3款，必揀七味、山椒和柚子，烤至微焦，入口軟糯煙韌。￥700

「甘味Club」主打刨冰、紅豆湯等和式甜點，開店時憑一道「天使の淚」而爆紅。（營業時間1200-1800）

甜點可選附送飲料的套餐，收費￥1,000，筆者選的是熱黑豆茶，跟日式甜點最夾。

Info

地址：東京都渋谷区神宮前4-15-6
營業時間：（營業時間各異）約1100-2330
休息：（大部分店家）逢周一
網址：www.urasando-garden.jp
前往方法：東京Metro銀座線、千代田線、半藏門線「表参道」駅A2出口，徒步約7分鐘。

柚子拉麵王
AFURI MAP: P.178 B1

惠比壽起家的拉麵名店，招牌柚子拉麵，湯頭以雞骨、昆布和魚介熬成，特別加入柚子露，清新的酸味可中和油膩感，配搭其厚切叉燒，更是一絕。不但東京女生熱捧，連人氣偶像組合V6都有在其電視節目大力推介。

吧台呈「ㄈ」字形，不同季節還有限定口味推出。

炙りコロチャーシュー，經炭火烤過的厚切叉燒，香氣撲鼻，入口更膄潤甘香。￥280

柚子塩ラーメン，柚子湯頭味道清爽消暑，幼身直麵爽滑彈牙，令人愈吃愈開胃。￥980

---Info---
地址：東京都渋谷区千駄ケ谷3 - 63 - 1 グランテフォレスタ1/F
電話：03 - 6438 - 1910
營業時間：1030 - 0300
網址：http://afuri.com
前往方法：JR山手線「原宿」駅竹下口，徒步約3分鐘。

烤牛肉山飯
Red Rock

源自神戶的排隊店，招牌烤牛肉丼（大），以足料抵食見稱。層層堆疊的嫩滑炙烤牛肉足足15cm高，配特製蛋黃醬和生雞蛋黃同吃，口感更軟臉多汁，即使排隊1、2小時也值回票價 MAP: P.178 C1

店內設有48席，女生食客尤其多，甚至有不乏單身一人前來。

原宿店位於地庫，要先購票再排隊，進店前店員會先下單。

ローストビーフ丼（並），微微炙烤過的牛肉肉質粉嫩鮮甜，趁熱拌勻蛋黃醬和生雞蛋，味道酸酸又清爽，那黑椒更添風味。並￥880、大￥1,500

---Info---
地址：東京都渋谷区神宮前3 - 25 - 12 フジビル B1 / F
電話：03 - 6721 - 1729（no預約）
營業時間：1130 - 2200
網址：www.redrock - kobebeef.com
前往方法：原宿警察署斜對面。

米芝蓮1星蕎麥麵
玉笑 MAP: P.178 B3

隱身原宿往渋谷之間的住宅區，卻是東京《米芝蓮》的1星推介，名流食客絡繹不絕。選用店主浦川雅弘栃木縣家鄉、自家種植的常陸秋蕎麥，再以石臼研磨成粉，並親自人手打麵，入口有濃郁的蕎麥香。另供應各式日本酒，其餘酒餚小菜也同樣出色。

由住宅改建，只有14個座位，更沒有醒目的招牌。

とうふ，自家做的湯葉（腐皮）和豆腐都軟嫩非常，上面的青豆蓉更添豆香。￥700

粗挽きせいろ，看得見粒粒蕎麥的麵條，口感清爽彈牙，散發陣陣蕎麥香。￥1,000

---Info---
地址：東京都渋谷区神宮前5 - 23 - 3
電話：03 - 5485 - 0025
營業時間：平日1130 - 1530、1830 - 2130；周六1130 - 2000；周日1130 - 1700
休息：逢周一
前往方法：隱田神社附近。

街舞發源地
代々木公園

原為日本陸軍的練兵場，二戰後變成駐日美軍宿舍「Washington Heights」，及後成為1964年「東京奧運」的選手村，直至1967年始建成公園。佔地廣達54萬平方米，園內高樹參天、一片鬱蔥，不時看到日本人來散步、溜狗或野餐，非常熱鬧。每逢周末還有市集和活動舉行，聚集各式街頭藝人表演。自80年代起，還有一群梳着「飛機頭」的Rockabilly迷大跳搖滾舞，已成代々木Icon。

MAP: P.178 A2

園內高樹參天，東京人最愛周末來野餐，春秋二季還可以賞櫻賞楓。

昔日的「飛機頭」早已變成大叔，一度傳出後繼無人，幸好最近終有年輕人加入。

公園內外都有小吃攤，以及街頭藝人表演。

Info
地址：渋谷区代々木神園町神南二丁目
電話：03 - 3469 - 6081
開放時間：24小時
網址：www.tokyo - park.or.jp
前往方法：
JR山手線「原宿」駅表參道口，徒步3分鐘；東京Metro千代田線「代々木公園」(C02) 駅，徒步約3分鐘。

明治神宮外苑，由青山通至聖德紀念繪畫館間300米長的大道，乃東京著名的銀杏大道。

「初詣」聖地
明治神宮

明治神宮御苑的「菖蒲田」，種有150種類、1,500株花菖蒲，每年6月梅雨季盛放。

每逢假日，常見穿着傳統「白無垢」和服的新人，舉行傳統神道教婚禮。

12公尺高的「大鳥居」，由樹齡1,500年的扁柏所造，是日本最大的木鳥居。

1920年落成，為供奉明治大皇與昭憲皇太后的神社。位處東京市中心，僅鄰代々木公園，佔地70公頃，興建時便從全國各地，以至當時被日本殖民統治下的朝鮮和台灣，運來12萬株樹木。園內景點包括明治神宮御苑、大鳥居、菖蒲田等。每年除夕，日本人都會湧來「初詣」（第一次參拜），假日也常見新人舉行傳統神道教婚禮。

MAP: P.178 A1

Info
地址：東京都渋谷区代々木神園町1 - 1
電話：03 - 3379 - 5511
開放時間：0900 - 0430（日落）
網址：www.meijijingu.or.jp
前往方法：
JR山手線「原宿」駅表參道口，徒步約2分鐘；東京Metro千代田線、副都心線「明治神宮前」駅。

池袋吉祥物：貓頭鷹

池袋（いけぶくろ / Ikebukuro），簡稱為「ブクロ」（Bukuro），近似貓頭鷹的日文發音「Fukuro」，因而成為池袋地區的吉祥物。區內隨處可見貓頭鷹造型的雕塑、裝飾、壁畫，甚至店名。著名景點包括JR池袋站東口的貓頭鷹石像，以及貓頭鷹造型的池袋東口「交番」（派出所）。

提提你

次文化天堂

池袋

いけぶくろ / Ikebukuro

　　東京三大副都心之一，8線鐵路匯合的交通樞紐，街上人潮如鯽，大型百貨店、食店與風俗夜店林立，購物娛樂飲食不夜天，熱鬧程度跟新宿不遑多讓。走過一點的東池袋，還有「女版秋葉原」之稱的「乙女ロード」（乙女路），流行次文化大行其道，動漫相關或主攻女性消費的娛樂設施愈愈愈多，風頭直逼秋葉原！

🚌 交通　JR山手線、JR埼京線「池袋」駅；東京Metro副都心線、有樂町線、丸ノ內線「池袋」駅；東京Metro有樂町線「東池袋」駅；東武東上線、西武池袋線「池袋」駅。

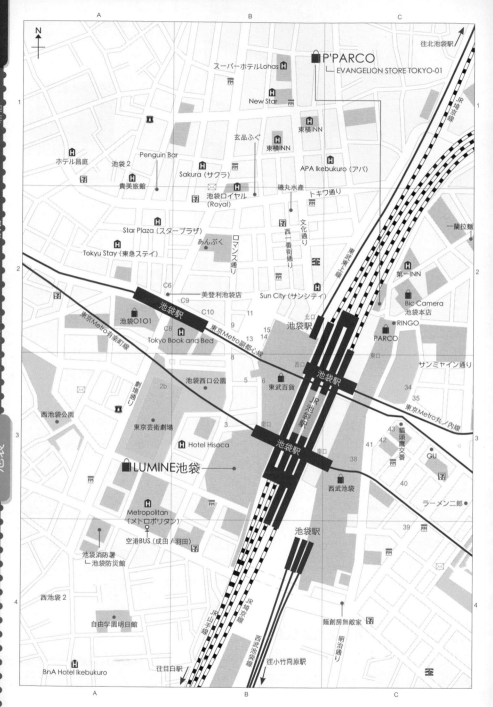

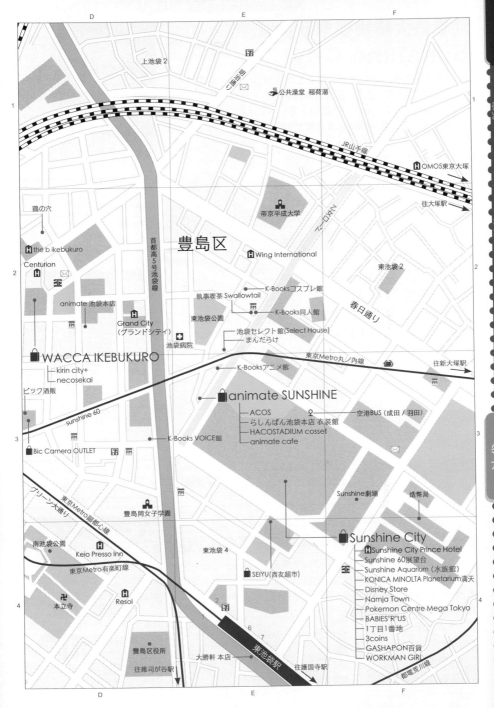

上池袋2

公共浴場 稲荷湯

JR山手線

OMO5東京大塚

往大塚駅

鶏の穴

帝京平成大学

豊島区

the b ikebukuro

Wing International

Centurion

東池袋2

animate 池袋本店

K-Booksコスプレ館

春日通り

執事喫茶 Swallowtail

Grand City
(グランドシティ)

K-Books同人館

東池袋公園

池袋病院

池袋セレクト館(Select House)

まんだらけ

WACCA IKEBUKURO

東京Metro丸ノ内線

往新大塚駅

- kirin city+
- necosekai

K-Booksアニメ館

ビック酒販

animate SUNSHINE

sunshine 60

空港BUS (成田 / 羽田)

- ACOS
- らしんばん池袋本店 衣装館
- HACOSTADIUM cosset
- animate cafe

K-Books VOICE館

Bic Camera OUTLET

Sunshine劇場

造幣局

グリーン大通り

東京Metro副都心線

豊島岡女子学園

Sunshine City

南池袋公園

Keio Presso Inn

H Sunshine City Prince Hotel
- Sunshine 60展望台

東京Metro有楽町線

東池袋4

- Sunshine Aquarium (水族館)
- KONICA MINOLTA Planetarium満天
- Disney Store

SEIYU (西友超市)

- Namja Town
- Pokemon Centre Mega Tokyo
- BABiES"R"US

本立寺

Resol

- 1丁目1番地
- 3coins
- GASHAPON百貨
- WORKMAN GIRL

豊島区役所

往雑司が谷駅

大勝軒 本店

東池袋駅

往護国寺駅

都電荒川線

池袋最大購物娛樂飲食城
Sunshine City

1978年落成，乃日本首座複合式商業設施，集合購物中心、水族館、主題樂園、酒店、辦公大樓等於一身。分為主樓Sunshine City 60、專門店街「alpa」、World import Mart Building，以及文化会館4棟，網羅超過200家品牌與近100家餐飲，焦點包括新開的體感展望台「Sky Circus Sunshine 60」、動漫主題樂園「J - WORLD」、室內遊樂園「Namja Town」、屋上水族館、天幕星空影院「滿天」等等，足夠玩足足一整天！

`MAP: P.205 E3；F3`

專門店街「alpa」2樓，有著名生活雜貨店「LoFt」。

購物商場分為「alpa」、「ALTA」和文化会館3部分，通道四通八達，很容易迷路。

Info
地址：東京都豊島区東池袋1 - 1 - 1
電話：03 - 3989 - 3331
營業時間：1000 - 2000
網址：www.sunshinecity.co.jp
前往方法：東京Metro「東池袋」駅6、7番出口，徒步約3分鐘；JR「池袋」駅東口，徒步約8分鐘。

BB反斗城
BABiES "R" US

Tips
注意，原位於「錦糸町」的BABiES "R" US已結業。

玩具反斗城的「BB版」，乃不少香港潮媽的重要入貨點。東京都內一共有6家BABiES "R" US，都位於遍遠地區，池袋店乃唯一市中心分店，嬰幼兒用品、童裝、日本奶粉、玩具等樣樣齊，價格比香港便宜，款式選擇勁多，旁邊還有Toys "R" Us。

明治幼兒奶粉，貨源充足。￥2,169 / 800g

小兒版「啤酒」，其實是炭酸飲料。￥120 / 支

就連小朋友泳褲，款式也可愛過人。￥1,299

尿片、奶粉等，不時有期間限定的減價。

Info
地址：Sunshine City文化会館B1 / F
網址：www.toysrus.co.jp
　　　www.babiesrus.com

日本最大旗艦店
Pokémon Center MEGA TOKYO

原位於浜松町的旗艦店已於2014年遷至Sunshine City，佔地7,500多平方呎，乃全日本最大。內裝以「超進化」為主題，提供超過2,500件《寵物小精靈》精品，還有大量拍照位。原本已經大人氣，自《Pokémon Go》熱潮爆發後，更加逼滿全球粉絲！

5月限定的鯉魚節比卡超公仔。￥2,600

Tips
顧客於生日月來購物，可享95折優惠，小朋友還多送生日帽，記得出示護照確認。

現場有免費遊戲機任玩，已成親子活動。

全國11家專門店都有不同Pokémon做主角，池袋旗艦店則是比卡超與噴火龍，店內還有大雕像。

Info
地址：Sunshine City alpa 2 / F
網址：www.pokemon.co.jp

透過360度的鏡片與燈光投影折射出無窮無盡的萬花筒世界，美得目眩！

「Sky Tampoline」的屏幕地板可俯瞰東京街景，旅客更可以跳彈床方式轉換場景。

空中遊樂場
Sunshine 60 展望台

　2023年重開的全新展望台，位於60樓、海拔251公尺高，以「天望公園」為主題，分為3大區域，包括「展望之丘」、展望公園Café以及活動場地。設有全新觀景體驗的空中花園，以及人工草地、觀景餐廳、嬰兒爬行區等設施。打卡位更多，儼如空中遊樂場。

展望台售票處位於專門店街「alpa」B1／F，餐廳BAKER's DINER旁邊。

Info
地址：Sunshine City 60ビル60／F
電話：03 - 3989 - 3457
開放時間：1100-2100 (最後入場2000)
入場費：
平日 成人￥700、小學〜國中生￥500
周六日、假期 成人￥900、小學〜國中生￥600
*成人包括高校生以上。
網址：https://sunshinecity.jp/observatory/

WORKMAN GIRL具機能性又定價便宜，深受日本山系界追捧。

女裝風褸，環保質料、防UV、防潑水功能都只￥1,900。

窮L山系機能王
ワークマン女子 (WORKMAN GIRL)

　日本露營界的話題新牌，主打價廉物美兼機能性的戶外服飾及露營用品。繼大阪1號店後，東日本首家店舖選址Sunshine City，成為首都圈最大旗艦店，還拼設鞋店「WORKMAN Shoes」。雖叫WORKMAN GIRL，其實男女童裝俱備，市面定價過萬円的雪褸、防水防風外套，WORKMAN￥3、4,000便有交易，一句到尾：平靚正！

WORKMAN爬山鞋，一樣有防潑水功能。￥1,900

Windcore爪毛背心，內藏USB充電發熱。￥3,900

FleldCore信封形睡袋，只有1.29kg重。￥1,500

Info
地址：Sunshine City Alpa 2/F
營業時間：1000〜2000
網址：https://workman.jp/shop/brand/workman-joshi/

東京 新宿 渋谷 原宿・表參道 池袋 青山

頂層的透明「環形水槽」，肥大的海獅會在你頭頂暢泳，視覺效果極其震憾！

天空的企鵝
12米闊、「厂」形的透明大水槽置於半空中，觀眾站在水槽下，抬頭即見黑腳企鵝暢游天空中。

天空上的企鵝
Sunshine Aquarium

位於Sunshine City頂樓的水族館，佔地3層，飼有750種海洋生物，乃日本首個屋頂水族館。剛完成大翻新，2017年重開，增設「天空的企鵝」、「草原的企鵝」、「天空的綠洲」、「水邊的水獺」等5個露天主題設施，可愛的小企鵝猶如半空中暢泳，還有大量企鵝、海獺造型美食及限定商品。

逢周六、日特設兩場「海獅散步」表演，海獅會走到水槽前跟觀眾近距離見面。

Tips
門票需在Lawson售票機購買。

迷你舞台每日有4場海獅表演，特色是觀眾可近距離欣賞，還有大量互動。

水族館2022增設以水母為主題的全新區域「海月空感」，糅合音樂和夢幻燈光。

海獺為水族館的小明星，超活潑可愛。

紀念品店有Sunshine Aquarium × 杯緣子扭蛋。¥400

草原的企鵝
重現黑腳企鵝的棲息草原，觀眾可近距離觀察企鵝的日常生活。

天空的綠洲
30米長的空中通道內，飼有自由放養的塘鵝，可從屁股下的角度看塘鵝，有趣！

═ **Info** ═

地址：unshine City World Import Mart Building ● 頂樓
營業時間：
3月21日～9月24日 1000 - 2100
9月25日～3月20日 1000 - 1800
入場費：成人¥2,400、小中學生¥1,200、4歲以上¥700
網址：https://sunshinecity.jp/aquarium/
餵食時段：企鵝1045、1330；海獅1700；塘鵝1115、1500

主題遊樂園
Namja Town

由電子遊戲商namco開設的室內遊樂園，內設多個以歐美舊街、或日本昭和30年代的主題區。2013年更徹底改裝，只保留最受歡迎的「餃子Stadium」，再加入「Namja貓Market」、「福袋七丁目商店街」等多個全新主題區，提供大量遊戲與拍照位，大人與小朋友都適合。

博多名店「鉄なべ荒江本店」，招牌「鉄なべ餃子」（鐵鍋餃子），餃皮超香脆。¥390 / 6個

園內有3個驚嚇遊戲，其中「地獄便所」，玩家需戴上立體聲耳機，進入地獄廁所探險，聲效嚇人！

體感釣魚遊戲「ナジャヴの爆釣りスピリッツ」。

「餃子Stadium」，以昭和30年代為主題佈置，嚴選全國各地9家餃子名店，食客還可參與投票。

―Info―
地址：Sunshine City World import Mart Building 2-3 / F
開放時間：1000 - 2200（最後入園2100）
入場費：入園券成人¥800、4歲以上學生以下¥500；
NAMJA Passport* ¥3,300、4歲以上學生以下¥2,800
網址：www.namco.co.jp/tp/namja
*包入園券及遊戲放題。

天幕星空體驗
KONICA MINOLTA Planetarium満天

由柯達美能達直營，擁有圓頂設計的天象館，利用新開發的光學天象儀「Infinium Σ」，投射出360度的漫天閃爍星空。除了一般座席，觀眾還可躺在「草坡地」，或白雲造型的巨型座椅來觀賞。

―Info―
地址：Sunshine City World import Mart Building屋上
營業時間：1100 - 2000
票價：¥1,200 - 2,900
網址：www.planetarium.konicaminolta.jp

每日設有約11場次。

¥300雜貨店
3coins

日本著名連鎖精品雜貨店，跟ASOKO份屬同門。全場貨品一律只售¥300，由飾物、文具、玩意，到日用品，只要3個¥100即能買回家，因而得名。

夏日必備太陽帽。各¥300

―Info―
地址：Sunshine City alpa - B1/F
網址：www.3coins.jp

針對女性的Disney Store愈開愈多，難得池袋店設有佮大的STAR WARS專區。

STAR WARS專區
Disney Store

　　地庫一層有迪士尼專門店，池袋店面積佮大，商品款式眾多又新，包括有東京最大的STAR WARS，以及史迪仔專區，男生難得可以盡情爆買。附設迪士尼樂園門票的售票櫃位，絕對是粉絲必逛！

米奇米妮珍珠耳環等飾品，一律￥500。

STAR WARS圖案咖啡杯￥600、餐碟￥2,600。

Info

地址：Sunshine City alpa - B1 / F
網址：http://store.disney.co.jp

內裝以30年代昭和風格，堆滿零食糖果，天花還掛有卡通角色的面具。

回憶の零食店
1丁目1番地

　　昭和風懷舊零食店，內裝以30年代日本傳統「駄菓子屋」佈置，密密麻麻堆滿各式零食、糖果和小玩具，通通都是童年回憶。大部分零食￥30 - 100有交易，現場所見，瘋狂掃貨的都是成年人，齊齊來找尋童真！

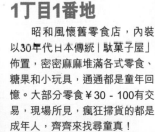

煙仔朱古力、汽水糖，全是小時候的至愛！各￥33

門口置有等身《筋肉人》雕像，還有各式舊版景品機（夾公仔機）、卡機與彈珠機。

小時候屋邨零食店常見，小兒科整人玩具。夾指香口膠￥162

男生至愛的魷魚串，日文原來叫「劍先」。￥432 /瓶

Info

地址：Sunshine City alpa - B1 / F

飲食與生活主題
WACCA IKEBUKURO

2014年開業,以飲食與生活為主題的複合式商場,樓高8層,27家商戶主打女性向的生活雜貨店、運動鞋店,以及多家人氣餐飲,包括麒麟啤直營食堂「Kirin City+」、貓咪雜貨店「necosekai」等等。

MAP: P.205 D2

場內設有大量休息座位,已成新的等人勝地。

Info

地址:東京都豊島区東池袋 1 - 8 - 1
電話:03 - 6907 - 2853
營業時間:1100 - 2100 (餐廳1100 - 2300)
網址:http://wacca.tokyo
前往方法:JR、東京Metro「池袋」駅東口,徒步3分鐘。

貓咪雜貨店
necosekai

2樓有貓咪用品與雜貨專門店,從貓咪玩具,到貓咪造型的廚具、生活雜貨、精品俱備,貓奴必到!

貓掌形磨爪器。￥1,370

Info

地址:WACCA IKEBUKURO 2 / F
網址:http://necosekai.net

麒麟啤食堂
Kirin City+ (キリンcity+)

麒麟啤酒直營的食堂,分店遍布全國。主打BRAU MEISTER、一番搾Stout等9款Kirin桶裝生啤,還有Frozen Beer、Cocktail等各式酒品。難得餐點水準也不錯,食材都是日本各地農場直送,或是職人手工做,由於環境光猛企理,特別受女生和上班族喜愛。

あか牛の旨塩焼き,選用「A5」級的和牛,烤至半熟,口感嫩滑鮮甜,蘸九州醬油吃更佳。￥1,480

達人BLEND,BRAU MEISTER與一番搾黑生啤以7:3比例調配,濃厚而味甘。Regular ￥540

內裝光猛企理,晚飯時間也寧靜,故極受女生和上班族喜愛。

八十八鯛のカルパッチョ,選用深海養殖的鯛魚,切成薄片混合新鮮洋蔥、番茄、酢和橄欖油,酸香開胃。￥950

職人のソーセージ盛り合わせ4種,職人手工做香腸連酸椰菜,皮脆而肉香,佐酒一流。￥1,800

HEARTLAND,100%的麥芽味道,味道清爽富香氣。Regular ￥520

Info

地址:WACCA IKEBUKURO 1 / F
營業時間:1100 - 2330
網址:www.kirincity.co.jp
消費:約￥2,500 / 位

家電藥妝俱備

MAP: P.204 C2

Bic Camera 池袋本店

池袋為Bic Camera基地，短短幾個街口，便集合Bic Camera相機、Bic Camera電腦、OUTLET等6家主題館。面積最大的池袋本店，連地庫樓高9層，從相機、家電、玩具，到旅客至愛的藥妝與日用品俱備。

Tips

購物滿￥10萬以上，免費送貨至成田或羽田機場。

全白色外牆，很易認！

4樓是美容電器、藥妝與日用品，當然還有國語服務員和退稅專用收銀櫃台。

6樓有「防災對策」用品區，專售災難時使用的緊急用品，像這些加熱水即吃的燴飯。各￥348

日本每個家庭都有一個的緊急避難袋，裏面有齊飲用水、糧食和流動廁所，可保存5年。￥4,780

Info

地址：東京都豊島區東池袋1-41-5
電話：03-5396-1111
營業時間：1000-2200
網址：www.biccamera.co.jp
前往方法：JR、東京Metro「池袋」駅東口，徒步1分鐘。

日本唯一特價場

池袋Bic Camera OUTLET

Tips

原位於有樂町的Bic Camera OUTLET已結業。

Bic Camera全國唯一OUTLET，連地庫樓高6層，專售過季、展示品或外觀有瑕疵的電器，由大型家電到美容小電器俱備，約9至6折左右。另有中古(二手)電腦、相機、鏡頭等，保存度皆高。

MAP: P.205 D3

ninebot mini平衡車(已開封)。原價￥99,792、特價￥92,400

中古(二手)13吋Macbook Air。￥57,800

LAQULITO自動除塵機(展示品)。特價￥4,980

鯨魚丸燒爐。特價￥980

Info

地址：東京都豊島區東池袋1-11-7
電話：03-3590-1111
營業時間：1000-2100
網址：www.biccamera.co.jp
前往方法：JR、東京Metro「池袋」駅東口，徒步3分鐘。

日酒尋寶地

ビック酒販 池袋東口店

OUTLET旁邊是Bic Camera的酒舖，比一般分店內設的面積更大、種類更多，人氣日本威士忌、清酒、葡萄酒，到限量的精釀啤酒都應有盡有。還有佐酒零食小菜專區，以至品酒用品。

MAP: P.205 D3

無年份「響」。￥4,980 / 700ml

余市(￥1,140 / 180ml)、白州、竹鶴等人氣日威有齊。

店內還有佐酒小菜罐頭專區。各￥298-698

17年迷你版「響」，全東京最平。各￥830

Info

地址：東京都豊島區東池袋1-11-7 Bic Camera OUTLET別館
電話：03-3590-1111
營業時間：1000-2100
網址：www.bic-osake.com
前往方法：Bic Camera OUTLET旁邊。

女宅の聖地
MAP: P.205 E2 - E3;F2

乙女ロード

「宅男」有動漫天堂秋葉原；池袋則是「腐女」的聖地。Sunshine 60 Street西側、Sunshine City旁邊200多米長的大街，開滿少女系的漫畫店、Cosplay服裝店、聲優商品店，以至各式男僕或執事Cafe。著名的同人誌漫畫雜誌《ぱふ》，於是將之命名為「乙女路」（日文「乙女」解作少女），自此成為女宅之聖地。

200多米長的「乙女路」，漫畫涵蓋BL(Boy Love)、少女漫畫、同人誌等。

Info
地址：東京都豊島区東池袋三丁目
前往方法：
東京Metro「東池袋」駅6、7番出口，徒步約4分鐘；JR「池袋」駅東口，徒步約7分鐘，Sunshine City旁邊。

千金小姐體驗
執事喫茶 Swallowtail

日本執事Cafe的始祖，2006年由著名動漫書店「K-BOOKS」開設。所謂「執事」即男管家，名字源自漫畫《黑執事》，乃女僕Cafe的男裝版。採預約制，每位客人都是千金大小姐，一進門即聽到「歡迎回家，大小姐！」全晚皆由一位專屬執事貼心服務。西洋古典風的內裝設計華麗，還有精緻的茶點可享用。無論是點餐、斟茶，抑或想要聊天，只要輕搖枱上的搖鈴，執事都會即時現身侍候，一嘗千金名媛的生活。

MAP: P.205 E2

Cafe位於地庫，拾級而下便是。

店內共有40多位執事，每位都經過3個月時間訓練，如禮儀、紅茶知識等，並通過考試。

內部裝潢古典華麗，精緻的水晶吊燈加上布簾，如同置身西歐古宅般。

每張餐枱都有一個搖鈴，無論是點餐、斟茶，抑或想要聊天，只要輕搖它，執事都會即時出現。

不同時段有各式西式餐點供應，招牌Afternoon Tea有正宗英式3層架，還有50款紅茶可選。￥3,300

1. 一按門鈴，即有執事來迎接，並齊聲嚷著：「歡迎回家，大小姐！」

2. 執事會幫忙除下外套、拿包包，再領客人到座位，然後介紹餐牌。

3. 這晚招呼筆者的執事叫伊織，「執事歌劇團」成員，不定期會發表樂曲。

Info
地址：東京都豊島区東池袋3 - 12 - 12 正和ビルB1 / F
營業時間：Tea time 1030 - 1830；Dinner 1840 - 2120
休息：不定休
網址：www.butlers - cafe.jp
前往方法：東京Metro「東池袋」駅6、7番出口，徒步約4分鐘，K - BOOKS同人館旁邊地庫。

乙女路龍頭
K - Books

日本著名的同人誌漫畫書店，尤以女性向或Boy Love漫畫聞名。池袋為K - Books的大本營，於乙女路上一共有10家主題館，依animate、同人誌、聲優精品等分門別類。

┌─ Info ─┐
電話：03 - 5953 - 2666
營業時間：1100 - 2030
網址：www.k - books.co.jp
前往方法：東京Metro「東池袋」駅6、7番出口，徒步約4分鐘。

アニメ館

2007年發行的《黑執事》小冊。¥27,000

MAP: P.205 E3

┌─ Info ─┐
地址：東京都豊島区東池袋3 - 2 - 4 コーケンプラザ2 / F

專售女性向的動漫精品和玩具，不乏已絕版的畫集，或炒至天價的作者簽名板等。

同人館 MAP: P.205 E2

專售同人誌漫畫，所謂「同人誌」，指漫畫迷以商業漫畫中的角色進行的二次創作。

┌─ Info ─┐
地址：東京都豊島区東池袋3 - 12 - 12 正和ビル2 - 3 / F

池袋セレクト館（Select House）*原名BOYS館 MAP: P.205 E2

專售扭蛋、襟章、匙扣、食玩、景品等細件的動漫玩具。

┌─ Info ─┐
地址：東京都豊島区東池袋3 - 15 - 5 東池袋マンション1 / F

コスプレ館 MAP: P.205 E2

女性向動漫角色的Cosplay服裝專門店，假髮、道具全套造型俱備，最重要是有女裝size。

┌─ Info ─┐
地址：東京都豊島区東池袋3 - 12 - 5

《One piece》Perona（培羅娜）着裝。全套¥32,400

VOICE館 MAP: P.205 D3

專售動畫男聲優的精品店，所謂「聲優」即配音員，在日本動漫界人氣度隨時比當紅偶像更動。

┌─ Info ─┐
地址：東京都豊島区東池袋1 - 28 - 1

Cosplay主題大廈

MAP: P.205 E3

animate SUNSHINE

　　前身為animate本店，乃乙女路首間動漫店，已遷往WACCA附近的新廈。2013年重修的8層高舊大樓，已變身Cosplay專門店綜合中心，內有ACOS本店、らしんばん衣裝館、攝影場景HACOSTADIUM cosset。頂層和1樓還有自家動漫主題咖啡店animate cafe和shop。

Info
地址：東京都豊島區東池袋3-2-1
前往方法：東京Metro「東池袋」駅6、7番出口，徒步約4分鐘，Sunshine City對面。

1983年落成的前animate本店，外形如「牛奶盒」般。

Cosplay服裝專門店
ACOS池袋本店

　　日本著名Cosplay服裝專門店「ACOS」的本店，佔地3層，專售高品質的動漫角色服裝，涵蓋假髮、武器、化妝品等一切配件。

ACOS的服裝皆經官方監修。《One piece》路飛￥14,000、《銀魂》神樂￥8,300

單是各式假髮已有一整層售賣。￥1,600起

Info
地址：animate SUNSHINE 1-3/F
營業時間：1100-2000
網址：www.acos.me

初心Cosplay
らしんばん池袋本店 衣裝館

　　著名同人誌及二手動漫產品店，位於animate SUNSHINE 4樓全層的是Cosplay服裝專門店，也有提供廉價的二手服飾，「初心者」（初學者）也適合。

跟ACOS比較，價格較便宜，非人氣或舊動漫角色也能找到。

《JoJo的奇妙冒險》4大角色參上！岸邊￥16,800

Info
地址：animate SUNSHINE 4/F
營業時間：1100-2000
網址：www.lashinbang.com

Cosplayer攝影場景
HACOSTADIUM cosset 池袋本店

Tips
網上提早預約可享折扣優惠。

　　專為Cosplayer而設的場景攝影棚，佔地兩層，有教室、廢墟、糖果屋、監獄、波波池等11個場景，附設偌大更身室、表演舞台，還有攝影小道具，甚至相機器材出租。

入口位於6樓，還設有表演舞台。

Info
地址：animate SUNSHINE 5-6/F
電話：03-6907-3986
收費：1day（1000-2030）平日￥3,400；周六、日及假期￥4,400
1小時 平日￥500；周六、日及假期￥700（送10分鐘變裝時間）
網址：http://hacostadium.com/ikebukuro

動漫主題咖啡店
animate cafe

　　由animate開設的動漫主題咖啡店，主題不定期更換，過往舉辦過的動漫就包括《Free！男子游泳部》、《黑子的籃球》等，不止有角色造型食物，還有限定特典附送，以及限定商品發售。

由於每套動漫的cafe為期間限定，故例必爆滿。

食客還有限定特典贈送。

Info
地址：animate SUNSHINE 7-8/F
營業時間：1100-2130
網址：https://cafe.animate.co.jp

動漫旗艦

animate 池袋本店（アニメイト）

animate為日本最大的連鎖漫畫店，2013年落成的新本店，樓高9層，不同類形漫畫分門別類，總藏書量超過10萬本。還有動漫精品、影碟、CD、遊戲、畫具等，頂樓的animate Hall經常舉辦人氣作品應援活動。 **MAP: P.205 D2**

5樓玩具模型；6樓則是Character精品，男、女性向的漫畫俱備。

《Le role de Verfailler》果酒 ￥920 - 1,680

4樓專售女性向的漫畫、同人誌及畫具，不乏BL或18禁的作品。

Info
地址：東京都豊島区東池袋1 - 20 - 7
電話：03 - 3988 - 1351
營業時間：1000 - 2100
網址：www.animate.co.jp
前往方法：JR「池袋」駅東口，徒步約5分鐘，WACCA附近。

BL漫畫專店

MAP: P.205 E2

まんだらけ（Mandarake）

日本最大中古動漫玩具模型店，位於地庫的池袋店，乃東京唯一女性向分店，只售女性向新品動漫玩具模型、偶像精品，以及Boys' Love的漫畫或同人誌。由於位置隱蔽，腐女客人特多，幾成宅男禁地。

BL與同人誌漫畫題材廣泛，除了浪漫純愛，甚至會有黑道題材。

提提你

BL解碼
和製英語「Boys' Love」的縮寫，以男男間同性戀為題材的漫畫類型，而喜歡這類漫畫的女性，則稱為「腐女」。

店內也有售人氣偶像和聲優精品，不乏炒價的演唱會限定品。

BL乃同人誌漫畫的主要題材，近年最受歡迎的被改編作品，首選《黑子的籃球》與《銀魂》。

Info
地址：東京都豊島区東池袋3 - 15 - 2 ライオンズマンション池袋 B1 / F
電話：03 - 5928 - 0771
營業時間：1200 - 2030
網址：www.mandarake.co.jp
前往方法：東京Metro「東池袋」駅6、7番出口，徒步約4分鐘，Sunshine City斜對面。

動漫×網絡文化主題
P'PARCO

池袋PARCO的別館，連地庫樓高10層，主攻10、20代年輕人。20周年整修後，更變身動漫與網絡文化主題館，陸續加入多家動漫主題的服飾和精品店，包括日本唯一《EVA》專門店，並經常舉辦各式話題活動。

MAP: P.204 C2

位於池袋駅東口旁的PARCO主館，網羅人氣服飾品牌，包括著名美妝雜貨店PLAZA。

P'PARCO門口常會碰見Cosplay打扮的年輕人，比乙女路的遇見率更高。

Info
地址：東京都豊島区南池袋1-28-2
營業時間：1100-2100
網址：http://ikebukuro.parco.jp/page2
前往方法：JR「池袋」駅東口，徒步1分鐘。

連地庫樓高10層，集合30多家年輕人向的品牌，5-6樓為TOWER RECORDS，7樓還有整層樂器店。

《新世紀》專門店
EVANGELION STORE TOKYO - 01

原本位於原宿的EVA Store已搬到P'PARCO，成為日本唯一《新世紀福音戰士》官方專門店，同時作為EVA最新劇場版的情報發信基地。專售EVANGELION Store通販的限定精品，還有跟materpiece、PORTER、RADIO EVA等潮牌聯乘的限量版服飾，吸引度爆燈！

PEACH JOHN×《新世紀》「朗基努斯之槍」內衣套裝，附第6使徒吊飾。￥5,980

PORTER ×《新世紀》銀包，初號機專用紫色內層夠特別。￥13,000

THE KISS×《新世紀》金屬頸鏈，有多款主色選擇。各￥3,500

EVA官方商品由服飾、包包、波鞋，到雜貨應有盡有，向以設計時尚見稱，店內還置有凌波麗等等身銅像。

Info
地址：P'PARCO 2/F
電話：03-5992-3310
營業時間：1100-2100
網址：www.evastore2.jp/tokyo01

焼き白子，白子即是河豚的精囊，被視為最美味的部分，外表烤得乾身，輕咬即破，鮮甜的汁液溢滿口腔。 ¥1,980

てっさ（河豚刺身），刺身切得薄如透明，吃時蘸柚子醋蘿蔔蓉，肉質富彈性，初入口清淡，愈吃愈甘甜。¥1,180

河豚專門店
玄品ふぐ

　　1980年於大阪創立，著名連鎖河豚專門店，100家分店遍布全國。選用山口縣下關產的天然虎河豚，以及「熟成技術」飼養的優質養殖河豚，配以冷凍加工運輸，以保證新鮮。池袋店提供多款河豚鍋套餐，也有刺身、壽司、河豚烤肉等單品料理，道道皆精緻。

MAP: P.204 B2

河豚有劇毒？
「ふぐ」（河豚）的毒是一種神經毒，中毒症狀包括麻木、無力、頭暈等，嚴重者可造成心率不整而死亡。主要堆積在肝臟與卵巢，其次是腸和魚皮。日本政府認可可食用的河豚有22種，處理河豚的師傅都必須領有牌照。

提提你

ひれ酒，即席將河豚鰭乾烤焦香，再浸泡熱清酒，酒味更佳，乃老饕的最愛。¥830

焼きふぐ三種盛り，肉連皮等3種部分的河豚肉，即席以炭火烤熟，香氣撲鼻，味道帶焦香。¥1,980

ふぐ皮唐揚げ（炸河豚皮），河豚皮口感彈牙富膠質，透薄的麵衣將魚肉的鮮美完全鎖住，堪稱天婦羅極品。¥880

Info
地址：東京都豊島区池袋2 - 41 - 1
電話：03 - 5979 - 1529
　　　（予約專用050 - 5570 - 5856）
營業時間：1200 - 1500，1600 - 2330
　　　　　（周六、日1200 - 2330）
網址：www.tettiri.com
前往方法：JR「池袋」駅北口，徒步約6分鐘，近池袋Royal酒店。

24小時超抵食海鮮
磯丸水產

2009年於吉祥寺創立的連鎖海鮮酒場，以價格便宜、新鮮、份量多，兼24小時營業而聞名，超過100家分店遍布關東與關西，單在池袋已有5家店，而且愈晚愈熱鬧。招牌包括各式海鮮燒烤、刺身，以及比汽水更便宜的酒！

MAP: P.204 B2

內裝以傳統漁岸酒場佈置，從下班時間起便一直座無虛席。

旬の刺身5点盛り，市場直送的時令刺身，如洗臉盤般大，抵吃非常。￥988

蟹味噌甲羅燒，滿滿蟹肉味噌的烤蟹蓋，齒頰留香。￥499

活貝磯丸燒盛合わせ，每枱都有小烤爐，看着活貝慢慢烤，更引人食慾。￥1,099

Info

地址：（池袋西口店）東京都豊島區西池袋1 - 42 - 1 フアーストアベニュービル1F
電話：03 - 5911 - 2055
營業時間：24小時
網址：www.isomaru.jp
消費：約￥2,000 / 位
前往方法：JR「池袋」駅北口，徒步約4分鐘，西一番街通上。

企鵝主題酒吧
Penguin Bar

東京首家企鵝主題酒吧，內部設有巨型水槽，飼有4隻可愛的肥企鵝，客人可隔着玻璃觀看其一舉一動，店主希望藉此療癒一眾壓力爆燈的上班族。店內環境寬敞，提供啤酒、葡萄酒、cocktail等酒單選擇，還有數十款輕食和佐酒小菜，更營業至凌晨。

MAP: P.204 A2

巨型水槽位於酒吧盡頭，內有水池和屋仔，且冷氣全開，企鵝仔也算活潑。

客人可隔着玻璃觀看4隻肥企鵝的一舉一動，架妹們都瘋狂拍照，記得關閃光燈！

自家製ローストビーフ（烤牛肉），配麵包片，佐酒佳品。￥1,000

Original frozen cocktail，味道清爽。￥1,000（一番搾￥600）

Info

地址：東京都豊島區池袋2 - 38 - 2 COSMY1 1階
電話：03 - 5927 - 1310
營業時間：1800 - 0400
入場費：￥800
網址：www.penginbar.jp
前往方法：JR「池袋」駅北口，徒步約8 - 10分鐘。

池袋拉麵激戰區

膠原雞湯拉麵
鶏の穴

不止新宿，池袋也是東京著名的拉麵激戰區。藏身小巷內的「鶏の穴」，招牌白湯雞拉麵，使用日本國產的雞殼、雞骨、雞翼等部位，加上各式野菜熬煮6小時而成的雞濃湯，味道鮮甜而不油膩之餘，更充滿豐富的膠原蛋白，大受東京女生歡迎。

MAP: P.205 D2

白鶏らーめん（玉子のせ），麵條彈牙，雞肉叉燒清爽，那湯頭濃郁而充滿膠質，絕對是女生必愛的口味，鮮甜到幾乎一飲而盡。￥800

店內只有16席，但排隊不用等太久。

Info

地址：東京都豊島區東池袋1 - 39 - 20 慶太ビル1 / F
電話：03 - 3986 - 2811
營業時間：1100 - 2200
網址：http://torinoana.com
前往方法：JR「池袋」駅東口，徒步6分鐘，the b酒店附近。

和菜西造 創意居酒屋
あんぷく

池袋著名的創作料理居酒屋，店面雖小，但是客似雲來。店主安江勇治師承《料理の鉄人》的道場六三郎，並曾赴紐約學藝，故其和式料理都糅合西餐煮法，並且顛覆固有印象。像名物「卡邦尼醬烏冬」，還會賣相十足薯條的炸豆腐等，創意與味道兼備。

MAP: P.204 B2

店內提供數十款清酒和啤酒選擇，來自京都的「玉川」，味道超清香。￥359

鶏白レバーのパテ（雞肝醬配麵包），又一和菜西造，雞肝醬濃滑，加點黑椒提味更香。￥600

牛すじ煮込み（牛雜煮），牛雜炆得軟腍入味，入口即化，伴飯吃更佳。￥580

名物カルボナーラうどん（卡邦尼醬烏冬），卡邦尼意粉換上烏冬麵，拌溫泉蛋，口感更滑嫩彈牙。￥1,200

豆腐のフレンチフライ，賣相十足薯條的炸豆腐，香脆惹味，有趣。￥480

Info

地址： 東京都豊島区西池袋1 - 37 - 8 JPビル 1 / F
電話： 03 - 6915 - 2646
營業時間： 1100 - 2500、1700 - 0000（周六、日及假期1100 - 1600、1700 - 0000）
網址： http://hitosara.com/0006026268
消費： 約￥2,000 / 位
前往方法： JR、東京Metro「池袋」駅北口，徒步約6分鐘。

月賣30萬「蘋果批」
RINGO

MAP: P.204 C2

2016年登場的長龍蘋果批店，乃芝士撻名店BAKE的姊妹品牌，144層批皮用北海道牛油及小麥粉做，以意大利特製的焗爐烤焗至半熟，加入鮮打的吉士忌廉再焗，工序繁複，但批皮格外酥脆，濕潤的蘋果餡帶微微玉桂香，味道清爽不甜膩。難怪天天大排長龍，據説月賣30萬個！

池袋本店天天大排長龍，最近於銀座「Midtown日比谷」開設分店，但人龍依舊。

焼きたてカスタードアップルパイ（吉士忌廉蘋果批），外皮一咬即粉碎，酥脆非常，富玉桂香的蘋果餡濕潤清爽，讓人一吃上癮！1個￥399、4個￥1,512

人多混雜時每人限購4個，買回家翌日可用焗爐加熱。

Info

地址： 東京都豊島区南池袋1-28-2 JR池袋駅1/F
電話： 03 - 5911 - 7825
營業時間： 1000 - 2200
網址： https://ringo-applepie.com
前往方法： JR池袋駅東口徒步1分鐘。

日賣1,000豚骨拉麵
麵創房無敵家

池袋第一排隊拉麵店，呈奶白色的豬骨湯頭，選用國產豚肉熬煮3小時以上，且一天煮3次以保新鮮，濃郁而沒半點腥臭味。麵條則使用100%北海道小麥粉，彈牙非常。再加上厚實的叉燒和半熟蛋，據說日賣1,000碗！

MAP: P.204 C4

無敵家らーめんニクタマ，加入大量豬背脂的湯頭超濃郁，但毫不膩口，微微烤過的豬五花角煮，軟嫩到用筷子即可劃開。¥1,080

任何時間都大排長龍！

Info
地址：東京都豐島区南池袋1 - 17 - 1
電話：03 - 3982 - 7656
營業時間：1030 - 0400
網址：www.mutekiya.com
前往方法：JR「池袋」駅南口，徒步約5分鐘。

爆「料」拉麵王
ラーメン二郎

深夜日劇《ラーメン大好き小泉さん》中説過：「未吃過二郎，不算是拉麵達人！」1968年始創於東京都立大學附近，被尊為「二郎系拉麵」，憑着充滿誘人脂香的豬骨湯頭，以及份量多得不合比例的配料，深受「胃口大」的大學生和上班族喜愛，著名漫畫家弘兼憲史、寺沢大介等都曾推介。 **MAP: P.204 C3**

Tips

Order配料日文：
ヤサイ增增 (ya - sa - i - ma - shi) 多芽菜
ニンニク增 (lin - li - ku - ma - shi) 多蒜

大ぶた入りラーメン，客人下單時可要求增加配料，完全免費。此為多叉燒拉麵，女生絕對吃不完！¥900

Info
地址：東京都豐島区南池袋2 - 27 - 17 1 / F
電話：03 - 3980 - 0210
營業時間：1100 - 2300
休息：逢周一
網址：www.ramen - jiro.com
前往方法：JR「池袋」駅南口，徒步約4分鐘。

沾麵始祖 **MAP: P.205 E4**
大勝軒 本店

1961年創業的池袋老麵店，始創人山岸一雄徒李滿門，事蹟更被拍成紀錄電影《ラーメンより大切なもの》（港譯：拉麵之神），2015年逝世時多達600人送行。招牌「特製もりそば」，被視為日本沾麵的始祖，湯頭以豬骨、雞骨、小魚乾等熬製，再以甘醋和醬油調味，微酸中帶有香辣的滋味。

特製もりそば，湯頭味道酸酸甜甜很清爽，以冰水過冷河的麵條彈牙非常。¥750

池袋本店現在由山岸一雄大弟子飯野敏彥主理。

Info
地址：東京都豐島区南池袋2 - 42 - 8
電話：03 - 3981 - 9360
營業時間：1100 - 2200
休息：逢周三
網址：www.tai - sho - ken.com
前往方法：東京Metro「東池袋」駅6、7番出口，徒步1分鐘，高架橋底下。

新宿

渋谷

原宿・表參道

池袋

青山

青山地標 Prada旗艦店
2003年落成的大樓，由國際著
名的瑞士建築師Herzog和De
Meuron共同設計（其餘作品包括
北京鳥巢），宛如水晶的菱形玻
璃牆面，令人驚艷！

川久保玲大戰山本耀司

青山
あおやま / Aoyama

交通

東京Metro千代田線、
東京Metro半藏門線、
東京Metro銀座線「表參
道」駅。

　　因昔日德川家康重臣——青山忠成的家宅在此而得名。
作為原宿表參道的延伸，氣氛卻截然不同。國際名牌店林
立，川久保玲、三宅一生、山本耀司等日本殿堂級時裝品牌
店也聚集於此，不少都出自著名建築師之手，處處流露品味
與貴氣。更是東京都內著名的高級住宅區，氣氛悠閒。

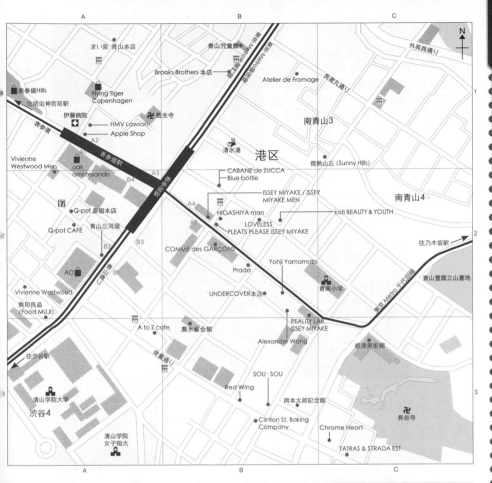

地圖標示（A / B / C 欄）：

- まい泉 青山本店
- 青山児童館
- Brooks Brothers 本店
- Atelier de Fromage
- 外苑西通り
- N
- 表参道Hills
- Flying Tiger Copenhagen
- 往明治神宮前駅
- 伊藤病院
- HMV Lawson
- Apple Shop
- 菩光寺
- 南青山3
- 港区
- 清水湯
- 微熱山丘 (Sunny Hills)
- 表参道
- A2
- Vivienne Westwood Men
- oak omotesando
- 表参道駅
- A1
- A3
- B4
- CABANE de ZUCCA
- Blue bottle
- 南青山4
- ISSEY MIYAKE / ISSEY MIYAKE MEN
- koti BEAUTY & YOUTH
- HIGASHIYA man
- A4
- Q-pot 原宿本店
- LOVELESS
- PLEATS PLEASE ISSEY MIYAKE
- A5
- Q-pot CAFE
- 青山三河屋
- COMME des GARÇONS
- 往乃木坂駅
- B2
- B3
- Yohji Yamamoto
- AO
- B1
- Prada
- 青南小学
- 青山霊園立山墓地
- Vivienne Westwood
- 無印良品 (Food MUJI)
- UNDERCOVER本店
- 東京 Metro 千代田線
- A to Z cafe
- 農水省会館
- REALITY LAB. ISSEY MIYAKE
- 往渋谷駅
- Alexander Wang
- 根津美術館
- 骨董通り
- SOU・SOU
- 青山学院大学
- Red Wing
- 岡本太郎記念館
- 長谷寺
- 渋谷4
- Clinton St. Baking Company
- Chrome Heart
- 青山学院 女子短大
- TATRAS & STRADA EST

United Arrows露營店

MAP: P.223 B2

koti BEAUTY&YOUTH

　　United Arrows於2021年打造的戶外新品牌，芬蘭語koti解作「家」的意思，專售戶外風格的服裝和裝備。首家店舖選址時尚的青山表參道。主打世界各地優質和功能性的原創服飾，以及和Coleman、STONEMASTER、鎌倉天幕等名牌聯乘的露營單品。

主打世界各地優質露營單品，也有功能性的原創服飾。

露營單品的選擇都偏向軍事風，講解機能性與耐用。露營枱￥49,500

還有跟Coleman、STONEMASTER、鎌倉天幕等聯乘的露營單品。

印有koti Logo的Camping燈，只限日本本店發售。

┌Info┐

地址：東京都港区南青山3-14-17
電話：03-6438-5230
營業時間：平日1200～2000；
　　　　　　周六、日1100～2000
網址：https://store.united-arrows.co.jp/brand/hby/
前往方法：東京Metro千代田線、半蔵門線、銀座線「表参道駅」A4出口，步行2分鐘。

尋找「太陽の塔」
岡本太郎記念館

　　被譽為「日本畢加索」的前衛藝術家，有看過《20世界少年》的，都一定見過其經典作品「太陽の塔」。岡本1996年離世後，其位於青山的住所兼工作室，便改建成紀念館，收藏了600件素描、油畫、雕刻及未完成作品。還附設庭園、紀念品店和Cafe，作品都色彩鮮艷，且歡迎拍照。 **MAP: P.223 B4**

紀念館乃保留岡本昔日的工作室，隨處可見「太陽の塔」的臉部雕塑。

位於青山的故居，岡本曾在此居住近50年之久。

Tips
拍照請勿使用閃光燈。

庭院長滿亞熱帶植物，還放了多座大型雕塑，乃拍照熱點。

岡本（右）晚年患有柏金遜症，仍堅持創作，左邊是另一經典「こどもの樹」。

館內還有太陽の塔×杯緣子扭蛋，一套6款。￥400/次

Info

地址：東京都港区南青山6-1-19
電話：03-3406-0801
開放時間：1000-1800（最後入館1730）
休息：逢周二
入場費：￥620
網址：www.taro-okamoto.or.jp
前往方法：地下鐵銀座線、半藏門線、千代田線「表參道」駅B1出口，徒步約5分鐘。

奈良美智主題和食
A to Z cafe

　　源自2006年，奈良美智於故鄉青森縣弘前市舉行的大型個展「A to Z」，期間與著名家具店graf聯手打造的咖啡店。藏身南青山一棟大廈的5樓，主打和風家常定食，意外地高水準，故深受當地OL喜愛。店內仍保留一間當日個展時使用過的小木屋，乃「大頭娃」粉絲的朝聖地。

MAP: P.223 A4

Cafe中央仍保存一間個展時曾使用過的小木屋，內部展出其手稿畫作。

店內不難發現奈良美智的招牌「大頭娃」。

內部裝潢貫徹奈良的原始風格，一室原木家具，還可眺望青山美景。

Cafe所在的equbo大廈。

招牌「日替」午餐天天不同，採訪當天就有辣炒豚肉、刺身、甜蛋、醃菜和湯，都煮得用心，不錯。￥1,000

Info

地址：東京都港区南青山5-8-3 equbo ビル5/F
電話：03-5464-0281
營業時間：1130-2330
　　　　（Lunch Time 1130-1600）
網址：http://atozcafe.exblog.jp
前往方法：地下鉄銀座線、半藏門線、千代田線「表參道」駅B1出口，徒步約2分鐘。

京都忍者鞋王
SOU·SOU

由織物設計師脇阪克二、建築師辻村久信，與導演若林剛共同創立的足袋品牌。所謂「足袋」，即是日本傳統的分趾襪。連比利時潮牌Maison Martin Margiela的成名作忍者鞋「TABI BOOT」，靈感都源自它。青山店乃東京唯一分店，集齊全線系列，還附設茶室「SOU·SOU在釜」。

MAP: P.223 B4

青山店集齊SOU·SOU全線系列，包括服飾、伊勢木綿和風呂敷（和風包包）。

穿着足袋必備的分趾襪，其實比傳統襪子更舒服，還有Hello Kitty圖案。￥500

茶室供應京都名店Cafe verdi特別打造的冰滴咖啡，如威士忌般香醇。單點￥460

足袋設計時尚，而且均為貼身設計，常見日本潮流雜誌的造型照。￥10,286

Info
地址：東京都港区南青山5-4-24　ア・ラ・クローチエ1F
電話：03-3407-7877
營業時間：1100-2000（喫茶1300-1800）
網址：www.sousou.co.jp
前往方法：地下鉄銀座線、半蔵門線、千代田線「表参道」駅B1出口，徒步約5分鐘，岡本太郎記念館附近。

唯美高橋盾
UNDERCOVER 本店

日本設計師高橋盾於1994年創立的街頭品牌，以「We make noise not clothes」為理念，向以超現實、唯美、詭異風格見稱。2009年開幕的青山艦艇店，樓高兩層，1樓主打女裝；2樓則為男裝UNDERCOVERISM，內裝華麗夢幻，都出自高橋之手。

MAP: P.223 B3

Info
地址：東京都港区南青山5-3-22 BLUE CINQ POINT A
電話：03-3407-1232（Womens）03-5778-4805（Mens）
前往方法：地下鉄銀座線、半蔵門線、千代田線「表参道」駅A5出口，徒步約2分鐘。

川久保玲總壇
COMME des GARÇONS

日本國寶級設計師川久保玲，於1969年創立、法國走紅的高級潮牌，法文名字解作「像個男孩」，向以挑戰傳統與不規則剪裁見稱。CdG旗艦店同樣位於青山區，一店集合GARÇONS HOMME、PLAY等全線系列，藍色斜面玻璃外牆已成青山地標。

MAP: P.223 B3

Info
地址：東京都港区南青山5-2-1
電話：03-3406-3951
營業時間：1100-2000
網址：www.comme-des-garcons.com
前往方法：地下鉄銀座線、半蔵門線、千代田線「表参道」駅A5出口，徒步1分鐘。

拜見三宅一生
ISSEY MIYAKE

日本殿堂設計師三宅一生於1970年創立的品牌，憑其研發的劃時代褶皺布料而走紅，更被尊為「一生褶」。雖然現在已交由宮前義之（女裝），以及高橋悠介主理（男裝），但魅力不減。南青山為三宅總部，一條街上便有6家分店，集合男女裝、PLEATS PLEASE、Bao Bao等全線系列。

Info
營業時間：1100 - 2000
網址：www.isseymiyake.com
前往方法：地下鉄銀座線、半蔵門線、千代田線「表參道」駅A4或A5出口。

MAP: P.223 B3 - B4

集齊多個當紅系列，包括立體系列132.5、優閒男裝HOMME，還有港女至愛的手袋Bao Bao。

店內有售三宅一生作品集。¥10,000

REALITY LAB.
ISSEY MIYAKE

2013年開設的實驗概念店，內裝由著名設計師吉岡德仁打造，佔地3層，充滿空間感。

Info
地址：東京都港区南青山5 - 3 - 10 FROM - 1st.

ISSEY MIYAKE / AOYAMA / ISSEY MIYAKE MEN

一邊是佔地兩層的女裝ISSEY MIYAKE；一邊是着重機能性的男裝ISSEY MIYAKE MEN。

Info
地址：東京都港区南青山3 - 18 - 11

PLEATS PLEASE ISSEY MIYAKE / AOYAMA

主打三宅一生獨創的經典褶皺系列Pleats Please，靈活舒適，水洗也不易變形。

Info
地址：東京都港区南青山3 - 17 - 14

山本耀司旗艦店
Yohji Yamamoto

MAP: P.223 B3

1981年山本耀司於巴黎推出的同名品牌，以結合日本與西方傳統美學的前衛剪裁，以及黑色聞名。位於青山的旗艦店，連地庫樓高3層，集合FEMME、HOMME、+NOIR等系列，還有旗艦店獨家的配飾系列discord，以及限定商品。

Info
地址：東京都港区南青山5 - 3 - 6
電話：03 - 33409 - 6006
營業時間：1100 - 2000
網址：www.yohjiyamamoto.co.jp
前往方法：地下鉄銀座線、半蔵門線、千代田線「表參道」駅A5出口，徒步約2分鐘。

日本首間旗艦店
Alexander Wang

MAP: P.223 B4

由美籍台裔設計師王大仁，於2004年所創，以自由與個性為設計理念，巨星如Madonna，《Vogue》、《ELLE》等時尚雜誌都對他讚賞有加。2013年開幕的青山店，乃日本首間旗艦店，佔地3層，涵蓋男女裝之餘，還有日本獨家發售的Objects No.3系列。

Info
地址：東京都港区南青山5 - 3 - 18
電話：03 - 6418 - 5174
營業時間：1100 - 2000
網址：www.alexanderwang.com/jp
前往方法：地下鉄銀座線、半蔵門線、千代田線「表參道」駅A5出口，徒步約2分鐘。

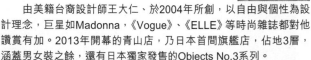

日本最大旗艦
CABANE de ZUCCa

MAP: P.223 B3

1989年由小野塚秋良所創，以大膽用色與線條細膩見稱，2011年小野塚榮休，設計團隊仍貫徹其精神，時裝達人Wyman、徐濠縈，以至杜如風都是其粉絲。青山店乃日本最大旗艦，以圖書館為主題，連地庫佔地兩層，男女裝俱備，並常有展覽等活動舉行。

1樓主打女裝，貨架都特別設計成書架般；地庫則為男裝。

青山店藏身南青山住宅區中，位置隱蔽。

2016 S / S
Platform Shoe
¥ 16,200

入口位置常有攝影展覽活動，甚至儼如藝術的主題裝置。

Info

地址：東京都港区南青山3 - 13 - 14
電話：03 - 3470 - 7488
營業時間：1100 - 2000
網址：www.zucca.cc
前往方法：地下鉄銀座線、半蔵門線、千代田線「表参道」駅A4出口，徒步1分鐘。

咖啡界的Apple
Blue bottle

來自美國三藩市的咖啡名店，選用48小時內烘焙的咖啡豆，素有「咖啡界的Apple」之稱。2014年進駐東京掀起全城話題，2015年再於南青山開第2分店。青山店面積偌大，比清澄白河本店更多座位，適合坐低慢慢品嚐，店內還有售青山店限定精品，已成潮人打卡勝地。

MAP: P.223 B3

寬敞的空間配清水泥地板天花，更富空間感。

Blue bottle堅持現點現泡，站在吧台前看咖啡師Hand Drip，乃指定動作。

Blend Coffee（¥450）當天選用的是哥倫比亞豆，富果香；Coconut Macaroon ¥280。

每家Blue bottle分店都有限定精品，青山店則有Totebag ¥5,000。

Info

地址：東京都港区南青山 3 - 13 - 14 増田ビル2階（ZUCCa樓上）
營業時間：0800 - 1900
網址：https://bluebottlecoffee.jp
消費：約 ¥450 / 位
前往方法：地下鉄銀座線、半蔵門線、千代田線「表参道」駅A4出口，徒步1分鐘，ZUCCa樓上。

台灣鳳梨酥揚威日本
微熱山丘 (SunnyHills at Minami - Aoyama)

MAP: P.223 C3

來自台灣南投縣的鳳梨酥名店，曾創下日賣1萬個的神話。分店不止開到香港，2013年底更加進軍日本。東京店選址南青山黃金地段，耗資2億新台幣打造，請來殿堂建築師隈研吾設計，以總長5,260米的檜木條，構成鳥巢般的建築，更重要是同樣提供試吃服務。

跟台灣店一樣，每位客人都會招待一顆鳳梨酥和一杯茶，因應日本人口味，特別減低了酸味。¥1,500 / 一盒5個

Tips

要試吃，需先跟1樓的服務員說，再依指示上樓。

樓高3層，1樓為售賣區，2、3樓為試吃區，縱橫交錯的木條，陽光滲透下更覺優美。

鳥巢般的青山店，表面用檜木條以30和60度等角度交錯組合，隈研曾形容為「地獄組裝」。

Info

地址：東京都港区南青山3 - 10 - 20
電話：03 - 3408 - 7778
營業時間：1100 - 1900
網址：www.sunnyhills.com.tw/index/ja-jp
前往方法：地下鉄銀座線、半蔵門線、千代田線「表参道」駅A4出口，徒步5分鐘。

紐約最佳Pancake
Clinton St.Baking Company

來自紐約的人氣Pancake店，多次被美國媒體評選為「紐約最佳早餐」，The New York Times 甚至形容為「具有懾人魅力的Brunch」。日本分店只此一家，每逢周末例必大排長龍。

MAP: P.223 B4

內裝設計充滿紐約風格，全店只得32席，不乏雙雙對對的情侶。

Pancake with Warm Maple Butter，厚重的Pancake口感酥軟綿密，牛油香撲鼻，配溫暖的楓糖漿和香蕉合桃，口感層次更豐富。￥1,600

除了Pancake，也有Egg Benedict、三文治等鹹食，男生都有着落。

店內還有售自家品牌的精品，Totebag ￥1,800。

Info

地址： 東京都港区南青山5 - 17 - 1 YHT南青山ビル 1,2F
電話： 03 - 6450 - 5944
營業時間： 0800 - 2200
網址： http://clintonstreetbaking.co.jp
前往方法： 地下鉄銀座線、半蔵門線、千代田線「表参道」駅B1出口，徒步約5分鐘。

時尚和菓子　**MAP: P.223 B3**
HIGASHIYA man

總店位於銀座的新派和菓子店，將羊羹、最中等傳統日式甜點，包裝得像藝術品般精緻。青山店座落潮店群中，雖然面積只得140平方呎，但卻有多款青山限定的菓子，包括現蒸的饅頭和雪糕最中等。

饅頭，青山限定全天供應，新鮮出爐熱呼呼，口感軟糯香甜。￥150

アイス最中（雪糕最中），香脆的最中餅殼，夾着冰凍雪糕球和紅豆餡，消暑妙品。￥300

青山店門面低調但時尚。

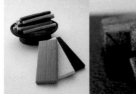

最中，日本傳統御用菓子，以糯米粉先蒸後烤，吃時再夾上豆餡。傳統是圓形菊花圖案，店家將之變成長條，並夾住黑胡麻等不同餡料。￥756 / 2件

Info

地址： 東京都港区南青山3 - 17 - 14
電話： 03 - 5414 - 3881
營業時間： 1100 - 1900
網址： www.higashiya.com
前往方法： 地下鉄銀座線、半蔵門線、千代田線「表参道」駅A4出口附。

日星至愛新寵 MAP: P.223 B3
LOVELESS

由日本著名服裝商「三陽商会」開設（旗下品牌包括BLUE LABEL、Paul Stuart等），青山店乃日本最大分店，連地庫佔地4層，內裝華麗，除了自家品牌LOVELESS和GUILD PRIME，也有售McQUEEN等國際名牌，據説ARASHI的二宮和也、AKB48的高橋みなみ都是粉絲。

女裝西裝 ¥39,000

━━ Info ━━
地址：東京都港区南青山3 - 17 - 11
電話：03 - 3401 - 2301
營業時間：1200 - 2000
網址：www.loveless - shop.jp
前往方法：地下鉄銀座線、半蔵門線、千代田線「表参道」駅A4出口，GARÇONS對面。

潮人羽絨城
TATRAS & STRADA EST

意國羽絨品牌Tatras，以運動元素及時尚圖案而於日本大受歡迎。南青山店乃米蘭總店以外第2間旗艦店，連地庫樓高4層，更附設TATRAS JAPAN直營的select shop，主打mastermind、MM6 MAISON MARGIELA、Y - 3等潮牌，男女裝俱備。 MAP: P.223 C4

Tatras羽絨定價 ¥40,000起

━━ Info ━━
地址：東京都港区南青山6 - 5 - 39川ビル
電話：03 - 3407 - 2700
營業時間：1100 - 2000
網址：www.stradaest.com
前往方法：地下鉄銀座線、半蔵門線、千代田線「表参道」駅B1出口，徒步8分鐘。

日本旗艦店
Vivienne Westwood

Westwood在東京分店眾多，但真正日本旗艦店就在青山，連地庫樓高3層，雲集RED LABEL、GOLD LABEL、ANGLOMANIA、Westwood MAN等全線系列，經典飾品款式最多，還有青山店獨有的限定品。 MAP: P.223 A3

━━ Info ━━
地址：東京都渋谷区神宮前5 - 49 - 2
電話：03 - 5774 - 5939
營業時間：1100 - 2000
網址：www.viviennewestwood-tokyo.com
前往方法：地下鉄銀座線、半蔵門線、千代田線「表参道」駅B2出口，徒步2分鐘。

百年日本酒專家 MAP: P.223 A3
青山三河屋

明治三十四年（1901年）創業、東京數一數二歷史悠久的酒舖。店內有售150種酒，從近年大熱的日本威士忌，到全國各地的清酒、葡萄酒、梅酒，以至手工啤酒都應有盡有，還有很多獨家限定的罕有品牌，日本電視台也時有介紹。

人氣日本威士忌有齊，包括初號SUPER NIKKA復刻版。

━━ Info ━━
地址：東京都港区北青山3 - 10 - 9
電話：03 - 3400 - 2423
營業時間：0900 - 2000
休息：每月不定休
網址：
http://ao.gmobb.jp/aoyama-mikawaya
前往方法：地下鉄銀座線、半蔵門線、千代田線「表参道」駅B2出口，徒步1分鐘。

新宿

渋谷

原宿・表參道

池袋

青山

入口旁的走廊，一邊是整齊的金色竹子裝飾；一邊是翠綠的竹林，夾住一片碎石道，景致多麼的脫俗。

日式庭園為根津嘉一郎舊居固有，依自然環境佈局，亭台樓閣、小橋流水。

隈研吾設計的新本館，以日本寺院常用的切妻造，打造玻璃帷幕的常用建築，跟四周自然環境融合。

每年秋天例必紅葉滿園，層林盡染通紅，景致更美。

隈研吾打造 城市綠洲
根津美術館

Tips
美術館室內部分禁止拍照。

　　原為「東武鉄道」創辦人根津嘉一郎的舊居，1940年改建成美術館，用以展出其7,400件私人珍藏。2006年閉館重建，找來著名建築師隈研吾設計，至2009年才重新開幕。擁有切妻造屋頂的玻璃帷幕建築，饒富禪意得令人讚歎。不過真正賣點是佔地17,000平方呎的日式庭園，綠意盎然，脫俗優雅。是地價高企的青山區內，難得的城市綠洲。

MAP: P.223 C4

紀念品店有大量日本老店以館藏為題打造的精品，包括這「枯山水庭園」餐具。餐盤￥14,040

庭園內遍布石佛、石塔和石燈籠，還有4間傳統茶室。

━ Info ━
地址：東京都港区南青山6 - 5 - 1
電話：03 - 3400 - 2536
開放時間：1000 - 1700（最後入館1630）
休息：逢周一
入場費：￥1,300
網址：www.nezu-muse.or.jp
前往方法：地下鉄銀座線、半蔵門線、千代田線「表参道」駅A5出口，徒步約8分鐘。

日本の玄關

東京駅

とうきょうえき / Tokyo Station

🚌 **交通**　JR山手線、中央線、常磐線、京浜東北線、京葉線、橫須賀線、総武本線、東海道新幹線、東北新幹線「東京」駅；東京Metro丸ノ內線「東京」駅；東京Metro東西線、千代田線、丸ノ內線「大手町」駅；東京Metro千代田線「二重橋前」駅。

　　被譽為東京的「表玄關」，是整個東京都以至全日本的交通樞紐。車站周邊大型百貨、摩天商廈與高級酒店林立。任何時候都人來人往、肩摩轂擊，成為各式手信特產店的激戰區。

東京駅キャラクターストリート（Character Street）

- MOOMIN SHOP
- PokeMon Store
- JUMP SHOP
- TOMICA SHOP
- SNOOPY TOWN mini
- どんぐり共和国
- 機箸小物専門店
- miffy style
- Rilakkuma store
- LEGO@click brick

東京おかしランド

- ぐりこ・やKitchen
- Calbee+

東京ラーメンストリート

- 六厘舎
- 東京ラーメン横丁
- 東京みやげセンター
- 諸国ご当地プラザ

GRANSTA

- TOKYO!!!
- おむすび百千
- DEPOT
- はせがわ酒店(HASEGAWA酒店)
- Zopf カレーパン専門店
- のもの(nomono)
- COCORIS
- Captain Sweat Burger
- JAGA BOULDE
- 菖炉庵
- NEW YORK PERFECT
- PRESS BUTTER SAND
- GRANSTA北/八重大手町1
- dancyu食堂

N

往新日本橋駅
往神保町駅
往神保町駅
往神保町駅/往新御茶ノ水駅
往淡路町駅
往神田駅

三越前駅
日本橋駅

$ 日本銀行本店

外堀通り

東京Metro東西線
永代通り
龍名館東京

Tokyo Torch

H Shangri-La Tokyo（シャングリ・ラ）

東京Metro丸の内

H Metropolitan丸の内

JR JR JR JR
総武中央中央本線
線本線線

東京Metro丸ノ内線

大手町駅

千代田区

皇居

一の丸公園
二の丸庭園
皇居東御苑
皇居外苑

大手濠

桔梗濠

和田倉濠

和田倉噴水公園

内堀通り

行幸通り

丸の内仲通り

星のや東京（Hoshinoya Tokyo）

Aman Tokyo（アマン東京）

イーヨ!!（iiyo!!）

新丸ビル

しだし茶付けえん

東京駅丸の内駅舎
Tokyo Station Gallery

丸の内北口
丸の内中央口
丸の内南口

東京駅

Palace Hotel Tokyo（パレスホテル東京）

東京Metro半蔵門線
都営三田線

■KITTE
- the JP Tower Museum INTERMEDIATHEQUE
- 旧東京中央郵便局室
- 「+S」Spiral Market
- WORK NOT WORK URBAN RESEARCH
- Mary's Café
- MUJI to GO
- H TOKYO
- 中川政七
- CLASKA Gallery & Shop "DO"
- snow peak
- 屋上庭園ガーデン

三菱一号館美術館
- 三菱一号館歴史資料室
- 三菱一号館 Center Digital Gallery

■大丸東京店
- 東京ばな奈ツリー (Tokyo Banana STUDIO)
- N.Y.C.SAND
- 阿闍梨栗総本家
- KIT KAT Chocolatory
- ICI石井スポーツ
- Inoda Coffee

ハイマート(Heimat)
H&M
スーパーホテルLohas
Courtyard by Marriott Tokyo Station (マリオット)
Four Seasons Tokyo
八重洲口バスターミナル (Bus Terminal)
高速バス
無印良品
大江戸骨董市
東京国際フォーラム (Tokyo International Forum)
Starbucks Evening
新東京ビル
丸の内タニタ食堂
丸の内MY PLAZA
馬場先通り
国際ビルヂング
Bic Camera
The Peninsula Tokyo

JR東京駅
駅弁重連券
Tokyo Station (東京ステーション)
東京駅
京橋駅
宝町駅
二重橋前駅
有楽町駅
日比谷駅
銀座一丁目駅
内幸町駅
新橋駅

東京Metro銀座線
東京Metro丸ノ内線
東京Metro有楽町線
都営三田線
東京中央郵便局

丸ビル
丸の内仲通り
日比谷通り
中央通り
外堀通り
鍛冶橋通り
八重洲通り
永代通り
京葉線
東京高速道路KK線

往日本橋駅
往銀座駅
往銀座一丁目駅
往新橋駅
往桜田門駅
往内幸町駅

233

日本最大車站商店街
GRANSTA MAP: P.232 C3；233 C4

東京車站商店街於疫情期間重新規劃，改動翻天覆地，2020年以新名字「GRANSTA」登場。目前主要由「GRANSTA東京」、「GRANSTA丸の內」、地下食街「GRANSTA八重北」3大區域組成，集合超過250間手信菓子、餐飲、精品雜貨店等，成為日本最大規模的車站商業設施。

提提你

東京駅Data
1914年啟用的東京駅，面積相當於3.6個東京巨蛋，擁有全日本最多的月台數量，每日開出的列車班次多達3,000班，從早到晚肩摩轂擊。站內手信店、食店多不勝數，包括多條主題街，通道錯綜複雜，一不小心便會迷路！

「GRANSTA」，集合超過250間餐飲、手信菓子、雜貨店等，成為JR東日本最大規模的車站商店街。

---Info---
地址：東京都千代田区丸の內1-9-1 JR東京駅
網址：https://www.gransta.jp
前往方法：「東京駅」直達。

日賣700個咖喱包
Zopf カレーパン專門店

源自千葉縣松戶市的人氣麵包店，招牌咖喱麵包日賣超過700個！使用牛絞肉、洋蔥、紅蘿蔔以及香菇，加上十多種辛香料製成。東京車站店乃首家縣外分店，天天大排長龍，咖喱麵包不停新鮮出爐，入口還有爆漿效果。

招咖喱麵包，外層麵糰酥脆且富彈性，咖喱內餡帶有濃厚辛辣味，一吃上癮。¥356

東京車站店，天天都大排長龍。

買回家可放微波爐加熱20秒，或放焗爐90秒，即美味如新鮮出爐。

---Info---
地址：GRANSTA東京B1/F改札內（square zero area）
營業時間：0800-2200
網址：http://zopf.jp/

飯糰大王
おむすび百千

東京車站最人氣的飯糰專賣店，日本皇牌綜藝節目《松子不知道的世界》也有介紹。飯糰選擇超過60款，全都以長野縣飯山產的「幻の米」、島根縣奧出雲產的「仁多米」、九州有明產的高級海苔，再加上全國47都道縣府的特產製作。招牌包括愛知縣炸蝦天婦羅、宮城縣牛舌等等，可吃勻全日本名產！

飯糰每日供應超過60款，全都以全國47都道縣府的時令特產製作。

從早到晚都人頭湧湧，最受歡迎頭3位都是炸物。

招牌「えび天むす」（炸蝦飯糰），原隻炸蝦天婦羅不止賣相靚，入口也油香彈牙。¥300

---Info---
地址：GRANSTA東京駅1/F八重洲北口改札內（京葉Street Area）
營業時間：0800-2200
網址：https://momochi.co.jp/

東京車站最大食街
GRANSTA八重北/黑塀横丁/北町酒場

　　八重洲北口2022年新開的餐飲街，由3個樓層組成，包括地下1樓的「黑塀横丁」、1樓的「八重北食堂」，及2樓的「北町酒場」。集合45間特色食店，焦點包括知名美食雜誌《dancyu》打造的dancyu食堂等，未來還會有更多新店進駐。

位於地下的八重北食堂，集合多家人氣食店。

黑塀横丁連接JUMP SHOP等主題商店的一番街。

位於八重北的「もつ鍋 蟻月」，主打九州牛腸料理。

Info

地址：東京都千代田区丸の内1-9-1 JR東京駅八重洲北口
營業時間：食店1100～2300、商店1000～2100
前往方法：「東京駅」北口 B1-2/F（驗票口外）。

立飲試酒吧
はせがわ酒店（HASEGAWA酒店）

　　昭和35年創立的日本酒商，東京車站店一分為二，一邊是酒舖，精選全國各地的特色日本酒，包括大量東京駅限定和季節限定；另一邊則是立飲的試酒吧「東京駅酒造場」，可試飲酒舖有售的限定酒、現作濁酒（濁醪）、原酒與特色下酒菜，包括使用珍貴酒米製成的「酒米御飯糰」。

東京駅限定的「林檎どぶろく」，用季節水果自家釀造，綿密濃厚如乳酪，必買！¥1,320

玉子燒與肉團子，下酒菜也不俗，而且份量不少。¥330

因為是試酒吧，並非酒場，所以每人限時30分鐘，並限2人入席。

這天試了香甜的林檎どぶろく¥550，以及香醇的玉川山純米無濾過生原酒¥450。

精選全國各地的特色日本酒，函蓋清酒、紅酒、威士忌、啤酒等。

店內可以搵到很多特色日本酒，像仙台的雞蛋酒（たまご酒）¥770。

Info

地址：JR東日本東京駅構內B1/F（改札內）
營業時間：0700-2200
　　　　　（周日及假期0700-2100）
網址：https://www.hasegawasaketen.com

東京選物店

東京文化伴手禮

TOKYO!!! (TOKYO3)

搜羅各式最能代表東京的選物店。以3秒、3分鐘和3小時三種時間軸來匯聚，商品從雜貨、服飾、廚具，到菓子零食俱備，風格帶點設計感，不乏有趣的精品。

一店集合各式最能代表東京的雜貨精品，風格帶點設計感。

宇宙飯糰，吃時只需加熱水，便可包成熱辣辣的飯糰。￥378

車票造型的留言小卡片，一盒15張有多謝、辛苦晒等。￥550

東京JR山手線車票造型磁貼，實體車票買少見少。￥330

罐頭章魚丸燒、玉子燒、漢堡扒，即開即食極方便。￥550-680

━━Info━━
地址：GRANSTA東京駅1/F 新幹線北乘換口前
營業時間：0800-2200
網址：https://retail.jr-cross.co.jp/tokyo3

首都圈地方特產

のもの(nomono)

JR東日本打造的生活特產店，以「發現東日本地區新魅力」為概念，一店集合首都圈不同地方的季節特產「旬のもの」、地域特產「地のもの」，以及緣之特產「緣のもの」，很多食品菓子都很少見，買手信一流！

福的「黃金菓子」，矜貴的金箔包住綿密的朱古力或抹茶蛋糕。￥1,890

最受歡迎的散裝菓子區，各式菓子一個個任你挑選。

面積不小，一店集合首都圈各縣的地方特產食品與菓子。

Fundoda五葉的「透明醬油」，不怕遮蓋食物原來的色澤。￥540。

━━Info━━
地址：JR東京駅構內地下1階改札外
營業時間：0700-2200
網址：https://www.jreast.co.jp/nomono/

美食雜誌監修
dancyu食堂

日本知名美食雜誌《dancyu》打造的食堂，以「讓你每天都想吃的日常料理」為理念，主打日本家常定食。看似樸實但所有食材均從日本各地嚴選而來，絕不添加來路不明的調味。甚至自行開發搭配不同下酒菜的啤酒，精緻得令人驚艷，難怪晚晚爆場！

招牌「豚生姜焼き定食」（生薑燒豬肉套餐）使用千葉縣產的匠味豚，醬汁富酒香，香甜帶微辣越吃越開胃。￥1,480

吧枱座位一共21席，邊吃邊看廚師們料理，食欲更盛。

dancyu乃八重北最人氣食堂，晚晚爆場！

就連隨餐附送的漬物和小鉢也不馬虎，蔬菜都是高知農場直送。

另有多款精緻小鉢（小菜）可供追加。関東風卵焼き（玉子燒）￥480

Info

地址：GRANSTA八重北1/F八重北食堂
營業時間：1100〜2200
網址：https://dancyu.jp/read/
2022_00005786.html

東京最佳布丁
DEPOT

如同日劇場景般的氣氛酒吧，供應各式酒品和自家焙煎珈琲，還有水準不俗的餐點與下酒菜。招牌是「微苦的懷舊布丁（懷かしほろ苦プリン）」，使用自家烘焙的濃縮咖啡製成口感濃郁的焦糖醬，搭配紮實的布丁，成熟的味道讓人一吃就上癮，一年累計按讚7萬，也是東京車站限定手信第5名。

外帶的懷舊包裝很精緻，焦糖醬會用小瓶分開盛載。

微苦的懷舊布丁（懷かしほろ苦プリン）是老派的紮實口感，配上微苦帶焦香的焦糖醬，絕對是大人的味道。￥650

日劇常見的拿坡里意粉（東京ナポリタン），用淺草開化樓的麵條製成，惹味。

帶點懷舊氣氛的餐酒吧，餐點意外地做得出色。

另一日劇常見的咖啡果凍，很好打卡。￥680

Info

地址：GRANSTA東京駅B1/F丸の內・八重洲連絡通路
營業時間：0700-2200
（周日及假期0700-2100）
網址：https://classic-inc.jp/depot/

東京駅

100店集合！手信小吃地下街
東京駅一番街

位於東京車站八重洲口的地下街，前身為昭和28年（1953年）開業的「名店街」，2005年重新整合成佔地79萬平方呎的大型商店街。地下一層；地上兩層，分為卡通角色主題街「東京Character Street」、零食樂園「東京おかしランド」、拉麵街「東京拉麵Street」等等，雲集共100家商戶，食玩齊一網打盡，疫情後更增加大量新店！MAP: P.233 C4

Info
地址：東京都千代田区丸の内1‐9‐1
電話：03‐3210‐0077
營業時間：1000‐2000
（2 / F餐廳1100‐2200）
網址：www.tokyoeki-1bangai.co.jp
前往方法：JR「東京」駅八重洲出口直達。

Tips
「一番街」2016年底新增退稅專櫃，場內商戶消費都可以退稅。

一番街入口就在八重洲口。

地方限定手信
諸国ご当地プラザ
MAP: P.233 C4

東京駅一番街地庫另一手信店，網羅日本全國47縣的人氣手信土產，設有即食咖喱專區、拉麵專區、牛奶糖專區等，甚至Kit Kat專區，不乏地方限定或季節限定版。

入口位置設有Kit Kat專區，集合全國各地的地方限定版。

「諸国ご当地プラザ」位於一番街南側盡頭，對面便是拉麵街。

拉麵專區人氣第一位是「一蘭」即食麵，更是2016年的全國票選第一名。￥486 / 包

即食咖喱專區有來自茨城縣，號稱「超絕激辛」的「18禁」咖喱，筆者親試黑色版的確辣到噴火。￥1,080 - 1,404

Info
地址：東京駅一番街 B1 / F
電話：03‐3212‐0020
營業時間：0900‐2100

全國「駅弁」總匯
駅弁屋 祭
MAP: P.233 C4

話說筆者很喜歡乘搭日本新幹線，原因是可以吃到精緻又美味的「駅弁」，即車站販賣的便當。位於東京車站1層、中央商店街內的便當專門店，匯集日本全國各地超過170種駅弁，不乏罕見的地區限定。還附設「実演厨房」，可一睹廚師們高速做便當。

平泉うにごはん，三陸名物海膽便當，即日劇《海女》那個。￥1,200

一店便可吃勻全日本都道縣府名物便當，正！

「駅弁屋」每朝0530開始營業，來晚了，罕見的地區限定都會賣完。

Tips
注意「駅弁屋」位於閘內。

牛肉重，選用國產黑毛和牛Sukiyaki。￥1,100

Info
地址：JR東京駅（改札内）セントラルストリート 1 / F
電話：03‐3213‐4352
營業時間：0530‐2300

東京拉麵街
東京ラーメンストリート

東京車站的拉麵激戰區，位於一番街地庫南側，由2009年最初只得4家麵店，發展到今天集合8家人氣拉麵巨頭，間間都大排長龍！

Info

地址：東京駅一番街 B1 / F南通り
網址：www.tokyoeki-1bangai.co.jp/street/ramen

MAP: P.233 C4

人氣沾麵王
六厘舍

東京駅人氣第一排隊沾麵店！2010年創業的品川本店，更因為排隊客人太多，慘被鄰居抗議到關門。美味秘訣源自以豚骨、雞肉等熬製的超濃湯頭，採用粗身如烏冬的極太麵，口感超彈牙煙韌。

味玉つけめん，湯料面層的魚粉為其標誌，吃時慢慢拌入湯中味道逐漸變濃；粗身如烏冬般的極太麵，紮實爽口。￥930

客人進店後都低頭猛吃，不論男女。

排隊人龍從未間斷，幸好座位多，平均等候45分鐘。

Info

營業時間：0730 - 1000、1100 - 2300
網址：http://rokurinsha.com

新東京拉麵橫丁　**MAP: P.233 C4**
東京ラーメン横丁

2022年新開的拉麵街，位於東京駅八重洲地下街內，集合7家人氣拉麵店，包括新潟縣的著名生薑醬油拉麵「長岡食堂」、新宿排隊沾麵店「風雲兒」；九州豚骨拉麵「がっとん」等等。配合庶民風的懷舊裝潢，氛圍一流，更營業至晚上11點，消夜之選！

內裝以庶民風的橫丁為主題，隨處可見燈籠、暖簾等裝飾。

東京車站新開的拉麵街，集合7家來自全國各地的人氣拉麵店。

來自新潟縣的人氣拉麵「長岡食堂」，招牌味玉生薑醬油拉麵，口感出奇地清爽，哪半熟蛋更是消魂！並￥950

橫丁裝潢帶點懷舊氣氛，都很好打卡！

Info

地址：東京都中央区八重洲2-1 JR東京駅八重洲地下街北1号
營業時間：1100～2300
網址：https://tokyo-ramenyokocho.com
前往方法：「東京駅」八重洲地下街內。

廚房現做零食 MAP: P.233 C4
東京菓子樂園（東京おかしランド）

位於一番街地庫的「東京菓子樂園」迎來10周年紀念，以「匯集美味笑容的地方」為主軸重新整修。2022年底重開，面積比原來擴大了1.4倍，新店包括Glico第一間杏仁專賣店「Glico ALMOND DAYS」、龜田製菓首次開設帶有廚房的專賣店「カメダセイカ」等等，還有全新的Calbee+，提供現炸薯條和薯片。

集合固力菓、Calbee和森永3大日本菓子廠牌，不時有期間限定Pop Up店，採訪時便遇上牛奶妹。

附設立食吧台和少量座位，更貼心地提供乾、濕紙巾，僅記吃後自行清理，並做垃圾分類。

─Info─
地址：JR東京駅八重洲地下中央口（東京駅一番街地庫）
營業時間：0900-2100
網址：www.tokyoeki-1bangai.co.jp/tokyo_okashiland/

限定朱古力杏仁
ぐりこ・や Kitchen

固力菓（Glico）首家附設廚房的新型菓子專門店。獨家發售新鮮現做的手工朱古力杏仁「アーモンドチヨコレート」，顧客可隔着玻璃一睹全個製作過程，一開業即成話題小吃！

杏仁朱古力，味道同樣香濃，更含食物纖維和豐富維他命E。各￥140

店內還有售其他固力菓食品和精品，不乏東京少見的限定版。

專門店附設玻璃廚房，除了杏仁朱古力，還有供應朱古力飲料和小吃。

東京駅限定「朱古力杏仁」（ココア仕上げ），有抹茶、鹽、胡椒等特別口味，用美國大杏仁高溫烘烤，入口特別香脆濃郁，賞味期限只得一星期。￥520

─Info─
廚房營業時間：1200 - 2000
網址：www.glico.com

現炸薯條薯片
Calbee+

全新裝潢的Calbee+，提供超人氣的現炸薯條，Size比一般巨大，還有現炸薯片配Mascarpone芝士與蜂蜜醬。同時販售日本各地限定版薯片，以及卡樂B主題精品都全面升級！

九州限定「じゃがほっこり」，新鮮原片薯仔炸至酥脆，用五島灘海鹽調味，薯味特濃。￥864 / 盒

東京駅店有獨家限定的「紫菜醬油味薯片」，真正東京風味。￥240

TBS電視台節目推介「匠海」，特厚的蝦片用100%瀬戶內海蝦酥炸，蝦味極濃。￥617 / 10枚

「東京おかしランド」限定東京釜揚文字燒味薯片，辣中帶甜，充滿下町風味。￥580 / 盒

─Info─
網址：www.calbee.co.jp

卡通角色主題街
東京Character Street

　　2008年開業,位於一番街地庫,全長80米的地下街,集合27家人氣卡通角色專門店,包括NHK、TBS等日本6大電視台的官方專門店,還有Hello Kitty、鬆馳熊、Pokemon、miffy等人氣Character,全都有東京駅限定版商品。

MAP: P.233 C4

「K - spot」是Kiddy Land的迷你版,每季主打一個卡通角色,採訪時有GODZILLA。圖案內褲￥1,500

Character Street全長80米,集合27家卡通角色專門店。

不時有人氣動漫的Pop Up Store,包括期間限定的《妖怪手表》。公仔各￥1,296

─**Info**─
地址:東京駅一番街 B1 / F北通り
營業時間:1000 - 2030
網址:www.tokyoeki - 1bangai.co.jp/street/character

蠟筆小新專門店
クレヨンしんちゃん オフィシャルショップ〜

　　店名「蠟筆小新官方商店〜動感百貨公司東京車站店〜」又長又難講,惡攪意味濃!門口有大大隻1:1小新和妹妹小葵公仔,任你打卡,商品琳瑯滿目,還有大量東京車站限定商品。

東京駅限定圖案船襪,有車長造型小新和小白、妮妮與挨揍兔。￥418

雙葉幼稚園園長先生,與風間同學吸塑Figure。￥1,320

門口有大大隻1:1小新和妹妹小葵公仔歡迎你!

─**Info**─
地址:東京駅1番街C-8-3
網址:https://www.shinchan-app.jp/official-shop/

角落生物專門店
すみっコぐらしshop

　　亞洲第一間官方專賣店,疫情期間一度停業,2022年底以「咖啡店」主題重新開幕!提供1,000種角落生物周邊商品,是全日本種類最多的店鋪。還有東京車站限定女僕Look角落生物,就連晴空塔等其他地方限定都應有盡有。

數量限定明治學生造型角落生物。￥6,600

一入門口即見無數原大角落生物公仔,電視還不停播放動畫!

東京駅限定女僕Look角落生物。鎖匙扣￥605

─**Info**─
地址:東京駅一番街地下1F
網址:https://www.san-x.co.jp/

限定駅長比卡超
PokeMon Store

面積雖小，但提供超過2,500件《寵物小精靈》精品和玩具，還有當店限定的駅長造型比卡超，別處難尋！

東京駅限定。匙扣￥741

東京駅限定駅長比卡超。公仔￥1,600

Info

網址：www.pokemon.co.jp

限定駅長miffy
miffy style

荷蘭著名畫家Dick Bruna 筆下的Miffy專門店，也是關東唯一的專門店。店內集齊Miffy所有產品，還有當店獨家的駅長造型限定miffy。

駅長造型的東京駅限定miffy。￥3,000

Info

網址：www.kiddyland.co.jp/etc/miffy_style

東京駅限定
JUMP SHOP

日本知名的漫畫週刊《週刊少年Jump》開設的專門店，集齊旗下所有人氣漫畫，包括《One Piece》、《狐忍》、《龍珠》等等，更有不少當店獨家的限定商品。

《Jump流》名家創作內幕連DVD。￥1,290

東京駅限定《狐忍》四代目火影手裏劍菓子。￥650

Info

網址：www.benelic.com/service/jump.php

限定相機熊
Rilakkuma store

日本第2家鬆馳熊專門店，有齊鬆馳熊的所有精品和雜貨之外。一如以往，東京店也有「東京駅限定版」，掛住相機的鬆馳熊造型，更會漫遊舊東京駅。

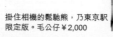

掛住相機的鬆馳熊，乃東京駅限定版。毛公仔￥2,000

Info

網址：http://blog.san-x.co.jp/rilakkuma-store

即時刻字服務
LEGO@click brick

　除了六本木的LEGO Education Center，東京市中心就只得這間LEGO專門店。店內有齊各式積木和精品外，還有提供即時刻名服務的積木匙扣，當手信一流！

積木匙扣可自選雕刻10個英文字母，約15分鐘完成。￥685（刻名￥370）

Info
網址：http://clickbrick.info

姆明專門店
MOOMIN SHOP

　東京首家《Moomin》（港譯《小肥肥一族》）專門店，面積雖小，但有齊姆明家族的精品，從衫褲鞋襪到陶瓷音樂盒都有，日版和歐洲版俱備。

阿美陶瓷擺設，歐洲版手工特別精緻。￥2,400

Info
網址：www.themoominshop.com

東京駅限定
SNOOPY TOWN mini

　多得SNOOPY MUSEUM開幕，令SNOOPY再次大熱，東京駅店面積不算大，但有一整櫃東京駅限定，從早到晚都人頭湧湧。

東京駅限定手挽袋。￥800

東京駅限定Memo紙。￥380

Info
網址：http://town.snoopy.co.jp

免費玩具池
TOMICA SHOP

　關東首家TOMICA專門店，附設組合工場，可自選玩具車組件，再交由機械臂組合。還有可讓小朋友免費任玩的玩具池，以及當店獨家的限定商品。

店內有一個可讓小朋友免費任玩的玩具池。

Info
網址：www.takaratomy.co.jp/products/tomicashop

日本國寶車站
MAP: P.232 C3

東京駅丸の内駅舍

1914年啟用，由明治時代建築大師辰野金吾設計，文藝復興式「赤煉瓦」紅磚造建築，南北兩側各有八角形穹頂，已登錄為日本重要文化財。二戰末期遭轟炸而毀損嚴重。2012年，歷時5年的「丸之內車站建築復原工程」完工，將「丸の内駅舍」修復到100年前的原貌，車站內外均佈滿華麗雕刻，值得細意欣賞。

文藝復興式「赤煉瓦」紅磚造建築，南北兩側各有28米高的八角形穹頂，名為「丸の内ドーム」。

八角形穹頂的8個角上，均有精緻的鷹雕刻，第2層還有申、丑等8種干支浮雕。

夜幕低垂，加上燈光的駅舍，更覺莊嚴華麗。

丸之內口中央，更有皇室專用的出入口。

┏━━ **Info** ━━
前往方法：JR東京駅丸の内口。

紅磚美術館
Tokyo Station Gallery

丸の内駅舍內的美術館，圍繞穹形屋頂而建、以紅磚爲牆的展覽室，經常舉辦與鐵道相關的展覽，像今年便有經典電影《鐵道員》男主角高倉健的相片展。

┏━━ **Info** ━━
地址：東京都千代田区丸の内1-9-1
開放時間：1000 - 1800
（周五1000 - 2000）
休息：逢周一
網址：www.ejrcf.or.jp
前往方法：JR「東京」駅丸の内北口。

東京未來新地標
MAP: P.232 D2

Tokyo Torch（常盤橋Tower）

東京駅全新地標建築，為「東京火炬」都市再開發計劃中兩座大樓之一。預計2027年竣工的「Torch Tower」，高390米、地上63層、地下4層，將成日本第一高大廈。62樓展望台可俯瞰東京全景，甚至富士山。另一棟常盤橋Tower已落成，大樓內的商業區「TOKYO TORCH Torraoo」，與庭園廣場「TOKYO TORCH Park」已率先開幕，目前已有多間食肆進駐，間間都有戶外庭園座位，氣氛悠閒。

目前已有多間餐廳、Cafe進駐，間間都有戶外庭園座位。

┏━━ **Info** ━━
地址：東京都千代田区大手町2丁目6-4
前往方法：「東京駅」日本橋口步行4分鐘。

公園內置滿大型藝術雕塑，春天還有櫻花可賞。

園內的錦鯉池，與「錦鯉發祥地」新潟縣小千谷市合

時尚郵便局
KITTE

　　2013年開幕，前身為80年歷史的舊東京中央郵局，名字取自郵票的日語發音「切手」。由日本殿堂級建築師隈研吾操刀，保留原來外觀和建築結構，改造成現代感的複合式商場。連地庫樓高7層，以「feel JAPAN」為主題，每層各有主題，網羅近100家商戶，近一半屬東京首店，更不乏富時尚感的設計雜貨店，很多都有推出「郵便局」主題的限定商品。

MAP: P.233 B4

新落成的複合式建名為JP Tower，面前純白建築便是舊郵便局改建的商場KITTE。特大的方形鐵窗框，充滿Bauhaus式建築風格。

1樓有BAO BAO ISSEY MIYAKE，主打大熱的BAO BAO包包和雜貨。

1至5樓中庭全部貫穿，光線自屋頂灑落，顯得更明亮寬敞。

Info
地址：東京都千代田区丸の内2-7-2
電話：03-3216-2811
營業時間：商店1100-2100
　　　　　（周日及假期1100-2000）
　　　　　餐廳1100-2300
　　　　　（周日及假期1100-2200）
網址：http://jptower-kitte.jp
前往方法：JR「東京」駅丸の内南口對面。

限定郵便局雜貨
中川政七

　　1716年創業、300年歷史的奈良織物老店，以高級手工織品「奈良晒」而聞名，近年跨界經營生活雜貨，引進日本職人傳統工藝，與現代設計結合，創出有故事的雜貨。KITTE店面積偌大，還有郵便局限定的雜貨發售。

店內以紳士、淑女、職人等劃分為不同區域，每件商品都有故事。

店中央有一整櫃「郵便局限定」，郵便局咖啡杯由長崎縣波佐見町陶瓷製。￥2,484

日本工匠手作的鑄鐵茶壺，壺身還有精緻的櫻花圖案。￥8,100

「中川政七」鐵罐飴，由福島縣職人直火手工製作。￥756

Info
地址：KITTE 4/F
網址：www.yu-nakagawa.co.jp

設計師之選
CLASKA Gallery & Shop "DO"

　　目黑著名設計旅店「CLASKA」，由日本著名建築師鄭秀和打造，掀起設計界熱話。及後陸續增建餐廳、Gallery等。Gallery & Shop "DO" 正是設計雜貨店，圍繞食、衣、住的日常用品，皆為Made in Japan，從傳統職人工藝，到新銳設計師作品，全是總監大熊健郎的精挑細選。

自家圖案totebag和手挽袋，也有郵便筒設計。￥2,000

台灣日系器皿店「小器」（+t）的玻璃水杯，印滿台灣本土的特色水果。各￥972

神戶品牌mature ha. 的「Boxed Hat」，草帽可壓扁收藏盒中，奪多個設計獎。￥15,000

CLASKA由野田琺瑯、九谷燒、到minä perhonen的嬰兒用品也有，全是設計師之選。

Info
地址：KITTE 4/F
網址：http://do.claska.com

英倫都會休閒
WORK NOT WORK URBAN RESEARCH

2013年創立，由倫敦Tomato Studio的Simon Taylor，與Adam Howe聯手打造的品牌，以「People's Tailoring, Freedom Culture」為概念，男女裝設計走英倫都會休閒風格。

女裝恤衫。￥10,500

KITTE店為品牌旗艦店，內裝貫徹英倫休閒風格。

━Info━
地址：KITTE 1 / F
網址：http://worknotwork.net

米芝蓮1星
Mary's Café

日本朱古力老牌「Mary's Chocolate」，與法國St Valentine小村米芝蓮一星餐廳「AU 14 FÉVRIER」，聯手打造的全球首間咖啡店，招牌包括75%濃度的朱古力慕絲，還有限定朱古力。

富士山形脆心朱古力，手信之選。￥648 / 8粒

━Info━
地址：KITTE 1 / F
網址：www.mary.co.jp/marys_cafe

精選設計小物
「+S」Spiral Market

來自二子玉川的設計精品店「Spiral Market」，主打自家原創品牌「Plus S」的生活雜貨，以及從日本和國內外搜集的生活小物。店內還設有「Creators Table」，每季推介一個新設計師或品牌。

仿Moleskine記事本造型的卡片盒，文青必買！￥1,404

從文具到餐具俱備，店內也有郵便局主題精品。

━Info━
地址：KITTE 1 / F
網址：www.spiral.co.jp

KITTE限定
MUJI to GO

以旅遊為主題的無印良品概念店，一向只在機場設店，KITTE 3樓的MUJI to GO不單是少有的市中心分店，更是日本國內最大的旗艦店，有一系列KITTE限定商品。

KITTE限定購物袋，袋面印有東京地圖。￥1,500

KITTE限定商品皆為藍色。

━Info━
地址：KITTE 3 / F
網址：www.muji.com/jp/mujitogo

憑吊昭和氛圍
旧東京中央郵便局室

商場4樓仍保留了一間舊「東京中央郵便局」的局長室，還原1931年創建時的原貌，並開放民眾參觀。裏面展出珍貴的舊照片，從方形的鐵窗往外看，東京駅丸の內駅舍盡入眼簾。

內裝散發歷史氛圍，天花還可可到原來的八角形建築支架。

郵便局室是拍攝東京駅的好位置。

Info
地址：KITTE 4 / F
開放時間：1100 - 2100
　　　　　（周日1100 - 2000）

東京駅取景地
屋上庭園ガーデン

6樓設有偌大的屋上庭園，鋪有精緻的木板平台與草坪，位置對正東京駅丸の內南口，是拍攝丸の內駅舍夜景的最佳位置。但要注意，庭園嚴禁使用腳架。

庭園鋪設綠油油的草坪，還有木板平台環繞，盡覽東京駅美景。

Info
地址：KITTE 6 / F

郵便局限定手巾
H TOKYO

2008年創立的手帕專門店，店內備有200多款選擇，均選用靜岡縣浜松、兵庫縣西脇，甚至意大利、美國等地的上等布料製作，圖案繽紛，還有KITTE限定的郵便筒刺繡手巾。

郵便局限定手巾。各￥1,500

Info
地址：KITTE 3 / F
網址：www.htokyo.com

木の雜貨
Hacoa DIRECT STORE

源自1962年創辦的越前漆器店，2001年增設家具店「Hacoa」，轉走時尚的生活用品，從iPhone套、卡片套，以至Keyboard、滑鼠等，通通都是職人木匠的手工之作。

木製牙籤盒，有烏木等多款選擇。￥4,320 - 6,480

Info
地址：KITTE 4 / F
網址：www.hacoa.com/directstore

日本橋系
東京駅
日本橋
銀座
築地
豐洲市場

山系潮牌
snow peak

1958年，由山井幸雄於新潟創立的戶外品牌，近年服裝愈趨時尚，一手帶起日本山系熱潮。全清水模內裝的KITTE店，主打自家品牌的山系服飾，男女裝俱備，都以天然物料製作，最重要是大部分Made in Japan。

男裝Polo恤，100%棉質物料製。各￥14,000

內裝以清水模設計，一室淡雅，更凸顯天然物料的服飾。

男裝登山恤衫，帶點軍事元素。￥14,000

女裝登山服，純麻質料製感覺涼爽。衫￥14,000、褲￥12,000

---Info---
地址：KITTE 4 / F
網址：www.snowpeak.co.jp

整棟建築以明治時期流行的紅磚瓦牆配尖屋頂設計，流露英式典雅的氣質。

丸の內首棟商辦重現
三菱一号館美術館

MAP: P.233 B5

三層高紅磚建築，原為「三菱商事」一號館，由英國建築師Jasiah Conder設計，始建於明治27年（1894年），乃丸の內第一棟商辦建築，可惜1968年遭拆卸。直至2009年，三菱才將拆除40年的三菱一號館原址復原，並改建為複合美術館。館藏以十九世紀末西洋美術為主，還附設歷史資料室、Digital Gallery、設計精品店。

「三菱Center Digital Gallery」，以數碼技術展出120件經典美術作品。

「三菱一号館美術館」主打十九世紀西洋美術，每年會舉辦3次主題策劃展。

建築本身已是藝術品，尖頂閣樓還有銅製的精緻小窗門。

「三菱一号館歷史資料室」，重現19世紀的三菱事務所，並展出歷史文物。

---Info---
地址：東京都千代田区丸の內2 - 6 - 2
電話：03 - 5777 - 8600
開放時間：1000 - 1800
休息：逢周一
網址：http://mimt.jp
前往方法：JR「東京」駅丸の內南口，徒步約5分鐘。

甜品激戰區
大丸東京店

MAP: P.233 C4; D4

8至10樓南側均有Tokyu Hand，主打生活雜貨和美容護理產品。

　　東京車站八重洲北口一出即見，地上13層、地下1層的購物巨城，網羅著名服飾及餐飲品牌超過140家。重點是地庫至1樓的食品街，集合超過50家人氣甜點和手信店，乃東京最著名的甜品激戰區，終年大排長龍。

地庫至1樓的大丸食品街，除了甜品手信，也有生鮮食材、便當等。

11樓集合多家戶外和運動服裝店，包括The North Face。

Info
地址：東京都千代田区丸の内1-9-1
電話：03-3212-8011
營業時間：約1000-2000（12／F 1100-2300、13／F 1100-0000）
網址：www.daimaru.co.jp/tokyo
前往方法：JR「東京」駅八重洲北改札口。

高級版Kit Kat
KIT KAT Chocolatory

　　高級版KitKat專門店，由著名甜品師傅高木康政治監修的「SUBLIME」系列，使用高級材料人手製作，每日限量生產，且每間店都有限定Special。大丸東京店限定的Special Boxset（￥1,458），一盒有抹茶、牛油等4款口味。

最新「I♥Tea」系列，一盒有齊玄米、紅茶、玉露等5款和洋茶味，還混от茶葉粒。￥2,484

裝潢華麗，一看便知矜貴。

「Special」櫻花抹茶味，使用正宗宇治抹茶粉製，茶味特濃。￥432

一周年紀念推出的「I♥FRUITS」，售價最貴，一盒5款果味都混有果肉，水果味超濃郁。￥2,484

Info
地址：大丸東京店B1／F
網址：http://nestle.jp/brand/kit/chocolatory

文豪咖啡店
Inoda Coffee

　　創業於昭和15年（1940年）的京都知名咖啡店，昔日乃谷崎潤一郎、池波正太郎等日本大文豪的聚腳地。東京店一室優雅，必喝初代社長所創的招牌咖啡「アラビアの真珠」（阿拉伯珠），還有被譽為京都必吃的早餐。

ビーフカツサンド（炸牛扒三文治），特選和牛肉皮脆肉軟又多汁，面層的煙肉油盡滲麵包中。￥1,770

アラビアの真珠（阿拉伯真珠），至今仍沿用初代社長的配方，味道優雅含蓄，回甘無窮。￥515

朝食，炒蛋嫩滑鮮甜、沙律爽脆、厚火腿濃郁，連牛角包都做得外酥肉軟。連咖啡￥1,230

Info
地址：大丸東京店8／F
網址：www.inoda-coffee.co.jp

一場兩店
Tokyo Banana STUDIO
（東京ばな奈ツリー）

大丸1樓和地庫均有直營專櫃，尤以地庫面積最大、售賣的款式最多，包括原味、長頸鹿紋，還有季節限定「銀座チーズケーキ」（銀座芝士蛋糕）等等。

Tips

菜の花Tokyo Banana，只限東京駅內的手信店有售。

長頸鹿紋Tokyo Banana，香蕉奶昔味內餡。￥1,080 / 8件

季節限定「銀座チーズケーキ」（銀座芝士蛋糕）。￥1,029 / 8件

Info

地址：大丸東京店B1 & 1 / F
網址：www.tokyobanana.jp

排隊焦糖夾心餅
N.Y.C.SAND

東京玉子本舖公司，花10年時間研製的焦糖夾心餅「N.Y.キャラメルサンド」（Caramel Sand），酥脆的餅乾夾住朱古力與黑糖做的焦糖餡，香濃而不過甜，餘韻帶焦香的微苦，充滿成熟的味道。2015年於大丸首賣，1個月已賣出35萬枚，現在乃大排長龍。

N.Y.キャラメルサンド（焦糖夾心餅），薄薄的夾心餅，味道焦香又濃郁，推介！￥540 / 4枚

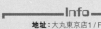

Info

地址：大丸東京店1 / F
網址：www.nycsand.com

限定抹茶大福
岡埜栄泉総本家

源自上野明治六年（1873年）創業的和菓子老店，招牌大福外皮透薄軟糯，並帶鹽味，配上北海道大納言紅豆做的餡，一吃愛上。大丸東京店還有獨家限定的「抹茶大福」。

抹茶大福，抹茶與紅豆是絕配。￥240

Info

地址：大丸東京店B1 / F
網址：www.okanoeisen.com

山系專門店
ICI石井スポーツ

1964年於新宿創立，日本著名山系與滑雪服飾用品專門店，目前全國擁有33家分店，網羅HAGLOFS、Marmot、MAMMUT、SALOMON、THE NORTH FACE、montbell等80多個國際戶外品牌，經常舉辦大型登山講座或活動，常有減價。

西班牙登山品牌TERNUA女裝短褲，質料透氣。特價¥6,400

意大利登山鞋品牌AKU，高筒爪地強，防水防污。¥19,800

MOUNTAIN EQUIPMENT太陽帽，附設爬山小扣，方便扣在背包。各¥5,400

大丸東京佔地極廣，常有減價。

英國登山品牌MOUNTAIN EQUIPMENT，男裝格紋山系恤衫，不失時尚。¥10,000

賞櫻勝地
皇居/皇居外苑

MAP: P.232 A1-3

日本天皇與皇后所住的御所，原為江戶幕府歷代將軍所居住的江戶城，四周有護城河環繞。其中，皇居外苑、皇宮東御花園、北之丸公園對外開放，著名景點包括二重橋、千鳥淵等，園內花繁葉茂、百花飄香，更是著名的賞櫻和賞楓勝地；而「皇居」內部每年在天皇誕生日及1月2日開放。其餘日子需通過官網申請預約參觀（至少4天前）。

櫻田門，江戶時代皇居內的城門，優美的枡形門建築。

公園旁護城河「千鳥淵」，為著名賞櫻名所。

桜田巽櫓，又名櫻田二重櫓，昔日用作儲存武器、糧食。

二重橋，坐落皇居外苑正門的石橋，橋桁為上下兩段。

必買限定精品
東京中央郵便局

　　KITTE商場地下仍保留有「東京中央郵便局」，過百年歷史，見證日本郵政從國營到私有化。日本47個縣府郵局都會推出限定郵政精品，來到東京中央郵便局，必買限定明信片，還有大量中央郵便局限定，與東京駅100周年紀念精品，即場寄出還有中央郵便局特別郵戳。 MAP: P.233 B4

東京中央郵便局內，有大量限定郵政精品發售。

中央郵便局限定「東京駅」及KITTE A5 File。各￥360

東京限定Postcard。各￥185

中央郵便局郵戳

中央郵便局限定「東京駅丸の内駅舍」mt紙膠帶。￥401

---Info---

地址：東京都千代田區丸の內2‑7‑2（KITTE 1／F）
營業時間：0900‑2100（周六、日及假期0900‑1900）
網址：www.post.japanpost.jp
前往方法：JR「東京」駅丸の內南口，徒步約1分鐘。

消夜首選「茶泡飯」
だし茶漬け えん

Tips
飯可免費轉大碗，湯亦可無限添加。

　　日本著名連鎖「茶漬飯」專門店，即是日式茶泡飯，將米飯和配料拌上茶或高湯食用。好的茶漬飯，最講究那「出汁」（湯汁），「えん」以宗田節、鯖節、鰹節、昆布、酒，加上雞殼熬煮而成，配上宮城縣米飯，味道清甜而富深度。每日供應約10款茶漬飯定食，連兩款小鉢和漬物，由於低卡又營業至近凌晨，成為消夜首選。 MAP: P.232 B3

漬け鮪の漁師風だし茶漬け，新鮮鮪以魚醬油淺漬，加上芝麻、大蔥等，淋上湯汁輕炙更覺軟滑。小鉢菜式每天不同，都很佐飯。￥801

不同時令還有季節限定套餐。

由於營業至近凌晨，很多喝完酒的上班族都會來消夜。

---Info---

地址：東京都千代田區丸の內1‑5‑1 新丸の內ビルディング B1／F
電話：03‑5224‑3755
營業時間：1100‑2300（周六1100‑2200；周日及假期1100‑2100）
網址：http://dashichazuke-en.com
前往方法：JR「東京」駅丸の內中央口，徒步1分鐘。

500kcal話題健康餐
丸の内タニタ食堂

本是測量儀器公司「タニタ」(TANITA)，於2012年開設的員工食堂，因為主打的午市定食，有魚有肉有湯有甜點，卻只有500kcal而爆紅，及後推出的食譜更大賣300萬本！食堂也招待非員工，每日供應兩款定食，都由專業營養師設計，營養均衡又豐盛，鹽份保持3g以下，3餸一湯只500至600kcal，保證飽肚到不行！ **MAP: P.233 A5**

進食流程：先購買食券，然後自行盛飯，有金芽玄米和金芽米飯兩款，還有指示線提你飯量多少。

接着就可以拿托盤排隊，先取配菜，有兩款選擇。

最後，把食券交給職員，便可拿主菜，旁邊還有自助茶水機。

每100g金芽米飯有144kcal，枱面甚至有電子磅，好讓你準確計算。

週替わり定食，菜式每周更換，這天主菜是紅蘿蔔兔治肉餅，肉餅很香口，雖然低鹽但雜菜醬酸酸的很佐飯；配雞蛋沙律、自選米飯、香蕉乳酪和菠菜味噌湯，份量大而營養超豐富，但卡路里只601kcal！¥1,100

Info

地址：東京都千代田区丸の内3-1-1 国際ビル ヂング B1/F
營業時間：1100 - 1500（cafe）
1400 - 1600
休息：逢周六、日及假期
網址：www.tanita.co.jp/shokudo
前往方法：東京Metro「有楽町」駅D1出口，徒步2分鐘；或都営三田線「日比谷」駅B4出口，徒步1分鐘。

亞洲首間「星巴克酒館」
Starbucks Evening

亞洲首間賣酒的星巴克。其實「Starbucks Evening」概念店在美國已有300家店，直至2016年才首次進駐亞洲。選址丸の内商廈「東京ビル」內，提供約10款各國酒精，包括葡萄酒、精釀啤酒，甚至「紅酒星冰樂」。還有搭配甜點的葡萄酒Set，酒精度不會太高，主旨是為上班族提供片刻休閒。 **MAP: P.233 B5**

Gouda Cheese & Tropicals Tartelette（芝士果乾餡餅），餡餅底酥脆，配軟綿芝士和果醬，佐酒一流；Sparkling wine，清爽果味，很消暑。¥1,250

用上日本職人硝子老牌「松德硝子」，特製的酒杯盛載。

亞洲首家「Starbucks Evening」選址丸の内一棟商廈內，外表一如普通星巴克，但有酒精飲品供應。

Info

地址：東京都千代田区丸の内3-3-1 丸の内新東京ビル 1/F
電話：03-3216-3552
營業時間：0700 - 2230（周六0800 - 2100、周日及假期1000 - 2000）
網址：www.starbucks.co.jp/evenings
前往方法：東京Metro「有楽町」駅D3出口，徒步3分鐘。

東京駅

日本橋

銀座

築地

豐洲市場

江戶の味

日本橋

にほんばし / Nihombashi

　　位處東京車站旁邊，與銀座相連。16世紀初，德川幕府從京都遷都至江戶（東京），築成「日本橋」，作為全國道路網的起點。自此，一直是全東京最繁華的商業、經濟及文化重心。日本銀行、三井銀行、三越百貨的總店，盡皆座落於此。從日本橋到人形町，隱藏着數之不盡的傳統老店與食堂，至今仍保存正宗的江戶之味。

交通

東京Metro銀座線、東西線「日本橋」駅；JR総武線快速「新日本橋」駅；東京Metro半蔵門線、銀座線「三越前」駅。

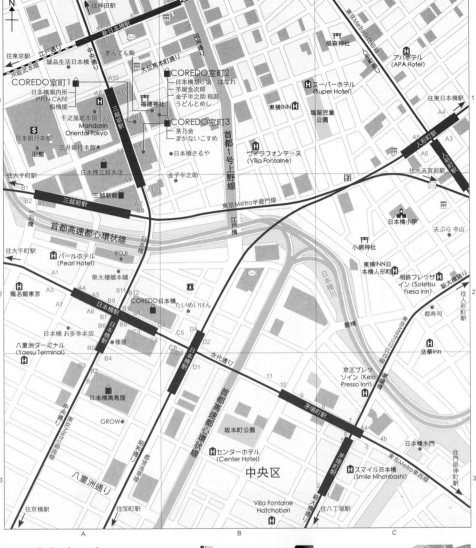

(Map labels)

N

往神田駅
新日本橋駅
江戸通り
まんてん鮨
往東京駅 中央通り
昭和通り
大伝馬本町通り
総武本線
東京Metro日比谷線
椙森神社
アパホテル (APA Hotel)

誠品生活日本橋
COREDO室町1
日本橋案内所
IPPIN CAFE
船橋屋
COREDO室町2
日本橋だし場 はなれ
芋屋金次郎
金子半之助 稲庭
うどんとめし
スーパーホテル (Super Hotel)
東横INN
往東日本橋駅

千疋屋総本店
Mandarin Oriental Tokyo
三越前駅
三井銀行本館
日本銀行本館
旧館
福徳神社
COREDO室町3
茅乃舎
まかないこすめ
首都1号上野線
堀留児童公園
人形町駅

三井銀行本館
日本橋三越本店
日本橋さるや
金子半之助
ヴィラフォンテーヌ (Villa Fontaine)
往水天宮前駅

往大手町駅
三越前駅
三越新館
東京Metro半蔵門線
江戸橋
日本橋小学
天ぷら 中山

首都高速都心環状線
首都高速都心環状線
小網神社
東横INN日本橋人形町
相鉄フレッサイン (Sotetsu Fresa Inn)
新大橋通り
往大手町駅
パールホテル (Pearl Hotel)
ROJI
榮太樓總本鋪
日本橋川
都寿司
龍名館東京
COREDO日本橋
たいめいけん
鎧橋
往人形町駅

日本橋駅
日本橋 お多幸本店
橘原
永代通り
法華Inn
京王プレッソイン (Keio Presso Inn)
八重洲ターミナル (Yaesu Terminal)
日本橋高島屋
GROW
坂本町公園
茅場町駅
日本橋水門
往門前仲町駅

往京橋駅
往宝町駅
八重洲通り
センターホテル (Center Hotel)
中央区
スマイル日本橋 (Smile Nihonbashi)
往八丁堀駅
Villa Fontaine Hatchobori

(Side vertical navigation bar, right edge)

東京

東京駅
日本橋
銀座
築地
豊洲市場

江戸之起點

日本橋 MAP: P.255 A2

　　橫跨日本橋川的一座橋樑。1604年，德川幕府下令興建，作為全國道路網建設計劃「五街道」的起點。原為木造橋樑，經歷多次火災與重建，現在的已是1911年興建的第19代，被列為國家重要文化財產，但被1964年興建的首都高速高架所遮蓋，幸好民間多番爭取，最近確定2020年將拆除高速，還日本橋一片天空。

中央橋柱築有精緻的麒麟銅雕。

現在的第19代「日本橋」，建於1911年，為石造二連拱橋，但被首都高速道路遮蓋了。

Info

地址：東京都中央区日本橋
前往方法：東京Metro半蔵門線、銀座線「二越前」駅，步行約2分鐘。

255

江戶名菓子
榮太樓總本舖

安政四年（1857年）創業的和菓子老店，招牌「榮太樓飴」即是日本傳統用砂糖做的「有平糖」，圓鐵盒包裝，有抹茶、黑糖、紅茶等口味，味道清甜，簡單而古雅，仍日本家傳戶曉的糖果，現在仍是送禮佳品。日本橋本店有售各式名物菓子，還附設主打和式甜點的食堂。

MAP: P.255 A2

榮太樓飴，經典圓鐵盒包裝，一盒有齊抹茶、黑糖和梅3款口味。￥1,253

のど飴，薄荷口味的潤喉糖，還有蜂蜜。￥340

日本橋本店面積俉大，職員服務都超細心，現場見日本太太一買就過萬円！

Info
地址：東京都中央区日本橋1-2-5
電話：03-3271-7785
營業時間：0930-1800
休息：逢周日及假期
網址：www.eitaro.com
前往方法：東京Metro銀座線、東西線「日本橋」駅B11出口，步行約1分鐘。

日本唯一 職人楊枝專門店
日本橋さるや

宝永元年（1704年）創業，乃日本唯一手工楊枝專門店。「楊枝」即是我們的牙籤，「さるや」使用樟木的嫩枝製作，擁有柔軟的彈性，能夠溫和地清潔牙齒。至今仍由職人以小刀慢慢削成，相當費工，矜貴得需用桐木盒包裝發售。

MAP: P.255 B1

千兩箱，內含70支楊枝，盒面有店主親筆的「金千兩」的意頭文字。小￥700

楊枝箱還可當名片盒，故很多長輩買來送贈新入職下屬。

便攜式楊枝袋，圖案繽紛，內含5支楊枝，都是手工製。￥600

Info
地址：東京都中央区日本橋室町1-12-5
電話：03-5542-1905
營業時間：1000-1800
休息：逢周日及祭典
網址：www.nihonbashi-saruya.co.jp
前往方法：東京Metro半蔵門線、銀座線「三越前」駅A4番出口，步行1分鐘。

200年和紙雜貨
榛原

文化3年（1806年）創業，日本橋超過200年歷史的和紙老舖，專售高級和紙、便箋、金封、明信片、紙扇等，都印滿江戶風的圖案。近年推出的和風紙膠帶WASHI TAPE，更大受年輕人歡迎。

MAP: P.255 A2

煉瓦造的日本橋本店，位處摩天商業大廈群中央，外觀超有型。

「榛原WASHI TAPE」和風紙膠帶，全是日本傳統或江戶風的圖案。Stepping Rabbit ￥432

「榛原WASHI TAPE」京友禪染系列，圖案來自高級和服。￥432

榛原的「団扇」一直是日本名流的最愛，售價￥3,000起。

Info
地址：東京都中央区日本橋2-7-1 東京日本橋タワー
電話：03-3272-3801
營業時間：1000-1830（周六、日1000-1730）
休息：逢假期
網址：www.haibara.co.jp
前往方法：東京Metro銀座線、東西線「日本橋」駅B4或B6出口，步行約1分鐘。

重現江戶盛世
COREDO 室町1

MAP: P.255 A1

Info
地址：東京都中央区日本橋室町 2-2-1
營業時間：1000 - 2100
（餐廳約1100 - 2300）
網址：http://31urban.jp/ institution.php?iid=0013
前往方法：東京Metro半蔵門線、銀座線「三越前」駅 A6番出口直結

COREDO乃「三井不動產」室町開發計劃的首個項目，連開3座大型商場，每家各有主打。2010年開業的「室町1」，以「活躍日本的日本橋」為理念，商場部分連地庫樓高5層，27家商戶餐飲，匯集日本橋知名老店，重現江戶繁華盛世。

1樓可見題名為「鐵の時光」的壁面藝術，盡現日本傳統之美。

日本橋精華遊
日本橋案内所IPPIN CAFÉ

非一般的觀光中心，不止提供日本橋區內觀光諮詢，舉辦茶道等日本文化體驗與導賞團，更附設精品店和Cafe，前者集合一眾日本橋老店的名物，包括期間限定和案内所限定；後者則主打日本職人手工啤酒COEDO，與東京老店和菓子。

日本職人手工啤酒COEDO有3款口味，「伽羅」味甘而帶果香；配北海道烤魷魚一流。套餐￥900

館內設有中央區「City Bike」登錄機，用SUICA西瓜卡登記即成，現場職員會提供協助。

案内所常備外籍職員駐守，還有售賣日本橋老店的名物，掃手信一流。

金鍔セット，江戶老店「榮太樓總本鋪」的招牌和菓子「金鍔」，番薯餡清甜濕潤，配極上茶一流。￥650

Info
地址：COREDO室町1 1/F
網址：www.nihonbashi - tokyo.jp/ information_center

文豪最愛「葛餅」
船橋屋

文化2年（1805）創業，超過200年歷史的和菓子老店。招牌「くず餅」乃日本「葛餅」的始創店，用小麥澱粉混合天然地下水，自然發酵15個月熟成，吃時再拌以秘傳黑蜜和黃豆粉，口感滑嫩而有獨特彈性，低卡又有益，深受芥川龍之介、吉川英治等日本大文豪鍾愛。

店內也有售外賣版和菓子，真空包裝，大可買回去作手信。くず餅￥450

抹茶あんみつとお茶のセット，漢字為「餡蜜」，一碗集齊抹茶寒天、賽の目、小豆餡、杏子乾等，吃時拌以抹茶黑蜜。連茶套餐￥1,300

東京くず餅のセット，「葛餅」色如凝脂，入口軟軟又滑嫩，口感有點像蘿蔔糕。連茶套餐￥900

Info
地址：COREDO室町1 1/F
營業時間：1000 - 2100
網址：www.funabashiya.co.jp

人氣食店集合
COREDO 室町2

2014年開業，地下1層、地上6層，主打飲食，網羅38家口碑老店與話題新餐廳，將傳統料理與新派創意完美結合，展現日本料理新貌。人氣必吃包括和牛漢堡扒「サカナの中以勢」、人形町今半、金子半之助的烏冬店等等，還有最新的TCX大屏幕影院。 **MAP: P.255 B1**

3棟「COREDO室町」均由著名的團紀彥建築設計事務所主理，充滿日本傳統元素。

┌─Info─┐
地址：東京都中央区日本橋室町2 - 3 - 1
營業時間：1000 - 2100
　　　　　（餐廳約1100 - 2300）
網址：http://31urban.jp/institution.
　　　　php?iid=0013
前往方法：東京Metro半藏門線、銀座線
　　　　　「三越前」駅A6番出口，步行
　　　　　1分鐘。

￥648黑毛和牛
人形町 今半

1895年創業，源自人形町的著名和牛店，嚴選全國頂級黑毛和牛，再自行熟成，招牌Sukiyaki和Shabu Shabu，最便宜也要￥6,000。但COREDO地庫的便當店，和牛便當低至￥800起，超值！

黑毛和牛Sukiyaki。各￥648

┌─Info─┐
地址：COREDO室町2 B1 / F
網址：www.imahan.com

免排隊天婦羅丼
金子半之助 稲庭うどんとめし

東京超人氣的排隊天婦羅丼店，2014年新開的稲庭烏冬店，主打多款套餐，都包括招牌天婦羅和烏冬，排隊人潮不多，想一嚐金子半之助是絕佳機會！

┌─Info─┐
地址：COREDO室町2 B1 / F
網址：http://kaneko - hannosuke.com

鮮炸番薯條
芋屋金次郎

日文「芋」即是我們的番薯。原為1952年於高知縣創業的芋菓子老舖，招牌「芋けんび」即是炸番薯條，選用鹿兒島大隅半島、宮崎縣等地350個契約農家的番薯，炸至金黃色再拌以黑糖、鹽等調味，入口脆卜卜又香甜。COREDO乃東京唯一分店，提供現場鮮炸番薯條和雪糕。

日本橋限定「揚げたて芋けんび」，用橄欖油現場鮮炸，12小時內發售，新鮮酥脆。￥500 / 包

除了不同口味的炸番薯條，還有炸番薯片、原個番薯等發售。

特撰芋けんび，人氣第一的原味；塩けんび，又甜又鹹。各￥230

芋屋のソフトクリーム，使用高知縣吉本牛乳製，有齊牛乳和紫番薯味，更送多支炸番薯條。￥350

┌─Info─┐
地址：COREDO室町2 B1 / F
網址：www.imokin.co.jp

COREDO店裝潢時尚型格，還有日本茶和酒精供應，很受OL歡迎。

鰹魚湯專門店
日本橋だし場 はなれ

元禄12年（1699年）創業，原為日本橋300多年歷史的鰹節專門店。COREDO店為和式食堂，主打利用自家鰹節煮成的「だし」湯汁所炮製的各式料理，像茶漬飯、雜炊、釜飯定食等，也有和風甜點，全是傳統日本人的家常之味。

はなれだし茶漬け，用自家鰹節湯汁泡飯，最能吃出湯汁的清香，還有酸梅、Wasabi味道等漬物，每樣都很佐飯。￥700

店內還有售賣自家鰹節片，以及日本職人打造的鰹節削器。￥10,800起

糀スカッシュ，自家製Ginger ale混入酒粕，再以辣椒提味，入口清香又有絲絲的辛辣。￥700

┌Info┐
地址： COREDO室町2 1/F
電話： 03 - 5205 - 8704 予約可
營業時間： 1100 - 1400、1400 - 1700、
　　　　　　 1700 - 2200
網址： www.ninben.co.jp/hanare

日本初上陸　COREDO室町Terrace
誠品生活日本橋

「誠品生活」首度進軍日本，2019年開幕，選址日本橋的COREDO室町Terrace，佔地超過32,000平方呎，分為「誠品書店」、「文具區」、「EXPO選物店＆工作坊」及「餐飲區」4大區域。帶來30多家台灣知名品牌和餐廳，計有阿原肥皂、郭元益、LSY林三益、富錦樹台菜香檳、鹿角巷THE ALLEY、王德傳等等熟悉的名字。

MAP：P.255 A1

長達30米的「文學長廊」，選書以日文書為中心，也有少量中文與外文書籍。

揚威國際的台灣威士忌「KAVALAN」（噶瑪蘭），很受日本人歡迎。￥5,500

台灣人日常生活常見的大同電鍋、客家花布、沙茶醬都在日本出現。

主打道地台灣料理、法式餐酒節奏的「富錦樹台菜香檳」，也一同進駐。

在東京喝一罐熟悉的「蘋果西打」，真光宗耀祖！￥180

┌Info┐
地址： 東京都中央区日本橋室町3-2-1
　　　　 COREDO室町Terrace 2F
電話： 03-6225-2871
營業時間： 1100-2000
網址： http://www.eslitespectrum.jp/
前往方法： 東京Metro銀座線「三越前駅」，徒步2分鐘；半藏門線「三越前駅」，徒步4分鐘；JR總武本線「新日本橋駅」，徒步4分鐘。

Made in Japan
MAP: P.255 A1
COREDO 室町3

同樣2014年開業，地下1層、地上4層，網羅30家商戶品牌，提倡好生活，主打Made in Japan的優質設計，像金箔護膚品牌「まかないこすめ」、調味料專門店「茅乃舎」、真空鈦合金杯「SUSgallery」等等，還有。

商場建築特別以門簾和紙燈籠等傳統裝飾品，營造日本風格。

┌─ Info ─┐
地址：東京都中央区日本橋室町1 - 5 - 5
營業時間：1000 - 2100（餐廳約1100 - 2300）
網址：http://31urban.jp/institution.php?iid=0013
前往方法：東京Metro半蔵門線、銀座線「三越前」駅A4番出口直達。

金箔護膚品
まかないこすめ

原為明治32年（1899年），於金沢創業的金箔店，為改善金箔屋女工的粗糙肌膚而研製的護膚品，結果大獲好評。2005年索性成立品牌生產，都使用大豆、白米等100%國產天然原料製作，不含致敏成份。招牌包括金箔洗臉皂，以及純金箔Mask！

純金箔・至福のMask，用24K純金箔製做。¥5,000 / 1枚

金箔洗臉皂，用非加熱處理法製作。¥3,800

Hello Kitty × まかないこすめ潤手霜，春天期間限定櫻花香味。¥1,600

品牌的護膚品，皆使用100%國產天然原料製作，任何膚質適用。

┌─ Info ─┐
地址：COREDO室町3 3 / F
網址：https://e - makanai.com

老牌百貨總部
三越百貨本店

前身為1673年創立的和服店「越後屋」，1904年創立三越百貨，現在日本橋總店乃1935年建造，正面玄關置有獅子像，內部有華麗的大理石與彩繪玻璃裝飾天花，盡現大正時代的風貌，已入選為東京都選定歷史建築物。
MAP: P.255 A1

┌─ Info ─┐
地址：東京都中央区日本橋室町1 - 4 - 1
電話：03 - 3241 - 3311
營業時間：1030 - 1930（餐廳1100 - 2200）
網址：http://mitsukoshi.mistore.jp
前往方法：東京Metro半蔵門線、銀座線「三越前」駅A5或A3番出口直達。

《半澤》取景地
三井銀行本館

1929年落成，「三井住友信託銀行」本館，現為「三井不動產」總部。7層新古典主義建築，由美國Trowbridge & Livingston建築師事務所設計，已登陸為國家重要文化財產，人氣日劇《半澤直樹》也曾取景。

MAP: P.255 A1 - A2

┌─ Info ─┐
地址：東京都中央区日本橋室町2 - 1 - 1
電話：0120 - 579 - 100
營業時間：0900 - 1500
網址：www.smtb.jp
前往方法：東京Metro半蔵門線、銀座線「三越前」駅A5或A7番出口，步行1分鐘。

舊金庫見學
日本銀行本館

1896年落成，由日本殿堂建築師辰野金吾設計，已登陸為國家重要文化財產。平日戒備森嚴，但可預約參加免費的見學，周一至五、每日有3場，可參觀舊地下金庫、舊營業場展示室等，但內部不能拍照。

MAP: P.255 A1

┌─ Info ─┐
地址：中央区日本橋本石町2 - 1 - 1
電話：03 - 3277 - 2815
網址：www.boj.or.jp
見學預約：www.boj.or.jp/about/services/kengaku.htm
前往方法：東京Metro半蔵門線「三越前」駅B1出口，步行1分鐘。

午市￥1,500黑毛和牛
焼肉ダイニング GROW

東京新冒起的鐵板燒燒肉店，嚴選全國各地最頂級的A5和牛。日本橋乃2015年新開的Dining House，藏身地庫，裝潢型格時尚如夜店，更有大量個室。提供數十款和牛料理，從和牛刺身、刺身牛丼、和牛壽司，到和牛燒肉俱備。晚市最便宜的套餐「和」￥5,400／位，包括和牛壽司、和牛燒肉等8道名菜。 **MAP: P.255 A3**

贈送的前菜亦不馬虎，法式豬肉雜菜卷，配芝士脆包，皆佐酒。

黑毛和牛的握り，A5級霜降和牛肉加上壽司飯，入口即化而賣相優美。2貫￥600

神のハラミ（燒肉），即橫隔膜。厚厚一片配水果醬，油脂豐腴，肉汁溢滿口腔，回味無窮！2片￥1,800

赤身ユッケ，選用A5級霜降和牛肉，拌以秘製醬汁和半熟蛋黃，口感滑嫩鮮美。￥1,300

日本橋店設有多間精緻個室，還附設酒窖，提供超過200款葡萄酒。

午市限定「ユッケ丼」，生和牛肉拌上熱呼呼的米飯，堪稱極品！￥1,500

Info
地址：東京都中央区日本橋3-8-9日本橋ホリビルB1／F
電話：03-3527-9810 予約可
營業時間：1130-1400、1700-2300
網址：http://teppanyaki-grow.com
前往方法：日本橋高島屋後面。

《孤獨》爆紅黑天丼
天ぷら 中山

本是人形町一間家族經營的小店，因人氣日劇《孤獨的美食家》推介而爆紅。劇中令五郎驚為天人的「黑天丼」，正是招牌天丼，天婦羅淋上滿滿的黑色秘製醬汁而成。麵衣酥脆，散發淡淡麻油香，黑色的醬汁不過鹹，反而清爽佐飯，愈吃愈香。 **MAP: P.255 C2**

天丼（黑天丼），一碗有兩隻大蝦、竹筴魚、炸雜錦等，麵衣酥脆，醬汁鹹香惹味，全都超級佐飯。附湯￥1,020

店內放有《孤獨的美食家》的劇照和模型。

新香，自家淺漬的醃菜，口感超爽脆，日本人還會用來佐酒。￥150

街坊老食堂，老闆職員都很親切，見筆者拍《孤獨》的模型，都大讚識貨！

Info
地址：東京都中央区日本橋人形町1-10-8
電話：03-3661-4538 予約可
營業時間：1115-1300、1730-2045
休息：逢周六、日
消費：約￥1,000／位起
前往方法：東京Metro日比谷線、都營淺草線「人形町」駅，步行約3分鐘。

蒲公英蛋包飯
たいめいけん（泰明軒）

昭和6年（1931年）創業，是池波正太郎等日本大文豪至愛的洋食店，現在仍晚晚大排長龍。招牌「蒲公英蛋包飯」，將日本名導伊丹十三在電影《蒲公英》中創作的夢幻蛋包飯真實呈現！有別於傳統以蛋皮包着茄汁炒飯，而是將半熟鬆軟的蛋置於飯面，吃時以餐刀一別，半熟蛋漿泗溢，混合雞肉茄汁炒飯更滑溜無比。

MAP: P.255_B2

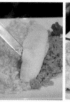

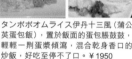

タンポポオムライス伊丹十三風（蒲公英蛋包飯），置於飯面的蛋漿脹鼓鼓，輕輕一別蛋漿傾瀉，混合乾身香口的炒飯，好吃至停不了口。¥1950

カニポテトサラダ，另一名物蟹肉沙律，薯仔沙律口感creamy輕盈，薯味超濃郁。¥1,480

店家還有推出「蒲公英蛋包飯」專用鍋，更配上昭和風包裝。¥4,400

━Info━

地址：東京都中央區日本橋1-12-10
電話：03-3271-2465
營業時間：
1/F 1100-2100（周日及假期1100-2030）；
2/F 1100-1500、1700-2100（周日及假期休）
網址：www.taimeiken.co.jp
消費：約¥2,000/位
前往方法：COREDO日本橋店斜對面。

花にぎりずし，包括吞拿魚、鰶魚、真鱝魚、醬油漬鮪、玉子、卷物等共10貫，師傅板前現握，壽司飯入口後瞬間散開，跟魚的鮮味融合升華，正是大師水準。¥1,300+税

抵吃正統江戶前
都寿司

明治20年（1887年）創業，乃人形町著名的江戶前壽司店。所謂「江戶前壽司」，只做當場現握的壽司，講究食材的新鮮，軍艦、加州卷等花巧壽司，一律謝絕！使用秋田小町和宮城縣產的壽司米，口感黏糯而富赤酢的芳醇。最重要是收費豐儉由人，最便宜的「花にぎりずし」，足10件現握江戶前壽司，只¥1,300！

MAP: P.255_C2

━Info━

地址：東京都中央区日本橋蛎殻町1-6-5
電話：03-3666-3851
營業時間：1100-1400、1630-2200（周六1100-1400）
休息：逢周日及假期
網址：http://r.gnavi.co.jp/g787800
消費：約¥1,500/位起
前往方法：東京Metro日比谷線、都營淺草線「人形町」駅，步行約6分鐘。

百年關東煮
日本橋 お多幸本店

　大正12年（1923年）於銀座創立，2002年遷至日本橋，樓高3層，成為區內最人氣的居酒屋。招牌關東煮，傳承半世紀江戶之味的湯汁層次深厚，像魚板、魚餅等都出自300年老店「神茂」。最重要是收費便宜，菜單選擇又多，難怪晚晚爆場！

MAP: P.255 A2

会津馬肉のたたき，味道鮮甜彈牙，可蘸蒜蓉或薑蓉。￥900

牛タン，關東煮牛舌，煮至軟腍入味，充滿牛脂香，日本電視台也曾推介。￥800

手造りつくね，免治雞肉串烤得蕉香，蘸生雞蛋黃吃，入口更嫩滑鮮甜。￥480

みはからい四品，廚師發辦4款關東煮包括大根、油豆腐等，吸盡以昆布、鰹魚和醬油熬煮的湯汁。一人前￥950

招牌名物豆腐飯「半とうめし」，木棉豆腐關東煮，拌以加入湯汁和茶的米飯，簡單但正是關東煮的精粹。半份￥200

Info

地址：東京都中央区日本橋2-2-3 お多幸ビル
電話：03-3243-8282
營業時間：1130-1400、1700-2300（周六及假期1600-2230）
休息：逢周日
網址：http://r.gnavi.co.jp/a439400
消費：約￥3,000／位
前往方法：東京Metro銀座線、東西線「日本橋」駅A7或B0出口，步行1分鐘

水果芭菲王
千疋屋 本店

　天保5年（1834年）創業，180多年歷史的高級果物專門店，大正年間（19世紀初）開設「水果吧」，主打以水果入饌的精緻甜點，成為昔日上流階層的消閒勝地。日本橋本店佔地兩層，1樓高級水果店；2樓則是Fruit parlor & restaurant，必吃招牌水果芭菲。

MAP: P.255 A1

1樓是高級水果店，嚴選日本及世界各地頂級果物，都是日本人的送禮之選。

千疋屋スペシャルパフエ（Special Parfait），一杯集齊時令水果，每款都嚴選頂級的，啖啖鮮美。￥1,944

2樓餐廳格調高貴，侍應提供的管家式服務，質素媲美銀座資生堂或和光。

Melon Sherbet，用上頂級日本蜜瓜製，蜜瓜味濃郁，吃後滿口清香。￥864

Info

地址：東京都中央区日本橋室町2-1-2 日本橋三井タワー　1-2/F
電話：03-3241-0877
營業時間：0900-1900（1/F）
網址：www.sembikiya.co.jp
消費：約￥1,500／位
前往方法：東京Metro半蔵門線、銀座線「三越前」駅A8番出口直達。

罐頭專門店
ROJI

店內有齊「K&K」罐頭，有暢銷榜，也附設食堂，給你即場試吃。

「K&K 缶つま」是日本300年歷史的老牌食品公司「国分」，2010年起推出的高級「下酒菜」罐頭，至今已超過100款。請來日本「罐頭博士」黑川勇人，及銀座酒吧老闆來構思，不再Sell廉價，像熟成和牛、鹽水海膽、煙薰蠔等，多高級都有，深受中產和女生喜愛，日本橋ROJI正是其唯一專門店。

MAP: P.255 A2

煙薰蠔，當店人氣第一，選用廣島蠔煙薰後再油漬，肥美油膶而富煙薰香！￥650

鹽水海膽凍，原個鮮海膽鹽水漬，再做成果凍狀，佐酒佐飯都一流。￥1,070

「K&K」於日本便利店、百貨公司、酒舖，甚至Bic Camera都有售，但ROJI乃唯一專門店。

Info
地址：東京都中央区日本橋1-1-1
電話：03-3276-4162
營業時間：1100-1830
（周六、日及假期1100-1800）
網址：www.roji-nhb.jp
前往方法：東京Metro銀座線、東西線「日本橋」駅B11出口，步行約1分鐘，榮太樓總本舖對面。地下鉄 半藏門線「三越前」駅B5出口：徒步2分鐘。

日本第一天丼
金子半之助 本店

2010年開業，日本橋超著名的排隊店。老闆金子真也，繼承了料理協會會長爺爺的「閻魔帳」（秘笈），憑住入面記載的秘製丼飯醬汁，炮製的江戶前天丼，被譽為「日本第一天丼」。分店開到美國和台灣，但排隊人潮有增無減，動輒排上2小時，但吃過的無不說：「值得」！

MAP: P.255 B2

江戶前天丼，份量豐富豪邁，一碗有兩隻大海老、穴子、干貝、烏賊、炸紫菜和半熟玉子，都是每朝從築地入貨，用胡麻油酥炸，麵衣酥脆而富油香，醬汁鹹中帶甜。￥880

枱面有自由取用的醃蘿蔔和牛蒡，拌飯一流。

拍攝時間為平日正午1200，人龍分幾段排，結果1400終可進店。

Info
地址：東京都中央区日本橋室町1-11-15 1-2/F
電話：03-3243-0707
營業時間：1100-2200
（周六、日及假期1000-2100）
網址：http://kaneko-hannosuke.com
前往方法：東京Metro半藏門線、銀座線「三越前」駅A1出口，步行約1分鐘（橫巷內）。

繁華購物街區

銀座

ぎんざ / Ginza

步行者天國
銀座的「中央通り」，逢周六、日下午都會劃為行人專用區，禁止車輛通行，日語稱作「步行者天國」，購物更加方便。
封路時間：逢周六1400 - 1700；周日1200 - 1700（4至9月1200 - 1800）

提提你

交通
東京Metro銀座線、丸ノ内線、日比谷線「銀座」駅；都営浅草線「銀座」駅；JR山手線、京浜東北線「有楽町」駅。

　　與倫敦牛津街、紐約第五大道齊名的高級購物區，也是全日本地價最高（每平方米價格高達1,000多萬日圓），國際時尚名牌旗艦、老牌百貨、米芝蓮食府林立，巷弄中也隱藏許多傳統老店和畫廊。

　　名字源自江戶時代，從駿府遷至這裏的銀錠鑄造所。明治時代發生大火，災後由英國建築師Thomas Waters領導，建成紅磚洋房區「銀座煉瓦街」，乃日本最早的歐美式街道，被視為日本文明開化的象徵，自此一直是東京繁華與品味的地標。

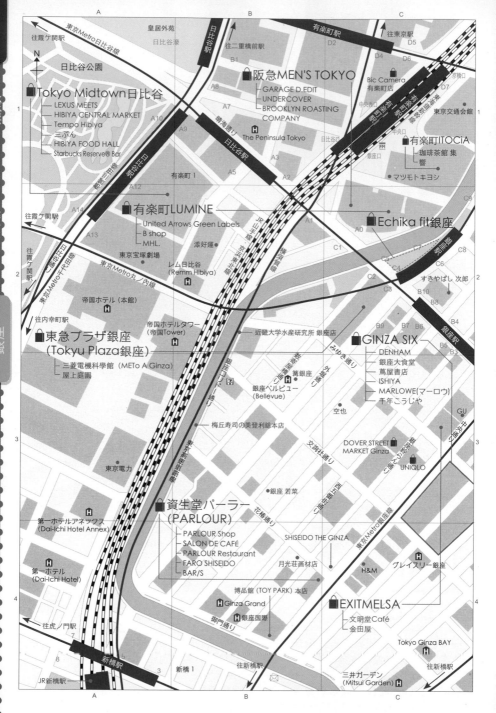

N

東京駅
日本橋
銀座
築地
豊洲市場

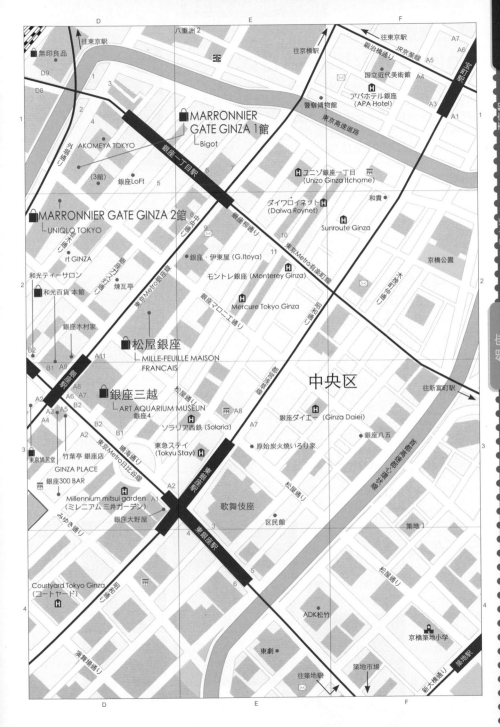

往東京駅
八重洲2
往京橋駅
往東京駅
銀治橋通り
JR京葉線
A7
A6
A5

無印良品
D9
国立近代美術館
A4
駅町通り

D8
警察博物館
アパホテル銀座
(APA Hotel)
A3
A1

MARRONNIER
GATE GINZA 1館
東京高速道路

Bigot

AKOMEYA TOKYO
銀座一丁目駅
6
7
ユニゾ銀座一丁目
(Unizo Ginza Itchome)

(3館)
銀座LoFt
5
ダイワロイネット
(Daiwa Roynet)
和貴

MARRONNIER GATE GINZA 2館
銀座柳通り
Sunroute Ginza

UNIQLO TOKYO
9
東京Metro有楽町線

rt GINZA
10

和光ティーサロン
銀座・伊東屋 (G.Itoya)
11

和光百貨 本館
東京Metro銀座線
モントレ銀座 (Monterey Ginza)

煉瓦亭
銀座マロニエ通り
Mercure Tokyo Ginza

銀座木村家
昭和通り

松屋銀座
中央区

MILLE-FEUILLE MAISON
FRANCAIS

B2
B1
A9
A11
松屋通り

A8
A7
銀座三越
銀座ダイエー (Ginza Daiei)
往新富町駅

A6
ART AQUARIUM MUSEUN
銀座4
銀座八五

A3
A5
B2
ソラリア西鉄 (Solaria)
A7

A4
A2
B1
原始炭火焼きいろり家

東急ステイ
(Tokyu Stay)

東京Metro日比谷線
東銀座駅

東京鳩居堂
GINZA PLACE
竹葉亭 銀座店
松屋通り

銀座300 BAR
Millennium mitsui garden
(ミレニアム 三井ガーデン)
歌舞伎座

銀座大野屋
区民館

みゆき通り
築地1

Courtyard Tokyo Ginza
(コートヤード)
松屋通り

ADK松竹
京橋築地小学

演舞場通り
京橋築地小学

東劇
往築地駅
築地市場
新大橋通り
築地駅

往築地駅

D
E
F

京橋公園

木挽町通り

京橋
日本橋
中央区

星光熠熠銀座新場
Tokyo Midtown日比谷

六本木TOKYO MIDTOWN的姊妹店，同樣是結合商業、藝術與自然環境的複合式設施。東京Metro千代田線、日比谷線「日比谷」駅直達，交通方便。地庫至7樓商場精選60多家品味商戶，其中6家為日本首店，22家為全新經營模式，話題新店包括老牌書店「有鄰堂」的新模式市集、LEXUS汽車體驗館、東京最大TOHO戲院，還有香港「添好運」首家日本店，星光熠熠。

MAP: P.266 A1 - A2;B1 - B2

Tips

免稅櫃台在3樓；B1 / F有兩層。

新建築特別保留原有的舊三信大樓一部分，廣場置滿藝術雕塑。

6樓有過萬平方呎的空中花園「Park View Garden」，俯瞰百年歷史的日比谷公園。

「日比谷」駅A11出口直達B1 / F，挑高的拱型天花長廊，古典又高貴。

Info
地址：東京都千代田区有楽町1 - 1 - 2
電話：03 - 5157 - 1251
營業時間：1100 - 2000（餐飲1100 - 2300）
網址：www.hibiya.tokyo-midtown.com/jp
前往方法：東京Metro千代田線、日比谷線、都營地下鉄三田線「日比谷」駅A11出口直達。

南歐雜貨店
Tempo Hibiya

源自南青山的網店，專售南歐風格的進口設計雜貨，函蓋服裝、飾品與生活用品，全都色彩鮮豔，甚至以金色為主調，極盡奢華與熱情。

C&V絲質熊公仔掛飾，圖案繽紛，乃熱賣之選。各￥7,000

店內最正是歡迎拍照。

精選色彩鮮豔的歐洲品牌雜貨，都貫徹熱情奢華的風格。

童年夢想火箭座椅Rocky Rocket，來自葡萄牙的設計家具公司「CIRCU」，盛惠￥4,400,000！

Info
地址：Tokyo Midtown日比谷3 / F
網址：http://tempo23.com

精緻立飲和食
三ぶん

Midtown日比谷內有大量特色餐飲，除了多間米芝蓮食府，3樓一隅還找到一家迷你的立食居酒屋，主打日本各地新鮮海產、野菜和日本酒，難得消費便宜，水準一流，愛知縣河豚刺身都只￥1,500。

江戶前玉子ふわふわ，據説是茶碗蒸的原形，梳乎厘狀的蛋入口即化，拌醬油更香甜。￥500

クエ（九繪）刺身，來自壱岐的新鮮石班，表面微微火炙，口感彈牙鮮美。￥900

愛媛縣晚柑サワー，柑桔Sour味道清爽開胃。￥700

「三ぶん」源自銀座2015年開業的立飲料亭，現仕雅呈Midtown日比谷。

Info
地址：Tokyo Midtown日比谷3 / F
網址：www.sanbun-ginza.jp /
消費：約￥1,500 / 位

豐田的生活品味
LEXUS MEETS…

豐田「LEXUS」汽車的概念體驗館，結合Cafe與精品雜貨店，由服飾、設計雜貨到職人工藝俱備，打造LEXUS專屬的生活品味。還有試乘體驗，旅客可在官網預約，從11款車型選擇試乘。

另一邊的BOUTIQUE，專售豐田「LEXUS」精選的品味生活雜貨。

「柴田慶信商店」的手工竹製便當盒，展現日本傳統工藝美。￥9,504

現在展出「LEXUS」最新型號，旅客還可在官網預約11款車型試乘。

豐田「LEXUS」的品味推介，包括LEICA即影即有相機。￥36,180

附設Cafe「THE SPINDLE」，主打健康的三文治、Mocktail等上班族至愛。

---Info---
地址：Tokyo Midtown日比谷1 / F
網址：https://lexus.jp/brand/lexus_meets

懷舊時尚市集
HIBIYA CENTRAL MARKET

日本老牌書店「有鄰堂」，跟日本時尚創意教父「南貴之」攜手打造的新模式市集，以歐洲中央市場為概念，店中店設計，集合7家南貴之挑選的商戶，包括懷舊理髮店「ヒビヤ」、屋台「GinBAR」、昭和風文具店「FreshService」等等。

文具店「FreshService」，以昭和風書報攤為概念，專售老牌文具。

「一角」，白天是定食食堂；晚上變成熱鬧居酒屋，旁邊還有氈酒屋台「GinBAR」。

「有鄰堂」書店部分面積不大，但藏書都是藝術、電影類的品味之選。

「理容室ヒビヤ」，埼玉縣川越市的老牌理髮店，基本剪髮收費￥4,500。

眼鏡店「CONVEX」，專售柳原 樹精選來自法國已停產的「Fre'quence」古董鏡框。

---Info---
地址：Tokyo Midtown日比谷3 / F
網址：https://hibiya-central-market.jp

精緻美食街
HIBIYA FOOD HALL

位於地庫的精緻美食街，集合8家不同種類的人氣餐飲，包括嚴選世界各國牡蠣的生蠔吧「BOSTON OYSTER & CRAB」、豪邁的美式料理「BROOKLYN CITY GRILL」、健康蔬食「MR. FARMER」等等。

8家餐飲以廣場式佈局，氣氛cozy，注意B1／F一共有兩層。

FOOD HALL入口外還有「日比谷焙煎珈琲」，自家烘焙的咖啡豆超香。

---Info---
地址：Tokyo Midtown日比谷B1／F
消費：約￥1,800／位

限定冷萃咖啡
Starbucks Reserve® Bar

全日本第3間Starbucks Reserve® Bar，精選世界各地少量生產與稀少的咖啡豆，提供限定的「冷萃咖啡」（Cold Blew Coffee），重點是有大量Reserve® Bar銀座店限定商品。

Reserve® Bar限定系列精品，都以黑色為主調，型！咖啡杯￥1,300起

必飲Reserve® Bar限定的Nitro cold Brew Coffee、Cold Blew Froat，還有酒精。

---Info---
地址：Tokyo Midtown日比谷B1／F
網址：www.starbucks.co.jp／
消費：約￥700／位

LOFT新旗艦
銀座LoFt

創業30周年於銀座開設的全新旗艦店，佔地4層，比原來的有樂町店更大。由各領域的專業人士組成的Team LoFt，打造Pencil Bar、彩妝Tester Bar等專區，甚至提供購物建議或評級。銀座店獨家焦點包括附設紐約近代美術館的精品店MoMA Design Store、日本動漫原稿複製畫廊、數碼加工工房LoFt&Lab，還有大量銀座店限定聯名精品。

MAP: P.267 D1

每季都有大量銀座店限定的聯名精品，上季就有米奇與唐老鴨系列。

5樓特設Pencil Bar，一整面牆集合世界各國鉛筆，文具控小心破產！

紐約近代美術館精品店MoMA Design Store，首次進駐LoFt。奈良美智滑板￥28,080

銀座店限定的動漫畫廊，複製經典動漫原稿，還有裱框。A3 size ￥18,000

Tips
退稅櫃位位於6樓，接待時間1100 - 2030。

6樓有偌大的PORTER專區，有齊GIRL SHEA、SMOKY等日版系列。SMOKY ￥14,500

---Info---
地址：東京都中央区銀座2 - 4 - 6 銀座ベルビア館3 - 6／F
電話：03 - 3562 - 6210
營業時間：1100 - 2100
網址：www.loft.co.jp
前往方法：東京Metro「銀座」駅C8或C9出口，徒步3分鐘；東京Metro「銀座一丁目」駅5番出口，徒步1分鐘；JR「有楽町」駅中央口徒步4分鐘。

UNIQLO新旗艦店，由佐藤可士和與建築師Herzog & de Meuron共同打造。

與「全銀座會」合作，挑選10家知名銀座店家，推出名為Amazing Ginza的限定商標系列。

1樓中央賣場設置「Life Wear Square」，展示最新聯名系列。

最新旗艦店 MAP: P.267 D2

UNIQLO TOKYO

　　2020年開幕的UNIQLO新旗艦店，繼續由佐藤可士和擔任創意總監，並找來曾獲普立茲克獎的著名瑞士建築師Herzog & de Meuron共同打造。開放感的空間，展現「生活的一切在其中」的理念。佔地4層，每層各有主題：1樓是「LifeWear」概念區域、2樓女裝、3樓男裝、4樓則有UT系列及嬰幼童服裝，將歷代UT一字排開，還有兒童圖書館，家長大可放心掃貨。

附設UNIQLO COFFEE，提供自家烘焙，及老店銀座WEST的甜點。

回收/再利用計劃「Re.UNIQLO」，請來綠色多啦A夢為大使。

3樓男裝區域，提供西裝訂製服務，可從多款樣本中挑選。

4樓UT區域，歷代UT 字排開晒冷，壯觀非常！

4樓幼裝區，貼心地設置童書及塗鴉區，好讓家長們中場休息一下。

Info

地址：東京都中央区銀座3-2-1
　　　　MARRONNIER GATE 銀座2館 1～4/F
電話：03-5159-3931
營業時間：1100-2100
網址：https://map.uniqlo.com/jp/ja/
　　　　detail/10101701
前往方法：JR山手線、京浜東北線「有楽町
　　　　駅」中央口，徒步4分鐘；東京
　　　　Metro有楽町線「銀座一丁目駅」
　　　　4番出口，徒步2分鐘。

銀座新地標
GINZA SIX

銀座最新購物地標，佔地超過50萬平方呎，由知名建築師谷口吉生打造，融合日式「屋簷」與「暖簾」元素；室內則由法國設計師Gwenael Nicolas主理，並邀請森美術館館長南條史生監製，開幕時就展出草間彌生的招牌南瓜雕塑，更找來椎名林檎唱主題曲，話題性十足。商場佔據8層，網羅241間人氣店舖，其中11家為日本首店，除了大量潮牌，還有蔦屋書店和網羅人氣手信店的食品層。

MAP: P.266　C3 - C4

4 / F有Yohji旗下的年輕副線Ground Y，設計更生活化，價格也更親民得多。

中庭每季都有大型藝術裝置展出，現在是法國藝術家Daniel Buren的《竹雀般飛行》。

頂樓花園以「感受日本四季」為主題，種滿櫻花樹、楓樹，可360度俯瞰銀座街景。

原址為銀座松坂屋，連地庫樓高19層，橫跨兩個街口，建築融合日式屋簷與暖簾元素。

Info
地址：東京都中央区銀座 6 - 10 - 1
營業時間：1030 - 2030（餐廳1100 - 2330）
網址：https://ginza6.tokyo
前往方法：東京Metro線、丸ノ内線、日比谷線「銀座」駅A3出口，步行2分鐘。

日本最大蔦屋
蔦屋書店

佔地25,000平方呎，是目前全日本最大、藏書量最多的蔦屋書店，以「藝術的生活」為主題。6萬冊藏書主打藝術、設計與日本文化，焦點是被書架環繞的中庭展示空間「T - GALLERIA」，附設全國首間STARBUCKS Reserve Bar，還有大量銀座店限定的聯乘商品。

特產區有大量蔦屋書店，跟本地品牌合作的手信。富士見堂×蔦屋煎餅460 / 包

特設展示Big Book的角落，本本畫冊都超過40kg，分量十足。

附設全國首間STARBUCKS Reserve Bar，提供限定冷萃咖啡和酒精飲料。

中庭和窗邊都有柔和日光灑落，舒適好坐，又青一走大愛。

中庭展示空間「T - GALLERIA」，天花採盡天然光線，四周被6米高書架環繞。

Info
地址：GINZA SIX 6 / F
網址：https://store.tsite.jp/ginza
營業時間：1000 - 2230

荷蘭貴族牛王
DENHAM

英國設計師Jason Denham，於2008年在阿姆斯特丹成立的殿堂級丹寧品牌，採用先進的丹寧布料技術，向以立體剪裁與個性化見稱，素有「貴族牛仔褲」稱譽。

DENHAM素有「貴族牛仔褲」稱譽，男女裝俱備。

金磚pocket Tee，配襯牛仔褲必備。￥9,800

Info
地址：GINZA SIX 5 / F
網址：www.denhamjapan.jp

排隊雞蛋布甸
MARLOWE（マーロウ）

1984年於神奈川創立的雞蛋布甸專門店，選用放養雞的受精蛋和北海道產牛油製作，有原味、奶茶和季節限定口味，重點其實是盛載的玻璃杯超精緻，吃完可帶回家。

（右）北海道鮮忌廉布甸，蛋奶味濃郁非常，店內No.1！￥750；（左）皇室奶茶味布甸，重點是有GINZA SIX1周年紀念杯。￥850

Tips
吃完的布甸杯洗淨後交回店員，可退還￥200。

Info
地址：GINZA SIX B2 / F食品層
網址：www.marlowe.co.jp

日本最大旗艦
無印良品

2011年開設的日本旗艦店，佔地3層，以環保為主題，面積乃日本之最。衣服、家具、雜貨、食品俱備，超過7,000種商品。2015年裝修後改頭換面，增設日本最大的MUJI BOOK、Meal MUJI、花店「花良品」等，以至日本獨有的無印示範單位「窗の家」。 MAP: P.267 D1

旗艦店主打實驗性服裝系列「MUJI LABO」，款式比香港店多，還能找到不少Made in Japan。上衣￥2,980

MUJI BOOK用天然無垢材製作的原創書架貫穿全店，提供2萬冊書籍，還有￥100咖啡供應。

旗艦店2015年重新裝修，特別增設MUJI BOOK，為東京都內最大。

1樓人口旁是偌大的MUJI to Go，旁邊還有MUJI單車專區。

Info
地址：東京都千代田区丸の内 3 - 8 - 3 INFOSS有楽町1 - 3 / F
電話：03 - 5208 - 8241
營業時間：1000 - 2100
網址：www.mujiyurakucho.com
前往方法：JR「有楽町」駅京橋口，徒步約1分鐘。

東京駅

日本橋

銀座

築地

豐洲市場

銀座新地標 職人精品
東急Plaza銀座

2016年開幕，地上11層、地下兩層，以「Creative Japan～世界從此變得有趣。」為概念，外形以日本傳統工藝「江戶切子」為靈感設計。內容亦是傳統與創新並存，125間店舖，有首次登陸日本的國際品牌，也有日本傳統工藝。焦點包括東急百貨最新Select shop「HINKA RINKA」、科技展場「三菱電機METoA Ginza」、職人雜貨專層「Find Japan Market」、日本創意市集「HANDS EXPO」，以及東京市中心最大「機場型免稅店」等等。

MAP: P.266 C2

華麗的玻璃幕牆，靈感源自日本傳統工藝江戶切子的「光の器」，通透而精緻。

5樓有人氣山系日牌Snow Peak，新店以「home」與「tent」合一為主題。

5樓還有源自南青山的高級眼鏡店「金子眼鏡」，最低消費￥28,000！

Info
地址：東京都中央区銀座5-2-1
電話：03-3571-0109
營業時間：1100-2100（B2、10-11／F 1100-2300）
網址：http://ginza.tokyu-plaza.com
前往方法：東京Metro銀座線、丸ノ內線、日比谷線「銀座」駅C2、C3出口，徒步約1分鐘。

三菱體感科學館
三菱電機イベントスクエア METoA Ginza

為紀念品牌邁向100周年，由「三菱電機」開設的體驗型展覽館。佔地3層，將展覽主題與科技結合，利用立體音響、影像等元素，讓參觀者體會到前所未有兼意想不到的視覺與感觀體驗，震撼又好玩，還要完全免費。1樓更附設澳洲人氣咖啡店「Me's CAFÉ & KITCHEN」。

METoA舉辦的展覽都結合科技元素，帶來視覺與感觀的新體驗，也不乏好玩的互動裝置。

2樓有一幅20米長的LED Wall，64個高清熒幕同時播放，震撼影像更勝清明上河圖。

1樓咖啡店附設紀念品店，有售展覽館METoA的設計紀念品。

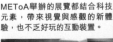

採訪時剛好舉行攝影藝術家——田中達也藝術展，迷你模型人偶，搭配日常科技用品，展現有趣的微縮世界。

Info
地址：東急プラザ銀座1-3／F
入場費：免費
網址：www.metoa.jp

藝術餐飲大廈
GINZA PLACE

MAP: P.267 D3

2016年開幕，建築外牆猶如日本剪紙般通透，出自代官山T - SITE蔦屋書店的設計公司之手。地上12層、地下2層，精選近20家商戶餐飲，尤以餐飲最強。焦點包括日產汽車展示廳「NISSAN CROSSING」、Sony Showroom、巴黎二星級法菜「THIERRY MARX / BISTRO MARX」的首家海外分店、知名神戶牛鐵板燒店「神戶ブレジ

潔白通透的建築，靈感源自日本傳統格子窗戶「障子」的透射雕刻法。

ール」等等。
晚上，GINZA PLACE外牆還有迷幻燈光效果。

4至6樓有Sony showroom連旗艦店，6樓還附設Sony Imaging Gallery。

—**Info**—
地址：東京都中央区銀座五丁目8番1号
電話：03 - 5423 - 7114
營業時間：1100 - 2000
（餐廳營業時間各異）
網址：http://ginzaplace.jp
前往方法：東京Metro日比谷線「銀座」駅A4出口直達。

日產「未來」展示廳
NISSAN CROSSING

日產汽車Nissan的「未來」展示廳。佔據GINZA PLACE兩層，展出日產最新的概念車，附設咖啡店「CROSSING Cafe」，提供即時相片打印咖啡，紀念品店還有日產限定精品。

附設咖啡店「CROSSING Cafe」，提供即時相片打印咖啡「MACCHI - ARI」，可30秒完成。¥400

展示廳佔據1 - 2樓，展出日產最新研發的尖端科技，以及多台「未來」概念車。

展示廳擁有落地大玻璃窗，休息座椅對正和光百貨十字路口。

紀念品店有大量GTR精品，車迷必Check！

—**Info**—
地址：GINZA PLACE 1 - 2 / F
營業時間：1000 - 2000
網址：www3.nissan.co.jp/crossing/jp.html

啤酒主題餐廳
BEER HALL LION

「日本麦酒株式会社」（即恵比寿的SAPPORO Beer）直營的啤酒主題餐廳，位於銀座七丁目店的Lion，更是日本現存最古老的啤酒屋。新店佔據GINZA PLACE地庫2層，設有1,000公升大酒缸，提供工場直送的SAPPORO黑牌生啤，還有水準不俗的德國風西式料理，佐酒一流。

工場直送的SAPPORO黑牌生啤「サッポロ生ビール黒ラベル」，味道清爽。小¥600

各式洋食也做得出色，推介北海道石狩產的わかさぎ唐揚げ（炸西太公魚）。¥580

原木配水晶燈的裝潢，散發歐洲鄉村風格，周五晚常有音樂表演。

餐廳佔據地庫2樓整層，設有154席。

—**Info**—
地址：GINZA PLACE B2 / F
營業時間：1130 - 2300
（周日及假期1130 - 2200）
網址：https://r.gnavi.co.jp/g133800

銀座品味新貴
EXITMELSA

　　前身為「銀座NEW MELSA」，2015年以「EXITMELSA」全新面貌登場！連地庫樓高9層，以「輕鬆寫意的品格」為主題，集合39家品牌與餐飲，包括銀座文明堂的Cafe、專售日本製生活雜貨的「CLASKA Gallery&Shop "DO"」、天然無添加食材店「RACINES MARKET」等，都強調品味生活。還有佔據3層、日本最大規模的綜合免稅店Laox等。

MAP: P.266 C3

┤ Info ├

地址：東京都中央区銀座5丁目7－10中村積善会ビル
電話：03-3573-5511
營業時間：1100-2000
　　　　　　（餐廳1100-2300）
網址：www.exitmelsa.jp
前往方法：東京Metro銀座線、丸ノ內線、日比谷線「銀座」駅A2出口，徒步約2分鐘，GU旁邊。

日皇御用菓子
銀座文明堂 BUNMEIDO CAFE GINZA

　　明治33年（1900年）於長崎創立，家傳戶曉的洋菓子老牌。招牌手燒蜂蜜蛋糕「カステラ」名揚世界，甚至成為日本皇室御用甜點。位於EXITMELSA地下的Cafe乃東京新本店，主打以文明堂人氣菓子而創作的甜點，裝潢氣派優雅，落地玻璃盡覽銀座街景，下午茶一流。

特撰五三カステラドリンクセット（蜂蜜蛋糕連飲料套餐），由國寶甜品師森幸四郎監修，加倍材料的新鮮蜂蜜蛋糕，口感濕潤，充滿蜂蜜香甜，配咖啡一絕。￥1,490

Cafe樓底挑高，背後一幅古典玻璃畫盡顯氣派，落地玻璃引入自然光，更可賞銀座街景。

文明堂バームクーヘンのチョコレートフォンデュ，以文明堂另一招牌「年輪蛋糕」盛載熱溶的朱古力漿，像火鍋逐一蘸來吃。單點￥1,380

特撰五三カステラ，使用加倍的當日鮮產雞蛋、德島縣產三盆糖、英國稀有高級蜂蜜等製成，加倍滋味。小￥1,620

不同季節還有特別口味推出，像夏季限定的「はちみつレモンカステラ」。￥675

客人留座用的是文明堂自家代言公仔，很可愛。

┤ Info ├

地址：EXITMELSA 1/F
營業時間：Café 1100-2300；
　　　　　　菓子販売1100-2000
網址：www.bunmeido.co.jp

潮男購物天堂
阪急MEN'S TOKYO

　　東京首家男士專門百貨店，連地庫樓高9層，總面積11,000平方米，走中高檔路線，集合超過350個男性服飾品牌，包括Givenchy、McQueen、Undercover、Tom Ford、SOPH.、DOLCE & GABBANA等，還有多間人氣select shop。地下的諮詢中心更設計成酒吧台般，提供中、英文導購和退稅服務。

MAP: P.266 C2

阪急MEN'S 4樓有UNDERCOVER。

┏Info┓
地址：東京都千代田区有楽町2丁目5-1
電話：03-6252-1381
營業時間：1200-2100
　　　　　（周日及假期1100-2000）
網址：www.hankyu-dept.co.jp/mens-tokyo
前往方法：JR「有楽町」駅銀座口，徒步1分鐘；東京Metro丸ノ內線「銀座」駅A0出口，徒步3分鐘。

GARAGE幾近佔據4樓全層，面積偌大，以Shop in shop形式佈局，網羅一眾人氣潮牌。

野口強不但是日本明星的御用造型師，跟熊谷隆志等著名設計師稔熟，也是中山美穗前夫。

木村御用造型師潮店
GARAGE D.EDIT

　　由木村拓哉、妻夫木聰等一級日星的御用造型師野口強開設的select shop，亦是NUMBER(N)INE、MOUSSY、N.HOLLYWOOD、HYSTERICGLAMOUR等潮牌的御用監製。阪急店為日本最大級，雲集日本國內、外一眾人氣潮牌，包括UNDERCOVER、NUMBER(N)INE、Neighborhood等，還有大量罕有的限定版。

日本品牌wjk，設計basic，因小田切讓於《重版出來》經常穿着而大熱。￥10,000

Julien David針織上衣（右）￥62,208；HAIDER ACKERMANN褲（左）￥99,360。

┏Info┓
地址：阪急MEN'S TOKYO 4/F
網址：https://twitter.com/garage_d_edit

277

提提你

獨家海外宅配

有樂町店獨家提供海外配送服務，於B1/F的「海外配送專用櫃台」辦理手續後，即可送貨至世界120國家和地區，包括香港和台灣，最快3天送達，費用￥1400起。

amadana ×MASTER'S DREAM家用啤酒機，可斟出完美啤酒泡。￥29,880

Panasonic最新電風筒NA57，110V - 240V電壓全球通用。￥12,750

美容家電藥妝俱備
Bic Camera 有樂町店

銀座的Bic Camera Outlet已結業，但對面的有樂町店Bic Camera仍在，一樣好逛。連地庫樓高9層，重點是3樓有美容家電專區「Bic Beauty」、旅客專用藥妝日用品專區。場內設有中、英文售貨員，以及退稅專用櫃台。

3樓特設美容家電專區「Bic Beauty」，提供專業講解和即場試用體驗。

MAP: P.266 C1

╔Info╗
地址：東京都千代田区有樂町1 - 11 - 1
電話：03 - 5221 - 1111
營業時間：1000 - 2200
網址：www.biccamera.co.jp/shoplist/shop - 014.html
前往方法：JR「有樂町」駅中央西口對面。

銀座手信激戰區
松屋銀座 MAP: P.267 D2

松屋銀座

銀座本店連地庫樓高10層，比旁邊的三越價格較親民，故從早到晚人頭湧湧。

前身為1869年於橫浜創立的吳服店「鶴屋」，跟伊勢丹百貨是合作夥伴。銀座本店於大正14年（1925年）開業，連地庫樓高10層的華麗式建築，主打男女名牌服飾，重點是地庫佔地兩層的食品Plaza，網羅超過100家甜點手信與食品店，尤以西洋菓子與銀座老牌食店最強，堪稱銀座的手信激戰區。

╔Info╗
地址：東京都中央区銀座3 - 6 - 1
電話：03 - 3567 - 1211
營業時間：1000 - 2000
網址：www.matsuya.com/m_ginza
前往方法：東京Metro銀座線、丸ノ內線、日比谷線「銀座」駅A12出口直達。

限定千層酥
MILLE - FEUILLE MAISON FRANCAIS

FRANCAIS為橫浜著名洋菓子老牌，連續25年獲得橫浜品牌大賞。松屋銀座店有售限定千層酥「MILLE - FEUILLE SAISON」，使用100％法國進口小麥粉和發酵牛油製成，配以高貴的書形包裝盒，即成松屋人氣洋菓子！

松屋銀座限定千層酥「MILLE - FEUILLE SAISON」，3層酥脆帶麥芽糖香，夾住酸甜的檸檬和芒果醬，佐茶一流！￥1,080/4件

╔Info╗
地址：松屋銀座B1 / F
網址：www.francais.jp/brand/mille - feuille - maison.html

新銀座女生基地
MARRONNIER GATE GINZA 2&3館

原為巴黎春天百貨（PRINTEMPS）銀座店，跟MARRONNIER GATE合併後，耗資30億日幣改建，增設2館和3館，以「銀座時尚NAVI GATE」為主題，主打20到40代的職業女性及時尚媽媽。重點的2館，匯聚超過100個品牌及餐飲，其中18家是銀座首店，包括法國甜品老舖ANGELINA、田園料理HATAKE CAFE等。

3／F集合人氣女牌，包括法國品牌LANVIN的日本限定副線LANVIN en Bleu。

MAP：P.267 D1

3／F有agnès b.的年輕副線To b. by agnès b.，連香港也沒有。

原為巴黎春天百貨（PRINTEMPS）銀座店，現在依舊是女生天堂。

┌─Info─┐
地址：銀座2&3 東京都中央区銀座3 - 2 - 1
營業時間：1100 - 2100、餐飲1100 - 2300、
　　　　　Ginza de Futsal 1130 - 2030
網址：www.marronniergate.com
前往方法：JR山手線、京浜東北線「有楽町」
　　　　　駅中央口徒步4分鐘；東京Metro
　　　　　丸の内線、銀座線、日比谷線「銀
　　　　　座」駅 C8出口徒步3分鐘；東京
　　　　　Metro有楽町線「銀座一丁目」駅4
　　　　　番出口徒步2分鐘。

法國麵包之神
ビゴの店（Bigot）

麵包店自設偌大烘焙室，數十款麵包不停上爐，下午便開始排隊。

法國麵包大師Philippe Bigot的麵包店，定居神戶50多年，在日本素有「麵包之神」美譽。MARRONNIER GATE店乃東京第一間分店，自設偌大烘焙室，麵包都以Bigot自家培養20年菌種發酵的「老麵」製作，是故天天排長龍。

Scone，法式風格質感濕潤香濃，抹鮮牛油吃一流。¥216／個

Croquant，面層鋪滿Crunchy的餅碎酥脆非常。¥260／個

GRAND CROISSAN
大きなクロワッサン
大きいからやわらかい
¥324

Grand Croissant，特大牛角包，口感酥脆，牛油味濃卻不油膩。¥324／個

┌─Info─┐
地址：MARRONNIER GATE GINZA 2館B2／F
網址：www.bigot.co.jp

炸豬排始祖
煉瓦亭

明治28年（1895年）創立，乃銀座首批庶民洋食店，據說也是日式吉列炸豬排，與蛋包飯的始祖。招牌炸豬排「ポークカツレツ」，源自法國料理pork cutlet，二代店主改為裹上雞蛋和麵包屑，以天婦羅油炸，再伴以生椰菜絲，即風行全日本，深得池波正太郎等19世紀日本文豪寵愛。

內部裝潢仍保持懷舊氛圍，很多上了年紀的老夫婦來進餐，似是回味「拍拖」時的浪漫。

ポークカツレツ（炸豬排），元祖的炸豬扒並沒有蘸醬，看似普通，入口卻外皮酥脆、肉質紮實，配白飯和清爽的生椰菜絲同吃，更一流。¥1,500

MAP：P.267 D2
1895年創業的老洋食店，正是炸豬排和蛋包飯的始祖。

┌─Info─┐
地址：東京都中央区銀座3 - 5 - 16
電話：03 - 3561 - 7258
營業時間：1115 - 1415、1640 - 2100
休息：逢周日
網址：http://ginzarengatei.com
消費：約¥1,500／位
前往方法：東京Metro銀座線、丸ノ内線、
　　　　　日比谷線「銀座」駅A11出口，
　　　　　徒步約3分鐘。

有楽町購物潮場
有楽町LUMINE MAP: P.266 C2

　　2011年開幕，由10層高的 LUMINE 1，與4層高的 LUMINE 2 組成。以20至40歲女性為對象，向來以精選見稱，擁有107間店舖，包括 WJKW、Bshop、JOURNAL STANDARD RELUME、United Arrows Green Labels等數之不盡的人氣品牌。還有化妝品店、高級超市「成城石井」，與地庫美食層。

2樓有名古屋蛋糕名店「HARBS」，必吃人氣第一名千層蛋糕。

地庫1層有大阪生活雜貨與Cafe的Afternoon Tea Tearoom，必吃招牌Scone。

Tips
免稅櫃台位於LUMINE 1的7樓。

LUMINE常有大型活動舉行，乃有樂町的購物地標。

Info
地址：東京都千代田区有楽町2-5-1
電話：03 - 6268 - 0730
營業時間：1100 - 2100
網址：www.lumine.ne.jp/yurakucho
前往方法：JR、東京Metro有楽町線「有楽町」駅中央口，徒步約3分鐘。

UA平價副線
United Arrows Green Labels

　　United Arrows的品牌支線，走平實而價錢實惠的路線，男、女、童裝及生活用品俱備，相當抵買。經常跟不同品牌聯乘，包括 BAPE x UNITED ARROWS green label relaxing聯名服飾。

男裝灰色棉質恤衫。￥7,900

Green Labels設有童裝，設計可愛又優雅，價格只略高於MUJI。

面積偌大，男女裝各佔據一邊，設計貫徹United Arrows的都市優閒風格。

Info
地址：有樂町LUMINE1 4 / F
網址：www.green - label - relaxing.jp

清新神戶
B shop

　　1993年於神戶成立的select shop，以「everyday classic」為概念，精選數十個日本、歐美、澳紐等地品牌，包括美牌B SIDES、意大利Album di Famiglia等，風格清新。

女裝Tee￥7,900

Info
地址：有樂町LUMINE 2 4 / F
網址：http://bshop - inc.com

日產英國紳士
MHL.

　　英國知名品牌Margaret Howell的日常便服副線，設計強調實用與機能性兼備，剪裁舒適且簡潔，最重要是基本都是日本製。

Info
地址：有樂町LUMINE 2 4 / F
網址：www.margarethowell.jp

左側邊欄：東京駅　日本橋　銀座　築地　豐洲市場

4層食廈
有楽町ITOCiA（有楽町イトシア）

ITOCiA日語解作「可愛的街道」，主攻成熟女性的複合式購物中心。由東京最大的O1O1丸井百貨，以及ITOCiA PLAZA兩座大樓組成。前者樓高8層，集合百多間國際或日本品牌服飾，如As Know As de Base、moussy等；後者樓高4層，內有15家特色餐廳，各國料理俱備，地下還有大型美食廣場ITOCiA Food Avenue。

MAP: P.266 C1

O1O1丸井百貨2至5樓集合多間女裝品牌，跟有楽町LUMINE組成特大購物場。

ITOCiA PLAZA網羅15家特色餐廳，門前廣場假日常有戶外表演。

---Info---
地址：東京都千代田区有楽町二丁目7番1号
電話：03 - 6267 - 0800
營業時間：1100 - 2100
網址：www.itocia.jp
前往方法：JR「有楽町」駅京橋口直達；東京Metro有楽町線「有楽町」駅D6、D7、D8出口。

自由が丘蛋糕王
珈琲茶館 集

來自自由が丘的人氣咖啡店，甜點主管高山輝一曾奪多個甜點創作大獎，特色是款式口味隨季節變更。本店每日下午都大排長龍，位於ITOCiA PLAZA的分店，面積寬敞，提供各式產地直輸的咖啡豆，以及季節限定甜點。落地大玻璃窗，陽光悄悄滲入，還附設小陽台，環境一流。

分店面積寬敞，更附設開揚的陽台座位，就連店員服務也一流。

櫻之蛋卷，同樣是春季限定，混合鹽漬的櫻花，微鹹更能提升蛋卷的香甜。￥600

生薑茶，用上原片生薑浸泡，喝後全身暖和。￥900

春季限定甜品，草莓果醬混合Mascarpone Cheese，還有陣陣檸檬馬鞭草清香。￥700

---Info---
地址：ITOCiA PLAZA 2 / F
網址：www.shu - group.com

山崎特許餐廳
響（HIBIKI）

嚴選日本各地優質食材，包括佐賀老店的豆腐、山形牛、島根縣紅蟹、德島的鳴門鯛等等。再經職人精心烹調，以發揮食材最大限度的優點。店名「響」，跟香港熱炒的山崎威士忌同名，事實餐廳的確得到山崎特許，除了佳餚，店內也有包括「響」等人氣日本酒供應。

內部有洋式大廳與和式包廂，充滿時尚感，更附設開放式廚房。

鴨と九条葱のしやぶしやぶ，秋季限定鴨肉火鍋，薄薄的皮下脂肪包住鴨肉，放醬油湯灼熟，一吃難忘。￥2,300

山形牛サーロイン石焼ステーキ，山形牛以原始石燒炙烤，既能保持肉汁，口感又超嫩。￥2,600 / 100g

ざる豆腐，出自佐賀唐津200年老店「川島豆腐店」，豆味超級濃郁。￥1,500

---Info---
地址：ITOCiA PLAZA 3 / F
網址：www.dynac - japan.com/hibiki

1樓的米櫃台，是團隊嚐遍100多種日本米後，精挑出的18種米，詳列米的黏度、硬度與甜度，還可現場碾米。

日本米の百貨
AKOMEYA TOKYO

以米為主題的食材雜貨店，搞手是Afternoon Tea、Flying tiger等所屬的SAZABY LEAGUE。2013年開設的銀座店，佔地兩層，不似傳統老舊的米舖，內裝時尚型格。主打18款搜羅自全日本的好米，購買後現場碾米，還可選擇精米程度，專業得很。同時發售各式煮飯道具、器皿，以至佐飯的醬料、小菜和食材。附設食堂，供應以店內食材烹調的餐點，都是日本傳統的家常風味。

MAP: P.267 D1

18種日本米中，包括日本名廚熊古喜八親自挑選，以及Akomeya的特殊搭配（￥550 / 450g）。

食堂「Akomeya廚房」以原木裝潢，主打日本傳統家常料理，都以店內食材來烹調。

日本著名的有田燒「黑釉土鍋」，煮飯特別軟糯，Akomeya食堂也選用。小￥8,900

搜羅自日本各地的醃漬海鮮，有海苔、魚子、海膽等。￥850 - 1,000

もなかアイス，可愛的達摩烤餅，夾住自家製的抹茶和芝麻雪糕，外熱內冷，滋味。￥580

招牌「土鍋ごはん膳」，原鍋燒飯，連兩款味噌、漬物和味噌湯，看似普通，但當天選用的鳥取米，飯香軟糯。￥1,480

就連配菜的味噌，都鹹香蔥味，一小口已夠吃大碗飯，吃後即往店內掃貨。

Info

地址：東京都中央区銀座2 - 2 - 6
電話：03 - 6758 - 0270
營業時間：1100 - 2100
　　　　　（AKOMEYA廚房1130 - 2200）
網址：www.akomeya.jp
前往方法：東京Metro有楽町線「銀座一丁目」駅4番出口，徒步約1分鐘。

日本唯一旗艦
MAP: P.266 C3

DOVER STREET MARKET Ginza

　　川久保玲在英國倫敦開設的select shop，銀座店乃日本唯一旗艦店。樓高6層，內裝秉承一貫的monotone設計，再加大量藝術裝置，像走進美術館一樣。自家GARÇONS全線系列分布7層，還有Louis Vuitton、mastermind JAPAN、A BATHING APE、Lanvin、MMM等人氣潮牌，以至聯乘系列，粒粒巨星。

2樓有A BATHING APE，內裝還要是NIGO親自設計。

5樓的GARÇONS Girl可找到kawaii的Bowling bag。各￥19,440

場內有全球首部玲姐自動販賣機，售賣DSMG的無地內衣。￥6,000

頂樓有玲姐最愛的倫敦咖啡店Rose Bakery，英式野菜蛋批，水準更勝英國。￥1,300

5樓有Supreme、CdG主線系列，以及裝潢華麗的Undercover Woman。

Info

地址：東京都中央区銀座6丁目9番5号ギンザコマツ西館
電話：03 - 6228 - 5080
營業時間：1100 - 2100
網址：http://ginza.doverstreetmarket.com
前往方法：東京Metro銀座線、日比谷線「銀座」駅A2出口，徒步約4分鐘。

全球最大旗艦店

UNIQLO 銀座旗艦店

　　2012年開幕的全球最大旗艦店，樓高12層，總面積達5,000平方公呎。科幻感的內裝，由片山正通和佐藤可士設計，男女童裝俱備，包括一整層UT Store和童裝，頂樓的「銀座限定特集」，經常跟其他企業或品牌合作，推出限定聯乘。店內備有100名精通外文的服務人員，提供中、英、韓等6國語言服務，還有大量銀座限定的特價商品。

MAP: P.266 C3

頂樓為「銀座限定特集」，跟不同品牌推出主題聯乘，採訪時就有Disney×UNIQLO。

Disney×UNIQLO米奇公仔，銀座限定特價￥500。

初夏的浴衣專櫃，全日本率先上市。￥5,990 / 套

新店找來著名設計師片山正通和佐藤可士操刀，中庭的玻璃廚窗極富科幻味道。

11樓為一整層的UT Store，可找到大量香港已斷市的聯乘，包括以香港為題的土產系列。￥990

Info

地址：東京都中央区銀座6丁目9番5号　ギンザコマツ東館
電話：03 - 6252 - 5181
營業時間：1100 - 2100
網址：www.uniqlo.com/jp
前往方法：東京Metro銀座線、日比谷線「銀座」駅A2出口，徒步約4分鐘。

美容樂園
MAP: P.266 C4

SHISEIDO THE GINZA

1872年由福原有信於銀座創辦，2011年開幕的綜合美容大樓，樓高3層，1樓化妝品店BEAUTY MARCHE，集齊旗下超過60個品牌，包括不少復刻系列，還有跟其他品牌聯乘的限定精品；2樓有附設影樓的專業美容服務BEAUTY BOOST BAR，以及收費化妝間DRESSING TABLE；3樓則是貴賓美容salon。

銀座店限定，京都西陣織「かみ添」×SHISEIDO化妝袋。¥1,000

1樓可找到歌舞伎專用的化妝品系列，連包裝也古典。

收費化妝間DRESSING TABLE，設有6間不同風格的獨立化妝間，有齊卸妝和化妝品，連髮夾、儲物櫃俱備。

顧客可試用SHISEIDO不同系列的化妝品，還有齊各式洗髮器，另附設洗臉台、洗手間。收費¥800 / 30分鐘

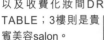

內裝由Klein Dytham建築設計公司主理，充滿空間感。

┃Info┃
地址：東京都中央區銀座7 - 8 - 10
電話：03 - 3571 - 7735
營業時間：1100 - 2000
網址：http://stg.shiseido.co.jp
前往方法：東京Metro銀座線、日比谷線「銀座」駅A2出口，徒步約6分鐘。

高級二手潮服

rt GINZA

裏原宿起家的二手潮服買取店RAG TAG，銀座店「rt」為其高級姊妹店。樓高7層，日本品牌較對較少，主打Hermès、Louis Vuitton、Prada、TOGA等國際級名牌，男女服飾俱備，還有包包專層。商品保存度高，很多甚至是新品，價格卻便宜近半，是東京OL和太太們的掃貨勝地。

MAP: P.267 D2

COMME des GARCONS黑色不規則剪裁斗篷。原價¥42,000、現售¥18,000

Louis Vuitton monogram系列全是新品。金色銀包¥129,600

Hermès 經典紅色Kelly bag。¥972,000

3樓是包包與飾品專層，主打一級名牌珍品，不乏新品或罕見的限定版。

日本品牌較對較少，有的都是COMME des GARCONS、Yohji等高級品牌。

┃Info┃
地址：東京都中央区銀座3 - 3 - 15
電話：03 - 3535 - 4100
營業時間：1100 - 2000
網址：www.ragtag.jp
前往方法：東京Metro銀座線、丸ノ內線、日比谷線「銀座」駅C8，徒步約1分鐘。

百年畫具店
月光荘画材店

　大正6年（1917年）創業，其「透明水彩」乃日本首款國產顏料，其中粉紅色更獲法國油畫器材第一名，被尊稱為「月光荘PINK」。其後推出的畫簿、調色盤，也屢奪設計賞。店面佔據兩層，1樓是畫材店；地庫是Cafe，提供郵票販賣服務，可即場寫明信片，是故牆身貼滿畫迷的作品，水準之高，儼如美術館。

MAP: P.266　B4

牆身貼滿畫迷的作品，風格各異，但張張水準都超高！

地庫Cafe狹長，提供自家烘焙咖啡，以及過百款图畫明信片，也有精選畫具發售。咖啡￥340

「月光荘」帆布畫袋，袋面繡有招牌法國號Logo，文青必選。各￥3,550

透明水彩，日本第一款純國產的顏料，沒有添加防腐劑，色澤輕柔，還有獨特的透亮感。12色￥5,290

Info
- **地址**：東京都中央區銀座8-7-2 永寿ビルB1-1/F
- **電話**：03-3572-5605
- **營業時間**：1100-1900
- **網址**：http://gekkoso.jp
- **前往方法**：東京Metro銀座線、丸ノ內線、日比谷線「銀座」駅B3出口，徒步約7分鐘。

195年漬物
銀座 若菜

　日本人遊銀座買的手信，其實是漬物。文政11年（1828年）創業的若菜，選用日本國產契約農地的優質野菜，加上昆布、鰹節、味噌、酒粕等天然調味料，絕不含防腐劑或色素，遵循古法醃漬，呈現「漬物本来の味」，成為日本人過年過節的送禮之選。招牌味噌漬蛋和味噌豆腐，更是日本食家的秘藏佐酒佳品！

MAP: P.266　B3

銀座本店面積偌大，裝潢高級，隨季節時令供應數十款漬物，部分提供試吃。

江戶たまご（味噌漬蛋），雞蛋都可以做成漬物，沿用江戶流傳的味噌醃，味道鹹香。￥594/3個

燻KUN（味噌豆腐），以味噌醃漬的豆腐帶煙燻味，入口如芝士般綿密鹹香，佐酒一流。￥864/盒

玉ねぎ醬油漬，用原個淡路島洋蔥，以醬油和辣椒醃漬。￥432/個

海老のミルフィーユ（大蝦千層椰菜），以昆布、清酒、酢等醃漬，開胃爽脆。￥540/包

Info
- **地址**：東京都中央區銀座7-5-14
- **電話**：03-3573-5456
- **營業時間**：1100-2100
- **休息**：逢周日
- **網址**：www.ginzawakana.com
- **前往方法**：東京Metro銀座線、丸ノ內線、日比谷線「銀座」駅B7出口，徒步約8分鐘。

新總店樓高12層，門前還有伊東屋紅色巨型萬字夾為記。

2樓「SHARE」主打信紙、便籤、明信片等，現場還有郵筒，以及伊東屋原創的郵票發售。

百年文具樂園

銀座●伊東屋（G.Itoya）

1904年創業的高級文具店，為慶祝創業111周年，銀座總店閉門整修兩年，終在2015年重新登場！新店提倡創意生活，樓高12層，每層各有主題概念，像2樓主打信箋、明信片的「SHARE」，設有郵筒可即場投寄；3樓「DESK」，展出超過1,200款筆；4樓的Note Couture，則可自製獨一無二的筆記本。更附設水耕菜工廠以及餐廳，還有大量跟其他著名品牌推出的限定文具，文具控一定失控！

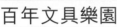
MAP: P.267 E2

7樓有伊東屋跟1899創業的紙商「竹尾」聯營的「竹尾見本帖 at Itoya」，提供1,082種類的紙張選擇。

快眠香薰羊，使用100%純羊毛製，只要滴幾滴香薰，即帶來療癒的效果。各￥1,800

Itoya伊東屋自家Logo手挽袋。小￥2,000、中￥2,500

淺草手拭專門店「かまわぬ」×「竹尾見本帖 at Itoya」限定記事簿。各￥2,300

店內有售Itoya伊東屋跟其他日本品牌crossover的文具精品，皆富設計感。

5樓「TRAVEL」專售機能性的旅行精品，還有附電源插座的休息空間。貓咪手挽袋（中）￥1,600

┏━ **Info** ━┓

地址：東京都中央區銀座2-7-15
電話：03-561 8311
營業時間：周三至六1030-2000；
周日至二1030-1900
網址：www.ito-ya.co.jp
前往方法：東京Metro有樂町線「銀座一丁目」駅9番出口，徒步約1分鐘。

明治天皇紅豆包
木村家　MAP：P.267 D2

明治7年（1874年），由木村安兵衛創立的老牌麵包店，招牌「あんぱん」乃日本紅豆包的始祖，特別在以米麴熟成的酒種來發酵，入口散發米酒的醇香。更成為明治天皇的貢品，自此聲名大噪。銀座店佔地4層，至今仍沿用140年以上的烘培方法，還附設Cafe和餐廳。

大樓內自設工場，每日供應超過140款包點。

店內仍保存舊有的麵包攤，出爐酒種麵包，都以傳統木箱盛載，有紅豆、栗子等餡料選擇。

酒種あんぱん「小倉」（左），最人氣的紅豆包，軟綿香甜富酒香；「桜」（右）同樣是紅豆餡，但面層加有鹽漬櫻花，正是昔日進貢明治天皇的一款。各￥162

Info
地址：東京都中央区銀座4-5-7
電話：03-3561-0091
營業時間：1000-2100
網址：www.ginzakimuraya.jp
前往方法：東京Metro銀座線、丸ノ内線、日比谷線「銀座」駅A9出口，徒步約1分鐘。

全日本最大
GU 銀座旗艦店

UNIQLO的廉價副線品牌，香港店要等到2017年，但2012年開幕的銀座店，正是日本最大的旗艦店。樓高5層，面積超過16,000平方呎，男女童裝俱備，其中女裝就佔據4層之多，地庫還有鞋履select shop，經常有限定特價。

MAP：P.266 C3

地庫有鞋履select shop，日本製Gore-Tex防水透氣皮boot。￥15,000

男裝針織橫紋Tee。￥990

女裝連身裙。￥2,990

6月尾開始的Summer Sale，精選男女裝竟低至￥790／件！

Info
地址：東京都中央区銀座5-7-7
電話：03-6255-6141
營業時間：1100-2100
網址：www.gu-japan.com
前往方法：東京Metro銀座線、日比谷線「銀座」駅A2出口，徒步約4分鐘。

350年文房紙品
東京鳩居堂

1663年創業的文房用品老字號，總店位於京都，銀座店是東京最大分店，曾創下當地最高地價紀錄。鳩居堂以紙質優良而聞名，專賣書法用品、畫材、線香、賀卡，還有紙製的傳統工藝精品，全都充滿日本特色，當手信一流。　MAP：P.267 D3

佔地兩層，2樓主打高級工藝，地下的賣場價格較實惠。

夏季限定發售的驅蚊香囊、御守造型方便攜帶。各￥1,000

京友禪萬花筒，手信送禮必選。各￥1,200

金魚圖案迷你和紙扇。￥330

Info
地址：東京都中央区銀座5丁目7-4
電話：03-3571-4429
營業時間：1000-1900
　　　　　（周日及假期1100-1900）
網址：www.kyukyodo.co.jp
前往方法：東京Metro銀座線、丸ノ内線、日比谷線「銀座」駅A2出口，徒步約1分鐘。

銀座藝術地標
歌舞伎座 **MAP:** P.267 E3

1889年開幕，日本傳統「歌舞伎」表演場地，已傳承至第五代，一直是銀座地標。歷時多年重修，於2013年全新登場，沿襲日本傳統桃山時代的華麗設計。後方的「歌舞伎座塔樓」更附設歌舞伎座展覽館、屋上庭園，以至傳統茶室。

歌舞伎票價，最便宜約￥4,000；最貴￥20,000。

Info

地址：東京都中央区銀座4 - 12 - 15
電話：03 - 3545 - 6800
網址：www.kabuki - za.co.jp
前往方法：東京Metro日比谷線，或都營浅草線「東銀座」駅3番出口直達。

明治菓子王
空也

Tips 只供預訂，至少1日前；食用期7日。

明治17年（1884年）創業、130多年歷史的和菓子老店，招牌菓子「最中」，將糯米烘烤成透薄的外殼，酥脆而富焦香，夾著北海道小豆餡（豆沙），香甜而不膩，連日本大文豪夏目漱石小説《我是貓》中也有描述。
MAP: P.266 C3

最中。￥1,130 / 一盒10個

Info

地址：東京都中央区銀座6 - 7 - 19
電話：03 - 3571 - 3304
營業時間：1000 - 1700（周六1000 - 1600）
休息：逢周日
網址：http://sorairo-kuya.jp
前往方法：東京Metro銀座線、丸ノ内線、日比谷線「銀座」駅B7出口，徒步約4分鐘。

400款手拭足袋
銀座大野屋

明治元年創業的手拭專門店，總本店屹立銀座歌舞伎座近150年歷史，店內常備有超過400款圖案的手拭（手巾）、足袋（傳統日式分趾襪）、掛簾與傳統布製飾品，圖案多樣，價格比百貨店便宜一半，手信之選。**MAP:** P.267 D3

葛飾北齋經典浮世繪《富嶽三十六景》長手拭。￥1,944

Info

地址：東京都中央区銀座5 - 12 - 3
電話：03 - 3541 - 0975
營業時間：1000 - 1700
休息：逢周三及日
網址：www.ginza-oonoya.com
前往方法：東京Metro日比谷線，或都營浅草線「東銀座」駅A1番出口。

明治貴族の甜點
資生堂パーラー（PARLOUR）

明治35年（1902年），當時仍是藥局的資生堂於本店一角，販售自家梳打水和雪糕而發跡，及後更發展成洋食喫茶店，成為上流的社交場所。為紀念100周年，2001年將成名的本部大樓，改裝成連地庫樓高12層的PARLOUR本店。集合菓子餅店、餐廳、畫廊、頂樓酒吧於一身。焦點是10樓的意大利餐廳FARO，有星級名廚助陣，但索價太高。推介3樓的SALON DE CAFÉ，正是PARLOUR的原點，裝潢華麗典雅，提供管家式的侍應服務，享用貴族式甜點，體驗明治時代的上流生活。

MAP: P.266 B4

店內仍有售1902年、資生堂發跡的梳打水，以及雪糕，沿用昭和風包裝。￥162 / 支

1樓是菓子餅店「PARLOUR Shop」，銀座本店有售多款限定，包括印有資生堂花椿圖案的曲奇。

赤紅色的PARLOUR大樓，由西班牙知名建築師Ricardo Bofill設計，融合傳統與未來感。

除了蛋糕菓子，還有資生堂餐廳的包裝洋食發售。特選飛驒牛咖喱 ￥1,296、燉肉 ￥1,040

SALON DE CAFÉ

3樓SALON DE CAFÉ，正是PARLOUR昔日的發跡原點，裝潢古典華麗。

資生堂侍應以管家式服務聞名，點Cake Set的客人，侍應會整盤拿給你挑選。

限定Strawberry Parfait，夏季特選青森縣八戶的草莓，果肉高而多汁，酸甜味夾雜滋味，幾乎每枱必點。￥1,890

Haomemade Cake Set，筆者選的是招牌草莓Shortcake，口感軟綿香甜，配自選雪糕或雪芭。連咖啡或茶￥1,540

Info

地址：東京都中央区銀座8‐8‐3 東京銀座資生堂ビル
電話：CAFÉ 03‐5537‐6231
營業時間：Shop 1100‐2100；CAFÉ 1130‐2100（周一休）
網址：https://parlour.shiseido.co.jp
前往方法：東京Metro銀座線、丸ノ内線、日比谷線「銀座」駅A2出口，徒步約7分鐘。

銀座玩具大王
博品館 本店（TOY PARK）

　　1982年於銀座創立的連鎖玩具店，銀座本店連地庫佔據5層，還附設玩具病院（玩具維修），以及玩具賽車場RACING PARK，曾是健力士紀錄的日本最大玩具店（1986年）。玩具選單跟Bic Camera相若，主打人氣新貨，不似Kiddy Labd般主攻卡通角色，最重要是有退稅服務。 **MAP: P.266 B4**

BANDI推出的「DARUMACLUB」，像Be@rbrick般跟不同品牌聯乘。各￥1,296

佔地5層，更有退稅服務。

特設糖果專區，有大大隻HARIBO橡皮糖熊恭候。

近年大熱的成人向模型「Metallic nano puzzle」，最新高階系列包括高達、Iron man和Star Wars。￥2,700起

Info
地址：東京都中央區銀座8-8-11
電話：03-3571-8008
營業時間：1100-2000
網址：www.hakuhinkan.co.jp
前往方法：JR「新橋」駅3番出口，徒步約3分鐘。

旅客專用 白屋松本清
マツモトキヨシ

Tips 購物滿￥30,000，有額外95折。

　　著名連鎖藥妝店「松本清」，於2015年新增的旅客專用店，以白色招牌為標記。集齊旅客最愛的藥妝，而且存貨量豐富，不怕缺貨。更備有外語店員，免稅專用收銀台，免費Wi-fi。貨品還貼有中文簡介，以至使用方法，買得多更有額外折扣！

MAP: P.266 C1

走廊通道特闊，不怕人逼人。若然買不夠，對面還有家兩層高普通版「松本清」。

旅客專用「松本清」以白色招牌為記，有樂町為1號店，並陸續於旅遊熱點開設。

獅王PAIRACNE，日本第一粉刺暗瘡膏，有抗菌退紅印效果。￥1,450

貨品都貼有中文簡介，人氣商品一目了然！雪肌精多功能面霜￥3,800

Info
地址：東京都千代田區有楽町2-7-1
電話：03-5293-0112
營業時間：1000-2300
網址：www.matsukiyo.co.jp
前往方法：JR、東京Metro有楽町線「有楽町」駅中央口，徒步約1分鐘。

《米芝蓮》1星鰻魚
竹葉亭 銀座店

　　江戶時代末期創業，《米芝蓮》一星鰻魚飯，食家蔡瀾也曾大力推介，連日本大文豪夏目漱石都曾在小說《我是貓》中提及。140年來，一直選用自家養殖、肥美肉厚的海鰻及秘製醬汁，以江戶風的先蒸後燒方法處理，外皮帶炭火焦香，肉質則軟綿濕潤，層次極高。

MAP: P.267 D3

うな丼（鰻魚飯），鰻魚烤至微焦，一掀蓋即有撲鼻香氣，肉質厚實，口感軟嫩但紮實。連同拌上秘製鰻魚汁的米飯，肥美油香溢滿口腔。￥3,000

銀座店佔地三層，設有70席，其中2樓為榻榻米座席。

Info
地址：東京都中央區銀座5-8-3
電話：03-3571-0677
營時：1130-1430、1630-2000（週六、日及假期1130-2000）
網址：www.chikuyotei.com
消費：約￥3,000/位
前往方法：東京Metro銀座線、丸ノ內線、日比谷線「銀座」駅A5出口。

チョコレートパフェ（朱古力芭菲），朱古力慕絲、香蕉、脆脆、雪糕層層相間，造型美得像朵盛開的花一樣，怎捨得吃。¥1,944

オムライス（蛋包飯），和光的版本是磨菇汁而非茄汁，輕輕劃開蛋皮，蛋液流動，包着的是磨菇芝士Risotto。連沙律¥1,944

貴婦至愛
MAP: P.267 D2
和光ティーサロン
（和光Tea salon）

　　銀座高級百貨老牌「和光」，於本店旁邊的別館2樓，設有Tea salon，內裝優雅華麗，侍應服務貼心，就連食客都衣香鬢影，一直是東京名媛貴婦至愛的Cafe。主打自家創作的甜點、蛋糕，也有傳統日式洋食餐點供應，招牌包括芭菲與蛋包飯。1樓和地庫還有餅店與食材店，每日從中午開始便大排長龍。

每日從中午開始便大排長龍，排的都是穿着名牌的東京名媛貴婦。

不同季節還有限定menu，像秋天的栗子Mont Blanc。¥1,944

地庫Gourmet salon，售賣和光自家品牌的食材，包括Tea salon使用的果醬、茶葉、紅酒等送禮之選。

和光自家品牌「抹茶牛奶醬」，抹茶士即變高級，另有多款果醬。¥1,296

由和光大廚監修的一系列罐頭湯，可將美味帶回家。薯仔凍湯各¥540

Tea salon內部呈長形，大玻璃窗可眺望銀座街景，女侍應都是傳統歐洲女僕打扮。

1樓是和光自家餅店連朱古力店，每天供應約30款蛋糕，造型精緻，水準極高。

Info

地址：中央区銀座4丁目4 - 8 和光アネックス（WAKO ANNEX）2 / F
電話：03 - 3562 - 2111
營業時間：1030 - 1900
　　　　　（周日及假期L.O.1030 - 1830）
網址：www.wako.co.jp
消費：約¥2,000 / 位
前往方法：東京Metro銀座線、丸ノ内線、
　　　　　日比谷線「銀座」駅B2直達。

近大マグロと選抜お造り盛り（精選吞拿鮮魚刺身），包括近畿大學的招牌吞拿魚、紅魽、縞鯵、真鯛等5款，款款肥美鮮甜。各3片￥2,800

金山寺味噌のバーニャカウダ（Bagna càuda），和歌山直送野菜，吃時蘸上暖和的金山寺味噌醬，超爽脆香甜。￥850

水産研究所直營 抵食刺身　MAP: P.266 B2
近畿大学水産研究所 銀座店

　　日本「近畿大学」自上世紀50年代起，於和歌山的白浜、串本沿岸自設「水産研究所」，成功培養出全球首條養殖黑鮪（藍鰭吞拿魚）！這家正是由大學直營的料理店，店內所有海産均由和歌山研究所直送，新鮮優質之餘，價格也實惠，加上有不少創作料理，與東京少有的和歌山料理，自2013年開幕以來晚晚爆場！

店內供應多款和歌山限定飲料，包括當地生產的手工啤酒Nagisa Beer。￥800

近大マグロとアボカドのタルタル最中（吞拿魚牛油果最中），以最中烤糯米餅，包着吞拿魚和牛油果粒，拌以他他醬，味道清新有創意。￥650

餐廳位於2樓，設有57席，開放式廚房可看吞拿魚解體，晚晚座無虛席。

每碟刺身都附有出生證明簡介，保證安全可靠。カンパチ（紅魽）刺身￥750

真鯛の金胡麻茶漬け，爽脆真鯛刺身，伴以金胡麻味噌和湯汁，清新可口。￥900

特選紀州産南高梅酒，酸甜醒胃，女生至愛。￥500

━━Info━━

地址：東京都中央区銀座6‐2 東京高速道路山下ビル 2／F
電話：03‐6228‐5863
營業時間：1130‐1500、1700‐2300
　　　　　（周日及假期1700‐2200）
網址：http://kindaifish.com/shop.html
前往方法：東京Metro銀座線、丸ノ內線、日比谷線「銀座」駅C2或C3出口，徒步約4分鐘。

長龍壽司店
梅丘寿司の美登利 本店

　東京著名排隊壽司店，昭和38年（1963年）於世田谷梅丘創立，使用山形縣得獎米、瀨戶內海苔、酒麴熟成壽司酢，加上每天由築地直送的海產，向以CP值高、超抵吃見稱。銀座店面積偌大，設有78席，排隊時間比渋谷店短，菜單選擇亦較多。

MAP: P.266 B3

筆者5點半取籌，7點終可入席。

穴子一本，以整尾海鰻包着壽司飯，乃美登利首創。

銀座店面積偌大，還有多間包廂，但老饕都選吧枱來坐。

來到美登利，記得先到票機拿取號碼籌，還可以手機登記電郵，到號前會發電郵通知。

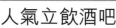

套餐附送茶碗蒸、季節漬物、味噌湯和甜點。

套餐「虹色」，大拖羅、真鯛、松葉蟹腳、海膽軍艦等共10件手握壽司，連玉子燒、烤茄子等份量超豐富，件件鮮美。￥2,500

Info

地址：東京都中央区銀座7－2番先東京高速道路山下ビル1/F
電話：03 - 5568 - 1212
營業時間：1100 - 2200（周日1100 - 2100）
網址：www.sushinomidori.co.jp
前往方法：JR「新橋」駅銀座口，徒步約5分鐘，高架橋下。

人氣立飲酒吧
銀座300 BAR

　銀座著名的立飲酒吧，藏身大廈地庫，供應近百款啤酒，以及150種cocktail，收費實惠，飲品小吃都劃一￥300，是故晚晚都人頭湧湧，但以男生居多，熱鬧到不得了。

MAP: P.267 D3

Info

地址：東京都中央区銀座5 - 9 - 11 ファゼンダビル　B1/F
電話：03 - 3572 - 6300
營業時間：1700 - 0200（周五、六1700 - 0400）
網址：www.300bar.com
前往方法：東京Metro銀座線、丸ノ內線、日比谷線「銀座」駅A2出口，徒步約3分鐘。

壽司之神2代
すきやばし 次郎

　「數寄屋橋次郎」連續7年獲米芝蓮三星，板長小野二郎素有「壽司之神」美譽。可是年屆90歲的他已退隱，要一嚐「神の味」，便要找「次郎」。由小野二郎兒子——小野隆士主理，盡得老父真傳，師傅發辦15貫壽司收費￥18,400，但同樣難訂位，官網預訂排期至少3個月。

MAP: P.266 C2

Info

地址：東京都中央区銀座4 - 2 - 15 塚本ビル　B1/F
電話：03 - 3535 - 3600
營業時間：1130 - 1400、1700 - 2030（周六1130 - 1400）
休息：逢周日及假期、8月中旬不定休
網址：www.sushi - jiro.jp
前往方法：東京Metro銀座線、丸ノ內線、日比谷線「銀座」駅B5出口，徒步約1分鐘。

高級老百貨
和光百貨 本館

　1881年創業，日本高級百貨老牌，座落中央通與晴海通交界的本店，散發文藝復興風格，建於1894年，樓高7層，主打包括自家品牌SEIKO在內的名牌鐘表、珠寶和服飾等。塔樓上的古老大鐘，每逢整點都會響起西敏寺鐘聲報時，一直是銀座象徵。

MAP: P.267 D2 - D3

Info

地址：東京都中央区銀座4丁目5 - 11
電話：03 - 3562 - 2111
營業時間：1030 - 1900
網址：www.wako.co.jp
前往方法：東京Metro銀座線、丸ノ內線、日比谷線「銀座」駅B1或A9出口直達。

繼續營業

築地
つきじ / Tsukiji

素有「東京の台所」美譽，超過80年歷史的日本最大魚市場，鐵定於2018年10月6日光榮結業，移往新址「豐洲市場」。其實，搬遷的只是俗稱「場內市場」的「築地中央拍賣市場」(水產和蔬果市場)，遊客至愛的「場外市場」依然維持不變，400多家廉價海鮮食堂和商店，仍然繼續留守築地、照常營業！

提提你

「築地市場」前世今生
築地市場前身是位於日本橋附近的「魚河岸」，但1923年遭遇關東大地震盡毀，於是借用原本為外國人居留地的「築地居留地」作為臨時市場，直至昭和10年(1935年)正式開設「築地市場」。所以東京不是第一次搬遷市場，當年也有不少市場商戶拒絕搬到築地，所以現在日本橋、人形町一帶才會有大量老店。

交通 都營大江戶線「築地市場」駅A1出口，右轉徒步約3分鐘；東京Metro日比谷線「築地」駅1、2番出口，徒步約1分鐘。

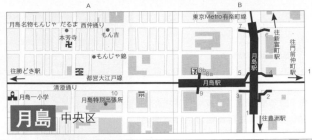
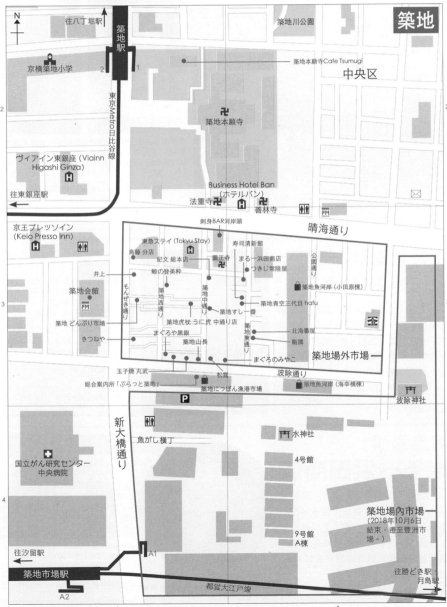

東京駅
日本橋
銀座
築地
豐洲市場

廉價海鮮食堂
場外市場 MAP: P.295 A3;B3

場外也有少量海鮮檔，都可以幫你即場做成刺身。

　　築地分為「場內市場」和「場外市場」兩部分。前者是拍賣場和批發街；而「場外市場」則泛指新大橋通、晴海通和波除通之間。由多條商店街組成，星羅棋布的巷弄間，聚集超過400家海鮮食堂與乾貨店，都以價格便宜新鮮作招徠，一直是遊客必到的覓食地。

除了食店，場外其餘多為乾貨類，不乏魷魚絲、元貝乾、昆布乾等手信之選。

間中也有食店表演鮪魚「解體Show」。

「場外市場」由もんぜき通り、築地西通り等多條商店街組成，人聲鼎沸。

Info

網址：www.tsukiji.or.jp
前往方法：都營大江戶線「築地市場」駅A1出口，右轉徒步約3分鐘。

怪味軟雪糕 MAP: P.295 A3
鯨の登美粋

每日約有8款口味軟雪糕供應，不時還有季節限定推出。

　　築地唯一鯨魚料理專門店，但筆者反對捕鯨，在此不作介紹。不過店家樓下有售特濃軟雪糕，從抹茶、豆腐、士多啤梨，到刁鑽的白飯魚味都應有盡有，口感滑嫩軟綿，值得一吃。

しらす（銀魚軟雪糕），鹽奶味雪糕中還混有粒粒銀魚碎，口感綿密有咬口，微鹹反令雪糕更香甜，很特別的食感。￥350

Info

地址：東京都中央区築地4 - 10 - 17
電話：03 - 6278 - 8194
營業時間：1000 - 1400
休息：逢周四
網址：www.e - kujira.net
前往方法：築地西通り、築地横丁交界附近。

海膽饅頭
まる一浜田商店

　　場外市場的和菓子老店，專售大福、羊羹、最中等傳統生菓子，但近年卻憑一款竹炭海膽包「関門うにまん」而爆紅，以竹炭粉搓成的饅頭，裏頭塞滿海膽，即成IG打卡名物。

MAP: P.295 B3

「関門うにまん」，海膽饅頭有兩款，最貴的「極」選看得見滿滿海膽。￥860

Info

地址：東京都中央区築地4 - 13 - 3
營業時間：0500 - 1200
休息：逢周日及假期
前往方法：築地東通り、築地横丁交界附近。

招牌「国産5種 うに食べ比べ丼 雅」，精選5款國產時令海膽，包括（上起，順時針）宮城紫海膽、北海道根室海膽、青森紫海膽、北海道浜中海膽，以及北海道厚岸海膽，瓣瓣呈橙黃色，飽滿分明。每款味道各異，但都充滿海水味，入口那股鮮甜Creamy，縈繞迴盪，久久不散。¥5,980

虎杖於築地一共有13間分店，「うに虎中通り店」為2015年新開，全吧台座席。

每款海膽約20克，一碗「雅」就足有100g海膽！

虎杖的師傅均為經驗老到的職人。

虎杖於小巷有多家分店，入口有虎杖新開的海膽立食吧「うに小屋」。北方四島海膽 ¥ 1,500

築地海膽大王
築地虎杖

MAP: P.295 A3

うに虎中通り店

　　2002年開業，現在已有13間分店之多，乃近年築地上位最迅速的新貴。主打海膽料理，每日供應15款精選自日本各地及世界的頂級海膽。招牌「国産5種うに食べ比べ丼 雅」，一碗集合5款來自不同產地的新鮮時令海膽，瓣瓣飽滿，味道各異。再伴以生雞蛋黃和鹽昆布，有助去除海膽腥味和提味。入口鮮甜味美溢滿口腔，鮮味久久不散，難怪最多可日賣150碗！

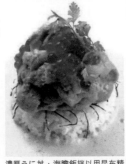

濃厚うに丼，海膽飯拌以用昆布精華和Wasabi製成的蛋黃忌廉，賣相精緻如法國菜，每日限量供應。¥2,380

倭やまと，精選5款國產時令海膽，做成手握壽司，不做成軍艦，盡顯師傅的功架。¥5,680

━Info━

地址：東京都中央区築地4 - 10 - 5 カネシン水産ビル1／F
電話：03 - 6327 - 5874
營業時間：0700 - 2100
　　　　　　（周日及假期0700 - 1700）
網址：http://itadori.co.jp
前往方法：築地中通り旁邊小巷直入。

健吾推介
北海番屋

大正13年（1924年）創業，由築地市場的老牌批發商「魚がし北田」直營的海鮮食堂，選料肯定新鮮又便宜，經KOL健吾推介後更成港人排隊店。招牌海膽拖羅丼「うにトロ丼」，份量多到滿瀉。而本地食客通常選「網燒」，各式海鮮自己動手烤，格外焦香鮮美。

MAP: P.295 B3

招牌「うにトロ丼」（海膽拖羅丼），厚切拖羅巨型如扒狀，海膽Creamy而鮮甜，份量多到滿瀉，拌以粒粒分明的米飯，滋味！附味噌湯 ￥2,900

內裝以海鮮酒場格局佈置，食客超過一半都是香港人。

提供超過20款海鮮丼，還有可自選海鮮的「勝手丼」。

Info

地址：東京都中央區築地4 - 14 - 16
電話：03 - 5148 - 0788（預約可）
營業時間：1100 - 1500、1700 - 2200；
　　　　　　周六、日及假日1000 - 1500
網址：www.salmon.co.jp
前往方法：築地東通り，近波除通り交界。

元祖滿瀉海膽丼
鮨國

跟北番屋齊名的海鮮丼店，乃築地最先賣海膽丼起家。海膽由場內著名的批發商「尾清」供應，依時令選用北海道、青森、岩手等不同產地。招牌「こぼれウニ丼」即是「滿到瀉」的海膽丼，40年前由二代店長所創，每碗都鋪滿足足130g的鮮海膽，售價才￥3,800，抵食到爆燈！

MAP: P.295 B3

元祖こぼれウニ丼（元祖滿瀉海膽），每碗足130g鮮海膽，粒粒飽滿肥美，味道鮮甜綿肥。怕你未夠喉，隨丼更多送你兩碟刺身配菜，落足料！￥3,800

店內採用宮城縣特別栽培的米種，看3代目的國光店長多用心。

鮨國跟北海番屋同樣是港人排隊店，請避開飯市時間前來。

Info

地址：東京都中央區築地4 - 14 - 15
電話：03 - 3545 - 8234（預約可）
營業時間：1000 - 1500、1700 - 2100
　　　　　　（周日及假期1000 - 1500）
休息：逢周三
網址：http://ameblo.jp/sushikuni
前往方法：築地東通り，近波除通り交界。

新派海鮮丼
築地青空三代目 hafu

MAP: P.295 B3

　　原為築地市場創業100年的魚屋「殿福水產」，已傳承至第3代，因而得名。在築地共有兩家店，本店以江戶前風格握壽司為主；「hafu」則主打20多款海鮮丼，以及晚市的海鮮創作料理。

除了特上海鮮丼，炙烤醬油鮪魚的「築地最強丼」也是名物。

招牌「特上海鮮丼」，一碗有齊牡丹蝦、海膽、拖羅、炙烤穴子、蟹肉、三文魚子等，每款都肥美脂香。￥2,600

活け締め穴子丼，炙烤過的穴子（海鰻）焦香撲鼻，肉質細嫩淡雅，配秘製醬油更一流。￥1,600

┌─ Info ─
地址：東京都中央區築地4 - 13 - 5
電話：050 - 5784 - 3192
營業時間：0900 - 1430、1730 - 2300
網址：www.aozora3.jp
前往方法：築地東通り中段。

吞拿魚面脥丼
築地 どんぶり市場

MAP: P.295 A3

　　晴海通、波除通之間一段新大橋通，名為「もんぜき通り」（門跡通），聚集大量廉價小吃店，乃築地內最便宜的覓食點，本地上班族也會來午膳。其中只得6席的小店「どんぶり」，海鮮丼低至￥700起，但最後憑一道「炙烤吞拿魚面脥肉丼」而上位，入口脂脥豐盈，論肥美絕對不輸拖羅。網上食家更形容為「像牛扒一樣的魚」。

まぐろホホ肉ステーキ丼，吞拿魚面脥肉烤得焦香，以黑胡椒調味，入口即化，魚油溢滿口腔。￥1,000

店內主打11款海鮮丼，最便宜的まぐろ只￥700，市場丼也只是￥1,300。

「どんぶり」只得6席，且24小時營業。

┌─ Info ─
地址：東京都中央區築地4 - 9 - 5
電話：03 - 3541 - 8978
營業時間：24小時
　　　　　（周至二及假期0500 - 1500）
網址：http://tsukiji - monzeki.com/shop/
　　　donburiichiba
前往方法：もんぜき通り中段。

雙層海鮮丼
刺身Bar河岸頭

　　店長橋本睦之原是築地市場的海產鑑定員，後於場外開設海鮮食堂，憑着多年的人際關係而買入一級食材。數年前忽發奇想創出「雙層海鮮丼」，一次集合超過20款時令海鮮，經日本電視台、雜誌和網絡紅人推介後而爆紅。

MAP: P.295 A3

店名以「刺身Bar」自居，店內亦有大量日本酒和佐酒小菜供應。

下層是玉子蟹肉鮑魚散壽司飯，吃時拌以中央特製的薑醋漬帶子和蝦。

築地場外丼（雙層海鮮丼），上層滿到瀉的海鮮包括牡丹蝦、海膽、拖羅、三文魚子、魷魚、槳子魚等10多款。￥3,000

┌─ Info ─
地址：東京都中央区築地4 - 12 - 2 ライオンズマンション東銀座B1 / F
電話：03 - 6383 - 4597（預約可）
營業時間：1100 - 1400、1800 - 2300
休息：逢周日及假期
網址：https://kashigashira.fjtec.co.jp
前往方法：晴海通り法重寺對面。

東京駅
日本橋
銀座
築地
豐洲市場

24小時！木桶拖羅飯
築地すし一番

場外市場另一名店，最大賣點是24小時營業，且年中無休，食材新鮮足料，都是水準之作。招牌拖羅丼「とろ鉄火丼」以木桶盛載，厚切拖羅滿瀉，足料度爆燈！日本人氣電視節目《旅猿》、《ビンキリツアーズ》等都曾推介。

MAP: P.295 A3

「すし一番」於築地共有兩家，都是24小時營業。

招牌「とろ鉄火丼」（拖羅丼），份量超豐富，大大件厚切中拖羅，肥美脂香，中央還有赤身和大拖羅，正好讓食客比較味道。￥2,520

鉄火丼以木桶盛載，感覺豪邁，店長都很友善。

Info
地址：東京都中央区築地4 - 13 - 15
電話：03 - 3524 - 7188
營業時間：24小時
網址：www.sakanaya - group.com
前往方法：築地中通り中段。

築地第一牛丼
きつねや

Tips
每位食客至少點一份餐，切勿多人分食一碗！

築地不止得海鮮丼，像專售牛丼和牛雜丼的「きつねや」，店前例必人頭湧湧，甚至捧着碗立食也在所不惜。昭和22年（1947年）創業，現已傳承至第3代。選用國產牛肉，店主每天大清早便開始煮，炊至軟腍入味，比吉野家更好吃！

MAP: P.295 A3

除了店前5個座位，馬路邊還有整排立食枱。

ホルモン丼（牛雜丼），牛肚、牛腸等都炊至軟腍入味，還有爽口彈牙的蒟蒻和青蔥，那湯汁更是拌飯佳品。￥850

這大大鍋牛雜煮，從早到午、一滾70年，精華所在！

Info
地址：東京都中央区築地4 - 9 - 12
電話：03 - 3545 - 3902
營業時間：0700 - 1330
休息：逢周日及假期
前往方法：もんぜき通り、波除通り交界附近。

120年老壽司
寿司清 新館

明治22年（1889年）創業，乃築地歷史最悠久的老店，現在分店已遍布全東京。於築地一共有兩家店，堅持製作最傳統的江戶風味壽司，師傅的捏功細緻，會用醬油和鹽味交替調味，亦更添風味。

MAP: P.295 B3

和，包括吞拿魚、甜蝦、鰻魚、玉子等共9款江戶前壽司，現點現握，味道細緻，壽司皮還有股幽香。￥1,542

「寿司清」為築地歷史最悠久的老店，食客以本地人居多，吃飯時會跟師傅有說有笑。

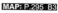
大名ちらし，招牌雜錦海鮮丼，配料包括吞拿魚、甜蝦、生銀魚、魚子等11款時令刺身，啖啖鮮美。￥1,542

Info
地址：東京都中央区築地4 - 13 - 5
電話：03 - 3544 - 1919
營業時間：1100 - 1500、1730 - 2230
（周六、日及假期1000 - 2200）
前往方法：築地東通り中段。

超平鮪魚刺身
まぐろや黒銀（前稱:鮪おか戸）

　　全築地最便宜的吞拿魚刺身，「黑銀」本身是場內的批發商，專營國產天然本鮪，乃銀座、築地一流食店的供應商。位於場外的魚屋經常有鮪魚解體表演，吸引途人圍觀之餘，新鮮刺身都超便宜，大大盒肥美拖羅只￥1,000，很多人都即買即吃！

MAP: P.295 A3

店前任何時間都逼滿人，很多日本太太也會來掃貨。

大大盒超肥美拖羅，都是剛剛現切。￥1,000

お刺身三種盛り，一次過嚐勻3個部位的吞拿魚。￥2,000

吞拿魚面肷肉更便宜，個人認為魚味更鮮。￥1,000

Info
地址：東京都中央区築地4-10-12
電話：03 - 3544 - 7440
營業時間：0830 - 1500
休息：逢周日
前往方法：築地西通り、波除通り交界附近。

有趣廚具雜貨
つきじ常陸屋

　　場外市場除了食堂，還有許多方便食堂買手的廚店。昭和31年（1956年）開業的「常陸屋」，乃築地的老牌商店，專售搜羅自全國各地的國產，或手作料理道具，從碗碟筷子，到專業的鰹節削器俱備，精緻又實用，不妨買來作特別的手信。

MAP: P.295 B3

日本傳統工藝「九谷燒」小碟，一套5件￥2,810起。

常陸屋自家出品的洗鍋刷，用棕梠製，不傷鍋具又清潔。（右下）￥580

常陸屋麻布買菜袋，不止袋面印有可愛洗鍋刷Logo，還掛有迷你小刷。￥2,400

迷你版洗鍋刷匙扣，超可愛。各￥500

Info
地址：東京都中央区築地4-12-5
電話：03 - 3541 - 1296
營業時間：0800 - 1500（周日、假期及休市日1000 - 1400）
網址：www.tsukiji.org
前往方法：寿司清 新館斜對面。

魚板大王　　MAP: P.295 A3
紀文 総本店

　　1938年創業的「魚板」店，原名「山形屋米店」，今日已是日本家傳戶曉的食品生產商，香港超市也有售賣。位於築地的發祥本店至今仍然營業，店內附設廚房，每日供應數十款新鮮魚板、魚糕、獅子狗卷、蒲鉾等，全以白身魚打成，絕不用下欄雜魚製造，特別有「魚」味。

御蒲鉾，日本魚糕的一種，日本人過新年的年菜必備。各￥1,050

新增關東煮，來東京怎能不吃關東煮，冬天來一串超正。￥70起

新鮮現炸魚板，首推玉ねぎ天，魚肉混有蛋白，口感彈牙又滑嫩。￥330

「紀文」的魚板、蟹柳，香港超市也有售賣，筆者從小吃到大。

Info
地址：東京都中央区築地 4 - 13 - 18
電話：03 - 3541 - 3321
營業時間：0500 - 1200
休息：逢周日、假期及休市日
網址：www.kibun.co.jp
前往方法：築地中通り、築地橫丁交界。

「築地魚河岸」分為「小田原橋」及「海幸橋」兩棟建築，作為他日場內市場搬遷後，留守原築地市場的地標。

新地標大樓
築地魚河岸

　　2016年底開業，作為原築地市場的新地標。分為「小田原橋棟」及「海幸橋棟」兩座建築，分別樓高2至3層，總面積6,800平方米，集合60家水產、蔬果店，店主都是原來市場的中介批發商，海鮮刺身、新鮮水果價格超便宜，￥1,000已有大大盒刺身。大樓內附設餐飲街、迷你展場、完善洗手間，還有自助食堂，方便旅客買完即時品嚐。

MAP: P.295 B3 - B4

1樓集合60家水產、蔬果店，店主都是築地市場原來的批發商，海鮮、農產價格便宜。

場內水果蔬菜更便宜，全都來自本地著名農園。和歌山蜜柑一箱￥3,500

鮮魚Set￥1,500一盒，若然住Airbnb，大可買回去烹調。

大大盒吞拿魚刺身，只售￥1,000！

生タラバガニ（皇帝蟹），只售￥6,000！

3樓設有餐飲街「魚河岸食堂」，集合海鮮、咖喱、Cafe等5家食店，價格都比大樓外的食店便宜。

3樓的「イベントスペース」（Event space），平日會開放公眾成自助食堂，方便旅客買完即時品嚐。

地址：小田原棟 中央区築地6 - 26 - 1
　　　海幸橋棟 中央区築地6 - 27 - 1
營業時間：0500 - 1500
　　　　　（食堂0700 - 1400）
網址：www.tsukiji.or.jp/forbiz/uogashi
前往方法：都營大江戶線「築地市場」駅A1出口，右轉徒步約3分鐘；東京Metro日比谷線「築地」駅1、2番出口，徒步約1分鐘。

隱世親子丼大王
鳥藤 分店

MAP: P.295 A3

築地不止得海鮮丼，像本地人都推介的雞飯專門店「鳥藤」，明治40年（1907年）創業，由雞肉專賣店直營，選用產地直送的大山雞、秋田比內地雞等，肉味濃郁柔軟而脂肪少。本於築地有兩家店，現在築地只剩「場外分店」，必吃軍雞親子丼「しゃも親子丼」，比普通親子丼貴￥400，但肉質更彈牙，還有罕見的雞屁股丼「ぼんじり丼」。

坐吧台位置可一睹師傅煮親子丼的速度。

しゃも親子丼（軍雞親子丼），軍雞肉質富彈性而味甜，半熟的鮮雞蛋拌着洋蔥汁和飯粒，入口超鮮甜嫩滑，滋味非常，還附送雞湯。￥1,200（お新香，淺漬醃菜超清爽。￥100）

午市排隊的多為本地人。

Info
地址：東京都中央区築地4 - 8 - 6
營業時間：場內0600 - 1400；場外0730 - 1400
休息：逢周日及假期
網址：www.toritoh.com
前往方法：もんぜき通り，築地横丁交界。

玉子燒
丸武
MAP: P.295 A3

燒玉子，現場職人新鮮煎好的玉子燒，熱呼呼入口，更覺蛋味濃郁。￥100

築地除了海鮮，玉子燒也很有名，場內場外都有多間玉子燒老店。其中，大正末期創業的「丸武」，乃超過80年歷史的名店。選用每天直送的鮮雞蛋，不添加任何調味，憑職人熟練技藝製成的厚玉子燒，每件都是藝術品。

Info
地址：東京都中央区築地4 - 10 - 10
營業時間：0400 - 1430（周日0830 - 1430）
休息：逢周日、假期及休市日
網址：www.tsukiji - marutake.com
前往方法：波除通り中段。

玉子三文治
松露
MAP: P.295 A3

1924年創業，本地人推崇的玉子燒老店。選用茨城縣岩井市契約農家的名蛋「都路のたまご」，蛋漿混入秘製鰹魚湯，還有丁點的砂糖和果醋作提味。招牌玉子三文治，口感滑嫩香甜而富蛋香，通常中午前便售罄。

松露サンド（玉子三文治），一盒兩件厚玉子，口感軟綿。￥648

Info
地址：東京都中央区築地4 - 13 - 13
營業時間：0400 - 1500（周日及假期0900 - 1500）
網址：www.shouro.co.jp
前往方法：築地中通り街景。

文字燒の街
月島

月島

築地市場附近的「月島」，乃東京著名的「文字燒激戰區」。充滿下町風情的「西仲通り商店街」一帶，聚集大小文字燒店超過80家，大夥兒團爐拿小鏟子小口小口吃，佐以酒精，氣氛熱鬧，尤其受年輕人歡迎，由於競爭激烈，每家也有招牌口味。

MAP: P.295 A1;B1

「文字燒」解碼
源自關東的「文字燒」（もんじゃ焼き）不同於大阪燒或廣島燒，將蔬菜等材料放在鐵板上拌炒後，加入麵糊煎成餅狀，吃時要用小鏟子小口小口吃。據說源自二戰後物資短缺，民間便將麵糊加上剩菜剩飯，直接倒在熱鐵板上炙烤。而之所以叫「文字燒」，原因是昔日的媽媽，會利用麵糊在鐵板上教小朋友寫字。

提 提你

Info
前往方法：東京Metro有樂町線、大江戶線「月島」駅，徒步約3分鐘。

明太子文字燒始祖
もんじゃ錦

　　1977年創業的月島著名老店，乃「明太子年糕文字燒」的始創店，香辣惹味的明太子，加上軟糯的年糕和爽脆高麗菜，入口軟糯煙韌又爽脆，簡直是天作之合。店員都是熟練的文字燒職人，技術高超格外滋味。

Info

地址：東京都中央区月島3-6-4
電話：03 - 3534 - 8697
營業時間：1700 - 2200
　　　　　（周六、日及假期1130 - 2200）
休息：逢周二
網址：http://r.gnavi.co.jp/p719600
前往方法：東京Metro有樂町線、大江戶線「月島」駅7或8B出口，徒步約3分鐘。

もち明太（明太子年糕文字燒），一份有兩大條明太子，材料還有年糕、高麗菜、拉麵和天婦羅碎。
¥1,550
MAP：P.295 A1

文字燒可請店員代勞，都是熟練的文字燒職人，動作超快速。

文字燒煮法：

1

先將高麗菜等材料放在鐵板上拌炒，但麵糊汁留下，秘訣是邊炒邊把菜切碎。

2

炒過的材料圍成一圈，挖空中心倒入麵糊汁和明太子等主菜。

3

麵糊滾開後再混合菜絲拌炒，壓平煎成鍋巴，最後撒上青海苔粉等調味料即成。

4

吃時要用小鏟子撥一點麵糊，稍微下壓弄焦，再小口小口吃，年糕還有拉絲效果。

點心麵文字燒
月島名物もんじゃ　だるま

　　2009年開業，以款式多和創意見稱，加上酒精選擇多，甚受年輕人歡迎。招牌是加入「童星點心麵」的咖喱雜錦文字燒，味道香辣，童年回憶即時湧現！

MAP：P.295 A1

カレ　コンビーフベビースターもんじゃ（咖喱雜錦文字燒），材料包括櫻花蝦、魷魚碎、鹹牛肉、天婦羅碎、高麗菜等。
¥1,230

味道香辣惹味，口感軟糯，加上點心麵的脆口，即成佐酒佳品。

所有材料拌炒好，最後撒上一整包童星點心麵即成。

Info

地址：東京都中央区月島3 - 17 - 9
電話：03 - 3531 - 7626
營業時間：1130 - 2300
　　　　　（周六、日及假期1100 - 2300）
網址：www.monjadaruma.com
雜前往方法：東京Metro有樂町線、大江戶線「月島」駅7或8B出口，徒步約3分鐘。

Tips

注意，搬遷的只是俗稱「場內市場」的「築地中央拍賣市場」，旅客搵食的「場外市場」仍原封不動在築地繼續營業，詳情見後文介紹。

豐洲人工島，其實是用1923年關東大地震清理出來的瓦礫填海得來，名字解作豐饒之地。

行程建議：「豐洲市場」跟台場只差4個車站，附近還有大型購物場Lalaport，大可編排一天同遊。其實，從舊築地市場往「豐洲市場」，車程最快只27分鐘，築地、豐洲和台場一天遊也OK！

Info

地址：東京都江東区豐洲6丁目5・7・6街区の一部
網址：www.shijou.metro.tokyo.jp/
前往方法：於「新橋」或「有樂町」駅，轉乘ゆりかもめ（百合海鷗線），至「市場前」駅直達。

新築地市場
豐洲市場
とよすしじょう / Toyosu-market.

　　超過80年歷史的「築地市場」，終於在2018年10月6日光榮結業，新址「豐洲市場」鐵定2018年10月11日正式開幕！

　　新開的「豐洲市場」座落台場附近的一個人工島上，佔地41萬平方米，面積是舊市場的1.7倍。除了水產水果批發，還附設商店街、市場見學、體驗教室等等，未來甚至會有溫泉設施。

「場內市場」原班人馬

　　140間店鋪，分佈青果棟、水產仲卸売場棟，以及管理施設棟3座大樓。大部分為築地「場內市場」原班人馬搬遷過來，包括兩大長龍壽司王：「寿司大」與「大和寿司」。新市場仍然會有拍賣見學，而且3座大樓皆有「見学Gallery」設施，而拍賣參觀層（見學デッキ）則位於青果棟。

「吞拿魚競投環節」每日約0525舉行，只准領有牌照的工作人員進入，除非參加見學，否則一律遊客止步。截稿前「豐洲市場」仍未公布見學參加詳情，請留意官網或I CAN專頁。

水産仲卸売場棟

為海鮮批發市場，餐飲商店街位於3樓，暫有22家各式食店，包括著名的壽司大，為豐洲市場最大商店街。

Info
地址：東京都江東區豐洲6丁目6街區

水産仲卸売場棟 3 /F

		仲家	烏藤			米花
鮨文				磯野家		吉野家
岩田		大江戸				
		江戸川	禄明軒	寿司大		

東京都中央卸売市場（豊洲市場）

碼頭　　春海運河

江東區

IHI Stage

P

屋上緑化広場

東京ガス豊洲（發電廠）

TeamLab Planets Tokyo

見学ギャラリー(見学Gallery)

正門(北)

環二通り

有明通り

首都高速道路10号晴海線

正門(南)

北口　市場前駅　南口

往豊洲駅→

見学ギャラリー(見学Gallery)

青果門　青果東門

新豊洲駅

冷蔵庫棟

P

見学ギャラリー(見学Gallery)

小口買参棟

P

有明北橋門

ゆりかもめ(市舍海鐵線)

青果南門

見学デッキ(参観層)

豊洲出口

N

Small Worlds Tokyo

豊洲市場吉祥物「Itchino」君！

青果棟

青果棟為蔬果批發市場，1樓集結3家食店，包括著名的大和壽司。

Info
地址：東京都江東區豐洲6丁目5街區

青果棟1/F

天房	富士見屋	大和寿司	大和寿司

東京駅　日本橋　銀座　築地　豊洲市場

管理施設棟

管理施設棟為市場辦公室，其中3樓集合10多家不同食店。

Info
地址：東京都江東區豐洲6丁目7街區

管理施設棟3/F

茂助	愛養		木村屋		井匠
うまい鮨勘	龍寿司		すしまる	市場すし	

蔡瀾推介人龍店
寿司大

連蔡瀾也推介，築地傳説中的長龍壽司店，排隊3、4小時是等閒。必選店長發辦壽司套餐「店長おまかせ寿司セット」，包括10件手握壽司+1件自選壽司+1份卷物，附送味噌湯和玉子。師傅會根據客人進食速度，一件一件手握，正宗江戶前壽司風味，吃過就知排多久也值得！

MAP: P.306

店長おまかせ寿司セット（店長發辦壽司套餐）。¥4,000

築地舊店一直是長龍壽司店。

```
───Info───
地址：東京都江東区豊洲6丁目6街区水産
　　　仲卸売場棟3 / F
電話：03 - 3547 - 6797
營業時間：0500 - 1600
　　　　　（周三0500 - 1400）
休息：逢周日及假期
網址：www.tsukijigourmet.or.jp/
　　　22_sushidai / index.htm
```

長龍壽司店
大和寿司

築地場內市場另一知名長龍壽司店，跟「寿司大」齊名，同樣會跟隨市場遷至豊洲新市場。店長都是數十年經歷的老師傅。招牌店長發辦壽司套餐「おまかせにぎり」（¥3,780），包括8件手握壽司+1份卷物，附送味噌湯，件件都是大師之作。

MAP: P.306

店長發辦壽司套餐「おまかせにぎり」。¥3,780

想排隊時間短些，僅記愈早來愈好！

```
───Info───
地址：東京都江東区豊洲6丁目5街区青果
　　　棟1 / F
電話：03 - 3547 - 6807
營業時間：0530 - 1330
休息：逢周日及假期
```

親子丼專家
鳥藤 **MAP: P.306**

明治40年（1907年）創業，由築地的雞肉店直營，選用產地直送的大山雞、秋田比內地雞等，肉味濃郁柔軟而脂肪少。本於築地有兩家店，其中場內市場的「鳥藤場內店」已遷至豊洲市場。除了招牌親子丼、親子咖喱，還有場內店限定的「鳥めし」（雞肉丼）¥800。

親子丼，雞肉肉質富彈性而味甜，半熟的鮮嫩蛋拌着洋蔥汁和飯粒，入口超鮮甜嫩滑，滋味非常，還附送雞湯。¥800

「鳥藤」是本地人推介的雞飯專門店。

```
───Info───
地址：東京都江東区豊洲6丁目6
　　　街区水産仲卸売場棟3 / F
營業時間：0600 - 1400
休息：逢周日及假期
網址：www.toritoh.com
```

長龍新貴
うまい鮨勘 **MAP: P.306**

築地場內市場後起的壽司名店，現在分店已遍布東京以至香港，老闆是築地買家出身，對食材選購特別新鮮到家。壽司套餐價格比大和或寿司大略便宜，店長發辦壽司套餐「店長おまかせ寿司セット」¥3,500，還有多款海鮮丼，故一樣排長龍。

現在有多間連鎖迴轉壽司店，豊洲市場新店則為板前店。

うに三味（海膽三款），包括（上起）Wasabi、火炙和海鹽3款，尤以海鹽最能吃出原來的海水鮮味。¥1,480

```
───Info───
地址：東京都江東区豊洲6丁目7街区管理
　　　施設棟3 / F
電話：050 - 5890 - 1465
營業時間：0600 - 1500
休息：逢周日及假期
網址：www.sushikan.co.jp
```

SKYTREE 平面圖

- 450米天望迴廊
- 350米天望Deck
- Dining SKYTREE VIEW — 31F / 30F
- SKYTREE出口 — 辦公大樓
- 天象館「天空」 — 郵政博物館 — 10F / 9F
- SOLAMACHI Dining — 8F / 7F / 6F
- 墨田水族館 — 5F
- SKYTREE售票及入口 — 4F
- 東京SOLAMACHI — 3F / 2F / 1F
- TOKYO SKYTREE駅 — B1F / B3F 押上駅
- West Yard　East Yard
- Tower Yard

日本新地標

晴空塔、墨田

東京スカイツリー / TOKYO SKYTREE
すみだ / Sumida

跟浅草一河之隔的「墨田」，本是遲暮的庶民老區，多得舉世觸目的TOKYO SKYTREE（東京晴空塔）落成，令這老區躍升成日本新地標，以至全球焦點。其實，蜿蜒樸素的老街，庶民食肆與老店林立。巷弄之中，更瀰漫下町獨有的人情味，吸引保育人士與手作人，特色cafe、雜貨小店紛紛進駐，為這小區注入新氣息，適合散策漫遊。

交通　東武スカイツリーライン（東武SKYTREE Line/伊勢崎線）「とうきょうスカイツリー」（TOKYO SKYTREE）駅，或「押上〈スカイツリー前〉」（SKYTREE前）駅；東京Metro半蔵門線「押上〈スカイツリー前〉」（SKYTREE前）駅；都営浅草線「本所吾妻橋」駅，或「押上」駅。

N

浅草

墨田区

今戸神社 ● 浅草飴細工 アメシン

本龍寺
潮江院

長命寺
弘福寺

桜橋

こぐま

鳩の街通り商店街

紙工房 堂地堂

言問小学

往東向島駅

曳舟駅

東向島 2

秋葉神社

少年野球場

三囲神社

桜橋通り

墨田中学

本所高校

キラキラ橘商店街
爬虫類館 分館

円通寺

押上2

小梅小学

言問橋

牛嶋神社

隅田公園

水戸街道

貝塚通り

円通寺
向島 3

常泉寺

本行寺

往浅草駅

曳舟通り

東武館

東武伊勢崎線（東武スカイツリーライン）

京成押上線

往京成曳舟駅

TOKYO mizumachi
├ KON CENT
├ MUYA
└ いちや

Central Square Life

往成田空港駅

One@Tokyo

SUMIDA RIVER WALK（隅田河岸歩道）

伊勢崎線（東武スカイツリーライン）

とうきょうスカイツリー駅

北十間川

A3

A1 くら寿司（蔵寿司）

B3

押上（スカイツリー前）駅

Richmond Hotel
（リッチモンドホテル プレミア
東京押上）

清雄寺

吾妻橋

大横川親水公園

そば処 かみむら

咲花cafe

A2

東京Metro半蔵門線

TOKYO HUTTE
（東京ヒュッテ）

A3 A4 A5

かつき亭

浅草通り

業平橋

本所吾妻橋駅

A1 A0 A2

往浅草駅

都営浅草線

三ツ目通り

東駒形 4

墨田北斎美術館

横川小学

本所税務署

天祖神社

平川橋

業平 3

四ツ目通り

B2

B1

往錦糸町駅
真鯛らーめん麺魚

634米高的SKYTREE，高聳入雲。建造時特別參考日本五重塔的傳統技法，結合最新的防震技術，從而達至抗震。

450/F天望回廊

350 / F 天望Deck

藍天白雲，倒影在附近商廈的SKYTREE，狀甚有趣。

展望台售票處位於4樓（Tower Yard），繁忙時間排隊需時。另可於7 - 11便利店預購。

日本重生新地標

TOKYO SKYTREE（東京晴空塔）

　　2012年落成，歷時近4年、耗資650億日圓打造。座落東京都墨田區，總高度634米，目前為世界最高的獨立式電波塔，也是世界第2高的人工建築，僅次於杜拜的哈里發塔，比東京鐵塔足足高出1倍多。

　　由國寶級建築大師安藤忠雄，與著名雕刻家澄川喜一共同設計，除作為電波傳送用途，於350及450米處各設觀景台，塔底更有雲集超過300間商店餐飲的大型購物中心「東京SOLAMACHI」，還有水族館、牟導觀天象廳和郵政博物館，組成食玩買一站式的SKYTREE TOWN，不去沒話題！
*中文譯名前稱「天空樹」。 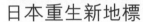 MAP: P.309 B3

塔身裝有1,995盞LED燈，由燈光師戶恒浩人主理，以江戶紫和代表隅田川的淡藍色造景，更加迷人。

Sorakara - chan（ソラカラちゃん），晴空塔的官方吉祥物，來自外星的少女，留着五角星星髮形。

━Info━

地址：東京都墨田区押上1 - 1 - 2
電話：03 - 6658 - 8012
營業時間：展望台0800 - 2145；商店約1000 - 2100；餐廳約1000 - 2200
網址：www.tokyo - skytree.jp

前往方法：
1. 東武スカイツリーライン（東武SKYTREE Line / 伊勢崎線）「とうきょうスカイツリー」駅（TOKYO SKYTREE）直達。
2. 東京Metro半蔵門線、都營淺草線「押上」駅B3或A2出口，徒步約2分鐘。

置身日本第一高塔，360度東京都美景盡入眼簾，天氣好時遠至富士山也清楚可見。

玩樂眾多
350 / F 天望Deck（TEMBO DECK）

距離地面350公尺，360度的全玻璃外牆，能見度遠至70公里，天氣好時更可遠眺富士山美景。劃分為340、345及350三層，玩樂眾多，包括玻璃地板、VR體驗、官方紀念品店、Cafe和餐廳。

「天望Deck」離地350公尺，擁有360度玻璃外牆，黃昏時間人潮最多。

天望Deck擁有5米高的內斜面玻璃幕牆，無反光的設計，足見日本人的貼心。

340層共有3組玻璃地板，以強化玻璃製成，每平方米耐重800公斤，往下俯瞰甚有騰雲駕霧之勢。

350及345層均有SKYTREE CAFÉ，前者立食；後者設有座位，都提供SKYTREE主題甜點。SkySoft雪糕￥450

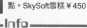

350層設有全景電子屏幕，自選放映日夜美景，若不幸遇上雨天，也能 晴晴空萬里景致。

今年新增的VR體驗，旅客透過眼罩，可一睹清潔工在展望台外抹窗的情況，震撼又有趣。

Info

地址：東京晴空塔340 - 345 / F
開放時間：0800 - 2145
售票處：東京晴空塔4 / F
入場費：當日￥2,100、網上預售￥1,800
天望Deck + 天望回廊套票
當日￥3,100、網上預售￥2,700

天望回廊售票處位於350樓的「天望Deck」。

玻璃迴廊鋪設弧形玻璃，上至天際，下至腳下的隅田川也清楚可見。

世界最高觀景台

全長110米的迴廊式觀景台，旅客可從445米，緩緩攀升至最高的451.2米處。

450 / F 天望回廊（TEMBO GALLERIA）

　　離地450公尺，以管形結構的迴廊式設計，是目前世上最高的電波塔觀景台。旅客可沿住全長110米的玻璃迴廊，從445米走到最高的451.2米處，宛如空中漫步，東京灣全景盡收眼底。

I Can Tips

450 / F天望回廊入場券，需在天望Deck的售票處購買。

採訪時剛好遇上鹹蛋超人放映50周年展，能拍出超人翱翔天際的有趣照片。

最高的451.2米處，柱身印有吉祥物SORAKARA的肖像，乃拍照打卡位。

---**Info**---

地址：東京晴空塔445 - 450 / F
開放時間：0800 - 2145
入場費：天望Deck + 天望回廊套票
　　　　當日￥3,100，網上預售￥2,700

必掃官方紀念品

The SKYTREE SHOP

　　SKYTREE塔內1、5及345樓均設有官方紀念品店，除了晴空塔造型或吉祥物SORAKARA的原創商品，還有跟其他日本品牌聯乘的限定品。

晴空塔形公仔。￥1,000

Hello Kitty × SKYTREE煎餅，連圖案布袋。￥756

晴空塔吉祥物SORAKARA公仔。37cm高￥2,880

海洋堂 × SKYTREE限定《Tokyo Landmark》扭蛋，有SKYTREE、東京鐵塔、雷門等7款地標。￥470

---**Info**---

地址：東京晴空塔1、5、及345 / F
網址：http://shop.tokyo - skytree.jp

貫穿兩層、8米高的「東京大水槽」，重現世界自然遺產小笠原的海洋世界。

日本最大開放式水槽

SUMIDA水族館（すみだ水族館）

位於「SOLAMACHI」5至6樓的都市型水族館，總面積7,860平方米，使用全人工海水飼養，展示東京灣附近400種、共1萬多隻海洋生物。設有64個水槽，包括日本最大室內開放式水槽，能近距離接觸企鵝和海狗。焦點是水深8米的「東京大水槽」，重現世界自然遺產小笠原的海洋世界。還有偌大的紀念品店，可愛精品眾多。

水族館今年還舉辦了全日本最大型的金魚展「江戶的金魚仙境」，吸引大批情侶來打卡。

紀念品店位於5樓入口旁邊，不用購票也可內進，大掃海洋精品。企鵝BB ¥1,296 / 個

水族館人氣第一「海のなかま」鹽味咔喱，即是日本去年大熱的水信玄餅。 ¥620 / 3個

日本最大的室內開放式水槽，水量超過350噸，可近距離接觸小企鵝，晚間還有星星海燈效。

─Info─

地址：東京SOLAMACHI West Yard 5 - 6 / F
電話：03 - 5619 - 1821
開放時間：0900 - 2100
入場費：成人 ¥2,500、高校生 ¥1,800、中小学生 ¥1,200
網址：www.sumida - aquarium.com

400米購物村莊
東京SOLAMACHI（東京ソラマチ）

　　橫跨TOKYO SKYTREE與押上駅，全長400米、佔地6.34公頃的大型購物中心。以「新•下町流」為概念設計，由West Yard、East Yard和Tower Yard組成，集合超過310家商店及餐飲，很多都有晴空塔的限定商品發售。 MAP: P.309 B3；C3

MAP: P.309 B3；C3

注意：West Yard和East Yard只在2至3樓相連，其餘樓層需走室外通道，很易迷路。

1樓為120米長的仿古商店街，集結35家特色店舖，重現昔日江戶下町風景。

SOLAMACHI中文名「晴空鎮」，West Yard樓高4層，East Yard樓高10層，4樓還有平台廣場。

5樓East Yard有「こどもの湯」（兒童の湯），設有88,000球的波波池樂園。小童收費￥1,600／2小時

4樓「nano Block Store」，有售SKYTREE積木。￥2,916

1樓有多家傳統日本小吃店，包括大阪章魚丸燒名店「くくる」。

Info

營業時間：1000 - 2100
網址：www.tokyo - solamachi.jp

東區 限定和服Kitty
Hello Kitty Japan

　　SKYTREE店獨賣全新的大蝴蝶結和服造型Kitty，入口處即有大大隻和服Kitty恭迎，還有多款晴空塔限定圖案Tee與菓子。

入口處的巨型和服Kitty，乃人氣拍照位。

SKYTREE限定士多啤梨和菓子「いちご日和」。￥750／6個

Info

地址：東京SOLAMACHI 4／F - EastYard - 18
網址：www.sanrio.co.jp

SKYTREE限定泡芙
Samantha Thavasa Anniversary

素有「日版LV」之稱，開幕時適逢15周年，因而取名Anniversary，以禮品為主題，除了限定版手袋外，還有甜品、餐具等雜貨。更附設主打甜品的「Celebrity Cafe」，必吃SKYTREE限定Eclair泡芙，還有Samantha Thavasa×Kitty泡芙。

開幕時有多款晴空塔限定手袋，另於商場2樓也設有分店。

附設甜點Cafe，全粉紅色裝潢，還備有各式潮流雜誌任看。

SKYTREE限定Mocha Eclair泡芙，ST招牌白熊圖案向來是女生最愛。￥450

晴空塔限定冬甩，請來甜點達人辻口博啓監修。￥1,500

┌Info┐
地址：東京SOLAMACHI 1 / F - EastYard - 52
電話：03 - 5610 - 2711
網址：www.samantha.co.jp

限定麵包超人
ANPANMAN kids collection

日本最受歡迎童裝品牌，設計可愛價格公道。SKYTREE店以下町美術館為概念設計，服飾、精品、玩具一應俱全，童裝尺碼從80到120cm，更有當店限定的麵包超人Tee。

麵包超人與細菌小子任主角的「愛與勇氣」系列，SKYTREE優先發售。

熱鬧祭典主題的麵包超人Tee。￥2,190

女裝設計亦Kawaii，牛仔系列感覺很法國風。

專門店位於SOLAMACHI的1樓，常有特價優惠。

┌Info┐
地址：東京SOLAMACHI 1 / F - EastYard - 33
電話：03 - 5809 - 7081
網址：http://anpanman - kc.jp

職人藝術糖雕
浅草飴細工 アメシン（Ame - Shin）

「飴細工」乃日本傳統的糖雕工藝，將砂糖加熱造成糖膠，再迅速塑造晶瑩剔透、栩栩如生的動物花草棒棒糖，堪稱藝術品。「アメシン」本店工場位於淺草，SKYTREE為其唯一門市，還有職人駐場示範。

以日本傳統花鳥草木為圖案的棒棒糖，送禮佳品。各￥600

招牌作「金魚」栩栩如生，陽光底下更加晶瑩剔透。￥3,480

不止晶瑩，到也有實色的小柴犬，都可愛。￥3,480

期間限定，白桃味波子糖。各￥650

店內有職人駐場作示範。

┌Info┐
地址：東京SOLAMACHI 4 / F - EastYard - 1
網址：www - ame - shin.com

餐飲名店街
SOLAMACHI Dining

6至7樓為餐飲街，集合近30家東京各地餐飲名店，包括人氣沾麵王「六厘舍」、世界啤酒博物館、浅草鰻魚老店「駒形前川」等等，價格豐儉由人。30至31樓頂層還有觀景餐廳層「SOLAMACHI Dining SKYTREE VIEW」。

浅草鰻魚老店「駒形前川」，餐點跟本店相若。

走廊盡頭更設有舒適的休息區，落地大玻璃窗，可俯瞰墨田區街景。

風景絕不遜於SKYTREE展望台，最重要是完全免費。

6樓有源自品川的人氣沾麵王「六厘舍」，SKYTREE店勝在排隊人潮較少。

Info
地址：東京SOLAMACHI 6 - 7 / F EastYard

150款啤酒
世界のビール博物館（世界啤酒博物館）

啤酒主題酒吧，提供超過50個國家共150款啤酒，包括德國、比利時、意大利、美國等等，市面罕見的得獎之作，以至SKYTREE所在的墨田產限定啤酒都有。就連待應也穿上相應民族服，充滿異國風情，氣氛熱鬧輕鬆。

レモンコリアンダービア（Lemon coriander beer），口感清爽帶檸檬清香。￥900 / 200ml

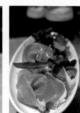

惠顧任何啤酒，可加￥650配Uncured Ham，佐酒一流。

附設手信店，有售墨田區生產、SKYTREE限定啤酒Boxset。￥1,500

晴空塔新店為全國最大分店，更有限定的紀念版啤酒。

Info
地址：東京SOLAMACHI 7 / F - EastYard - 2
網址：www.world-liquor-importers.co.jp

京都抹茶老店
祇園辻利

萬延元年（1860年）創立，本是京都宇治的著名茶商，60多年前於祇園開設抹茶店「辻利」，跟另一著名甜點店「茶寮都路里」是同門，一手促成日本抹茶甜品潮。SKYTREE店主打抹茶雪糕，也有少量茶葉等雜貨發售。

つじりツリーソフト抹茶，自家烘烤雪糕杯，盛着香濃抹茶雪糕、軟糯白玉、紅豆等，焦點是那限定晴空塔形匙更。￥670

位於走廊盡頭，店前有大量休息座位，大可慢慢吃。

抹茶りつぷくりーむ，最新出品抹茶潤唇膏，竹面包裝很美。￥1,620

Info
地址：東京SOLAMACHI 1 / F - EastYard - 12
網址：www.giontsujiri.co.jp

西區 晴空塔限定 豹紋香蕉
Tokyo Banana TREE（東京ばな奈ツリー）

東京第一必買手信！SKYTREE店有獨家限定的豹紋香蕉蛋糕，取名「Tokyo Banana Tree」。SOLAMACHI地下、2樓和4樓都有專門店，其中東武「SKYTREE」駅對面的「Tokyo Banana Tree」面積最大，商品也最多，店內還有獨家的福兔占卜「スーパー中吉おみくじ」。

「Tokyo Banana Tree」為路面口，就在東武「SKYTREE」駅出口對面，店中央置有一旋轉的香蕉蛋糕塔。

KYTREE限定「Tokyo Banana Tree」，內藏朱古力香蕉餡，連機場和東京車站店也沒有。￥1,080／8件、￥1,595／12件

蛋糕以外，還有豹紋曲奇。￥1,080／16塊

Info
地址：東京SOLAMACHI 1／F St.Street
營業時間：0900 - 2100
網址：www.tokyobanana.jp

下町食の市場
Food Marche

以下町為概念的大型市場，集合50家食品店，從蔬果、肉類、清酒，到甜品、麵包店俱備，還有售賣日本食材的超市，附設餐枱椅，好讓你現買現吃。

Info
地址：
東京SOLAMACHI
2／F - WestYard

以江戶下町為主題裝潢。

限定晴空塔熊
Rilakkuma Store

繼東京駅及吉祥寺店後，東京第3家鬆弛熊專門店，以「HAPPY LIFE with RILAKKUMA」為主題，提供超過2,500款商品，還有多款晴空塔限定商品。

鬆弛熊×SKYTREE公仔。￥3,900

Info
地址：東京SOLAMACHI 3／F - WestYard - 5
網址：http://blog.san - x.co.jp/rilakkuma - store/cat134

日本電視吉祥物村
Tree Village

集合富士、朝日、TBS、NHK等日本5大電視台的卡通角色精品，包括《蠟筆小新》、《多拉A夢》、《船梨精》，以至忽然爆紅的《おそ松くん》（小松君），都有跟SKYTREE聯乘的限定精品。

集合日本5大電視台的卡通角色，現場還有動畫放送。

DOMO圖案手工糖。￥600

梳乎蛋（蛋黃哥）×SKYTREE布袋。￥540

改編自赤塚不二夫漫畫的《小松君》，近期大受東京女生歡迎。

Pokemon×SKYTREE毛巾。￥572

Info
地址：東京SOLAMACHI 4/F - WestYard - 5
網址：http://tree - village.jp

「中川政七」和風雜貨
日本市

奈良300年織物老牌「中川政七」開設的和風雜貨店，中川本以麻布蚊帳起家，近年轉營土產雜貨大受歡迎。SKYTREE店以日本傳統文化為主題，不乏富士山、達摩、金魚等日本Icon，還有以天藍色為主調的晴空塔限定系列發售。

SKYTREE限定「空色たまる」（空色達摩）占卜公仔，連晴空塔圖案手巾。￥918

晴空塔限定系列，以象徵天空的藍色為主調，主打「空色たまる」（空色達摩）甚搶眼。

SKYTREE圖案（￥1,500）和富士山手拭（￥1,200）。

小巧的迷你富士山其實是占卜公仔，內藏藏文。各￥432

Info
地址：東京SOLAMACHI 4／F - East Yard - 35
網址：www.yu - nakagawa.co.jp

逼真「道具」雜貨
元祖食品サンプル屋

昭和7年（1932年）創業的食物道具公司，所謂「道具」，即幾可亂真的食物模型。SKYTREE為新形態精品店，將各種栩栩如生的食物道具，變成實用的雜貨或飾物，媲美飾品日牌Q - pot。

Info
地址：東京SOLAMACHI 4／F - EastYard - 39
網址：www.ganso - sample.com

火腿、蕉皮形書籤，用軟膠製，連質感也逼真。各￥800

逼真得令人嘖嘖稱奇的壽司。各￥3,000

表面是一片西瓜，其實是月曆，乃商品設計賞得主。

SKYTREE乃元祖的新旗艦店，逢假日還有職人現場示範。

限定土豪 BE@RBRICK
MEDICOM TOY

日本潮流玩具廠牌的唯一專門店，主打最受歡迎的BE@RBRICK系列，從100到1,000%俱備。焦點是獨家發售的晴空塔吉祥物Sorakara - chan Figure，還有以吉祥為主題的「SOLAMACHI限定BE@RBRICK」系列，隻隻都金光閃閃，超土豪feel！

SKYTREE Town限定100% BE@RBRICK。金色￥1,300

SOLAMACHI限定每季都會推出至少一款，至今已有近50隻。

SKYTREE限定7.5cm高Sorakara - chan Figure ￥980

SOLAMACHI限定400%招財貓BE@RBRICK。￥5,093

Info
地址：東京SOLAMACHI 4／F - EastYard - 43
網址：www.medicomtoy.co.jp

「自拍鏡」位置就在浅草通的業平橋下,日間會有居民義工站在橋上引路。

提提你

「自拍鏡」由來

自拍鏡其實是墨田與台東區政府,為推廣觀光,跟東京藝術大學合作的城市藝術計劃「GTS」,於2011年所創的藝術裝置,名為「Reflectscape」。另有其餘11件裝置散布墨田與台東區,有待旅客來發掘。

公園就座落SKYTREE腳下,環境綠意盎然,也是取景拍照好地方。

滾輪滑梯全長21米,從起點溜到底只需20秒,雖然短,但依然刺激,好玩到encore了3次!

SKYTREE自拍公園
大橫川親水公園

SKYTREE旁的地區小公園,從北十間川到豎川、沿水道而建的1,800米綠化帶,築有觀景橋、木棧道、釣魚場等設施。不過最吸引是置有一組凸面鏡,站在前面,即能拍到完整的晴空塔,跟自己的合照,Selfie「呃like」無難度!園內小橋流水,還有滾輪溜滑梯可玩,最重要是完全免費。

MAP: P.309 B3

站在凸鏡前,即能神奇地拍到完整的晴空塔,還有筆直馬路直通天際,Selfie打卡一流!

座落浅草通北隅的巨型船形建築,其實是公園管理事務所,滾輪滑梯入口就在事務所2樓平台。

Info

地址:東京都墨田区業平1 - 1から東駒形4 - 15 - 14
電話:03 - 3624 - 3404
開放時間:0930 - 1700
網址:www.sumida‑gg.or.jp/arekore/SUMIDA016/yokokawa/shinsui.html
前往方法:都營浅草線「本所吾妻橋」駅A5出口,往東徒步約3分鐘。

SKYTREE天婦羅
そば処 かみむら   **MAP: P.309 B3**

墨田區內食店有很多以SKYTREE命名的菜式。其中,蕎麥麵店「そば処 かみむら」便靠一道「Tower丼」賣至街知巷聞。所謂Tower丼,其實是店裏的招牌菜大蝦天婦羅飯,大碗內倒插着3隻大蝦天婦羅,足足25cm高,儼如肥版的晴空塔,難得浮誇造型背後仍然美味。

傳統家庭食堂格局,但平日午市也一位難求。

自家出品的迷你Tower丼掛飾。¥350

月見蕎麥麵,月亮是生雞蛋,趁熱拌混,蕎麥麵入口更滑嫩。¥750

タワー丼,足足25cm長的大蝦天婦羅口感彈牙,底下還有雜菜天婦羅,拌入秘製醬汁和蘿蔔蓉,滋味到說不出話。¥1,800(連味噌湯和漬物)

Info

地址:東京都墨田区業平1 - 18 - 13
電話:03 - 3625 - 120
營業時間:1100 - 2000
    (周日1100 - 1500)
前往方法:都營浅草線「本所吾妻橋」駅A5出口,往東徒步約4分鐘,東武橋附近。

新鮮蔬果、零食手信、日本食品應有盡有，最重要是有退稅！

兩層退稅大超市

MAP: P.309 C3

Central Square Life 押上駅前店

晴空塔對面，有家佔地兩層的大型超市。來自昭和年代創業的「Life」（ライフ），200多家分店遍布東京和大阪。地庫主要售賣蔬菜水果、生鮮肉類、調味料及冷凍食品；1樓則主打自家廚房製作的各式熟食、便當、壽司刺身、酒等，並附設菓子專區、藥妝店及日用品店。零食手信、日本食品應有盡有，不時還有日本各縣的食品展，更重要是有退稅！

常有日本各縣的食品展，採訪時便有北海道。流冰啤酒￥327.8

火鍋用海鮮拼盤，3人份量有齊牡丹蝦、帶子。￥1,380

日版Haagen-Dazs雪糕，包括期間限定口味，全部￥224！

火炙鱗魚刺身，富山縣冰見市直送，7點後還有7折！￥686

一整排的即食麵專區，有齊日本各地的限定口味，

特設菓子專區，集齊各式熱門菓子、零食，買手信一流。

佔地兩層大型超市，位置就在晴空塔對面、藏壽司旁邊。

Info

地址：東京都墨田区押上1-10-3
電話：03-3622-2320
開放時間：0930-0000
網址：http://www.lifecorp.jp/
前往方法：東京Metor半蔵門線、都営浅草線、京成押上線「押上（SKY TREE前）駅」B3出口。

浮世繪大師展
墨田北齋美術館（すみだ北斎美術館）

MAP：P.309 A3

2016年開幕，展出江戶時代浮世繪大師——葛飾北齋及其弟子的作品，就算沒聽過他的名字，也肯定看過他以富士山與波浪為題的代表作《富嶽三十六景之神奈川沖浪裏》。美術館選址正是其出生地墨田區，樓高4層，分為常設展和企劃展兩部分，館藏1800件作品，焦點為全長7公尺的《隅田川兩岸景色圖卷》。

葛飾北齋代表作——《富嶽三十六景之神奈川沖浪裏》。

浮世繪意思為「浮沉俗世之畫」，主要描繪江戶時代的風景、歌舞伎演員與遮民生活。

常設展中，重現84歲的葛飾北齋在房間作畫的模樣，旁邊是北齋女兒阿榮。

美術館建築本身也是藝術之作，由著名建築師妹島和世設計，外牆以鏡面鋁製。

┌─Info─┐
地址：東京都墨田区亀沢2-7-2
電話：03-6658-8936
開放時間：0930-1730 (最後入館1700)
休息：逢周一
入場費：￥400
網址：http://hokusai-museum.jp/
前往方法：都營地下鉄大江戶線「両国駅」
　　　　　　出口，徒步5分鐘；JR総武線
　　　　　　「両国駅」東口，徒步9分鐘。

晴空塔炸豬扒
かつき亭

開業近20年的炸豬扒店，備受墨田區街坊推崇。主打10款炸物定食，價格親民但用料上乘，招牌「特選ロースかつ」，精選新鮮豬里脊肉，以純正植物油低溫鮮炸，蘸上以水果秘製的醬汁，入口鮮嫩而肉汁充沛，而且毫不油膩，加上新鮮椰菜絲，吃一件已可連吞3碗白飯，絕對抵吃！

MAP：P.309 A3

豬扒現時現炸，製作需時，等候時就可DIY醬汁，先磨芝麻，邊磨邊聞到撲鼻香氣，更引食慾。

磨好芝麻，就可以按喜好加入甘口或辛口醬汁，前者較甜；後者酸甜鹹香。

晚市提供多款￥250起的炸物小菜，故很多街坊來小酌。

街坊食堂裝潢，店員全是親切的嬸嬸，食客都是本地居民。

特選ロースかつ定食（特選豬扒定食），豬里脊肉已去筋，外皮炸得軟酥酥脆，內裏肉嫩而爽口，一點不油膩，跟帶果香的醬汁是絕配。連味噌湯和白飯￥1,380

┌─Info─┐
地址：東京都墨田区吾妻橋 3－6－1 5
電話：03－3625－9211
營業時間：1100－1430、1700－2230
網址：www.pepper-fs.co.jp/katsukitei
消費：約￥1,000／位
前往方法：都營浅草線「本所吾妻橋」駅
　　　　　　A5出口，徒步約1分鐘。

昭和風老街

MAP: P.309 B1:C1

鳩の街通り商店街

　　80多年歷史的下町商店街，昭和時代遺留下來的街景，瀰漫緩慢的懷舊氛圍，吸引特色Cafe和手作人進駐，古舊民宅跟新派小店結合，活化老街，變出新生命，日本攝影和潮流雜誌也常來取景。

狹窄的街道兩旁盡是昭和時期的漁民舊平房，老人加上老房子，最有下町風情。

到處都是攝影的好背景，很多日本潮流雜誌和龍友都喜歡來取景。

鳩の街通仍有傳統的公共澡堂，公公婆婆都喜歡下午來泡浴！

---Info---
地址：東京都墨田区東向島鳩の街通り
網址： http://hatonomachi - doori.com
前往方法：東武スカイツリーライン（東武SKYTREE Line／伊勢崎線）「京成曳舟」駅，徒步約8分鐘。

手作紙本專門店

紙工房 堂地堂

　　建於昭和年代的舊廈「鈴木莊」，樓高兩層。2008年改建成藝術園地，成為年輕藝術家或手作人的工作室，裏面還有手作店以至按摩店，成為東京舊廈活化的代表。當中最有名的是「堂地堂」，專售自家手作的紙製精品，包括記事簿、postcard、印章等。**MAP: P.309 C1**

手作人製作的達摩紙偶，圓碌碌造型好可愛。￥800

SKYTREE手作記事簿，有多款尺碼選擇。￥300

D.I.Y. 記事簿，顧客可自選顏色紙，並隨意蓋上各式印章，當作手信一流。2本￥500

鈴木莊內的小店和工作室都是期間限定，故每次來都有新發現。

---Info---
地址：京都都墨田区向島5-50-3 鈴木莊1／F
電話：080 - 3933 - 1970
營業時間：1030 - 1730
休息：逢周二至三
網址： http://douchidou.cocolog-nifty.com
前往方法：鳩の街通り商店街中段。

焼きカレー，秘方咖喱特別加入鷹嘴豆蓉，吃時拌勻雞蛋和芝士，濃稠又香辣惹味。￥1,000

あんみつ玉，使用信州寒天做的果凍，內藏雜果與紅豆蓉，吃時伴上自家製黑蜜，美！￥500

建築原為木造古民家，老闆改造時保留傳統日本長屋的建築特色。

內部沒有改動太多，傳統格子窗滲入淡光，燈光昏黃，充滿懷舊味道。

古民家咖啡店
こぐま

鳩の街通活化老屋的代表。咖啡店原為藥房，建於昭和2年，老闆改造時保留傳統長屋的建築特色，店內一枱一櫈，都是老闆從附近已荒廢的學校搬回來，還有街坊送贈的古書和擺設，散發懷舊品味。咖啡店供應咖啡小吃和簡餐，用心烹調，自然好味。

昔クリームソーダ（雪糕梳打）￥650；自家製ジンジャーエール（Ginger ale）￥600。

MAP: P.309 C1

咖啡店原是一家藥房，店內仍有展出遺下的舊藥品，漢方與西藥俱備。

店後有一寧靜角落，四周被古書包圍，文青至愛。

Info

地址：京都都墨田区東向島1 - 23 - 14
電話：03 - 3610 - 0675
營業時間：1030 - 1830
休息：逢周二至三
網址：http://ko - gu - ma.com
前往方法：鳩の街通り商店街中段。

下町人情味老街
キラキラ橘商店街

　　位於京島的商店街，素有人情味老街之稱。街道兩旁開滿蔬果店、日用品店，甚至舊式照相館，很多已有上百年歷史，客人也是祖孫三代定居於此的老街坊，充滿下町風情。商店街每月舉辦一次假日早市，賣的盡是道地家常料理。**MAP: P.309 C2**

橘商店街有很多蔬果店，水果售價比超市還要便宜。

街上老食堂的天婦羅，新鮮又便宜，是附近街坊的至愛。￥200 - 400

1912年開業的庶民麵包店「ハト屋」，招牌果醬包乃昔日的奢侈洋食，東京人的集體回憶。￥150

「キラキラ橘商店街」位置在京成曳舟駅附近。

―**Info**―
地址：東京都墨田区京島3丁目49 - 1
朝市舉行時間：每月第4個周日0800開始
網址：http://kirakira - tachibana.jp
前往方法：東武スカイツリーライン（東武SKYTREE Line / 伊勢崎線）「京成曳舟」駅，徒步約8分鐘。

店長天天不同
珈琲の樹 – 爬虫類館分館

　　每日由東京不同cafe的咖啡師輪流主理，咖啡風格天天不同卻水準絕佳。內裝置滿舊家具，隨意亂放的擺設，感覺雜亂但有型，並經常舉辦文藝活動。必吃推介除了數十款選擇的手沖咖啡，還有全日供應的玄米飯定食與甜點。

MAP: P.309 C2

珈琲燒酌，咖啡混合燒酒竟如此地夾，酒精令咖啡的甘味提升更多，喝後還有回甘。￥600

不同風格的舊家具，擺放亂中有序，隨意率性得令人舒服。

玄米飯定食，雞腿肉用天然鹽麴淹漬，炸至皮脆而內有肉汁，那玄米飯更是軟糯煙韌。￥1,050

―**Info**―
地址：東京都墨田区京島3 - 17 - 7
電話：050 - 3496 - 5108
營業時間：珈琲の樹1000 - 1830
休息：逢周一
網址：www.bunkan.com/blog
前往方法：キラキラ橘商店街入口。

江戸風情
浅草
あさくさ / Asakusa

「下町」解碼
「下町」（したまち），地理上指靠近海或河川的區域，也指庶民百姓（特別是勞動者）聚居的地方，東京的浅草、築地等正是代表，現在則泛指為老街。

提提你

以浅草寺為中心，在江戸時代已是東京最繁華的街區，現在仍保存江戸下町風情。或許你會嫌外國旅客太多，但歷史悠久的浅草，其實臥虎藏龍，著名老店與道地小吃林立，好吃好買又好玩。自從對岸的晴空塔落成，再帶動人氣，比以前更熱鬧！

交通　東京Metro銀座線、都営地下鉄浅草線、東武スカイツリーライン（SKYTREE Line / 伊勢崎線）「浅草」駅。

325

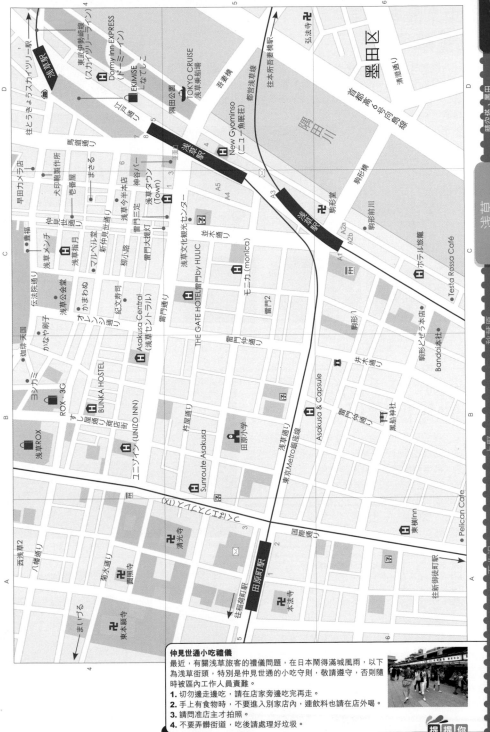

晴空塔・墨田　浅草　秋葉原　上野　下北沢

墨田区

仲見世通小吃禮儀

最近，有關淺草旅客的禮儀問題，在日本鬧得滿城風雨，以下為淺草街頭，特別是仲見世通的小吃守則，敬請遵守，否則隨時被區內工作人員責難。

1. 切勿邊走邊吃，請在店家旁邊吃完再走。
2. 手上有食物時，不要進入別家店內，連飲料也請在店外喝。
3. 請問准店主才拍照。
4. 不要弄髒街道，吃後請處理好垃圾。

提提你

東京最老寺院
浅草寺

始建於628年，乃東京都內最古老的寺院，也是江戶庶民文化的發展中心。山號金龍山，本尊「聖観音菩薩」，通稱「浅草観音」，一直香火鼎盛，每年前來參拜的善信超過3,000萬人次。來到這裏，「求籤」乃指定動作，參道入口的大提灯「雷門」，更成東京地標。 **MAP: P.326 C3**

穿過仲見世商店街後，即見入屋造式的「宝藏門」，左右兩邊各置有仁王（金剛力士）像。

「求籤」步驟：
寺內的「おみくじ」（観音百籤）據説非常靈驗，收費￥100，請自行投錢，然後拿籤筒搖，再依號碼找出籤文，若是凶籤可將之結在指定木架上。

雷門，轟立表參道入口，左面有風神像；右面有雷神像，正確名稱應為「風雷神門」。

焚香後，日本人會用手將香煙撥向自己身上，作用是淨化身體。

進入寺廟，必先到「手水舍」洗手和漱口，方法是先洗右手再洗左手，最後用勺子的水倒在左手掌心漱口。

Info
地址：東京都台東区浅草2‐3‐1
電話：03‐3842‐0181
開放時間：0600‐1700
網址：www.senso‐ji.jp
前往方法：東京Metro銀座線、都營地下鉄浅草線、東武SKYTREE Line（伊勢崎線）「浅草」駅，徒步約5分鐘。

熱鬧小吃手信街 **MAP: P.327 C4**
仲見世通り

從「雷門」開始，一直延伸至「宝藏門」前，始於江戶時代後半期，昔日東京最繁華的街道，終年熙來攘往。原是善信進入浅草寺的參拜道，長約250公尺，兩旁開滿88家商店，售賣傳統小吃、土產手信，間間都歷史悠久。

Info
地址：東京都台東区浅草仲見世通り
網址：www.asakusa‐nakamise.jp
前往方法：浅草寺前。

疫情後的仲見通り依舊熱鬧，而買小吃禮儀請見前頁。

百年人形燒 **MAP: P.326 C3**
木村家 本店

創業於明治元年（1868年），已有100多年歷史的人形燒，都以浅草寺相關的五重塔、雷樣（雷神）等為造型，旅客還可隔着玻璃觀看職人烤製人形燒。

人形燒。￥600 / 8個

Info
地址：浅草仲見世通り E53
電話：03‐3841‐7055
營業時間：0900‐1900
網址：www.kimura‐ya.co.jp
前往方法：「宝藏門」前第一家，

人氣炸饅頭
九重

Tips
請勿攜入他店進食。

仲見世排隊小吃之一，8款口味的炸饅頭，都使用國產原料，配以3種混合油鮮炸。招牌紅豆饅頭使用國產小豆，熱呼呼外皮炸得酥脆，內餡綿密細緻。 **MAP: P.326 C3**

あげまんじゅう（炸紅豆饅頭）。

Info
地址：浅草仲見世通り E51
電話：03 - 3841 - 9386
營業時間：0930 - 1800
網址：www.asakusa.gr.jp/shop/kokonoe.html
前往方法：「宝蔵門」前。

手燒煎餅店
壱番屋

明治17年（1884年）創業的「せんべい」（煎餅）店。選用契約農家的有機玄米，再由職人用炭火一枚枚烘烤。有黑胡椒等不同口味，剛新鮮烤好的醬油煎餅特別有風味。 **MAP: P.327 C4**

搞鬼熊貓圖案せんべい。各￥50

Tips
店內請勿拍照。

手燒せんべい￥50

Info
地址：浅草仲見世通り E25
電話：03 - 3842 - 5001
營業時間：0800 - 1900
網址：www.senbei - yaketayo.com
前往方法：伝法院通、新仲見通之間。

黑毛和牛咖喱包 **MAP: P.327 C4**
豊福

招牌黑毛和咖喱包，外皮炸得香脆，爆汁的內餡，選用黑毛和牛的大腿和五花肉，再以紅酒、香料等熬煮8小時而成，香辣惹味，可日賣800個，來晚了便沒得吃！

Info
地址：東京都台東区浅草2 - 3 - 4
電話：03 - 3843 - 6556
營業時間：1000 - 1900
網址：http://toyofuku-curry.com
前往方法：伝法院中央。

黑毛和牛カレーパン，新鮮炸起，小心爆汁。￥290

「幻の豚」炸肉餅 **MAP: P.327 C4**
浅草メンチ

豊福隔壁的另一排隊店，選用被譽為「幻の豚」的神奈川高座豬肉，混合牛絞肉和蔬菜而成，外層麵衣炸得金黃酥脆，內裏充滿肉汁，可日賣4,000個，曾被票選為淺草代表名產第一名！

Info
地址：東京都台東区浅草2 - 3 - 3
電話：03 - 6231 - 6629
營業時間：1000 - 1900
網址：www.asamen.com
前往方法：豊福旁邊。

浅草メンチ。￥200

珍寶蜜瓜包
花月堂 本店

MAP: P.326 C3

昭和20年（1945年）創業，名物「ジャンボめろんぱん」（珍寶蜜瓜包），Size比臉還大，秘訣在於以低溫、3小時長時間發酵，故做出外皮酥脆如曲奇，內裏則蓬鬆柔軟，據說可日賣3,000個！

咖啡牛奶、士多啤梨紅豆，日劇中常見日本人泡溫泉後喝。各￥200

夏季限定「アイスジャンボめろんぱん」（雪糕珍寶蜜瓜包），可自選雪糕口味，暖呼呼麵包夾住冰凍軟雪糕，更高層次。￥450（原味蜜瓜包￥200）

2樓附設「甘味處」，供應傳統日式甜品、刨冰等。

店家特別預備了幾個蜜瓜包模型供旅客拍照，看一班大男人拍得多好玩！

Info
地址：東京都台東區浅草2 - 7 - 13
電話：03 - 3847 - 5251
營業時間：0900 - 1700
網址：www.asakusa-kagetudo.com
前往方法：五重塔後面，西參道商店街口。

免費展望台
浅草文化観光センター
（浅草文化觀光中心）

2012年改建後重新開幕的觀光中心，找來日本著名建築師隈研吾設計。連地庫樓高9層，提供4種外語諮詢、免費Wi - Fi、電話充電、外幣兌換、購票服務、主題展覽，以至Cafe，更有免費的浅草導遊服務（逢周末）和日本文化體驗。重點是8樓頂層的免費展望台，從浅草到晴空塔美景盡收眼底！

MAP: P.327 C5

由隈研吾設計的觀光中心，一開幕即奪Good Design Award。

8樓頂層的免費展望台，更開放至晚上2200。

1樓Information提供中、英、日、韓語旅遊諮詢，還有哺乳室。

浅草街頭，以至晴空塔美景都盡收眼底。

Info
地址：東京都台東區雷門2 - 18 - 9
開放時間：0900 - 2000
　　　　　　（展望台0900 - 2200）
網址：www.city.taito.lg.jp/index/bunka_
　　　　　kanko/oyakudachi/kankocenter
前往方法：雷門斜對面。

￥5,000和服租賃散策
なでしこ（EKIREN）

來到古意盎然的浅草，女生都想穿着和服上街拍照，區內也有不少和服租賃店，特別推介2012成立的「なでしこ」，和服租賃收費只￥5,000，全套和服連腰帶、外套、草屐等，備有60款選擇，最正是事後可將和服帶回家，但不包括腰帶和裝飾。

MAP: P.327 D4

Tips

和服租賃只限女生，不設男裝或童裝，至少3日前網上預約。

除了外國旅客，很多本地人也會租來出席節日祭典。

￥5,000和服租賃包括着物、腰帶、半衿（和服領）、羽織（外套）、草履（草屐）等全套和服（足袋襪需自購），還有店員指導穿着。

「着付教室」，店內另有提供￥500一次的和服試穿，可仕店內拍照。

浅草店位於EKIMISE商場4樓。

Info
地址：東京都台東區花川戶1 - 4 - 1 浅草駅
　　　　ビルEKIMISE 4 / F
電話：03 - 3842 - 5234
營業時間：1000 - 2000
收費：￥5,000
網址：www.kimono-yamato.co.jp/ekiren
前往方法：東京Metro銀座線「浅草」駅7番
　　　　　　　出口直達。

百年職人手工毛刷
かなや刷子

大正3年（1914年）創立的刷子專門店，過百年來都由職人精心製作各式毛刷，從掃把、洗碗刷、毛筆，到化妝掃等超過200種類。招牌是馬毛做的牙刷，不傷牙肉又不易開叉，已賣出超過100萬支！

MAP: P.327 C4

迷你豬毛鞋刷，細密又不易甩毛。￥1,080

馬毛歯ブラシ（馬毛牙刷），天然馬毛富彈性傷不傷牙肉，另有較硬身的豬毛選擇。￥320／支

用上質山羊或松鼠毛做的化妝掃，細滑而柔軟。￥5,200

動物刷子，有豬、狗、兔、龜等造型。各￥5,670

—Info—
地址：東京都台東區浅草1-39-10
電話：03-3841-8848
營業時間：1030-1700
網址：www.kanaya-brush.com
前往方法：伝法院通、オレンジ通り交界附近。

職人注染手巾
かまわぬ（KAMAWANU）

浅草有很多職人老店，所謂「職人」，即擁有熟練技術的工匠。像手拭專門店「かまわぬ」，職人沿用明治時代的傳統注染技法製作，顏色特別鮮艷細緻。提供超過200款不同圖案或尺碼的和式手巾，可作手帕、披肩或包裝布之用。

MAP: P.327 C4

除了傳統圖案，也有可摺成立體西瓜、玉米的手巾。各￥1,188

買手巾，店員還會送你一本和式手拭的用法小冊。

浅草店樓高兩層，兼售設計感的生活雜貨，2樓還有展覽空間。

「かまわぬ」不時跟其他品牌聯乘，浅草店還有售浅草地標限定圖案。各￥1,188

—Info—
地址：東京都台東區浅草1-29-6
電話：03-6231-6466
營業時間：1030-1900
網址：www.kamawanu.co.jp
前往方法：浅草公会堂對面。

昭和明星相
マルベル堂

大正10年（1921年）創業，專售昭和年間的明星相，從40、50年代的高倉健、美空ひばり（美空雲雀），到70、80年代的國民偶像山口百惠、松田聖子、西城秀樹俱備，照片總藏量超過1,400枚，還有更珍貴的簽名版展出。

MAP: P.327 C4

石原裕次郎，日本戰後最具代表性的演員。

70年代國民偶像山口百惠照片。￥300

—Info—
地址：東京都台東區浅草1-30-6
電話：03-3844-1445
營業時間：1100-1900
　　　　　（周六、日及假期1030-1900）
網址：www.marubell.co.jp
前往方法：新仲見世通內。

百年江戶前壽司
紀文寿司

明治36年（1903年）創業，乃浅草最古老的壽司店之一，四代目店主関谷文吉所寫的《魚味礼賛》，在日本飲食界甚有地位。沿用江戶前壽司傳統，選用舊半做醋飯，且不添加砂糖，手藝實而不華。

MAP: P.327 C4

—Info—
地址：東京都台東區浅草1-17-10
電話：03-3841-0984
營業時間：1200-1400、1700-2340
　　　　　（周日1200-1930）
前往方法：柳小路、オレンジ通り交界附近。

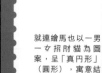

今戶神社主殿內還有供奉一男一女的招財貓。

戀の招財貓神社
今戶神社

始建於1063年，以祈求好姻緣而廣受女生歡迎。同時，也是招財貓發源地之一。傳說江戶時代今戶神社裏有一位老婆婆，因為窮困而無法繼續飼養愛貓，某晚愛貓向婆婆托夢說：「按照我的模樣製成玩偶，福德必來。」於是依樣做成單手舉起的瓷器貓販售，果然生意興隆，也就是「舉手招財貓」的由來。現在神社主殿仍有供奉一對招財貓，社內隨處可見貓咪雕像擺設，還有貓咪戀愛占卜籤，成為貓奴聖地。

MAP: P.326 D1

最廣為流傳的說法：舉左手招福招客；舉右手招財。也有說舉右手的是公貓；舉左手的是母貓。

今戶神社獨有，招財貓朱印帳，顏色超kawaii。￥1,500（手寫朱印￥500）

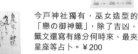

今戶神社獨有，巫女造型的「戀の御神籤」，除了吉凶，籤文還寫有緣分何時來、最夾星座等占卜。￥200

社內隨處可見貓咪擺設，成為貓迷的朝聖地，連神社主持家中也擺滿招財貓。

就連繪馬也以一男一女招財貓為圖案，呈「真円形」（圓形），寓意結緣。￥700

━Info━
地址： 東京都台東区今戶1 - 5 - 22
電話： 03 - 3872 - 2703
開放時間： 0900 - 1700
網址： http://members2.jcom.home.ne.jp/imadojinja/T1.htm
前往方法： 東京Metro銀座線、都營地下鉄浅草線、東武SKYTREE Line（伊勢崎線）「浅草」駅，徒步約15分鐘。

限定下町風UT
UNIQLO浅草

　　2021年開幕，原址為日本職人物產店「Marugoto Nippon」，佔地兩層，以「Our Neighborhood！（在地化）」為主題的全新浅草店，由Logo設計、裝潢，到活動等，都加入浅草下町文化特色，還有大量UNIQLO浅草限定服飾，包括與當地店家合作的客製化浅草標誌ＵＴ──「UTme!」

MAP：P.326 B3

LOGO有別於常見的紅底白字，以象徵浅草的千社札打造。

2樓男裝區，有UNIQLO與其他浅草品牌的聯名商品。

「UTme!」，浅草店家商標轉印服務，現場用平板操作可即場做出專屬UT！￥1990起

另有雷門燈籠與常盤堂LOGO的小豆盤，以及獨家限量UT。

Info

地址：東京都台東区浅草2-6-7 浅草ビル1-2F
電話：03-5830-6237
營業時間：1000-2000
網址：https://map.uniqlo.com/jp/ja/detail/10101708
前往方法：都營地下鉄浅草線（つくばエクスプレス）「浅草駅」6番出口，步行約6分鐘。

天國來的Hot cake
珈琲 天国

　　2005年開業，浅草著名的咖啡小店，每日下午便大排長龍，為的就是那烙上「天国」二字的昭和風Hot cake。年輕的老闆娘上野留美來自北海道，客人下單後才製作粉漿以保新鮮。厚身的Hot cake鬆軟非常，排隊時已聞到濃濃的香氣，配杯黑咖啡，絕配！

MAP：P.327 B4

喝完咖啡，發現杯底原來暗藏占卜，乃女店主的心思。

ホットケーキセット（Hot cake套餐），天国賣的是昭和風元祖Hot cake，沒過多的牛油，樸實無華，充滿小麥香。連咖啡￥1,000

プレーンホットドッグ（原味熱狗），20cm長特製熱狗腸皮脆而富肉汁，包身同樣烙有「天国」二字。￥360

Info

地址：東京都台東区浅草1 - 41 - 9
電話：03 - 5828 - 0591
營業時間：1200 - 1830
休息：逢周二
前往方法：伝法院附近。

晴空塔．墨田
浅草
秋葉原
上野
下北沢

花屋敷象徵「Bee塔摩天輪」，小屋會緩緩地上升至45米；前面升降降降的是White heron。搭乘券3張

日劇中常見的電動「熊貓車」，乃情侶拍照熱選。收費：￥200

日本最老遊樂園
浅草花やしき（淺草花屋敷）

　　早在幕府末期嘉永6年（1853年）開園，乃日本最古老的遊樂園。佔地62,430平方呎，最初為植花物園，二戰後陸續引入「先進」的機動遊戲，盛極一時，連大正天皇也曾微服到訪。2004年一度面臨結業，後得民間注資才得以保存。至今仍保持懷舊氛圍，園內約有18項遊樂設施，包括日本現存最古老的國產過山車，滿載東京人的集體回憶。

MAP: P.326 B2、C2

入口位置像江戶時代宅第。

浪漫遊樂園必備item──旋轉木馬。

Chiller car，乘坐緩慢的車卡，進入老舊感的鬼屋探險。搭乘券3張

老實說，很多遊戲都很Old school，但卻好打卡！

樂園附近的郵筒都有熊貓車裝飾，kawaii呢！

Little star，星星會360度快速自轉，兼繞着中心公轉，刺激到學生們狂呼連連。搭乘券3張

Info

地址：東京都台東區浅草2 - 28 - 1
電話：03 - 3842 - 8780
開放時間：1000 - 1800
入園料：
成人￥1,000、小学生及65歲以上￥500；のりもの券（搭乘券）每張￥100
網址：www.hanayashiki.net
前往方法：つくばエクスプレス（TX）「浅草」駅步行3分鐘，浅草西北端。

關東版一澤帆布
犬印鞄製作所

昭和28年（1953年）創業的職人級帆布袋品牌，全為人手縫製，防水防污，並以耐用見稱。雖不及京都一澤帆布歷史悠久，但款式設計更貼近現代需要，像跟Hello Kitty的聯乘。浅草店附設工場，布包可以付費繡上名字，還有實體店限定的灰藍色系列。*以下價格已連稅。

MAP: P.327 C4

Tips *I Can*
注意：雷門通店剛結業，另有分店於合羽橋道具街，有售合羽橋限定工具袋。

浅草店附設工場，布包可以付費繡上名字，日（包括漢字）英文皆行，15分鐘完成。￥648／10個字母

「三用」背包，可作斜挎袋，並放得下A4文件。￥15,984

犬印×Hello Kitty特別版Tote bag，另有My Melody版本。￥2,700

Bucket Thoth，女生至愛經典手挽袋，有多色選擇。￥5,292

Info
地址：東京都台東区浅草1-35-6
電話：03-5806-1712
營業時間：1000-1830
網址：https://www.inujirushikaban.jp/
前往方法：東京Metro銀座線「浅草駅」徒步2分；都營地下鉄浅草線「浅草駅」徒步4分。

なべ定食（泥鰍鍋），炭爐原鍋上桌，吃時灑上蔥花，加點七味粉及山椒粉提味更鮮。午市套餐￥2,600

午市套餐連泥鰍湯、漬物、白飯，以及味噌田樂，有蒟蒻和豆腐兩款。

泥鰍，沒有預期的土腥味，軟綿綿入口即化，鮮甜在口中蔓延，吃後全身暖和。

兩層高的本店乃二戰後重建，依然古雅，充滿歲月痕跡。

200年泥鰍鍋　**MAP: P.327 C6**
駒形どぜう　浅草本店

1樓為榻榻米座席，中間隨便放一條木板成餐桌，彼此素未謀面也閒哄哄，真正江戶庶民體驗。

「泥鰍鍋」，江戶時代最具代表性的庶民料理，含豐富蛋白質，乃古時平民最佳的補身食品。1801年創業的「駒形どぜう」，正是泥鰍鍋始祖，更入選《米芝蓮》Bib Gourmand推介。選用鳥取縣養殖場的泥鰍，先用酒灌醉以去腥軟骨，再以甜味噌醬油熬煮至軟腍入味。炭爐原鍋上桌，吃時灑上蔥花，滿口鮮甜鹹香，據說可日賣50公斤。

Tips
午市的なべ定食和柳川定食，供應時間為1100 - 1600。

Info
地址：東京都台東区駒形1 - 7 - 12
電話：03 - 3842 - 4001
營業時間：1100 - 2340
網址：www.dozeu.com
前往方法：都營地下鉄浅草線「浅草」駅駒形橋出口（A2），徒步約2 - 3分鐘。

浅草老洋食
ヨシカミ

MAP: P.327 B4

　　昭和26年（1951年）創業的老洋食店，在浅草家傳戶曉。內裝仍保持昭和氛圍，牆上貼滿名人簽名板和舊西洋電影海報。以不賣弄噱頭花巧、真材實料，適合日本人的洋食而自居，充滿下町庶民風味。招牌「ビーフシチュー」（燉牛肉），牛五花肉用自家秘製Demi - Glace sauce（牛肉燴醬）和蔬菜，燉煮3天而成，軟腍入味到入口即化，一吃難忘。

牆上貼滿名人明星的簽名板，左下角的是飯島愛。

招牌「ビーフシチュー」（燉牛肉），顏色深沉，味道濃郁卻很溫和，牛肉軟腍入味，那紅酒醬汁佐飯更一流！￥2,450

オムライス（蛋包飯），透薄的蛋皮包住酸甜的炒飯，口味和順，充滿昭和風。￥1,300

內裝仍保持昭和老洋食店格局，吧台可看着廚師們工作，一片懷舊氛圍。

店內有60席，但午、晚市時間仍需要排隊。

Info
地址: 東京都台東區浅草1 - 41 - 4
電話: 03 - 3841 - 1802
營業時間: 1145 - 2230
休息: 逢周四
網址: www.yoshikami.co.jp
前往方法: 伝法院附近。

日本首家酒吧
神谷バー（神谷Bar）

MAP: P.327 D5

　　明治13年（1880年）創業，原名「みかはや銘酒店」，乃日本史上首家洋式酒吧。招牌「電気ブラン」（電気白蘭地），以白蘭地為基地的調酒，因酒精度高，入口有如觸電般麻痹，大受當時的名流雅士歡迎，連日本文豪太宰治都曾在《人間失格》中描寫過。現在的神谷バー樓高3層，除了酒，也供應昭和風洋食，保持懷舊氛圍，自日劇《花樣少男少女》取景後再次爆紅。

招牌「電気ブラン」（電気白蘭地），酒精度高達40度，入口猶如觸電般辛辣，喝後全身火燙，酒量淺勿試。￥370

かにコロッケ（蟹肉可樂餅），招牌名物，松葉蟹腳拆肉混合薯仔鮮炸，外脆而內Creamy。￥730

1樓為「神谷酒吧」，內裝仍保持昭和風格，很多老日本人特意來懷舊。

豚肉の塩漬け，豚肉以鹽醃漬成果凍狀，充滿膠質，昔日是高級洋食。￥610

樓高3層的大樓建於1921年，2樓是洋食餐廳；3樓為和食。

Info
地址: 東京都台東區浅草1 - 1 - 1
電話: 03 - 3841 - 5400
營業時間: 1130 - 2200
休息: 逢周二
網址: www.kamiya - bar.com
前往方法: 雷門通、馬道門通交界。

Sky Tree景鰻魚飯
駒形前川 MAP: P.327 C6

座落駒形橋旁的鰻魚老店，超過200年歷史，可邊吃邊欣賞Sky Tree與隅田川景致。招牌蒲燒天然鰻，罕有兼矜貴，現在只在5至11月供應。其餘日子選用俗稱「坂東太郎」的利根川高級養殖鰻，由於河川零污染，做到口感和油脂相若。沿用傳統江戶蒲燒法，反覆髹上醬油、味醂及祖傳醬汁，以炭火慢烤，絕對極品！

うな重套餐連吸物（湯）、御新香（漬物）及水果，清淡的鰻魚肝湯，可清洗油膩感。

うな重　うなぎ坂東太郎（蒲燒鰻魚定食），一掀蓋即有炭火香撲鼻，魚皮微脆、魚肉油脂豐腴，吃後還有回甘。￥4,095

本店樓高3層，全榻榻米座席，靠窗座位可欣賞Sky Tree和隅田川景致。

|Info|

地址：東京都台東區駒形2‧1‧29
電話：03‧3841‧6314
營業時間：1130‧2340
網址：www.unagi-maekawa.com
前往方法：都營地下鐵淺草線「淺草」駅駒形橋出口（A2），徒步約1分鐘。

浅草必吃！絲綢布甸
Testa Rossa Café 駒形店

浅草著名布甸名店，招牌「シルクプリン」（絲綢布甸），使用茨城縣奧久慈產的鮮雞蛋和北海道產的生奶油製成，口感如絲綢般滑順，日本電視台也經常介紹。雷門附近的為布甸專賣店，遠め少的駒形店則為甜品吧，不止布甸，還有自家製蛋糕、咖喱飯等餐點供應。 MAP: P.327 C6

シルクプリン（絲綢布甸），有抹茶等口味，Premium特別使用2倍的蛋黃和雲呢拿籽製作，味道更濃香，配以帶甘味的焦糖醬，極富深度。￥510

スーパーモンブラン（Super Mont Blanc），店主另一招牌，栗子蓉口感輕盈軟滑，包着原粒栗子、鬆軟蛋糕和鬆脆餅底，層次豐富。￥650

內裝清新，每日供應近20款自家製蛋糕。

|Info|

地址：東京都台東區駒形2‧6‧1
電話：03‧3843‧7771
營業時間：1100‧0100
休息：周日不定休
網址：www.testarossacafe.net
前往方法：都營地下鐵淺草線「淺草」駅駒形橋出口（A2），徒步約3分鐘。

日本最古老天婦羅
雷門 三定

天保8年（1837年）創業，號稱日本最古老的天婦羅店，現已傳承至第7代傳人。使用特製芝麻油炸的江戶前天婦羅，麵衣顏色較深黑，口感偏軟，但充滿油香，正是江戶風特色，配上略帶焦香的醬汁，即成佐飯佳品。

MAP：P.327 C5

上天丼，包括雜錦炸野菜、海老和原條白身魚，油香輕盈而不膩，伴上軟糯分明的國產米飯和醬汁，滋味。￥1,820

樓高兩層，2樓和室可供訂座。

店前附設外賣部，售賣天婦羅炸蝦和豬扒。

━Info━
地址：東京都台東區浅草1-2-2
電話：03-3841-3400
營業時間：1130-2200
網址：www.tempura-sansada.co.jp
前往方法：雷門附近。

隱世天婦羅排隊店
天丼 まさる

MAP：P.327 C4

浅草著名的隱世天婦羅店，老闆對食物質素非常堅持，全店只供應江戶前和車海老兩款天丼，賣完便關門，恕不招待學生以下小童，若當日進不了好食材，甚至不營業。選用芝麻油來炸，油香撲鼻，能保存食材原來的鮮美，就連杜如風都曾推介。

Side dish只得味噌湯，用紅味噌，尚算不濃。￥200

當店招牌「江戶前天丼」，包括極上車海老、穴子、雜錦炸野菜和原條白身魚，麵衣厚薄適中，充滿芝麻香的麵衣微脆，內裏鮮嫩彈牙，吃得出新鮮的甜美。大￥3,700

店內只有12席，牆上掛滿名人的簽名。

━Info━
地址：東京都台東區浅草1-32-2
電話：03-3841-8356
營業時間：1100-1400
休息：逢周三、日及假期
前往方法：仲見世通、新仲見世通交界附近小巷內。

下町漫遊
人力車

Tips

生日月預約有9折優惠。

充滿江戶下町風情的浅草，相當適合乘坐傳統人力車細意漫遊。浅草駅至雷門一帶都有不同公司的車伕在拉客，最短的12至15分鐘行程，2人收費一般￥5,000，年輕的車夫沿途會提供解說和幫忙拍照，部分更通曉英語。

浅草車伕都穿着傳統分趾襪「足袋」，解說生動。

現在的人力車收費都名碼實價，還可以信用卡付款。

車伕除了提供導賞，最重要是替乘客舉機拍照。

━Info━
東京力車
收費：
おためしコース（Trial Course）
￥5,000／2人
いいとこどりコース（好景點 Course）
￥8,000／2人
30分鐘出租￥10,000／2人
網址：www.tokyo-rickshaw.com

廚具模型街
かっぱ橋道具街（合羽橋道具街）

東京著名的廚具街，位於浅草及上野之間，全長800米的商店街，聚集超過170家廚具用品店。從餐廳專用的煮食爐具、廚刀、招牌、布簾、店員制服，到幾可亂真的食物模型都應有盡有，當作手信也不錯。 **MAP：P.326 A1 - A2**

包點菓子用的鐵烙印，有不同文字和圖案選擇。
￥3,000 - 6,000 / 個

除了專業廚具，也有業餘家用精品。貓咪飯糰模￥750

由於「合羽橋」日語發音跟河童相似，故又名河童道具街，街上也有河童裝飾與雕塑。

合羽橋道具街全長800米，入口位置有巨型廚司看板。

Info
地址：東京都台東区西浅草かっぱ橋
電話：03 - 3844 - 1225
網址：www.kappabashi.or.jp
前往方法：東京Metro銀座線「田原町」駅，徒步約5分鐘；東京Metro日比谷線「入谷」駅，徒步約6分鐘。

食物道具專門店
まいづる（SAMPLE SHOP MAIDURU）

所謂「道具」，即幾可亂真的食物模型。「まいづる」為合羽橋著名的食物道具專門店，以款式多且逼真、還變化成許多有趣的日用品見稱，像手掌般大的烤魚或咖喱飯手機殼等，連日本電視台節目、雜誌都經常介紹。 **MAP：P.327 A4**

逼真得令人嘖嘖稱奇的壽司餐盒。￥9,720

各式和食iPhone case，逼真又浮誇！各￥3,240

色彩繽紛的迷你甜點，最受日本女生歡迎。各￥2,484

此為一般顧客道具店，同街另設專業級的道具專門店「maiduru pro」。

Info
地址：東京都台東区西浅草1 - 5 - 17
電話：03 - 3606 - 1665
營業時間：0900 - 1800
網址：www.maiduru.co.jp
前往方法：近菊水通交界。

菲林相機專門店
早田カメラ店

創業60多年，日本唯一Analog Camera專門店，即菲林相機店，老闆早田清乃維修達人，至今經他修好或改裝的機械相機超過6,000台。店內的珍品包括Leica、ALTESSA、Rollei、宮崎光學等等，儼如博物館。 **MAP：P.327 D4**

德國Rollei 35。￥75,600

Info
地址：東京都台東区浅草2 - 1 - 3
電話：03 - 3841 - 5824
營業時間：1130 - 2000
休息：逢周四
網址：www.photobazar.jp
前往方法：近伝法院通、馬道通交界，犬印鞄製作所附件。

漫遊「隅田川」

全長23.5公里，貫穿東京北區至東京灣，早在江戶時代已是庶民的娛樂休閒場所，與對外交通樞紐，每年7月更會舉行大型的「隅田川花火大會」。除了在河邊賞景，還可乘坐各式觀光船，推介以松本零士經典漫畫《銀河鐵道999》為概念的水上巴士「ヒミコ」（Himiko），往台場（約50分鐘）船票￥1,560。 **MAP：P.327 D5**

水上巴士「ヒミコ」擁有玻璃客艙。浅草對岸金色尖頂的是法國設計師Philippe Starck設計的Asahi Super Dry Hall「炎のオブジェ」。

Info
水上巴士「ヒミコ」（Himiko）
乘船位置：東京都台東区花川戶1 - 1 - 1（吾妻橋旁）
票價：往お台場海浜公園 成人￥1,560、小童￥930
網址：www.suijobus.co.jp

晴空塔・墨田

浅草

秋葉原

上野

下北沢

宅男聖地
秋葉原
あきはばら / Akihabara

JR山手線、JR總武線、京浜東北線、東京Metro日比谷線、つくばエクスプレス（TX）「秋葉原」駅。

　　眾所周知的著名電氣街、動漫天堂，以及宅男「聖地」，東京年輕人一般簡稱為「アキバ」（Akiba）。

　　名字源自已遷至他處的「秋葉神社」，原為庶民住宅區，二戰後始有人在秋葉原開設電器店，初以售賣真空管收音機和電器零件起家，及後才慢慢吸引大型電器店、電腦批發、動漫店，以至女僕Cafe、偶像劇場等聚集。近年，JR秋葉原駅高架橋下，新開發了多個文創基地，使這「宅男聖地」更多元、更添吸引力！

340

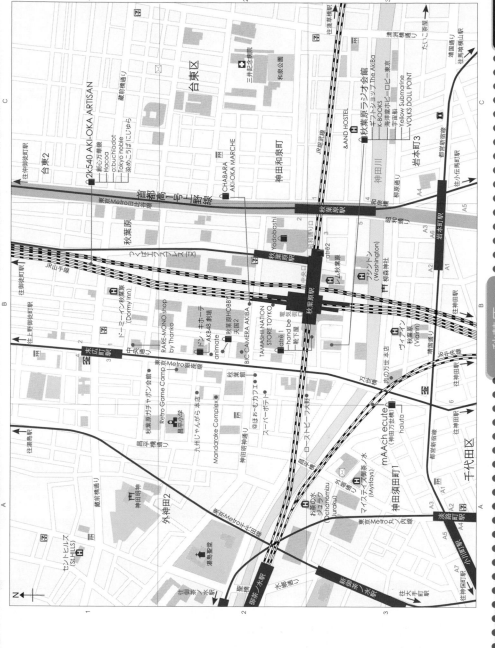

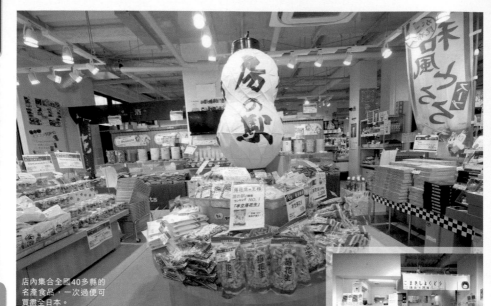

店內集合全國40多縣的名產食品，一次過便可買盡全日本。

日本飲食文化總匯
CHABARA AKI - OKA MARCHE

繼「2k540」後第2期高架橋下改造計劃，原為「青果市場」，自90年代搬遷後一直荒廢，直至2013年，終活化改造成以「日本飲食文化」為概念的複合商店。搞手正是「2k540」成名的雜貨店「日本百貨店」，集合全國40多縣的食品，像千葉的花生、靜岡的茶葉等等，一次過便可買盡全日本。還有素食精進料理店「小牧食堂－鎌倉不識庵」、焙煎咖啡店「谷中」進駐。 **MAP: P.341 B2**

30年歷史的精進料理店「小牧食堂－鎌倉不識庵」，午市提供￥980自選配菜的精進套餐。

肉らしい豆な菇，由大豆加工，擁有雞肉的食感。￥500 / 包

半立落花生，千葉縣產的花生味甘而脆，被譽為花生之王。￥2,400 / 包

迷你鰹箱，鹿兒島產的木製超迷你鰹節削器。￥1,800

岐阜縣直送的飛驒牛拌飯醬，充滿飛驒牛的豐潤脂香。￥756

場內附設食堂，還有提供自家烘焙的咖啡店YANAKA。Today's coffee ￥360

「CHABARA」名字取自「青果市場」與「秋葉原」。

Info

地址：東京都千代田区神田練堀町8 - 2
電話：03 - 5334 - 1060
營業時間：1100 - 2000
網址：www.jrtk.jp/chabara
前往方法：JR山手線、京浜東北線「秋葉原」駅電氣街口，徒步約1分鐘。

樓高7層動漫模型新地標,每層各有主題!男女老幼喜好一網打盡!

1樓設有格仔舖專區,售賣動漫和流行精品,其實更像模型展。

動漫模型新地標

`MAP: P.341 B2`

秋葉原HOBBY天国2

　　秋葉原地標「HOBBY天国1」2021年結業,代之以起的是同年開幕的「HOBBY 天国2」。新店樓高7層,專賣動漫模型相關周邊,1樓設有大量格仔舖售賣動漫和流行精品;2樓主打動漫和遊戲相關精品;3樓專售模型工具用品;4樓主打盒裝模型;5樓則專售Q版動漫商品,女生大愛!

場內展出顧客的優秀模型作品,交流功能強大。

IMS《五星物語》最新限定模型作品優先發報。

2樓主打動漫和遊戲相關精品,很多都是官方限定。

4樓主打盒裝模型。《宇宙戰艦大和號》超合金魂￥38,610

5樓有齊《搖曳露營》官方精品,Camp痴大愛。竹製便當盒￥5,170

3樓模型用品專區,附設模型問屋,有模型大師解答一切困難。

Info

地址:東京都千代田区外神田4丁目2-10
電話:03-3254-1059
營業時間:平日1100-2000;
　　　　　　周六、日及假期1000-2000
網址:https://hobby.volks.co.jp/shop/
　　　　hobbytengoku2/
前往方法:JR「秋葉原駅」電気街改札、
　　　　　　電気街北口,徒步1分鐘。

職人の文創街
2k540 AKI - OKA ARTISAN

「2k540」是日本鐵路用語，表示與東京駅的距離。2010年底，JR東日本將秋葉原至御徒町駅之間，一段距離東京駅2公里又540公尺的高架橋下空間，活化成文創街，集合50個日本新晉設計品牌、職人與手作人。從飾品、陶瓷、紮染，到家具都應有盡有，100%日本製，很多也有工作坊或工藝示範，更帶起秋葉原區內高架橋改造潮！

MAP: P.341 B1

還有東京手作人或新晉品牌攤位，每次來都有新面孔。

5,000平方米的橋下空間，現在變成職人主題街，賣的全是日本製造。

橋頂是繁忙的JR鐵道，電車不停穿梭往返。

Info
地址：東京都台東區上野5 - 9
電話：03 - 6806 - 0254
營業時間：1100 - 1900
休息：逢周三
網址：www.jrtk.jp/2k540
前往方法：JR「秋葉原」駅電気街口，步行
　　　　　約5分鐘，或「御徒町」駅步行約
　　　　　3分鐘；東京Metro銀座線「末広
　　　　　町」駅2番出口，步行約3分鐘。

設計木匠
Hacoa

源自1962年創辦的越前漆器店，2001年開設木製雜貨品牌「Hacoa」，將傳統工藝與現代設計結合，從廚房家具、掛鐘、文具，到Keyboard、滑鼠等科技產品，通通都出自職人之手，展現木材的無窮可能性。

Document Tote，皮革×水松木，變成充滿溫度的生活用品。￥21,600

Hacoa的代表作木Keyboard，科技與傳統工藝的大膽聯乘，有楓木和核桃木可選。￥91,800

Hacoa現在已是日本炙手可熱的設計品牌，獲獎無數。

取名「tile」的紙膠帶，用刨木時產生的木削製成，還有專用膠帶座。各￥432（膠帶座￥1,250）

Info
地址：2k540 J - 2
網址：www.hacoa.com

所有雨傘還可自選手把。

職人手工雨傘
Tokyo noble

Info

地址：2K540 N - 3
網址：www.tokyo-noble.com

　　2010年成立的手工雨傘專門店，店內名為「smart - brella」的雨傘，都出自職人之手，特別堅固耐用。更擁有77種顏色，長、短和摺疊3種款式。

摺疊雨傘售價￥6,450起。

各式手拭￥1,050起。

職人注染
染めこうば　にじゆら

Info

地址：2K540 O - 2
網址：http://nijiyura.com

　　源自昭和41年（1966年）於大阪創立的手拭（手巾）品牌，沿用傳統職人的注染技法製作，顏色特別鮮艷細緻。除了各式手拭，還有童裝浴衣系列。

童裝甚平（男生穿的浴衣）。90cm￥7,000

晴空塔・墨田　淺草　秋葉原　上野　下北沢

2k540

萬花筒專門店
創心万華鏡

「万華鏡」即我們説的萬花筒，200多年前從西方傳入，變成日本傳統工藝。2011年成立的團隊，集合20位來自日本各地的万華鏡工匠。店內除了有售各式萬華鏡，還附設工作坊，並經常跟其他藝術團隊合作。

万華鏡不止得一個形狀。200周年紀念万華鏡（小）￥2,300

創心×東京藝術大學油畫科學生。手繪万華鏡各￥7,560

一店集合20位來自日本各地的万華鏡工匠。

店內還有售製作万華鏡的手作書，也有DIY的套裝出售。

―Info―
地址：2k540 G - 3
網址：http://soshinkaleidoscopes.co.jp

活化文青商店街　mAAch ecute

mAAch ecute（神田万世橋）

原為1912年落成的「萬世橋」駅，乃JR中央本線的御茶之水駅與神田駅之間的交通樞紐，古典的紅磚高架橋，更出自日本首代建築師辰野金吾之手。1943年廢站後一直閒置，直至2013年，終活化成文青風的商店街。集合12家型格商店和餐飲，充滿歷史痕跡之餘，還聽到電車經過的聲音，一開幕即成話題打卡勝地！

`MAP：P.341 B3`

古典的紅磚造「萬世橋」駅，位處神田川畔，出自日本第一代建築師辰野金吾之手，搖身一變成文青商店街。

活化時特別保留原來結構，連綿的拱門就變成各個商店的間隔，即成拍照熱點！

―Info―
地址：千代田區神田須田町1 - 25 - 4
電話：03 - 3257 - 8910
營業時間：
　商店1100 - 2100（周日及假期1100 - 2000）；餐廳約1100 - 2300
網址：www.maach-ecute.jp
前往方法：JR「秋葉原」駅電氣街口，步行約5分鐘；東京Metro銀座線「神田」駅6番出口，步行約2分鐘。

北歐風生活雜貨
haluta

源自長野縣的著名select shop，專售北歐的設計雜貨與家具，萬世橋店乃haluta的首家縣外分店，佔據商店街3個單位，面積全場最大。除精選各式北歐設計雜貨、服飾與Vintage家具，也有自家品牌精品，還附設小展場和小型Cafe。

原木地板跟溫暖的北歐設計雜貨，跟萬世橋風格相襯。

「haluta」自家品牌也同樣是北歐簡約風。手挽袋￥1,512

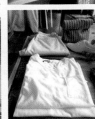
也有售天然質料的本地服飾品牌。￥5,500+税

―Info―
地址：mAAch ecute 1 / F
網址：www.haluta.jp

烤牛肉丼新貴
ローストビーフ大野

東京自去年起掀起烤牛肉丼熱潮，2015年10月才開業的「大野」乃後起之秀。選用A4以上級數和牛肉，熟成超過30小時再烤。層層堆疊的嫩滑炙烤牛肉，配特製Cream Cheese和生雞蛋黃同吃，口感更軟脸多汁，充滿風味。筆者覺得味道更勝原宿排隊店Red Rock，難怪連開兩家分店！

MAP：P.341 B2 - B3

和牛ローストビーフ丼定食，炙烤過的和牛肉質嫩軟鮮甜，趁熱拌勻蛋黃醬和生雞蛋，味道酸酸又清爽。吃至一半，加入附送的Blue Cheese和味噌，味道再次昇華。￥1,500

位於地庫的本店只有18席，下單時職員會細心問需要多少飯量。

本店位於秋葉原駅高架橋下附近，招牌並不顯眼。

⎯Info⎯
地址：東京都千代田区外神田1 - 2 - 3 土屋ビルB1 / F
電話：03 - 3254 - 7355
營業時間：1100 - 2200
　　　　　　（周日及假期1100 - 2100）
網址：http://roastbeef-ohno.com
前往方法：JR「秋葉原」駅電気街口，步行約2分鐘，高架橋下附近。

東京豚骨拉麵元祖 **MAP：P.341 B2**
九州じゃんがら **本店**

1984年開店，老闆慶應大學法學部畢業，將東京風醬油湯混合九州豚骨湯，開創東京的九州系豚骨拉麵潮流，店名「じゃんがら」正是九州豚骨拉麵的簡稱，已登錄成商標。

ビーガンらあめん，新推出的素菜版豚骨拉麵，配料清爽彈牙，跟醬油野菜湯頭相襯，甚受女生歡迎。

九州じゃんがら（全部入り），一碗有齊所有配料，長崎角煮五花腩叉燒軟脸脂香、味玉子充滿滷香，豚骨湯頭濃郁富膠質。￥1,080

現在分店已遍布全東京，但本店始終客似雲來。

⎯Info⎯
地址：東京都千代田区外神田3 - 11 - 6
電話：03 - 3251 - 4059
營業時間：1030 - 2330
　　　　　　（周六、日及假期0930 - 2330）
網址：http://kyushujangara.co.jp
前往方法：JR「秋葉原」駅電気街口，步行約4分鐘；東京Metro銀座線「末広町気駅3番出口，步行約2分鐘。

殿堂和牛食廈 **MAP：P.341 B3**
肉の万世 **本店**

昭和24年（1949年）於萬世橋創業的精肉店，專售高級黑毛和牛，現在是日本家傳戶曉的連鎖餐飲集團，人氣日劇《孤獨的美食家》，以至《天材小廚師》都有提及。位於萬世橋旁邊的本店，連地庫樓高11層，由高級和牛鐵板燒、烤肉、家庭食堂、拉麵店、居酒屋，到特產手信店俱備，豐儉由人。

万世名物「炸豬扒三文治」，厚重的豬扒外脆內嫩，那秘製醬汁酸香惹味，冷了也好吃。￥650

本店樓高11層，3至4樓的「Restaurant万世」，提供鐵板和牛扒、漢堡等，定價最相宜。

1樓的特產手信店，有售自家品牌的即食漢堡扒，大可買回家再品嚐。￥580

⎯Info⎯
地址：東京都千代田区神田須田町2 - 21
電話：03 - 5294 - 1204 予約可
營業時間：3 / F 1600 - 2230；
　　　　　　4 / F 1600 - 2200
網址：www.niku-mansei.com
前往方法：JR「秋葉原」駅電気街口，步行約7 - 8分鐘。

秋葉動漫殿堂
秋葉原ラジオ会館

MAP: P.341 B3

1953年落成的舊館，以販賣無線電零件起家，因而得名「ラジオ」（Radio），經歷電腦、動漫等熱潮，乃秋葉原的象徵，現在是動漫朝聖地。2014年落成的新館，連地庫樓高11層，集結K‑BOOKS、海洋堂、宇宙船、Yellow Submarine、VOLKS等5大動漫品牌店。

▬Info▬
地址：東京都千代田区外神田1‑15‑16
營業時間：1000‑2000
　　　　　　（B1／F 1130‑2300）
網址：www.akihabara-radiokaikan.co.jp
前往方法：JR「秋葉原」駅電氣街口，步行
　　　　　　約1分鐘。

便宜中古玩具
宇宙船

秋葉原老牌動漫玩具精品店，涵蓋日本或海外輸入的人氣模型Figure，從《超合金魂》，到《美少女戰士》俱備，兼營二手買取，可找到大量便宜的中古（二手）玩具。

未開封中古《龍珠》景品Figure。各￥3,480

▬Info▬
地址：秋葉原ラジオ会館5／F
網址：www.uchusen.co.jp

漫畫同人誌殿堂
K‑BOOKS本館／MEN'S館

日本著名的同人誌漫畫書店，尤以女性向或Boy Love漫畫聞名。本館主打動漫商品、CD和VD等；其中一邊的MEN'S館，號稱東京最大漫畫書庫，包括男女向的同人誌。

宅宅至愛，動漫抱枕套。￥10,800

▬Info▬
地址：秋葉原ラジオ会館3／F
網址：www.k-books.co.jp

老牌玩具店
Yellow Submarine

昭和60年（1985年）創立，日本家傳戶曉的「Hobby」專門店，專售玩具模型、遊戲卡、Board game等一切「Hobby」類商品，「Radio会館」為東京本店，並兼營買取，常有特價貨！

《艦これ》不知火。
特價￥980

▬Info▬
地址：秋葉原ラジオ会館6／F
網址：www.yellowsubmarine.co.jp

海洋堂關東唯一直營店
海洋堂ホビーロビー東京

日本最著名的首辦模型品牌「海洋堂」，所有作品均以精緻仿真見稱，堪稱藝術品。「Radio会館」為海洋堂於關東的唯一直營商店，集齊品牌所有商品，包括招牌動物系列扭蛋、食玩、景品，以及各式Figure，不乏香港已斷市的限定品，都以特價發售。

《STAR WARS REVO》白兵Figure。原價￥5,200、特價￥4,680

MEGA SOFUBI ADVANCE系列Figure，初號機、異形、IRON MAN都有特價！

海洋堂入口兩旁，還置有一整排扭蛋機。

復刻版「快獸」Figure，香港罕見。原價￥2,714、特價￥2,443

Info
地址：秋葉原ラジオ会館5 / F
網址：http://kaiyodo.co.jp

手辦大王Super Dollfie
VOLKS DOLL POINT

1972年創立的玩具模型品牌，1998年推出的球型關節人偶「Super Dollfie」（現稱Dollfie Dream），採用高質樹脂物料製做，以真人般的少女造型著稱。「Radio会館」8樓全層為VOLKS的球型關節人偶專門店，集齊全線系列以及各式人偶服飾，包括限定版和優先發售。

以仿真度高超見稱的Dollfie Dream，售價￥50,000起，現場人偶很多都是展覽品。

所有限定版和新版，均會在「Radio会館」8樓優先發售。

屬入門階的24cm Dollfie Dream Doll，定價￥42,000起。

店內附設Dollfie Dream人偶專用攝影棚。

Info
地址：秋葉原ラジオ会館8 / F
網址：www.volks.co.jp

秋葉限定手信店
ギフトショップ The AkiBa（GIFT SHOP）

新館落成時新增的手信精品店，座落「Radio会館」入口旁，專售秋葉原限定的菓子手信，包括大量人氣動漫，與知名菓子的獨家聯乘，別處難尋，動漫迷必掃！

當店限定「聖地秋葉原」曲奇，人氣No.1。￥756

當店限定《頭文字D》曲奇。￥648

秋葉原Sweat Maid主題大福。￥216 - 378

秋葉限定、女僕版「ゆりかもめの玉子」。￥767

Info
地址：秋葉原ラジオ会館1 / F
網址：https://twitter.com/akibagiftshop

筆者的女僕Cafe初體驗，遇上的是社長hitomi，笑容可愛又健談，還會為餐點大施「萌え～萌え～」魔法。

一進門即聽到女僕們大叫「歡迎回家，主人！」女客人則變成「大小姐」。

招牌「ご主人様ランチ」（主人Lunch），女僕會在客人面前，即席用茄汁寫上文字或圖案。¥1,200

最重要節目，就是跟女僕合照「記念撮影」寶麗萊，女僕還會親筆寫上「萌え～」的字句！收費¥600（小）

顧客可以加點跟女僕玩3分鐘對戰遊戲，有層層疊、鱷魚牙籤等可選。收費¥600

部分餐點和飲料，會有女僕親繪的拉花圖案。モカラテ（Mocha Latte）¥680

女僕Cafe初體驗
@ほぉ～むカフェ（@home café）

　　2004年創立，乃秋葉原的龍頭Maid Cafe，「萌え～」、「完全Maid宣言」等年度潮語，皆出自這裏。多間分店擁有180名女僕，甚至有流利英語的外籍maid。佔地4層的本店，提供超過160個座位。

　　御宅族並非變態，女僕Cafe也非色情場所，只希望提供賓至如歸的可愛環境，讓顧客放鬆心情。一進門即聽到女僕們大叫「歡迎回家，主人！」客人跟Maid不能有身體接觸，但會跟客人聊天、玩遊戲和合照。 **MAP: P.341 B2**

Tips

女僕Cafe禮儀與守則：
1. 最低消費：入場費¥600＋餐點，另有多款連遊戲或合照的套餐，用餐時間限60分鐘。
2. 除「記念撮影」或自己的餐點，店內嚴禁私自攝影。
3. 顧客跟Maid不能有身體接觸。

擁有180名女僕，有自己的考核和升級制度，現場也有Maid的CD、照片和精品發售。

本店佔地4層，每層各有主題佈置，還附設小舞台，樓下雖逼滿宅宅，但現場所見有不少女顧客。

Info

地址： 東京都千代田区外神田1 - 11 - 4ミツワビル4 - 7/F
電話： 03 - 5207 - 9779
營業時間： 1130 - 2200
　　　　　（週六、日及假期1030 - 2200）
網址： www.cafe - athome.com
前往方法： 神田明神通、中央通交界附近。

秋葉女人天堂

atrē秋葉原（アトレ）

MAP: P.341 B2 - B3

與JR秋葉原駅相連的駅前商場，由atrē1和atrē2兩棟組成。atrē1樓高6層，以20代女性為主客源，集合超過40家商店，從服飾、雜貨、藥妝、菓子手信，到餐飲俱備，堪稱秋葉原最大女人天堂！atrē2則主打餐飲，佔地5層有家不同風格食店。

atrē1樓高6層，乃秋葉原最大女人天堂！

2樓有鐵道精品店「TRANINIART」，由服飾到玩具雜貨俱備，電車迷必掃。

日本著名帽子品牌「override」（2樓），以fashionable見稱，店內常備有2,000頂帽子。

1樓集合文明堂、肉の万世等10多家人氣菓子與食品。鬆馳熊迷你窩夫￥650+税

2樓有Tokyu Hands副牌「hand be」，主打美體、美容系列用品。Hands限定驅蚊手帶￥150+税

━━━**Info**━━━

地址：
atrē 1) 東京都千代田区外神田1 - 17 - 6
atrē 2) 東京都千代田区神田花岡町1 - 9
電話：03 - 5289 - 3800
營業時間：atrē 1) 1000 - 2100；
atrē 2) 0700 - 2330
網址：www.atre.co.jp/store/akihabara
前往方法：JR「秋葉原」駅電気街口，步行約1分鐘。

秋葉原龍頭電器店

BIC CAMERA AKIBA

原為1982年創立的電器店「Sofmap」，也是秋葉原最大的電器店，BIC CAMERA收購後，於2017年改裝成BIC CAMERA AKIBA。樓高7層，家電、相機、音響、手機、玩具Hobby等一應俱全，1樓還有旅客至愛的藥妝、日用品和酒類專區。連同車站附近的Sofmap多間分館，依舊是秋葉原龍頭電器店。

MAP: P.341 B2

「Amusement館」設有為旅客專用免税樓層，集齊人氣熱賣的美容電器和家電，還有藥妝和雜貨。

「Sofmap本館」樓高7層，焦點包括5樓的小型家電，以及7樓的玩具Hobby。

富士Hello Kitty instax mini即影即有相機。特價￥9,880

iRobot吸塵機械人。特價￥39,800

本館7層、Amuse館4樓均為玩具樓層，新品以外，也有未開封的中古玩具。《海賊王》Koala￥7,280

━━━**Info**━━━

地址：東京都千代田区外神田4-1-1
電話：03 - 6260 - 8111
營業時間：1000 - 2100
網址：www.biccamera.co.jp
前往方法：JR山手線、京浜東北線、総武線、地下鉄日比谷線、つくばエクスプレス「秋葉原」駅電気街口，步行約1分鐘。

狹長形的內裝，過千遊戲帶從地下堆至天花，每日都有全國機迷來尋寶。

遊戲帶愈舊愈有市，舊版PAC MAN ¥1,500、新版PAC LAND ¥580。

中古Game Boy，都有註明保存度。各¥3,980

門口有低至¥10盒的遊戲帶，部分仍然開到，賭你彩數。

舊game尋寶地
Retro Game Camp
（レトロげーむキャンプ）

　　1983年開賣的任天堂紅白機（FC），是無數70、80後的集體回憶，至今仍有大批追隨者。「レトロ」乃秋葉原著名的舊game專門店，佔地兩層，號稱日本最多中古遊戲帶，由SFC、任天堂64、Wii，到Game Boy帶俱備，還有大量保存原好的中古紅白機。

MAP: P.341 B2

Info
地址：東京都千代田区外神田3-14-7 新末広ビルC
電話：03 - 3253 - 7778
營業時間：1100 - 2000
網址：www.retrogamecamp.com
前往方法：JR「秋葉原」駅電気街口，步行約5分鐘；東京Metro銀座線「末広町」駅3番出口，步行約2分鐘。

秋葉動漫旗艦
animate

　　日本最大的連鎖漫畫店，秋葉原店雖不及池袋店大，但也樓高7層。其中漫畫總藏書量超過10萬本，集合不同類型漫畫與同人誌。還有animate Cafe和劇場。

MAP: P.341 B2

5樓除了animate Cafe，還有Cosplay服飾專門店。

Info
地址：東京都千代田区外神田4 - 3 - 1
電話：03 - 5209 - 3330
營業時間：1000 - 2100
網址：www.animate.co.jp/shop/akihabara
前往方法：JR「秋葉原」駅電気街口，步行約2 - 3分鐘。

Apple專門店
秋葉館

　　佔據兩層，乃東京著名的Apple相關產品專門店，兼Support center，旅遊時所用的iPhone或Macbook出現問題，大可來求救。

MAP: P.341 B2

Info
地址：東京都千代田区外神田1 - 11 - 5 スーパービル5 - 6 / F
營業時間：1100 - 2000
網址：www.akibakan.com
前往方法：神田明神通、中央通交界附近。

電器天堂
MAP: P.341 B2
Yodobashi秋葉原 (ヨドバシ)

日本著名連鎖電器店，秋葉原店佔據9層，也是首都圈最大級分店。每層各有主題，1至6樓為電器部，家電、相機、音響分門別類，焦點包括3樓的旅客及美容專區，以及6樓的玩具部。7樓有大量服飾品牌；8樓有餐飲街，網羅30多家人氣食店，男女生都逛得開心。

3樓旅客專區，有齊保溫瓶、美容家電等旅客熱賣商品，還有退稅專用收銀台。

秋葉原Yodobashi乃首都圈最大級分店。

6樓玩具模型部，不單有各式遊戲機任玩，更擁有超震撼的扭蛋專區。

7樓集合20家服飾品牌，包括女裝版的「THE SUIT COMPANY she」。

Info
地址：東京都千代田區神田花岡町1-1
電話：03-5209-1010
營業時間：0930-2200（7F專門店0930-2200；8/F餐廳1100-2300）
網址：www.yodobashi-akiba.com
前往方法：JR「秋葉原」駅中央口或昭和通口，步行1分鐘。
1-6/F：ヨドバシカメラ
3/F：旅客樓層
6/F：丸福珈琲店、玩具
7/F：服飾音樂Café

樓高8層 史上最強店舖
Mandarake Complex

「まんだらけ」(Mandarake) 為日本最大中古玩具模型店，樓高8層的秋葉原店，乃最大旗艦店，不同種類動漫產品與玩具分門別類，焦點包括2樓的Cosplay服飾專區；6樓的中古遊戲專區；7-8樓的人氣玩具模型。1樓的買取專區更展出大量珍貴古董玩具，儼如玩具博物館。MAP: P.341 B2

1樓的買取專區，展出大量珍貴的古董玩具，古董牛奶妹人形，定價￥30,000起。

全黑色的大櫃正是Mandarake的最大旗艦店，樓高8層。

全店最貴古董玩具，首選1950年代「米澤玩具」推出的上鍊鐵皮Robot。￥160,000

5樓為女性專區，專售女性向的偶像精品，以及Boys' Love漫畫，幾成宅男禁地。

Info
地址：東京都千代田區外神田3丁目11-12
電話：03-3252-7007
營業時間：1200-2000
網址：www.mandarake.co.jp
前往方法：JR「秋葉原」駅電氣街口，步行約2-3分鐘。

舊Game專門店
スーパーポテト (Super Potato)

秋葉原著名舊Game專門店，佔據3層，搜羅80至2000年代、各大日本廠牌推出的舊遊戲機、遊戲帶，以至攻略本，中古與復刻俱備，早已是外國動漫店主的入貨地。5樓還設有懷舊遊戲機中心，由街頭霸王到80年代桌面PAC MAN遊戲機都有，集體回憶即時回味！MAP: P.341 B2

5樓設有懷舊遊戲機中心，經典《街頭霸王》依舊￥100局。

連開3層的舊Game專門店，吸引世界各地Game迷來朝聖。

80年代的桌面遊戲機，很多80；90後都未聽過。

《洛克人》超任遊戲帶￥1,780起。

Info
地址：東京都千代田區外神田1-11-2 北林ビル3-5/F
電話：03-5289-9933
營業時間：1100-2000（周六、日及假期1000-2000）
網址：http://superpotatoakiba.jp
前往方法：JR「秋葉原」駅電氣街口，步行約2分鐘。

新奇發明專門店 MAP: P.341 B1
RARE - MONO SHOP by Thanko

　　2003年創立的「Thanko」，專門生產價格相宜的創意電子產品，尤其多搞鬼KUSO之作，像腋下冷氣機、貓臉發熱口罩等等，話題性十足，經常被海外媒體報道。「Thanko」的唯一直營專門店就在秋葉原，最新和人氣商品全集合，常有限定減價商品。

USB電動撥扇，風力微，但用來趕蒼蠅一流。￥5,538

輕扶你的臉，工作時可承托頭部，避免脊骨彎曲，午睡還可當枕頭。￥4,611

攝影眼鏡，堪稱Low Tech版的Google Glass。￥7,980

「Thanko」的唯一直營專門店，一店集合全線搞鬼電子產品。

腋下冷氣機，絕對是今夏的最佳消暑發明。￥1,980

━ Info ━

地址：東京都千代田区外神田4 - 6 - 3前里ビル1 / F
電話：03 - 3525 - 4200
營業時間：1100 - 2000
　　　　　（周日及假期1100 - 1900）
網址：www.thanko.jp
前往方法：JR「秋葉原」駅電氣街口，步行約5分鐘；東京Metro銀座線「末広町」駅1番出口，步行約2分鐘。

扭蛋專門店
秋葉原ガチャポン会館

　　日本最大級的扭蛋專門店，店內設有超過300台大小扭蛋機，網羅Bandai、Yujin、Epoch等一眾廠牌。最新、最人氣，甚至斷市多時的扭蛋都應有盡有，還有不少冷門少眾的扭蛋，甚至連陳年的遊戲卡機都有，現場男女老幼無不瘋狂扭。 MAP: P.341 B1

超過300台、4層扭蛋機，從門前一直伸延到店內，恍如扭蛋隧道。￥100 - 400

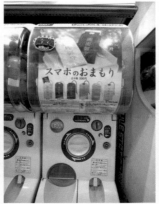

這裏還可以找到很多外間罕見的扭蛋，像御守扭蛋、迷你牛奶扭蛋等。

━ Info ━

地址：千代田区外神田3-15-5ジーストア・アキバ1 / F
電話：03 - 5209 - 6020
營業時間：1100 - 2000
網址：www.akibagacha.com
前往方法：JR「秋葉原」駅電氣街口，步行約5分鐘；東京Metro銀座線「末広町」駅1番出口，步行約2分鐘。

晴空塔、墨田

浅草

秋葉原

上野

下北沢

熱鬧轉車站
上野
うえの / Ueno

　　戰國時代本稱「忍岡」，原本人流稀少。二次大戰後，上野憑販賣美軍物資的黑市市集「阿美橫丁」，才聚集大量人流，現在是東京著名的交通樞紐。區內建有日本第一所公園和動物園，還有各式博物館、美術館等，一直是東京人的周末消遣勝地。而上野南部、御徒町一帶，舊式商店街與巷弄中，更藏着大量庶民美食與廉價手信店，不少旅客乘Skyliner往機場前，都會順道來買手信。終年人來人往、朝氣蓬勃！

交通

JR山手線、京浜東北線、宇都宮線、高崎線、常磐快速線、上野東京ライン「上野」駅；東京Metro銀座線、日比谷線「上野」駅；京成本線、Skyliner「京成上野」駅；都営地下鉄大江戸線「上野御徒町」駅。

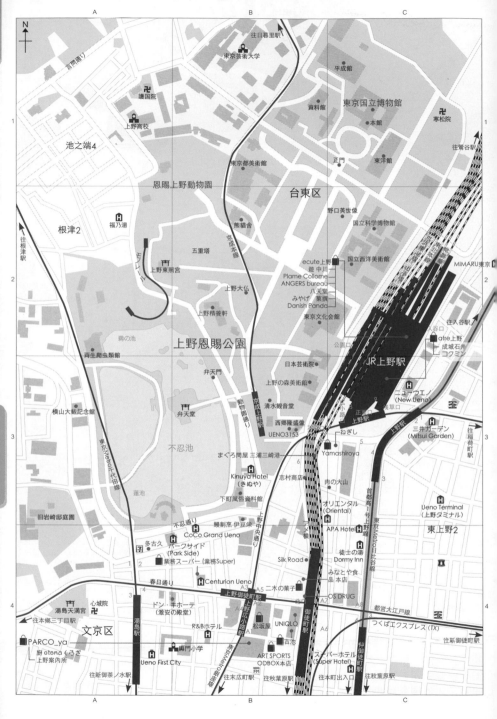

20代女生百貨 MAP: P.356 B4

PARCO_ya

前身為松坂屋南館，2017年底以「UENO FRONTIER TOWER」之名重新出發，連地庫樓高25層，焦點是佔據6層的PARCO全新分館「PARCO_ya」。主打20代女生，網羅68個品牌，當中8成屬首次進駐上野，連同「CA4LA」等上野發跡的名店，組成上野購物新地標，不少潮牌都有特地推出上野限定的熊貓商品。

地庫有與松坂屋本館相連的南館，樓上為辦公室。

6樓餐飲街「口福回廊」，找到仙台利久牛舌，還有限定熊貓饅頭。

—Info—
地址：UENO FRONTIER TOWER 1 - 6 / F
營業時間：1000 - 2000
　　　　　　（6 / F 1100 - 2300）
網址：http://parcoya-ueno.parco.jp/pc
前往方法：東京Metro銀座線「上野廣小路」駅、都營地鐵大江戶線「上野御徒町」駅步行1分鐘；東京Metro日比谷線「仲御徒町」駅、JR「御徒町」駅步行3分鐘。

米芝蓮甜點

廚 otonaくろぎ

米芝蓮星級主廚黑木純也主理的日本料理店「くろぎKurogi」，被譽為東京最難訂位的名店之一，PARCO_ya店是他新開的和風Cafe，裝潢由知名建築師隈研吾主理，主打季節限定的和式甜點。

黑蜜きなこパフエ（黑蜜芭菲）。¥1,700

期間限定刨冰「上野の森まっちゃ」。¥1,700

—Info—
地址：PARCO_ya 1 / F
營業時間：0900 - 0100
網址：https://twitter.com/otona_kuriya

特產全集合

上野案內所

UENO FRONTIER TOWER地庫設有大型觀光中心，除有中英語職員解答旅客問題，還匯集上野、台東區內的特產與工藝，一次過便可買勻全上野！

ibi手挽袋，全用加工的古董雜誌紙製成。¥16,200

鳳瑞熊貓棉花糖。¥960

—Info—
地址：UENO FRONTIER TOWER B1 / F

東京
晴空塔・墨田
淺草
秋葉原
上野
下北沢

熊貓主題雜貨甜點
ecute上野（エキュート）

Tips

商場位於入閘後，若然不乘車，可跟閘口職員説去shopping，可不用購票。

2013年開幕，位於JR上野駅裏面、3樓的駅內商場，面積雖小，卻網羅70家商店，主打甜點、手信菓子、服飾與雜貨店，許多店家都特別為上野推出限定熊貓精品，甚至有熊貓造型甜點，都可愛到不得了，熊貓迷要小心破產！ **MAP: P.356 C2**

鐵道便當專門店「駅弁屋 匠」，精選全國各地人氣便當。

「ecute上野」網羅70家人氣甜點、手信、服飾與雜貨店，包括UNIQLO、遊 中川等等。

---Info---
地址：東京都台東區上野7-1-1 JR上野駅構內3/F
電話：03-5826-5600
營業時間：0800-2200（餐廳0700-2300）
網址：www.ecute.jp/ueno
前往方法：JR「上野」駅3樓改札內。

淺草和菓子總匯
みやげ 菓撰

ecute網羅多家人氣手信菓子店，其中「みやげ 菓撰」集合淺草下町著名的和菓子老店，包括「舟和」、「滿願堂」、「常盤堂」等等。焦點是各店推出的上野限定熊貓造型菓子，件件可愛到不捨得吃！

店內人氣No.1，淺草名店「舟和」的限定「ぱん玉」（熊貓玉），寒天外皮包住白豆蓉餡。¥540／一盒2個

日本傳統的糖雕工藝「飴細工 吉原」熊貓棒棒糖。¥648／支

「みやげ 菓撰」集合淺草下町多家著名菓子老店，一次過便可嚐盡淺草和菓子。

手燒熊貓煎餅，海苔口味，眼睛耳朵都用竹炭做。¥216／片

---Info---
營業時間：0800-2200（周五0800-2230）

人氣忌廉包
八天堂

1933年在廣島創立、超人氣忌廉包，每家分店都大排長龍。上野店每天供應6-7款口味，招牌「Custard」口味，用北海道鮮忌廉混合廣島雞蛋製成，爽口而不膩。

季節限定青森蘋果忌廉包。¥240／個

---Info---
網址：http://hattendo.jp

熊貓酥皮麵包
Danish Panda

以熊貓為主題的酥皮洋菓子店，招牌酥皮麵包「Danish Panda」有紅豆、牛油等餡料，口感層層酥脆、牛油味香濃。不過可愛造型才是最大賣點。

人氣第一鹽味雲呢拿「Danish Panda」。¥190

---Info---
營業時間：0800-2200

熊貓限定雜貨
遊 中川

奈良300年麻布織物老牌「中川政七」開設的生活雜貨店，將日本傳統工藝，重新包裝再出售。主打棉麻材質，或天然防敏的生活雜貨，設計風格清新。ecute店還有上野限定的熊貓雜貨。

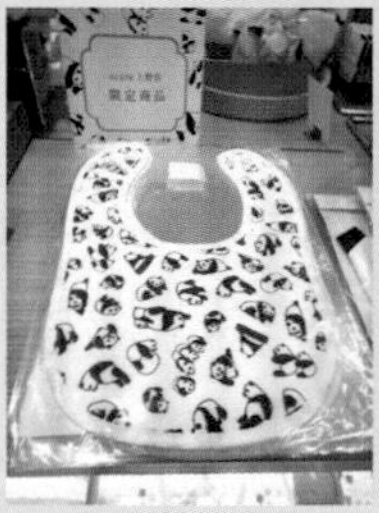

上野限定熊貓圖案純棉口水肩。¥1,500

「遊 中川」招牌達摩，換成熊貓造型更可愛，內附占卜籤。¥1,972

ecute店特設上野限定的熊貓雜貨系列，由毛巾、擺設，到嬰兒用品俱備。

「中川政七」旗下有多條副線，「遊 中川」主打風格清新的生活雜貨。

Info

網址：www.yu-nakagawa.co.jp

京都美學雜貨
ANGERS bureau

源自京都河原町的著名文具雜貨店，上野店以「書房」為主題，專售日本與歐洲品牌的設計文具、服飾與小物，強調日式美學與北歐品味。一如場內其他雜貨店，ANGERS也有售上野限定的熊貓雜貨。

店內以「書房」為主題，故主打文房用品，可以找到很多功能與設計俱備的小物。

Varacil模型原芯筆，需要用家自行組裝，好玩。¥975

《大熊貓生活帖》(大熊貓生活手冊)，其實是長形汗巾。¥1,180

ANGERS本店位於京都河原町，於關西地區擁有超過12家分店。

Info

網址：www.angers.jp

小確幸雜貨
Plame Collome

分店專開在駅前商場的人氣雜貨店，專售搜羅自全國，以至環球的服飾、雜貨與小物，也有自家品牌，特點是設計清新易穿，風格可愛，最重要是定價合理，十元八塊也能買到小確幸。上野店也有熊貓雜貨，以及限定版精品。

熊貓頭形餐盒。¥1,200

貓咪人偶，喝茶也可愛過人。各¥350

上野店限定熊貓圖案布袋。¥600 - 1,300

Plame Collome是東京車站駅前商場常見的雜貨店，位置方便又好逛。

Info

網址：www.j-retail.jp/brand/plamecollome

女生便利購物場
atre上野（アトレ）

與JR上野駅相連的駅前商場，分為EAST和WEST兩部分，以20代女性為主客源，集合約60家商店，主打服飾、雜貨、藥妝、超市和餐飲，其中WEST 1樓更網羅大量人氣甜點店。

MAP: P.356 C3

中央口一出便是atre WEST，人氣商店都集中這邊。

洋菓子店Morozoff有上野限定熊貓蛋糕。各￥324

┌Info┐
地址：東京都台東區上野7‑1‑1
電話：03‑5826‑5811
營業時間：1000‑2100
　　　　　（餐廳1100‑2300）
網址：www.atre.co.jp/store/ueno
前往方法：JR「上野」駅中央口直達。

妝物最多最新
コクミン（KOKUMIN）

日本3大藥妝店，全國分店超過200家，大多位於車站附近。主打話題熱賣的美容化妝品，售價比百貨公司專櫃便宜，旅客還有特別折扣優惠。atre上野店就在車站內，主打旅客熱賣產品，部分比松本清便宜。

Kingdam美容液成份睫毛液。￥1,500

UHA味覺糖「コロロ」軟糖，只售￥98包。

EVE止痛藥，60粒裝。￥760

FIANCEE「洗頭水味」香水。￥1,200

┌Info┐
地址：atre上野East 1 / F
營業時間：0730‑2230
網址：www.kokumin.or.jp

日本優質食品
成城石井

以關東為中心的連鎖超市，主打日本各地和外國進口的優質食品，拒絕傳統促銷減價，強調食品流傳速度快，天天都有新貨，反而逆市成功，成為日本商界神話。有人説「成城」太高檔，其實本地食品都不貴，而且多為產地直送，質素有保證。

山梨縣笛吹市產地直送水蜜桃。￥690 / 盒

「成城」每家分店都會因應當區顧客的喜好而入貨，故每間店商品都不同。

京都「伊藤久右衛門」宇治抹茶純米酒。￥2,990

山形縣姬鶴產地直送蜜瓜。￥790 / 個

┌Info┐
地址：atre上野West 1 / F
營業時間：0730‑2200
網址：www.seijoishii.co.jp

上野玩具王
Yamashiroya

上野著名大型玩具店，連地庫樓高6層，每層各有主題，焦點包括地庫的Disney、Sanrio專櫃；2樓的日本及海外人氣動漫character；5樓的模型專區。雖然面積比原宿Kiddyland略小，但玩具選擇也多，最重要是提供退稅服務。

MAP: P.356 B3:C3

2樓集合人氣動漫character，Pokemon、《海賊王》、《多啦A夢》、《Iron Man》、《IQ博士》等等都有專櫃。

Shake Shake雪芭杯，有齊《STAR WARS》、《冰雪奇緣》、《DORY》等迪士尼人氣角色。￥1,944

連地庫樓高6層，頂樓還有展覽場地，常有新品發布會，堪稱上野玩具殿堂。

最近大人氣的「人体模型」。￥4,298

Info

地址：東京都台東区上野6 - 14 - 6
電話：03 - 3831 - 2320
營業時間：1000 - 2130
網址：www.e-yamashiroya.com
前往方法：JR「上野」駅不忍口對面。

阿美橫丁

東京美國村
アメ橫丁（阿美橫丁）

座位於上野駅至御徒町駅高架橋下的商店街，源自二次大戰後，日本國內物資短缺，橫丁正是販賣美軍物資的黑市市場，「阿美」（Ame）一詞正是美國的America。

約400公尺長的露天商店街，售賣海產乾貨、日本土產、水果、化妝品、服飾等等包羅萬有，向以價格便宜見稱，不但是旅客的手信天堂，也是本地大媽辦年貨的勝地。

MAP: P.356 B3 - B4

近上野公園一邊開滿水果攤，老闆可為旅客提供飛機寄艙的特別包裝。

阿美橫丁全長400公尺，位置就在上野駅至御徒町駅一段高架橋下。

街上也有售賣廉價車票、入場券等的金券店。

Info

網址：www.ameyoko.net
前往方法：JR「上野」駅中央改札出口：「御徒町」駅北口。

超平SK‑Ⅱ

MAP: P.356 B4

Silk Road
（シルクロード化粧品）PARTIV

阿美橫丁是藥妝店激戰區，最適合姊妹來掃貨。Silk Road號稱是橫丁最老的免税護膚品店，提供約14,000款保養產品，專營SK‑Ⅱ、LANCOME、HR、Estee Lauder等人氣品牌，價格比一般藥妝店便宜。尤以SK‑Ⅱ最抵買，招牌神仙水、面膜等都平近2至4成，還備有説中文的店員。

除了保養產品，睫毛液和名牌香水也很便宜。LANCOME Hypnose ￥2,980

Silk Road於阿美橫丁一共有3家店面，本店面積最大。

高效保濕乳液，原價￥10,800、現售￥5,980。

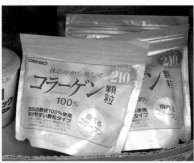

招牌SK‑Ⅱ神仙水，只售￥29,700 / 330ml、￥23,220 / 250ml。

┌─**Info**─────────────
地址：東京都台東區上野4‑6‑11
電話：03‑3836‑1706
營業時間：1000‑1900
網址：www.cosme-silkroad.co.jp
前往方法：阿美橫丁，近御徒町駅方向。

東京最便宜

OS DRUG
MAP: P.356 B4

日本連鎖藥妝店，其中阿美橫丁店已被網友奉為全東京最便宜！主打藥品，本身面積不大，選擇不算多，但旅客熱賣的人氣之選都齊，貨品擺得密密麻麻，最重要是價格比松本清、KOKUMIN等大型連鎖店更便宜，故任何時間都人山人海。

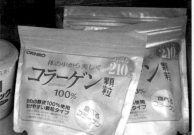

ORIHIRO膠原蛋白（顆粒）。￥1,495 / 210g

曼秀雷敦AD軟膏。￥683 / 145g

NICHIBAN溫感止痛貼，156枚裝。￥580

液體絆創膏（液體藥水膠布）。￥507

門外任何時間都逼滿旅客，想拍張沒人的照片都難。

┌─**Info**─────────────
地址：東京都台東區上野6‑11‑5
電話：03‑5807‑2727
營業時間：0930‑2000
網址：www.osdrug.com
前往方法：阿美橫丁，御徒町駅橋下。

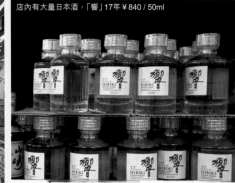

店內有大量日本酒，「響」17年￥840 / 50ml

「二木」於阿美橫丁有多家分店，本店兩舖對望，面積如超級市場般。

手信殿堂 MAP: P.356 B4
二木の菓子

昭和22年（1947年）由二木正人創立，初為菓子小店兼現金問屋（批發商），現在是阿美橫丁最大的零食手信店，常備有10,000種類的日本特產食品，由米菓、元貝乾、Wasabi豆、各式零食糖果，到日本即食麵、日本酒、國產米都應有盡有，號稱「日本一」便宜。不止是旅客，就連日本大媽也會來掃貨。

北海道朱古力粟米粒。￥300 / 盒

日式炒麵，原價￥220（香港759售￥20 / 包），現售￥100 / 包。

手信之選「元貝乾」，大大包只售￥3,190 / 500g！

各式杯麵、野菜粉絲、忌廉湯，一律￥94 / 個，消夜首選。

Info
地址：東京都台東區上野4‑1‑8
電話：03‑3833‑3911
營業時間：1000‑2000
網址：www.nikinokashi.co.jp
前往方法：阿美橫丁、近御徒町駅方向。

￥1,000福袋
志村商店

全店「福袋」一律￥1,000。

阿美橫丁內著名的「福袋」專門店，據聞每個內藏價值￥2,500以上的糖果零食，最適合用來做公司同事的「人情手信」。

MAP: P.356 B3

Info
地址：東京都台東區上野6‑11‑3
電話：03‑3831‑2454
營業時間：0900‑1900
網址：http://homepage3.nifty.com/ameyoko
前往方法：阿美橫丁、近上野駅方向。

和牛炸肉餅
肉の大山

┌─Info─┐
地址：東京都台東區上野6 - 13 - 2
電話：03 - 3831 - 9007
營業時間：1100 - 2300
　　　　（周日及假期1100 - 2200）
網址：www.ohyama.com
前往方法：阿美橫丁橫街。

由1932年創業、上野著名精肉店（肉類批發）開設的洋食餐廳，質素高又價格便宜。店前設有串燒立飲酒吧，招牌炸肉餅「和牛メンチ」，用上最高級的和牛肉做。

MAP: P.356 C3

匠の和牛メンチ
￥400

長龍海鮮丼
みなとや食品 本店

阿美橫丁超有名的海鮮丼專門店，以新鮮便宜見稱，招牌吞拿魚丼只￥550，最貴的海膽海鮮丼也只是￥1,100。兩店相連，但任何時間都大排長龍。

MAP: P.356 B4

┌─Info─┐
地址：東京都台東區上野4 - 1 - 9
電話：03 - 3831 - 4350
營業時間：1100 - 1900
前往方法：阿美橫丁、近御徒町駅方向。

跑友必到！專業運動百貨
ART SPORTS ODBOX 本店

東京大型運動用品專門店，專營長跑、登山、健身、單車、鐵人拉力賽等專業用品。2014年開業的上野本店，樓高兩層，主打長跑、越野跑和戶外運動（包含登山）裝備，不同類形用品分門別類，款式超多，單是跑步或登山穿着的壓力褲已有一整櫃選擇，更提供退稅服務。

MAP: P.356 B4

North Face男裝跑步Tee。
原價￥5,900、特價￥4,130

連跑步或登山穿着的壓力褲都有一整櫃專區，這款還有冰涼感覺。￥6,650

上野本店於2014年開幕，樓高兩層，儼如運動百貨。

Foxfire女裝外套，一件集齊防UV、防蚊、吸汗速乾功能，堪稱萬能！￥12,800

每項運動分類仔細，單是跑步也有長跑、山路越野跑、鐵人拉力賽和女生專區。

┌─Info─┐
地址：東京都台東區上野3 - 25 - 10 松坂屋パークプレイス24 1 - 2 / F
電話：03 - 3833 - 8636
營業時間：1000 - 2000
網址：http://art-sports.jp
前往方法：JR「御徒町」駅北口，步行約3分鐘。

《庶民米芝蓮》推介!
百年關東煮
多古久 MAP: P.356 A4

　　遊關東,怎能不嚐關東煮?位於湯島駅附近的「多古久」,明治37年(1904年)創立,現已傳承至第4代經營。店子不大,吧台中央有一大銅鍋,已有過百年歷史,必吃推介包括牛筋、玉子、鱘魚、大根等,靈魂是顏色稍濃但風味清淡的湯汁,成為昔日文豪墨客與落語家的愛店,曾奪《庶民米芝蓮》推介。

必吃推介:餅巾着,特大腐皮袋盡吸湯汁,包着軟糯的年糕和野菜,口感層次豐富;大根,軟腍入味,超級香甜。

店內只得14席,由第4代傳人兩姊弟打理,吧台中央的正是開店沿用至今的銅鍋!

Tips

餐牌沒有價錢,每款約¥300 - 500。

鄰座先生推介的玉子和小鱆魚,吃得出原來的鮮美,是試出關東煮店手藝的必選。

顏色深黑的湯汁,看似濃味,其實味道清淡,韻味深厚。

━━━ Info ━━━
地址:東京都台東區上野2 - 11 - 8
電話:03 - 3831 - 5088
營業時間:1800 - 0000
休息:逢周一
前往方法:東京Metro千代田線「湯島」駅2番出口,步行約1分鐘。

260年鰻魚飯
鰻割烹 伊豆栄 本店

　　江戶幕府吉宗時代創業,超過260年歷史的鰻魚飯老店,據說連昭和天皇也愛吃。選用日本國產鰻魚,沿用關東傳統「背開」式剖切,蒸煮後再以紀州備長碳蒲燒,魚肉肥美香軟,好吃至難以忘懷。 MAP: P.356 B3

鰻魚飯「うな重 松」。¥2,700

━━━ Info ━━━
地址:東京都台東區上野2 - 12 - 22
電話:03 - 3831 - 0954
營業時間:1100 - 2200
網址:www.izuei.co.jp
前往方法:JR「上野」駅不忍口,徒步約6分鐘。

西鄉會館食廈
UENO3153

　　日本著名高級法國餐廳「精養軒」,2012年打造的食廈。前身為西鄉會館,連地庫樓高5層,集合近10家著名食府,包括3樓的精養軒3153店,能俯瞰上野街景。
MAP: P.356 B3

━━━ Info ━━━
地址:東京都台東区上野公園1 - 57
電話:03 - 3834 - 5088
營業時間:1100 - 2300
網址:http://ueno3153.co.jp
前往方法:JR「上野」駅不忍口,步行1分鐘。

牛舌專門店
MAP: P.356 C3

ねぎし 上野駅前店

日本女生愛吃牛舌，認為有美肌功效。「ねぎし」是東京著名烤牛舌專賣店，1981年創立，雖然是連鎖店，但向以高質又抵吃見稱。厚切牛舌以秘製鹽胡椒醃製，再以高達1,000℃的炭火網繞，將肉汁脂香通通鎖住。招牌「白たんセット」（白舌套餐），特色是配麥飯、山藥泥和牛骨湯，吃完精力充沛。

2樓的上野駅前店，窗邊位置可眺望上野繁華街景。

套餐連醃菜、麥飯、牛骨湯，以及大碗山藥泥，日本人會用它來蘸牛舌或拌飯吃，很有益。

「白たんセット厚切3枚」（白舌6片套餐），厚切牛舌口感軟嫩帶彈性，脂香豐滿，佐飯一流。￥1,620

上野駅前店位於大樓的2樓和地庫。

Info
地址：東京都台東區上野6 - 14 - 7 ベリタス岡埜榮泉ビル 2 / F
電話：03 - 5807 - 1588
營業時間：1100 - 2300
網址：www.negishi.co.jp
前往方法：JR「上野」駅正面口對面，岡埜榮泉総本家樓上。

山盛り壽司
MAP: P.356 B3

まぐろ問屋 三浦三崎港 上野店

由水産會社直營，雖然是迴轉壽司，但向以料靚便宜見稱，CP值極高，所有海鮮均由神奈川縣三崎港新鮮直送，TVBS《食尚玩家》都有介紹過。招牌「山盛り壽司」，配料比起普通壽司多3倍，還有很多迴轉壽司店少見的高級海鮮選擇。

招牌まぐろ中落（吞拿魚），吞拿魚份量比飯還多，吃一件已等如3件，卻只售￥100！

鯛魚壽司，鄰座先生教路以岩鹽和檸檬調味，入口更清爽鮮甜，乃店內隱藏Menu。￥340

季節限定しらす壽司，即是生銀魚，味道超鮮美，但每年冬天1至3月是禁捕期。￥260

Info
地址：東京都台東區上野6 - 12 - 14
電話：03 - 5807 - 6023
營業時間：1030 - 2300
　　　　　（周六、日及假期1030 - 2200）
網址：http://neo-emotion.jp/sushi/miura-ueno_map.php
前往方法：JR「上野」駅不忍口，徒步約2分鐘。

晴空塔墨田

淺草

秋葉原

上野

下北澤

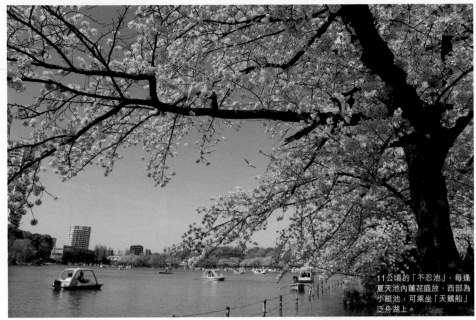

11公頃的「不忍池」，每逢夏天池內蓮花盛放，西部為小艇池，可乘坐「天鵝船」泛舟湖上。

東京賞櫻名所
上野恩賜公園

　　江戶時代，原為德川家康幕府所有的「寬永寺」所在地，1873年被指定為公園，成為日本第一座公園。佔地廣達53萬平方公尺，景點眾多，連同上野動物園、東京國立博物館、国立科学博物館、国立西洋美術館等皆位於公園內。但更著名的是，園內種有超過1,200株染井吉野櫻和山櫻，是東京著名的賞櫻勝地，並入選為日本櫻名所100選。

MAP: P.356 B1 - B3；C1 - C2

「合格大佛」原為6米高佛像，數度遇災後僅剩臉部，由於「不落地」與日語「不落第」同音，於是成為合格之神。

不忍口附近置有幕府末期武士「西鄉隆盛」像，素有維新三傑之稱，已成上野地標。

園內花繁葉茂，除了櫻花，夏天有蓮花、秋天還有紅葉滿山。

上野公園是東京著名的賞櫻勝地，每逢初春櫻花盛放，園內便逼滿賞櫻人潮。

園內常有街頭藝人表演，或大型活動舉行。

上野精養軒，明治5年（1872）創業，是日本最早的法國餐廳，總店就位於公園內。

公園範圍擁有多所寺廟神社，其中「花園稻荷神社」，是祈求好姻緣的勝地。

Info

地址：東京都台東區上野公園, 池之端三丁目
電話：03 - 3828 - 5644
開放時間：0500 - 2300
網址：http://www.kensetsu.metro.tokyo.jp/toubuk/ueno/index_top.html
前往方法：JR「上野」駅公園口、山下口、不忍口。

晴空塔・墨田　淺草　秋葉原　上野　下北澤

日本最古老動物園　MAP: P.356 A2 B2

恩賜上野動物園

明治15年（1882年）開園，乃日本第一座動物園。佔地廣達14公頃，分為東園和西園兩部分，園內設有單軌鐵道Monorail連接。共飼養約400種、共3,000隻動物。明星動物首推大熊貓，還有大量熊貓紀念品。其餘焦點包括北極熊、海豹、水豚、長頸鹿、河馬等等。

熊貓館位於東園，居住環境完全模仿四川老家，園內還有大量熊貓紀念品發售。

園內的大熊貓，乃1972年由中國送贈，作為中日恢復建交的禮物，自此掀起舉國熊貓熱潮。

園內設有Monorail連接東園和西園，乃單軌鐵道，可順道俯瞰公園美景。單程￥150

人氣動物如熊貓、北極熊、海豹、水豚等都集中東園；西園則有長頸鹿、河馬等。

Info

地址：東京都台東區上野公園9 - 83
電話：03 - 3828 - 5171
開放時間：0930 - 1700
休息：逢周一
入場費：成人￥600、中學生￥200、65歲以上￥300、小六生以下免費
網址：www.tokyo - zoo.net/zoo/ueno
前往方法：（東園臨時門）JR「上野」駅公園口，徒步8分鐘；（西園池之端門）東京Metro「根津」駅2番出口，徒步5分鐘。

親子遊首選

国立科学博物館

明治10年（1877年）創立，乃日本歷史最悠久的博物館之一。常設展分為「日本館」和「地球館」兩部分，擁有超過400萬件珍貴展品，包括世上保存狀態最好的三角龍實物化石標本、日本忠犬「ハチ公」標本等，更附設有全球形映館「Theater 36○」。展館強調互動，不少科學展品都可讓參觀者親身體驗或觸摸，益智又好玩，親子遊首選！

MAP: P.356 C2

以日本列島為主題的「日本館」，焦點包括日本國內首次發現的長頸龍「雙葉鈴木龍復原骨骼」。

館內設有世界唯一的全球形映館「Theater 36○」，帶來360度全視野的震撼映象。

早在明治10年（1877年）創立，乃日本歷史最悠久的博物館之一。

Info

地址：東京都台東區上野公園7 - 20
電話：03 - 5777 - 8600 Hello Dial
開放時間：0900 - 1700
　　　　　　（周五及六0900 - 2000）
休息：逢周一
入場費：常設展示成人￥630、高校生或以下免費
網址：www.kahaku.go.jp
前往方法：JR「上野」駅公園口，徒步約5分鐘。

「地球館」地庫以地球環境變化及生物進化為主題，可一睹暴龍與長毛象的骨骼標本。

館內展出重要文化財產的Troughton天文望遠鏡。

下町老街體驗
下町風俗資料館

資料館目前整修中，預計2024年重開。

1980年開館，樓高兩館，1樓設有大正時代的「江戶」下町街道縮影，重現昔日的庶民百姓生活；2樓則展出許多舊玩具和生活用品。資料館雖小，但拍照位多又好玩，旅客甚至可走進模型Cafe和錢湯拍照，還有當地居民義工作導賞。 MAP: P.356 B3

昭和時代的小康之家，都擁有縫紉機、電視、電話、收音機等現代電器。

門前的舊式日本郵筒，乃一大拍照位。

1樓入口處有一舊式電話亭，裏面還真有一台舊電話。

2樓展出許多舊玩具，全都可以自由試玩。

大正時代的下町傳統長屋、商店、神社等，都一一以原大呈現，逼真非常。

Info

地址：東京都台東區上野公園2番1号
電話：03 - 3823 - 7451
開放時間：0930 - 1630
休息：逢周一
入場費：￥300（中小學生￥100）
網址：www.taitocity.net/zaidan/shitamachi
前往方法：JR「上野」駅不忍口，徒步約6分鐘。

井上漫畫展場
上野の森美術館

昭和47年（1972年）開館的私立美術館，沒有常設展，展覽內容也非常廣泛，最令人印象深刻的包括2008年的「井上雄彥 最後のマンガ展」（井上雄彥最後的漫畫展）。 MAP: P.356 B3

Info

地址：東京都台東區上野公園 1 - 2
電話：03 - 3833 - 4191
開放時間：1000 - 1700
休息：不定休
網址：www.ueno - mori.org
前往方法：JR「上野」駅不忍口，徒步約3分鐘。

國寶の寶庫
MAP: P.356 C1
東京国立博物館

明治5年（1872）創立，原為湯島聖堂大成殿舉辦的博覽會，也是日本最早的博物館。分為本館、表慶館、東洋館、平成館、法隆寺寶物館共5個展廳，展出11.4萬件日本及亞洲各國的美術作品與文物珍藏，單是國寶已有87件。

Info

地址：東京都台東區上野公園13 - 9
電話：03 - 3822 - 1111
開放時間：0930 - 1700
休息：逢周一
網址：www.tnm.jp
前往方法：JR「上野」駅公園口，徒步約10分鐘。

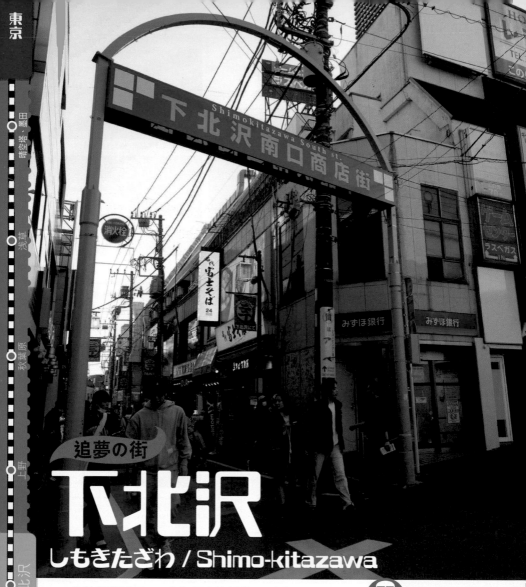

晴空塔、墨田

浅草

秋葉原

上野

下北沢

追夢の街

下北沢

しもきたざわ / Shimo-kitazawa

　　位於原宿以西，日本年輕人簡稱「下北」（Shimokita）。
　　認識下北沢，無論是因為日劇《下北沢SUNDAYS》，或是吉本芭娜娜小説《喂喂，下北澤》。下北沢，向來予人地下、次文化、雜亂、年輕人之街的印象。由於附近有多所大學，吸引年輕人聚集。迷宮般的巷弄間，開滿小型劇場、小酒館、Live house、二手服飾、雜貨店與廉價食堂，一直是獨立劇團和音樂人的聖地，素有「演劇的街」美譽。終日熙來攘往，充滿活力，成為年輕人追尋夢想的代名詞。
　　官方網址：www.burari-shimokitazawa.com

交通

1.新宿駅乘小田急小田原線，至「下北沢」駅，車程約7 - 10分鐘。
2.渋谷駅乘京王井の頭線，至「下北沢」駅，車程約4 - 6分鐘。

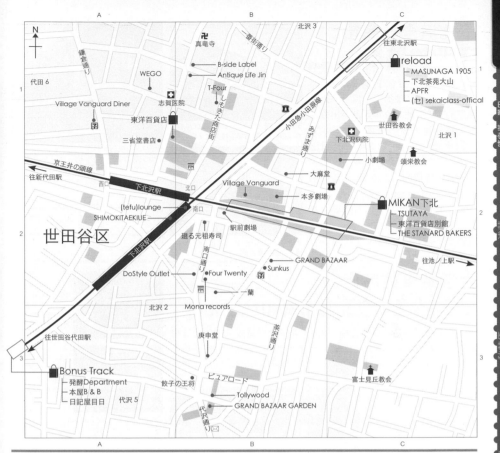

N

北沢 3

代田 6

真竜寺
一番街通り

B-side Label
Antique Life Jin
WEGO
T-Four
しもきた商店街
鎌倉通り
志賀医院
Village Vanguard Diner
東洋百貨店
三省堂書店

往東北沢駅
reload
┤MASUNAGA 1905
┤下北茶苑大山
┤APFR
└(セ) sekaiclass-offical

小田急小田原線
あずま通り
下北沢病院
世田谷教会
北沢 1
小劇場
頌栄教会

京王井の頭線
往新代田駅
西口
下北沢駅
北口
南口
(tefu)lounge
SHIMOKITAEKIUE
世田谷区
廻る元祖寿司
南口通り
DoStyle Outlet
Four Twenty
一蘭
北沢 2
Mona records
庚申堂
下北沢駅

Village Vanguard
大麻堂
本多劇場
駅前劇場
GRAND BAZAAR
Sunkus
茶沢通り
往池ノ上駅

MIKAN下北
┤TSUTAYA
┤東洋百貨店別館
└THE STANARD BAKERS

往世田谷代田駅

Bonus Track
┤発酵Department
┤本屋B & B
└日記屋目日
代沢 5

餃子の王将
ピュアロード
代沢通り

Tollywood
GRAND BAZAAR GARDEN

富士見丘教会

A B C

「演劇の街」發源地
本多劇場

　昭和57年（1982年），演員本多一夫在下北沢開設小型劇場，此後附近開設多家民營劇場，成為下北沢「演劇の街」的原點。現在的本多劇場，已成日本演劇界聖地，每年2月更有下北沢演劇節，區內8個小劇場會上演長達1個月的表演。

Info

地址：東京都世田谷区北沢2 - 10 - 15
電話：03 - 3468 - 0030
網址：www.honda - geki.com
前往方法：小田急小田原線、京王井の頭線「下北沢」駅南口，步行約2分鐘。

MAP: P.371 B2

龍頭名牌古着
GRAND BAZAAR

　下北沢區內以古着和雜貨店聞名，其中GRAND BAZAAR乃龍頭古着店，樓高3層，主打人氣日系潮牌，包括COMME des GARCONS、ISSEY MIYAKE、NUMBER（N）INE、mercibeaucoup、、Zucca等，男女童裝俱備。

MAP: P.371 B3

Info

地址：東京都世田谷区北沢2 - 4 - 6 ISIビル1 - 3 / F
電話：03 - 6804 - 0842
營業時間：1130 - 2030
網址：www.grandbazaar.jp
前往方法：小田急小田原線、京王井の頭線「下北沢」駅南口，步行約5分鐘。

371

晴空塔・墨田

浅草

秋葉原

上野

下北沢

下北沢全新商街
下北線路街 MAP: P.371

個性雜貨店、古著店、Live House、劇場聚集的下北沢，一直是東京的文青勝地。近年因為小田急線部分鐵路地下化，由東北沢、經下北沢至世田谷代田駅之間，打造出長達約1.7公里的全新商圈「下北線路街」。疫情期間先後開了BONUS TRACK、reload和（tefu）lounge等多個新街區，令「下北」變得更熱鬧。*BONUS TRACK、reload介紹見前文〈東京話題新事〉。

全新民房式商業聚落ＢＯＮＵＳ TRACK，集合13間風格店家。

迴遊式商業街reload，全長1.7km、、集合24間特色店舖。

全長1.7公里的新商圈「下北線路街」，以下北沢駅為中心。

Info
前往方法：小田急線、京王井の頭線「下北沢駅」附近。

生活感車站商店街
シモキタエキウエ (SHIMOKITAEKIUE) MAP: P.371 A2

與下北沢車站共構的設施，內有CAFE、居酒屋、花店、進口雜貨店、服裝店等，充滿生活感，隨處可見日本知名插畫家長場雄所繪的可愛插畫，他以「可以常常在下北澤看到的人們」為主題。

商場與小田急線下北沢車站共構，佔地兩層。

2樓可以找到罕見的貼紙相專門店，儼如影樓效果。

場內有很多外國菜餐，切合下北沢的異國氛圍。

Info
地址：小田急線下北沢駅2樓
網址：www.odakyu.jp/guide/shopping/shimokitaekiue/
前往方法：小田急線「下北沢駅」直達。

文青共享空間
(tefu) lounge

2022年初開幕的文青向複合設施，內有共享辦公室、Cafe、會議室、迷你電影院，以及自家Vintage家具店。附設偌大的綠化空間和空中花園，成為下北線路街的中央綠洲，內部則使用木造家具，以棕色及白色為主調，打造出時尚而舒適的氛圍。4樓天台的出租花園terrace & kitchen，更附設廚房，是俯瞰下北沢街景的最佳位置。 MAP: P.371 B2

附設偌大的綠化空間，成為下北線路街的中央綠洲。

（tefu）lounge的空中花園，是俯瞰下北沢街景的最佳位置。

2樓大堂附設Café & Lounge「KITASANDO COFFEE」。

Info
地址：東京都世田谷区北沢2-21-22, 2-3/F
營業時間：0900-2330
收費：￥900/小時、1day￥3,000
網址：https://www.te-fu.jp/shimokita
前往方法：小田急線「下北沢駅」南西改札口直達。

搞鬼雜貨書店
Village Vanguard

　　來自名古屋的著名雜貨書店，200家分店遍布全日本，可惜香港店不敵貴租無奈結業。專售搞鬼的玩具雜貨，以及有趣的書籍雜誌。下北沢店面積偌大，尤其多動漫、次文化、另類電影、獨立音樂的專區，不乏敏感題材甚至禁書，切合下北沢的風格。 **MAP: P.371 B2**

VV特色是貨品排列鋪天蓋地、雜亂無章。

位置就在本多劇場旁邊，因而成為劇團搜刮道具的勝地。

「恐怖教主」丸尾末広專櫃，精品比港台兩地展覽還要多。

野菇棒棒糖，超有「性暗示」，兒童不宜！￥500

Info
地址：東京都世田谷区北沢2 - 10 - 15 マルシエ下北沢1 / F
電話：03 - 3460 - 6145
營業時間：1000 - 0000
網址：www.village - v.co.jp
前往方法：本多劇場旁邊。

古着尋寶地 **MAP: P.371 B2**
DoStyle Outlet

　　下北沢另一著名古着店，號稱「下北沢最早開店、最晚關門的古着屋」，初期更以全店貨品均一￥500作招徠。雖然現在￥500古着只剩門前一列，但轉走人氣日本潮牌古着，定價依舊比一般買取店便宜，尤以男裝居多。

DoStyle特多Supreme，不少被炒至天價的筍貨都有，甚至有新貨，都藏在收銀櫃後。

兩店相連，右邊是二手鞋屋，店前仍有一列￥500古着，都不乏筍貨。

HEAD PORTER經典背包。￥14,800

Beams Boy粉紅色背包。￥4,500

Info
地址：東京都世田谷区北沢2 - 19 - 16
電話：03 - 3414 - 9089
營業時間：1000 - 0100
前往方法：小田急小田原線、京王井の頭線「下北沢」駅南口，步行約3分鐘。

惡搞貼紙專門店
B - side Label

　　2009年於大阪成立的Sticker品牌，憑惡搞惹笑的圖案而走紅，不乏日本流行用語，或大玩時下社會怪現象，極盡搞笑KUSO。東京唯一專門店，提供超過3,000款Sticker，售價分為￥200、300和700三種，當手信一流！ **MAP: P.371 B1**

下北沢為東京唯一專門店，除了Sticker，還有惡搞圖案Tee。

Sticker圖案由日本流行用語、職場怪現象、到黃色笑話都有，售價分為￥200、300和700三種。

小編最愛的還是惡搞電車「優先席」的告示。各￥300

惡搞品牌Logo系列，將大品牌Logo惡搞成潮語。各￥300

Info
地址：東京都世田谷区北沢2 - 36 - 2 ヒルズ下北沢
電話：03 - 6796 - 2686
營業時間：1200 - 2000
網址：www.bside - label.com
前往方法：小田急小田原線、京王井の頭線「下北沢」駅北口，步行約5分鐘。

屹立下北沢多年，以電車壁畫為標誌，已成下北沢地標。

民族風、英式紳士、Mod look共冶一爐，雜亂得來卻又充滿個性。

個性小店車房
東洋百貨店

屹立下北沢多年，已成地標。雖説是「百貨店」，其實是個位於車房的室內「市集」，內部集合20多家充滿個性的小店，包括古著、美國軍服、雜貨店、美甲店、原創飾品店等等，琳瑯滿目各適其適，而且價格都相當親民。

MAP: P.371 A1

美國軍服店由東洋百貨店創店已存在，是日本Stylist的愛店。

50年代美國軍褸，Cutting勁靚。

格仔箱舖「素今步」乃東洋百貨店的人氣商戶，專售手工製作飾物雜貨。

手工飾物款式風格包羅萬有，勝在￥200、300便有交易。

Info
地址：東京都世田谷區北澤2-25-8
電話：03-3468-7000
營業時間：1200-2000
網址：https://www.k-toyo.jp/frame.html
前往方法：小田急線、京王井の頭線「下北沢駅」北口，步行1分鐘。

藝術電影基地
MAP: P.371 B3
下北沢Tollywood

下北沢著名的獨立電影院，也是下北沢唯一一家電影院，僅有47個座位，專門放映日本新鋭電影導演作品，或是外國的藝術電影。《你的名字》名導新海誠成名前的自主製作電影《ほしのこえ》首映就在這裏舉行。

Tollywood不止是下北沢、也是東京著名獨立電影戲院。

每日各場次上映不同電影，票價￥1,400-1,900，學生會有優惠。

大堂置有上映電影的宣傳單張，電影痴的收藏寶庫。

Info
地址：東京都世田谷区代沢5-32-5-2F
電話：03-3414-0433
票價：￥1,800
網址：https://tollywood.jp
前往方法：小田急線、京王井の頭線「下北沢駅」南口，步行6分鐘。

人氣雜貨店
T - Four

　　除了古着，下北沢亦以多家品雜貨店而聞名，T - Four正是區內的人氣店。文具、廚具、飾物、小型家具、園藝工具等生活雜貨都應有盡有，種類繁多，定價相宜，加上色彩繽紛，全是女生喜愛的可愛風格。

MAP: P.371 B1

超巨型花生收納盒。
￥380

飯碗連味噌湯碗套裝。￥1,680

T - Four最受附近居住的單身女生歡迎。

跟下北沢其他古着雜貨店一樣，貨品堆積如山，密密麻麻，甚有尋寶感覺。

Info
地址：東京都世田谷区北沢2 - 30 - 14 ビル
　　　 トレンデイ1 / F
電話：03 - 3460 - 3647
營業時間：1100 - 2100
前往方法：しもきた商店街上。

大麻文化雜貨　**MAP: P.371 B2**
Four Twenty

　　專售民族風和Reggae風的服飾雜貨店。男女裝俱備，貫徹率性自然的風格，都色彩繽紛又便宜，不少還有反戰、反核或自由博愛精神，正是現代人強調的普世價值觀。

棉線手織手繩，近期因動畫《你的名字》又再大熱。￥432

民族風棉織手工背包，容量特大，適合backpacker旅人！￥3,240

Four Twenty是民族服飾雜貨的專門店。

手織布iPhone Case，裏面還有間隔給你放八達通。￥2,916

Info
地址：東京都世田谷区北沢2丁目13 - 5 伊
　　　 奈ビル1 / F
電話：050 - 3707 - 1792
營業時間：1200 - 0000
前往方法：小田急小田原線、京王井の頭
　　　　　 線「下北沢」駅南口，步行約
　　　　　 3分鐘。

老牌雜貨尋寶
Antique Life Jin

　　下北沢30年歷史的老牌雜貨家具店，在區內擁有兩間分店，1號店專售昭和年代至今的古董舊物，由家具、燈飾、飾物，到生活雜貨俱備；2號店則偏向歐美古董與設計雜貨。兩店貨品都堆疊得密密麻麻，甚有尋寶感覺，還有少量將舊物改造成飾品的Upcycling。

MAP: P.371 B1

用古董改造成的數字頸鍊，盡現Upcycling。各￥648

昭和年代的古董搪瓷罐。各￥540

1號店主打昭和年代的古董舊物。

店內的古董雜貨堆疊得密密麻麻，全是老闆四出搜尋得來，值得花時間細看。

Info
地址：1號店 東京都世田谷区北沢2 - 30 - 8
　　　 2號店 東京都世田谷区北沢2 - 35 - 15
電話：03 - 3467 - 3066
營業時間：1200 - 2000
　　　　　 （周六、日1100 - 2000）
網址：www.antiquelife - jin.com
前往方法：小田急小田原線、京王井の頭
　　　　　 線「下北沢」駅北口，步行約6
　　　　　 分鐘。

I Can Tips

每晚1800後，3樓有Live表演。

店內其中一間為唱片雜貨店，主打獨立樂團或新晉音樂人的唱片，也有區內表演資訊。

長形的音樂食堂兼酒吧，音樂長播，空間闊落，還有吧台和榻榻米小區。

金桔青檸Mojito，味道酸甜醒神，適合女生。￥500

音樂食堂位於2樓；Live House則位於3樓。

Live House × 食堂酒吧 × 唱片店
Mona records `MAP: P.371 B2`

　　自70年代爵士樂酒吧湧入下北沢，現在區內約有近20家Live House，Mona正是南口最著名的一家。佔地兩層，3樓Live House每晚1800後都有表演；2樓則為音樂食堂兼酒吧，主打創作亞洲菜與廉價酒精，出奇地有水準。同場兼售獨立樂團或新晉音樂人的唱片，以至音樂相關雜貨，加上營業至凌晨，成為區內音樂愛好者的聚腳地。

生ハムと無花果のピザ（生火腿無花果Pizza），現點現焗，薄餅底香脆，一鹹一甜的配搭大膽又新奇。￥780

每張唱片也有店主的親筆推介，有需要可請店員即場試聽。

Info

地址：東京都世田谷区北沢2 - 13 - 5 伊奈ビル2 - 3 / F
電話：03 - 5787 - 3326
營業時間：1200 - 0000
　　　　　（周五、六及假期1200 - 0500）
網址：www.mona - records.com
前往方法：T - Four樓上。

惡搞雜貨店
大麻堂

　　吸食大麻，在日本是嚴重罪行，偏偏這店以此為名。其實店主只崇尚自由、反叛及Reggae文化，大麻只是個象徵。1993年創業，藏身地下室，主打自家設計的惡搞Tee和Reggae文化雜貨。

`MAP: P.371 B2`

店子主要售賣自家設計的惡搞Tee，像諧音名牌、惡搞名牌Logo，甚或大「坑」大麻用語。

新式「擋布」，不但圖案繽紛，更強調男女合用。￥1,080

1993年創業，藏身地下室，勁有神秘感。

其實店內真有售賣大麻相關用品，但強調只是擺設，也有進口香薰和煙草發售。￥500

Info

地址：東京都世田谷区北沢2 - 9 - 1大新ビルB1/F
電話：03 - 5454 - 5880
營業時間：1300 - 2200
網址：www.taimado.com
前往方法：本多劇場附近。

氣質潮區

代官山
だいかんやま／Daikanyama

交通　東急東橫線「代官山」或「中目黑」
駅。渋谷駅出發，車程約2 - 3分鐘。

　　代官山至中目黑一帶，是東京著名的高級住宅區，街道寬廣，綠意盎然。加上位處山手線圈外，自成一國，吸引潮流品牌店、特色餐廳、Cafe等個性小店進駐，街上碰口碰面都是打扮高貴的太太或氣質女孩，賞心悦目。由於鄰近外國大使館，多洋人聚居，令這小區更添異國度假氛圍。

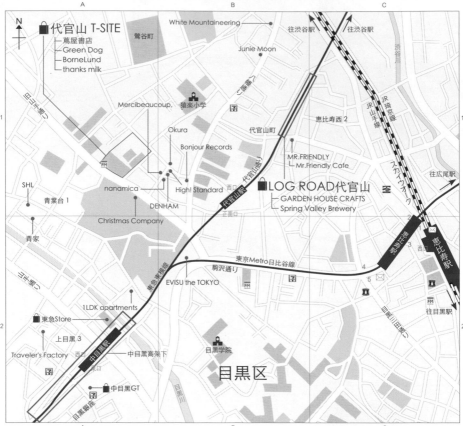

店內提供各式紀念蓋章，給你即場創作旅行的明信片或手帳。

特設「半格相機」專區，包括Ricoh的AUTO HALF、Olympus的Pen EE等。

旅人雜貨店
Traveler's Factory

　　著名旅遊手帳品牌「TRAVELER'S notebook」，與文具雜貨設計公司「Designphil」開設的實體店，藏身中目黑住宅區，樓高兩層，以「Traveler」為主題，除了自家品牌手帳，也有各式旅遊相關雜貨。2樓還有Cafe & Library，可一邊嚐Traveler's的Blend coffee；一邊創作自己的TRAVELER'S notebook，旅行中的你一定喜歡。

MAP: P.378 A2

TRAVELER'S notebook的明信片，圖案都以旅遊為主題，當中包括香港的天星小輪和電車。各 ¥140

店子藏身中目黑住宅區的巷弄內，乃品牌的旗艦店。

內部以原木裝潢配鋼架閣樓，天花和牆身都掛滿旅行的照片、明信片與飛機吊牌。

Info

地址：東京都目黑區上目黑3 - 13 - 10
電話：03 - 6412 - 7830
營業時間：1200 - 2000
休息：逢周二
網址：www.travelers - factory.com
前往方法：東急東橫線「中目黑」駅西口，徒步約2分鐘。

378

代官山散策潮街
LOG ROAD代官山（ログロード）

　　東急東横線地下化後，遺下220米長的地面空間，2015年改造成購物街。佔地35,000平方呎，由五幢木建築組成，只有5家商戶，包括Kirin直營的精釀啤酒工房Spring Valley Brewery、首次登陸日本的美國服飾雜貨店Fred Segal等等。220米長的步道穿插，配合兩旁綠化植物，以及大量休憩設施，即成代官山最Hit的散策（散步）與打卡勝地。 **MAP: P.378 B1:C1**

夾道植栽和四季花卉，宛如城市綠洲，最適合散步漫遊。

狹長形的「購物街」，5棟以紅植木材建築的箱形屋，完全融入綠意盎然的環境中。

──Info──
地址：東京都渋谷区代官山町13番1号
網址：www.logroad - daikanyama.jp
前往方法：東急東横線「代官山」駅西口，徒歩約4分鐘；JR山手線、東京Metro日比谷線「恵比寿」駅，徒歩約9分鐘。

麒麟新開啤酒工房
Spring Valley Brewery

　　LOG ROAD焦點，首推由Kirin麒麟啤酒廠開設的精釀啤酒工房。品牌早在130年前由美國人William Copeland在橫濱創立，被Kirin收購後銷聲匿跡，直至現在才重見天日。餐廳內設21個啤酒發酵及儲藏桶，主打6款口味的手工啤酒，還有以農家直送新鮮食材炮製的餐點。必點Pairing Set，一次過試勻6款啤酒，更附有相應搭配的佐酒小吃。

兩層樓底挑高，空間感強，內裝走工業風格。啤酒以外，其餘西餐menu水準也不俗。

位處LOG ROAD入口，附設花園露天座位，散發異國度假氛圍。

餐廳內設啤酒釀製工房，擁有21個啤酒發酵及儲藏桶，其中兩個還特別選用玻璃製。

店內有售6款樽裝精釀啤酒，不妨買回家回味，還有自家品牌的啤酒杯。各￥450

Pairing Set，雖然每杯只有120ml，但一次過便可嚐盡工房6款啤酒，杯墊還詳細列明成份資料。6款啤酒各自配上味道相襯的佐酒小食。最喜歡左邊的「496」，低溫熟成啤酒，苦、甘、酸味融合，配芝士喝令味道更醇和。￥2,300

──Info──
營業時間：0800 - 0000
　　　　　　（周日及假期0800 - 2200）
網址：www.springvalleybrewery.jp

3幢書店由英國建築師Klein Dytham設計，外牆以蔦屋的「T」字編織而成，高貴而純淨，彼此以55米長的Magazine Street連接。

代官山地標
代官山 T - SITE

　　日本老牌書店TSUTAYA開設的複合空間，以3幢相連的「蔦屋書店」為核心，蔦屋正是TSUTAYA的漢字本名。另加6家特色商戶餐飲，以及綠意盎然的環境，已成代官山地標！ **MAP: P.378 A1**

「3号館」1樓主打美食、旅遊書籍，還有精選日本各地農產雜貨，並附設Starbucks。

全球最美書店
蔦屋書店

　　書店由3幢兩層獨立建築組成，由英國建築師Klein Dytham設計，以「在森林中的圖書館」為概念；內部裝潢則由原研哉操刀。3館各有主題，不止賣書，也有設計雜貨、唱片、電影和餐廳，被美國Flavorwire.com網站評為「全球最美20家書店」之一！

書店部分分為旅遊、藝術、設計等6大區域，精選設計雜貨則夾雜其中，連主題佈置也美極。

「3号館」2樓音樂區，收藏12萬張不同類形音樂CD，設有40個免費試聽位。

「2号館」2樓的餐廳Anjin，被3000本古董雜誌，包括罕見的原版《Vogue》。

「hibi」火柴香薰，像火柴一樣燃點的香薰，有茶樹、薰衣草等味道，設計極美。各¥650

《富士山360 BOOK》，打開即見3D立體富士山。¥2,500

Info

地址：東京都渋谷区猿楽町17 - 5及16 - 15
電話：03 - 3770 - 2525
營業時間：1 / F 0700 - 0200；
　　　　　　 2 / F 0900 - 0200
網址：http://tsite.jp/daikanyama/
前往方法：東急東橫線「代官山」駅西口，徒步5分鐘。

代官山風寵物店
Green Dog

寵物美容中心，除提供寵物扮靚，還附設寵物醫院、精品雜貨店、寵物旅館，以至林蔭Dog Garden。店內有獸醫駐守，賣的狗糧、零食，全是天然無添加，連狗仔衫也潮味十足，堪稱5星級寵物店。

dot wan狗狗用芝士粒，日本產牛乳製造，不含防腐劑或色素。各￥410

附設綠樹成陰的專用Dog Garden，還提供寵物旅館服務。

狗狗專用防中暑「冰涼感」狗帶，還有恤衫領或煲呔款式。￥2,100 - 2,500

代官山人多飼有寵物，T - SITE園內設有狗帶專用掛鉤，好讓你拴好愛犬，超貼心。

Info
地址：代官山 T - SITE GARDEN 1号棟
營業時間：0900 - 2100
網址：www.green - dog.com

益智玩具店
BorneLund

日本著名高級玩具店，專售搜羅自世界20多個國家的玩具品牌，主打益智、有啟發性、富設計感，兼安全可靠的優質玩物。

Info
網址：www.bornelund.co.jp

移動Café
thanks milk

逢假日停泊T - SITE的移動Cafe，主打以神奈川縣有善農場生產的牛乳，以及有機時令水果調配的特色飲料，老闆是位年輕創業女生，開着粉紅色Van穿川過省。

Ginger Honey。￥350

Info
網址：www.facebook.com/thanks.milk

700米長的「中目黑高架下」，緊鄰賞櫻勝地的目黑川河畔，擁有超過4米高的挑高空間，原來的橋下樑柱，反變成特色。

蔦屋書店座鎮 型格商店街
中目黑高架下

　　2016年底開幕的活化橋底空間，由東急電鉄與東京Metro共同打造，將「中目黑」駅一段700米長的高架橋下空間，改造成型格商店街。以「Roof Sharing」為設計概念，集合28家特色店舖，其中14家屬新經營形態。焦點包括被譽為全球最美書店的「蔦屋書店」新店、英國Margaret Howell副線MHL、將手作工藝融入料理的GOOD BARBEQUE、紐約著名麵包店THE CITY BAKERY等等。

MAP: P.378 A2

紐約著名麵包店「THE CITY BAKERY」，招牌Chocolate Brownie因美劇《Sex and the City》而爆紅。￥370（0730 - 2300）

東京行李箱品牌「KONSTELLA」，金屬迷你公事包，放記事簿等雜物剛好。￥21,600 @蔦屋書店

「THE CITY BAKERY」，名物「Pretzel Croissant」（鹹牛角包），兼具鹹脆餅的紮實，與牛角包的酥脆口感。￥310 / 個

「蔦屋書店」中目黑新店，繼續由英國建築師Klein Dytham設計，外牆由蔦屋的「T」字編織而成。

書店附設Starbucks，還有大量附設電源插座的舒適座位，很多目黑文化或設計人來「工作」。

一分為二的書店，劃分為旅遊、藝術、設計、文學、雜誌等區域，還有精選設計雜貨夾雜其中。

高架下商店包括花店，為整條商店街帶來陣陣清香。

Info

地址：東京都目黑區上目黑二丁目45番14號、45番12号、43番20号、45番18号
營業時間：不同商戶各異
網址：www.nakamegurokoukashita.jp
前往方法：東急東橫線、東京Metro日比谷線「中目黑」駅直達。

Wyman推介音樂潮店
Bonjour Records

1996年開業的唱片店，專售日本及世界各地的非主流音樂，以及音樂相關潮物。樓高兩層，附設專業DJ台，駐店的是曾任Madonna、Kate Moss派對DJ的上村真俊。使Bonjour被奉為代官山文化基地，就連潮人Wyman也經常朝聖。

MAP: P.378 B1

店內有許多國際知名音樂人的精品，包括Band Tee、襪套、限量版耳機等。

國際知名DJ上村真俊（Masatoshi Uemura）。

低調的白色小屋藏身橫街，卻是代官山的文化基地。

1樓前部分主打音樂的相關潮物，上村真俊每季也會挑選一些有趣的主題商品。

Info
地址：東京都渋谷区猿楽町24-1
電話：03-5458-6020
營業時間：1100-2000
網址：www.bonjour.jp
前往方法：東急東橫線「代官山」駅西口，徒步約4分鐘。

衣食住提案
MAP: P.378 A2
1LDK apartments

2009年由福澤弘康創立的Select shop，請來alpha.co主理人南貴之負責選物及形象，專售黑、白、灰、藍調的服飾，帶有法式品味。「1LDK」是日本常見的公寓格局：1廳1房1廚房，中目黑本店正是1LDK的展現，涵蓋服裝、雜貨、咖啡店與餐廳。除了主打的男裝，也有更多女裝服飾、家品擺設與書籍，為衣食住作提案。

中目黑本店，正由1房1廳1廚房組合而成，涵蓋服裝1LDK me.和editeD，還有雜貨店Found STORE。

1LDK專售黑、白、灰、藍調的服飾，可以找到DIGAWEL、Maison Margiela、Scye、and Wander等品牌。

餐廳招牌濃縮「COFFEE SYRUP」，可買回家調成冰咖啡。¥1,512

Apartments一邊為餐廳「Taste AND Sense」，主打精緻的西式餐點、調酒和咖啡。

Info
地址：東京都目黑区上目黑1-7-13 B-TOWN EAST 1/F
電話：03-5728-7140
營業時間：1200-2000
網址：http://1ldkshop.com/blog-a
前往方法：東急東橫線「中目黑」駅西口，徒步約5分鐘。

天天都是聖誕節
MAP: P.378 A1
Christmas Company

1985年開業，全日本唯一以聖誕節為主題的雜貨店，一年365日、天天都是聖誕節。各式聖誕樹、聖誕老人人偶、聖誕燈、聖誕裝飾堆滿整家店舖，還有大量雪花玻璃球（Snow Globe），一室溫馨，浪漫到不得了！

來自德國的聖誕老人人偶。各¥1,026

聖誕主題圖案廁紙。各¥810

店內有一整櫃雪花玻璃球（Snow Globe），都搜羅自世界各地，女生一定喜歡。

店內所售的聖誕裝飾各式其式，單是掛在聖誕樹上的裝飾已花多眼亂。

Info
地址：東京都渋谷区猿楽町29-10 ヒルサイドテラスC-13
電話：03-3770-1224
營業時間：1100-1900
網址：www.christmas-company.com/
前往方法：東急東橫線「代官山」駅西口，徒步約6分鐘。

代官山・目黑
台場
六本木
東京鐵塔
清澄白河

藍染大王
Okura

1993年創立，Hollywood Ranch Market旗下的藍染服裝品牌，以日本植物「蓼藍」人手染織而成的藍染（Indigo），被尊稱為「JAPAN BLUE」。代官山店為日本唯一實體店，樓高兩層，使用棉麻等天然材質的男女服飾，糅合日本傳統與洋服設計，風格獨特。

MAP: P.378 B1

Okura副線「BLUE BLUE」藍染人字拖。￥25,000

兩層高的專門店由老房子改造，跟品牌的日本傳統風格相襯。

Okura的服裝，都以棉麻等天然材質，運用獨特技術手染而成，多次水洗也不易退色。

藍染Sneaker。￥12,000

Info

地址：東京都渋谷区猿楽町20 - 11
電話：03 - 3461 - 8511
營業時間：1130 - 2000
　　　　（周六・日及假期1130 - 2030）
網址：www.hrm.co.jp/okura
前往方法：東急東橫線「代官山」駅西口，徒步約3分鐘。

3層山系王
nanamica

由中本間永一郎於2003年創立，東瀛3大山系潮品之一，跟The North Face聯乘打造的Purple Label系列，件件都被炒至天價。代官山新店樓高3層，開宗名義以「山」為主題，1、2樓店面；3樓為office，打正旗號主打大熱的Purple Label。

MAP: P.378 B1

內裝以原木裝潢配植物，更凸顯「山」的主題。Denim恤衫￥18,000

Purple Label系列山系背包。￥42,000+税

POOI By CLASS白恤衫。￥33,000+税

2015年才開幕的nanamica代官山新店，樓高3層。

Info

地址：東京都渋谷区猿楽町26 - 13
電話：03 - 5728 - 6550
營業時間：1100 - 2000
網址：www.nanamica.com
前往方法：東急東橫線「代官山」駅西口，徒步約3分鐘。

隱世料理家秘店
青家

2005年開業，由日本著名料理家——青山有紀主理，藏身一棟小巧的民宅中，主打京都家常菜和韓式料理。強調天然健康，全都不含化學調味、白砂糖等，真正家庭風味。午市供應藥膳和野菜定食，還有京都傳統甜點和養生雞鍋，必吃招牌手作蕨餅，以及抹茶戚風蛋糕。 **MAP: P.378 A2**

店內一閣有售自家菓子，還有青山有紀的著作。

豆乳いり抹茶シフオン（豆乳抹茶戚風蛋糕），用京都柳櫻園抹茶，質感鬆軟如棉。¥600

手作りのわらびもち（手作蕨餅），蕨餅混合黑糖拌以五穀生麩，口感軟滑如絲。¥500

Info
地址：東京都目黒区青葉台1-15-10
電話：03 - 3464 - 1615
營業時間：1130 - 1700、1800 - 2200
休息：逢周一
網址：www.aoya-nakameguro.com
前往方法：東急東横線「中目黒」駅，徒歩7分鐘。

戶外機能潮王
White Mountaineering

由服裝設計師相澤陽介（曾為Junya Watanabe設計助理）、於2006年創立的男裝品牌，將戶外風格結合時尚與街頭元素，乃日本3大山系潮牌之一，更巴閉到踏足巴黎時裝周。

MAP: P.378 B1

Info
地址：東京都渋谷区猿楽町2 - 7
電話：03 - 6416 - 5381
營業時間：1200 - 2000
網址：www.whitemountaineering.com
前往方法：東急東横線「代官山」駅西口，徒步約8分鐘。

手工靚牛王
MAP: P.378 B1
DENHAM代官山店

由荷蘭設計師Jason Denham於阿姆斯特丹創立的牛牌，素有貴族牛仔褲美譽，所有洗水工序均在全日本及意大利完成。2010年開幕的代官山店，樓高兩層，地庫專售Vintage系列。

啡色Logo batch為日製。

Info
地址：東京都渋谷区猿楽町25 - 8
電話：03 - 3463 - 2258
營業時間：1200 - 2000
網址：www.denhamthejeanmaker.com
前往方法：東急東横線「代官山」駅西口，徒步約4分鐘。

古典「美」男
High! Standard

MAP: P.378 B1

　　跟木村最愛美式古着店HOLLY Ranch Market份屬同門，樓高兩層，主打美式復古風格的服飾，包括Pony、Empire、BARBARIAN、MT. RAINIER DESIGN、MYSTERY RANCH等著名品牌，同時兼售山系等戶外服飾。在同區潮店之中，定價算是相宜，還提供退稅。

Smile圖案Tee ¥4,500；MYSTERY RANCH 小包¥6,500。

美牌Pointer Brand 白色棉質長套。¥16,000

樓高兩層美式服飾店，乃木村最愛美式古着店HOLLY Ranch Market的姊妹店。

內部陳設頗有古着店味道，貨品舖天蓋地，更有尋寶感覺。

Info
地址：東京都渋谷区猿楽町25 - 1
電話：03 - 3464 - 2109
營業時間：1130 - 2000
　　　　　　（周六、日及假期1130 - 2030）
網址：www.hrm.co.jp
前往方法：東急東橫線「代官山」駅西口，徒步約3分鐘。

朝聖Blythe媽
Junie Moon

　　由人稱「B女」的Blythe亞太區總代理「CWC」直營、日本唯一專賣店。不止有齊B女各式服裝、配飾、假髮，甚至專用化妝品，還不時有期間限定的展覽、減價或限量版推出，包括CWC限定Blythe doll發售，B女粉絲一定要來朝聖。

MAP: P.378 B1

內部裝潢一樣夢幻可愛，附設Workshop & Gallery，不時有主題展覽舉行。

B女和服套裝連配飾，手工與布料都超精緻。¥7,000

單是B女專用的Color Eyes已有數十款選擇。各¥700+税

粉紅色的外牆置有白色長椅，乃粉絲打卡勝地。

Info
地址：東京都渋谷区猿楽町4 - 3 鈴円代官山ビル1 / F
電話：03 - 3496 - 0740
營業時間：1100 - 1900
休息：逢周一
網址：www.juniemoon.jp
前往方法：東急東橫線「代官山」駅西口，徒步約8分鐘。

日本唯一專門店
MR.FRIENDLY /
Mr.Friendly Cafe

MAP: P.378 B1

　　宣揚「Love & Peace」的Mr. Friendly，於90年代紅極一時，現在日本仍有大班死忠粉絲。1994年開業的代官山店，乃日本唯一專門店兼主題Cafe。必吃縮細版Mr. Friendly人形燒，當然還有坊間已少見的好人先生雜貨。

迷你版Mr. Friendly人形燒，其實是Hot Cake，有原味、蜜糖等多款口味，一口一件剛剛好。一盤18件¥680

Mr. Friendly一向宣揚博愛，匙扣也特別以回收物料製作。各¥378

日本唯一Mr. Friendly專門店，就在LOG ROAD附近。

內部以回收木材裝潢，精品由Tee、包包、明信片，到人形公仔俱備。

Info
地址：東京都渋谷区恵比寿西2 - 18 - 6 SPビル1 / F
電話：03 - 3780 - 0986
營業時間：1100 - 2000
休息：逢周一
網址：www.mrfriendly.jp
前往方法：東急東橫線「代官山」駅西口，徒步約4分鐘，LOG ROAD附近。

東京約會勝地

台場

おだいば / Odaiba

東京灣內的巨型人工島，為80年代起東京臨海副都心發展計劃的核心地帶。名字源自江戶時代末期，幕府為抵禦外人入侵，於東京灣內修築的海上砲台。區內大型購物場、娛樂中心、主題展覽館，以至大型企業總部雲集，遊玩景點眾多。加上臨海而立，規劃井然風景優美，一直是日本情侶約會，以及日劇的取景勝地。

單軌電車「百合海鷗線」
前往台場的「ゆりかもめ」線（百合海鷗線），為無人駕駛的單軌列車。連接JR新橋駅至豐洲駅，涵蓋台場所有景點。如在台場玩足一整天，可購買「一日乘車券」，一天內任乘百合海鷗線。
一日乘車券
票價：
成人￥820、小童￥410

提提你

交通

1. JR「新橋」或「汐留」駅，轉乘ゆりかもめ（百合海鷗線），至「お台場海浜公園」、「台場」、「船の科学館」、「テレコムセンター」、「青海」、「国際展示場正門」駅。新橋至台場駅，車程約15分鐘，票價約￥319。
2. 東京Metro有楽町線「新木場」駅，轉乘臨海高速鉄道りんかい線（臨海線），至「東京テレポート」或「国際展示場」駅。新木場至国際展示場駅車程約5分鐘，票價約￥267。

Aqua Cityお台場

- Toys"R"Us
- Babies" R" Us
- ル・江戸
- Gapkids
- Coca Cola Store
- 東京ラーメン国技館 舞
- HADO ARENA

DECKS Tokyo Beach
(デックス東京ビーチ)

- 東京ジョイポリス
  (JOYPOLIS Decks)
- お台場たこ焼きミュージアム
  (章魚丸焼Museum)
- 台場一丁目商店街
- 東京 Trick Art Museum
- 西松屋
- Legoland Discovery Center
- Madame Tussauds
- 新記
- WILD - 1

← 往芝浦ふ頭駅

レインボーブリッジ（彩虹橋）

台場公園

港区

ゆりかもめ線（海鷗線）

臨港道路

フジテレビ本社ビル
（富士電視台總部）

← 往天王洲アイル駅

自由の女神像

お台場海浜公園

Hilton Tokyo Odaiba
台場駅

潮風公園

Grand Nikko
（グランドニッコー）

お台場海浜公園駅

海岸遊路

首都高速湾岸線

東京テレポート駅

りんかい線（臨海線）

品川区

1 : 1 Unicorn Gundam(獨角獸高達)

船の科学館駅

船の科学館

本館

南極観測船宗谷

ウエストプロムナード

青海駅

ゆりかもめ線（海鷗線）

日本科学未来館

テレコムセンター駅

DiverCity Tokyo Plaza

- THE GUNDAM BASE TOKYO
- ザ・台場
- Hello Kitty Japan

地圖

D　　　　　　　E　　　　　　　F

東雲運河

往市場前駅

富士見橋

首都高速11号台場線

有明テニスの森駅

有明テニスの森公園

のぞみ橋

首都高速10号晴海線

ゆりかもめ線（海鷗線）

Small World Tokyo

有明中・小

首都高速湾岸線

国際展示場駅

りんかい線（臨海線）　往東雲駅→

東京都水の科学館

有明駅

防災体験学習施設そなエリア東京

夢の大橋

Sunroute Ariake
（サンルート有明）

東京臨海広域防災公園

Baycourt（ベイコート）

Ariake Washington
（有明ワシントン）

Trusty Tokyo Bayside
（トラスティ東京ベイサイド）

あけみ橋

国際展示場正門駅

会議棟

東展示棟

江東区

Tokyo Big Sight
（東京ビッグサイト）

西展示棟

D　　　　　　　E　　　　　　　F

航海博物館
船の科学館（船科學館）

　　1974年開館，面朝東京灣的航海博物館，本館目前正準備進行
整修。戶外展場置有多座燈塔，取景拍照一流。而原停泊館外的第
一代南極觀測船「宗谷」號，
將遷往鄰近碼頭，2017年4月
已重新開放。

MAP: P.388 A3

日本第一艘南極觀測船「宗谷」，曾6度往南極考
察，木村拓哉主演日劇《南極大陸》中所使用
的，正是它。

屋外展示場，展出
5萬噸大型船使用
的巨型螺旋槳，直
徑6米。

船の科学館，介紹
航海的知識與歷
史。

╺━━Info━━╸

地址：東京都品川区東八潮3番1号
電話：03 - 5500 - 1111
開放時間：1000 - 1700
休息：逢周一
入場費：免費
網址：www.funenokagakukan.or.jp
前往方法：ゆりかもめ線「船の科学館」駅
直達。

1:1高達座鎮！台場最大購物場
DiverCity Tokyo Plaza

2012年開幕，因門前矗立實物原大的高達像而成焦點，Gundam Cafe、Hello Kitty Cafe等，儼如動漫基地。其實以「劇場型都市空間」為概念的DiverCity，樓高7層，面積廣達14萬平方米，乃台場最大的購物中心。網羅154家店舖，包括日本最大的BLACK / BLUE LABEL旗艦店、旅遊主題BEAMS LIGHTS等等，購物飲食娛樂數之不盡。

MAP: P.388 B2

2樓的美食廣場「Tokyo Gourmet Stadium」有12家人氣食店，包括著名天婦羅丼「金子半之助」。

2017年9月登場的1：1獨角獸高達Unicorn，19.7米高，日間有4場裝甲變身；晚間更有燈光Show。

2樓有GAP旗下休閒服裝品牌「Old Navy」，乃日本首間商場專門店。

Info
地址：東京都江東区青海1‐1‐10
電話：03‐6380‐7800
營業時間：商店1000‐2100；
　　　　　餐廳1100‐2300
網址：www.divercity‐tokyo.com
前往方法：東京臨海高速鉄道りんかい線「東京テレポート」駅，徒步3分鐘。

台場土產手信總匯
ザ・台場

集齊一眾人氣土產手信，包括台場爆紅的和菓子「ゆりかもめの玉子」（百合海鷗玉子）。薄薄的蛋糕皮包住綿密的煉乳蛋黃和北海道亡豆蓉，連續多年成為10大人氣手信。

百合海鷗玉子，本是岩手縣老舖的和菓子，於台場發售後始爆紅。￥756 / 6個

Info
地址：DiverCity Tokyo Plaza 2 / F

Kitty人形燒雪糕
Hello Kitty Japan

2樓集合Calbee Plus、Glico等多家人氣手信小吃店，其中Hello Kitty土產專門店，有大量限定菓子。旁邊更附設Kitty人形燒店，熱呼呼，造型超可愛。

Kitty人形燒雪糕（抹茶牛奶）。￥320

Info
地址：DiverCity Tokyo Plaza 2 / F
網址：www.sanrio.co.jp/english/store

代官山・目黒　台場　六本木　東京鐵塔　清澄白河

新獨角獸高達參見！
1:1 Unicorn Gundam

從膝蓋開始擴張，再到腰和肩，以至全身的精神感應框架都發出紅光，超真實。

台場DriverCity Tokyo Plaza門前的1:1元祖高達已光榮退役，2017年9月已換上第2代的1:1獨角獸高達！Unicorn Gundam高19.7米，重達49噸，比初代高達更巨大。日間有4場裝甲變身，變身成「毀滅模式」；晚間更有燈光Show，Diver City外牆的「WALL - G」會同時播放全新動畫投射，還有全新主題曲《Cage》配合播放。 MAP：P.388 B2

變甲逐格睇：

變身前會傳來主角巴納吉召喚獨角獸的對白，接着播出動畫中變身時的配樂。

最後是頭部，獨角會打開變成兩根天線，臉部亦會瞬間「亮相」，歷時1分鐘。

Info

位置：東京都江東区青海1 - 1 - 10 DiverCity Tokyo Plaza 2／F Festival広場（正門）
日間變甲：1130、1300、1500、1700
晚間燈光 Show：1930 - 2130 （每30分鐘一場）
網址：www.unicorn-gundam-statue.jp
前往方法：東京臨海高速鉄道りんかい線「東京テレポート」駅，徒步3分鐘。

最新高達旗艦店
THE GUNDAM BASE TOKYO

前身為高達主題展館Gundam Front Tokyo，2017年8月重新開幕，變身高達基地。佔地2萬平方呎，分成SHOP ZONE、FACTORY ZONE、BUILDERS ZONE和EVENT ZONE4區。天幕影院、Strike Freedom半身像都不見了，主打的是商品，備有2,000多款模型精品，包括大量GUNDAM BASE限定模型，粉絲小心被女友拖走！

MAP：P.388 B2

平日限定的「噴油體驗」，收費￥500可獲1／144獨角高達頭部，還有專人教你噴油。

新館展出「高達模型製作家世界盃」的高手，以及名人明星的模型作品。

台場 GUNDAM BASE限定，1／48 MEGA SIZE Unicorn Gundam模型，452mm高。

「FACTORY ZONE」介紹高達模型的製造過程，展出設計圖、射出成形機等。

Strict - G，專售跟其他潮牌聯乘的限定高達服飾。PORTER × Strict - G￥19,440

Info

地址：東京都江東区青海1 - 1 - 10 DiverCity Tokyo Plaza 7／F
營業時間：1000 - 2100
網址：www.gundam-base.net
前往方法：東京臨海高速鉄道りんかい線「東京テレポート」駅，徒步3分鐘。

代官山・目黑

台場

六本木

東京鐵塔

清澄白河

靚景「長」購物場
Aqua Cityお台場

2000年開幕，超過300米長的複合式大型購物中心，樓高6層，分為AQUA CiTY和MEDIAGE兩個區域，網羅超過80家人氣品牌及餐飲名店，包括東京拉麵国技館、Flying Tiger、Babies"R"Us等。緊鄰御台場海濱公園，焦點是3樓的女神陽台，可眺望自由女神像和彩虹橋美景。 **MAP: P.388 B2**

300米長的臨海購物中心，頂樓還有座「台場神社」。

—Info—
地址：東京都港区台場1 - 7 - 1
電話：03 - 3599 - 4700
營業時間：1100 - 2100
　　　　（餐廳1100 - 2300）
網址：www.aquacity.jp
前往方法：ゆりかもめ（百合海鷗線）「台場」駅，步行約5分鐘，富士電視台對面。

日本潮媽追捧
Gapkids / Gapbaby

一店集合嬰幼兒「Gapbaby」，以及中童「Gapkids」，前者尺碼60 - 90cm；後者90 - 140cm，都設計可愛，一直深受日本潮媽追捧。

Gapbaby
¥990起。

—Info—
地址：Aqua Cityお台場3 / F
網址：www.gap.co.jp

Baby反斗城
Toys"R"Us / Babies"R"Us

「BABiES"R"US」是嬰兒版的玩具反斗城，一直是香港潮媽的重要入貨點。除了池袋店，東京市中心就只剩這家，嬰幼兒用品、童裝、日本奶粉、玩具等樣樣齊，價格比香港便宜，款式選擇勁多，旁邊還有Toys"R"Us。

服裝部細分為嬰幼兒「BABiES"R"US」，以及中童「Kids"R"US」兩部分，尺碼超齊全。

明治嬰幼兒奶粉（0 - 1歲）。¥2,299 / 800g

adidas Stan Smith波鞋。¥6,300

除了本地品牌，也有國際大牌如adidas專櫃。sweater¥3,400、短褲¥3,800

80 - 120cm嬰幼兒圖案浴衣，質料還有清涼效果。各¥4,500

—Info—
地址：Aqua Cityお台場1 / F
網址：www.toysrus.co.jp
　　　www.babiesrus.com

可樂精品店
Coca Cola Store

可口可樂的官方精品店，全日本就只有栃木縣和台場兩店。台場店更是全國最大，提供超過500款可樂精品，從服飾、公仔、擺設，到運動用品俱備，當然包括各式台場限定。

雪櫃造型萬用筆筒，櫃門還可以打開。各 ¥1,944

可口可樂歷代Logo Tee。各¥3,024

可樂、分達提子、分達橙汁味潤唇膏套餐。¥1,728

台場限定金樽可口可樂。¥2,160

----Info----
地址：Aqua Cityお台場3／F
網址：www.cokestore.jp

拉麵主題街
東京ラーメン国技館 舞

前身為2005年開幕的拉麵主題街「ラーメン国技館」，2016年改名重開，網羅日本全國各地，6家人氣拉麵店，包括北海道120年老店「札幌 みその」、信州雞湯麵「気むずかし家」、博多50年老店「博多 だるま」等等。

每家拉麵店獨立成舖，空間闊落座位又多，售票機和看板都有中、英、韓文介紹。

国技館位於商場5樓，內裝以日本文化為概念，置有招財貓、太鼓等拍照位。

博多50年老店「だるま」，招牌豚骨ラーメン，用豬後腿骨熬煮16小時而成，味道溫醇濃厚。¥1,100

北海道120年老店「札幌 みその」，招牌味噌ラーメン，旨味濃郁的湯頭，配上炙烤過的厚切叉燒，風格豪邁。¥950

----Info----
地址：Aqua Cityお台場5／F
營業時間：1100 - 2300

人氣手信總匯
ル・江戸

專售東京及台場的人氣手信土產，有大量別處沒見過的台場獨家限定，逢周三還有95折優惠，掃手信一流！

文錢堂本舖「学問のすゝめ」，DIY紅豆餡最中，相傳吃過便學業進步。

台場限定「I Love ODAIBA」自由的熊朱古力曲奇。¥648

台場著名和菓子「ゆりかもめの玉子」（百合海鷗玉子），連續多年成為10大人氣手信。¥756／6個

一店集合全東京及台場的限定手信，掃手信必來！

----Info----
地址：Aqua Cityお台場1／F

玩樂最強
DECKS Tokyo Beach

2008年開幕，乃台場首個大型shopping mall，以船舶為主題設計，擁有甲板般的開放式平台，到處都有海洋相關的裝飾，加上東京灣美景，充滿度假氣氛。分為Seaside Mall和Island Mall兩部分，樓高6層，集合超過120家品牌與餐飲，尤以玩樂場地最強，焦點包括日本最大室內遊園地「東京JOYPOLIS」、章魚丸燒博物館、昭和風主題街「台場一丁目」、LEGOLAND、名人蠟像館等等，足夠玩足一整天。 MAP：P.388 B2

━Info━
地址：東京都港区台場1 - 6 - 1
電話：03 - 3599 - 6500
營業時間： Sea Side Mall 1100 - 2100（餐廳約1100 - 2300）；
　　　　　　 Island Mall 1100 - 2100；Tokyo Joypolis 1000 - 2300
網址：www.odaiba - decks.com
前往方法：ゆりかもめ（百合海鷗線）お台場海浜公園」駅，步行約3分鐘。

亞洲首個室內LEGO樂園
LEGOLAND Discovery Center Tokyo

2012年開幕，乃亞洲首個室內LEGO樂園，座落台場，佔地35,520平方呎，強調「Fun Learning」，設有15項遊玩設施，包括介紹每塊LEGO誕生的教室、兒童遊樂區、賽車、4D影院、Cafe等。焦點是以167萬塊積木、耗時7個月打造的東京微縮世界「MINILAND」，將晴空塔、東京鐵塔、彩虹橋等東京地標一一重現。小朋友可瘋狂砌積木、盡情「放電」，絕對是親子遊首選！

新增設施「Lego city train world」，讓小朋友砌出夢想列車，還有東京、大阪、上海3個城市背景。

積木砌車區「LEGO Racers」，小朋友可自由砌出理想戰車，再在賽道上較量。

以167萬塊積木打造的微縮世界「MINILAND」，每隔5分鐘便會日夜交替。

出口旁的LEGO專門店網羅400款精品，包括各式限定版，可憐家長們又要大出血了！

Tips

1. 注意，成人必須有小童陪同方可入場！
2. 網上預購門票有折扣：平日￥1,950；周六、日￥2,100。
3. 網上預購平日限定親子票：￥3,200（1名成人＋1名小童；追加成員每位￥1,850）

━Info━
地址：DECKS Tokyo Beach（デックス東京ビーチ）Island Mall 3／F
電話：03 - 3599 - 5168
營業時間：
平日 1000 - 2000（最終入場1800）；
周六、日 1000 - 2100（最終入場1900）
入場費：￥2,400（2人以上￥2,300／位）、2歲以下免費
網址：www.legolanddiscoverycenter.jp/tokyo

名人蠟像館
Madame Tussauds

展出60多座名人蠟像，除了荷里活明星名人，尤其多日本名人，包括安倍晉三、渡邊麻友、大島優子、前田敦子、X - Japan，以至運動明星羽生結弦等，估不到連我們的李小龍和陳慧琳也有。

Info

地址：DECKS Tokyo Beach Island Mall 3 / F
入場費：當日成人￥3,000，小童￥2,400
網址：www.madametussauds.jp/ja

代官山・目黑

台場

場內附設多家餐飲及小吃店，其中2樓的D - lounge，設有……game和水槽。

不止刺激的電子遊樂場，也有大量好玩的遊戲機、景品機和紀念品店。

六本木

日本最大室內遊園地
東京JOYPOLIS

由SEGA開設的室內電子遊樂場，佔地3層，堪稱日本最大規模。擁有超過20款遊樂設施，不少都結合體感與3D，甚至最新的VR虛擬實景效果，刺激度絕不遜主題樂園。加上《東京喰種》、《頭文字D》等多款人氣動漫主題遊戲，故開業20多年人氣不減。

入場位於3樓。

東京鐵塔

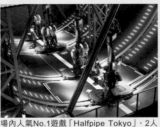

場內人氣No.1遊戲「Halfpipe Tokyo」，2人一組站在滑板上，再以時速36公里向兩邊滑行，離心力極強！收費￥800

「SONIC ATHLETICS」，其實即是跑步機，但最多8人同玩，適合大班朋友。￥500

清澄白河

環繞全場的室內過山車「Veil of Dark」，1樓中央還有大型舞台，經常有表演節目。

Info

地址：DECKS Tokyo Beach 3 - 5 / F
營業時間：1000 - 2200
入場費：成人￥800、學生￥500
網址：http://tokyo - joypolis.com

代官山・目黑　台場　六本木　東京鉄塔　清澄白河

章魚丸燒博物館
お台場たこ焼きミュージアム

以章魚丸燒為主題的食街，集合5家大阪章魚丸燒店，包括道頓堀くくる、会津屋、十八番等響噹噹的名字。場內充滿大阪的浮誇式裝潢，處處都是拍照位，並附設大阪手信店，一次過便嚐盡大阪名物。

1933年創店的「元祖屋」，正是章魚丸燒的始創，招牌「元祖たこ焼き」特色是不加任何醬汁，以原汁原味示人。￥420

「道頓堀くくる」以創新口味見稱，曾代表日本名物出征「上海世博」，招牌「明石燒」，吃時蘸鰹魚湯汁，口感軟滑富蛋香。￥600

場內採Foodcourt形式經營，設有大量特色拍照位和休息區。

Info
地址：DECKS Tokyo Beach Sea Side Mall 4 / F
營業時間：1100 - 2100

必掃日本童裝
西松屋

日本著名連鎖童裝店，一直是港媽遊日的掃貨熱點。從嬰幼兒到中童俱備，設計可愛，最重要是定價比Babies "R" Us便宜，同場還有少量玩具精品。

乳牛Print夾衣。￥1,479

130cm小童版禮服全套。￥7,999

麵包超人吹氣不倒翁。￥799

超浮誇Lace浴衣。￥1,899

Info
地址：DECKS Tokyo Beach Island Mall 4 / F
網址：www.24028.jp

Tax Free戶外服飾
WILD - 1

日本著名戶外運動服飾及用品店，台場店佔據大半層，網羅Columbia、THE NORTH FACE、snow peak、patagonia、HAGLOPS、Coleman、UNIFLAME、MSR等一眾人氣品牌。採自助形式，可以隨便任試，最重要是有退稅服務。

Coleman戶外用帆布椅，木架製作超有型！各￥9,800

店內有免費的登山指南索取，還經常舉辦講座。

Chaco女裝牛皮運動涼鞋。￥15,800

店內從山系潮流，到專業登山裝備、露營用品俱備，最重要是有退稅服務。

Info
地址：DECKS Tokyo Beach Island Mall 5 / F
網址：www.wild1.co.jp

昭和風主題街
台場一丁目商店街

以日本昭和60年代為主題
裝潢的主題街，內有20多家特
色玩具、菓子與日式雜貨店，
還有懷舊遊戲和小吃攤，到處
都是兒時回憶，拍照位眾多，
充滿下町節慶氛圍。

其中一家零食屋，有售日本節慶祭典常見的卡通角色面具。¥300

主題街的佈置一絲不苟。

鬼屋「台場怪奇学校」，最受高中女生歡迎。收費¥800

到處都有懷舊裝飾，還有大量扭蛋機、景品機（夾公仔機）給你玩。

入口位置有台縮細版的「子彈火車」（新幹線），已成拍照位。

場內有一家「寫真館」，沒有攝影師，改為多部貼紙相機代替。

Info

地址：DECKS Tokyo Beach Sea Side Mall 4 / F

招牌香港麵？
新記

Sea Side Mall5至6樓，原本有
個以香港為主題的娛樂區，現在已變
成餐飲街。最有港味的首推這家主打
「香港麵」的新記，至於甚麼是香港
麵？其實不過是普通叉燒麵。

門口竟然有供奉關二哥。

Info

地址：DECKS Tokyo Beach Sea Side Mall 5 / F
消費：約¥1,000 / 位

江戶錯視美術館
東京Trick Art Museum

以江戶時代為主題的
錯視美術館，分為江戶街、
忍者屋、妖怪屋敷等5區，
旅客可拍出飛簷走壁、放大
縮小等有趣照片。

Info

地址：DECKS Tokyo Beach Island Mall 4 / F
營業時間：1100 - 2100
入場費：成人¥1,100、小童¥750
網址：www.trickart.info

代官山・目黑　台場　六本木　東京鐵塔　清澄白河

代官山・目黑
台場
六本木
東京鐵塔
清澄白河

台場地標
自由の女神

自由の女神，以青銅製，連底座高12.25米，重達9噸，Aqua City旁還有空中步道，可近距離觀賞。

台場著名地標，源於1998年的「日本法國年」，巴黎市政府借出女神像於台場展出，由於反應熱烈，事後日本再請法國製作複製版，自2000年起便一直豎立台場海濱公園，永久展出。

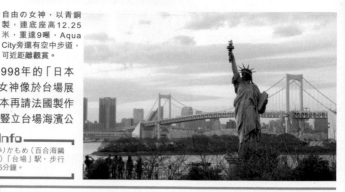

Info

MAP: P.388 B2

前往方法：ゆりかもめ（百合海鷗線）「台場」駅，步行約5分鐘。

《戀愛世紀》名場

MAP: P.388 C1

Rainbow Bridge（彩虹橋）

橫跨東京灣，連接港區芝浦與台場的斜拉式吊橋，正式名稱應為東京港連絡橋。1987年動工、1993年落成，耗資3,146億日圓打造，全長798米。因為形態優美景色壯觀，晚上還有彩色燈光效果，成為《戀愛世紀》等經典日劇的場景。

橋身分兩層，上層為首都高速公路11號線；下層為單軌電車ゆりかもめ（百合海鷗線），還有1.7公里長的遊步道，徒步跨橋需時約30分鐘。

Info

地址：東京都港区海岸3 - 33 - 19（芝浦側）
遊步道開放時間：
夏季4 - 10月31日0900 - 2100
冬季11 - 3月31日1000 - 1800
休息：每月第3個周一及公眾假期翌日
收費：免費
網址：www.shutoko.jp/fun/lightup/rainbowbridge
前往方法：ゆりかもめ（百合海鷗線）「芝浦ふ頭」駅，徒步約5分鐘。

動漫展場地

MAP: P.389 E3;F3

Tokyo Big Sight
（東京ビッグサイト / 東京国際展示場）

倒金字塔造型的Tokyo Big Sight，乃日本最大展場。

1996年開館，造價高達1,985億日圓，總面積23萬平方米，倒金字塔造型的建築，分為會議棟、東展示棟、西展示棟，乃全日本面積最大的展覽場地。每年的東京車展、Good Design賞，以至東京國際動畫博覽會（TAF）、東京玩具節，全球最大同人誌即賣會「Comic Market」等動漫界盛事，都在這裏舉行！

Info

地址：東京都江東区有明3 - 11 - 1
電話：03 - 5530 - 1111
網址：www.bigsight.jp
前往方法：ゆりかもめ「國際展示場正門」駅下車，徒步約3分鐘；りんかい線「国際展示場」駅，徒步約7分鐘。

體驗未來
日本科学未来館

2001年開館，館長是日本著名太空人毛利衞，通過各式科技展品、實驗教室等，介紹最新尖端科技。還有大量互動的科學遊戲，旅客可以體驗太空人生活、模擬未來生活，以至HONDA或SONY機器人表演等等，好玩又益智，親子遊必check！

地標展品「Geo - Cosmos」，表面裝有1萬枚有機EL，以超過1,000萬像素畫質，重現地球在太空的形象。

Info

地址：東京都江東区青海2 - 3 - 6
電話：03 - 3570 - 9151
開放時間：1000 - 1700
休息：逢周二
入場費：成人￥620；18歲以下￥210
網址：www.miraikan.jst.go.jp
前往方法：ゆりかもめ「船の科学館」駅，徒步約5分鐘，或「テレコムセンター」駅，徒步約4分鐘。

MAP: P.388 B3

25樓的球形展望室「Hachitama」，離地100米、直徑32米，重逾1200噸，中央位置常有特展。

富士電視台大樓外牆覆蓋原色鋁板，25樓的鈦合金球形展望室，更成台場地標。

朝聖富士電視台
フジテレビ本社ビル
（富士電視台總部大樓）

1996年啟用，由知名建築師丹下健三設計，地上25層、地下2層，外形充滿科幻感。焦點是25樓設有直徑32米、以鈦合金製造的球形展望室，名為「Hachitama」，盡覽臨海副都心美景。除了收費的展望室，大樓內還有免費兼自由參觀的紀念品店、《海賊王》主題餐廳Baratie、人氣番組街「Wonder Street」，可憑吊《SMAP×SMAP》場景，還有人氣動畫限定精品發售。

MAP：P.388 B2

富士電視台吉祥物——富士狗。

富士狗磁石公仔。￥594

1樓大堂，有多家富士台人氣動畫商店，提供大量拍照人偶，還有寬敞的休息空間。

《海賊王》主題餐廳「Baratie」位於7樓，入口有巨型梅利號羊頭作招徠。

登上展望室，包括彩虹橋、自由女神像等、360度台場美景盡收眼底，夜景尤其迷人。

5樓Wonder Street，展出富士台人氣節目的佈景或道具，包括已成絕響的皇牌節目《SMAP×SMAP》。

1樓的LAWSON便利店特設富士台紀念品專區，所售的限定品連7樓的官方店也沒有。小丸子糖果袋￥410

Info

地址：東京都江港区台場2-4-8
開放時間：1000-1800
入場費：球体展望室成人￥550；
　　　　小中学生￥300
網址：www.fujitv.co.jp/gotofujitv
前往方法：ゆりかもめ（百合海鷗線）「台場」駅，歩行約3分鐘。

代官山・目黒

台場

六本木

東京鐵塔

清澄白河

高級娛樂場所

六本木

ろっぽんぎ Roppongi

🚌 **交通** 東京Metro日比谷線「六本木」駅；
都営地下鉄大江戸線「六本木」駅。

　　北鄰南青山、東接赤坂；自江戶時代起已為武家之地。二次大戰後，原來的軍事設施被駐日美軍接收，加上各國大使館的設置，使六本木變成洋人聚集、燈紅酒綠的煙花之地。直至2003年「六本木Hills」落成，使六本木變身成高級商業區，其後大型購物中心、星級酒店、米芝蓮食府、高級Night Club、美術館遍地開花，躍升成高級娛樂的代名詞。

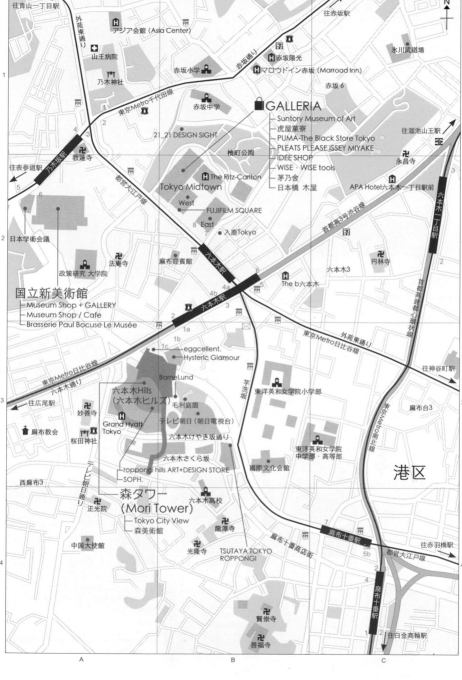

往青山一丁目駅

外苑東通り

アジア会館 (Asia Center)

山王病院

乃木神社

赤坂小学校

赤坂中学

教蓮寺

往表参道駅

乃木坂駅

21_21 DESIGN SIGHT

東京Metro千代田線

都営大江戸線

日本学術会議

法庵寺

政策研究 大学院

国立新美術館
— Museum Shop + GALLERY
— Museum Shop / Cafe
— Brasserie Paul Bocuse Le Musée

麻布迎賓館

六本木駅

六本木駅

往赤坂駅

赤坂通り

赤坂陽光

マロウドイン赤坂 (Marroad Inn)

赤坂 6

GALLERIA
— Suntory Museum of Art
— 虎屋菓寮
— PUMA-The Black Store Tokyo
— PLEATS PLEASE ISSEY MIYAKE
— IDÉE SHOP
— WISE・WISE tools
— 茅乃舎
— 日本橋 木屋

檜町公園

The Ritz-Carlton

Tokyo Midtown

West

FUJIFILM SQUARE

8 East

入鹿Tokyo

往溜池山王駅

永昌寺

APA Hotel六本木二丁目駅前

氷川武道場

首都高3号渋谷線

六本木一丁目駅

円林寺

六本木3

The b六本木

4a

4b

5

2

1a

1b

1c

eggcellent.

Hysteric Glamour

東京Metro日比谷線

BorneLund

六本木Hills
(六本木ヒルズ)

毛利庭園

往広尾駅

妙善寺

Grand Hyatt
Tokyo

桜田神社

麻布教会

西麻布3

正光院

中国大使館

森タワー
(Mori Tower)
— Tokyo City View
— 森美術館

テレビ朝日 (朝日電視台)

六本木けやき坂通り

六本木さくら坂

roppongi hills ART+DESIGN STORE

SOPH.

六本木高校

龍澤寺

光隆寺

TSUTAYA TOKYO
ROPPONGI

芋洗坂

東洋英和女学院小学部

國際文化会館

東洋英和女学院
中学部・高等部

港区

麻布台3

往神谷町駅

東京Metro日比谷線

外苑東通り

麻布十番駅

麻布十番商店街

5b

往赤羽橋駅

都営大江戸線

麻布十番駅

賢崇寺

善福寺

往白金高輪駅

波浪形的玻璃建築，由國寶級建築大師黑川紀章負責，目的是融入四周庭園美景，本身已是藝術品。

建築大師之作
国立新美術館

　　2007年開館，波浪起伏的玻璃建築，由著名建築師黑川紀章負責，以「森林中的美術館」為概念，連地庫樓高4層，沒有常設展或館藏，反而以獨到眼光舉辦各式話題藝術展。館內附設美術圖書館、大型Museum Shop，還有米芝蓮三星法式餐廳「Brasserie Paul Bocuse Le Musee」座鎮，絕非舊式的沉悶美術館。

`MAP: P.401 A2`

SUMOU VANSELINE，相撲手萬用護膚膏。￥400

1樓的小型Gift Shop主打期間限定的聯乘精品，像跟日本潮流品牌Ne - Net合作的貓達摩。￥600

地庫設有大型Museum Shop，有售佐藤可士和為美術館設計的LOGO商品。美術館筆￥500

Museum Shop網羅全日本的設計精品，不乏日本傳統文化的工藝。琉球人偶￥600 - 2,000

館內聳立着兩個、一高一低的倒錐形混凝土圓塔，跟波浪形的玻璃外牆互相融合。

倒錐形圓塔頂，有名廚Paul Bocuse的米芝蓮法菜餐廳「Brasserie Paul Bocuse Le Musee」。

Info

地址：東京都港区六本木7 - 22 - 2
電話：03 - 5777 - 8600
開放時間：1000 - 1800
休息：逢周二
網址：www.nact.jp
前往方法：東京Metro千代田線「乃木坂」駅，6番出口直達。

藝術娛樂新城
六本木Hills
（六本木ヒルズ）

66廣場的10米金屬蜘蛛，出自法國藝術家Louise Bourgeois之手，名為MAMAN，已成六本木地標。

2003年開幕，以238公尺高的「Mori Tower」為中心的六本木新城，乃日本最大規模的都市更新計畫。整個區域包含多棟摩天大樓、朝日電視台大樓，以及毛利庭園。內裏設有展望台Tokyo City View、森美術館、星級酒店、甲級寫字樓，還有超過200家人氣品牌及話題餐飲，再加上隨處可見的藝術雕塑與綠化，已成東京情侶的約會勝地。**MAP: P.401 A3；B3**

整個六本木Hills，由Mori Tower、North Tower、West Walk、Hill side，以及相中的Hollywood Plaza等組成。

六本木Hills路上美術館
源自「Public Art & Design Project」的藝術計劃，於六本木一帶街道和公園，置有30座大小藝術雕塑，都出自國際級大師之手，除了Louise Bourgeois，還有伊東豊雄、Martin Puryear、Jasper Morrison等等。
網址： www.ractive-roppongi.com/publicart

提 提 你

Info
地址： 東京都港区六本木6 - 10 - 1
電話： 03 - 6406 - 6000
營業時間： 商店1100 - 2100；
　　　　　　餐廳1100 - 2300
網址： www.roppongihills.com
前往方法： 東京Metro日比谷線「六本木」駅1C番出口直達；都營地下鐵大江戶線「六本木」駅3番出口，徒步4分鐘。

戀人聖地
展望台Tokyo City View

238公尺高的主樓「Mori Tower」，地上54層，地下6層，內有森美術館、購物商場West Walk，以及辦公樓層。其中52樓設有展望台Tokyo City View，可在海拔250米高的迴廊，360度飽覽東京都美景，也是東京著名的「戀人聖地」。

位於52樓的展望台Tokyo City View，設有300米長的屋內展望迴廊，能360度飽覽東京都美景。

身處City View，不止SKYTREE和東京鐵塔，天氣好時更可遠眺富士山。

屋頂另設有270米高的戶外展望台Sky Deck，視野絕無遮擋！

展望台入口在Mori Tower旁邊、矮矮的Museum Cone，往3樓購票後便可乘電梯直通52樓。

Info
地址： 六本木ヒルズ森タワー 52 / F
開放時間： City View平日1000 - 2300；
　　　　　　周五、六及假期前夕1000 - 0100
　　　　　　Sky Deck1100 - 2000
入場費： City View成人￥2,000、高・大學生￥1,300、4歲 - 中學生￥700；
　　　　　Sky Deck￥500、4歲 - 中學生￥300
網址： www.roppongihills.com/tcv/jp
*已包含森美術館入場費。

話題藝術展
森美術館

位於Mori Tower53樓的美術館，以亞洲為中心，舉辦各式話題藝術展，涵蓋繪畫、設計、建築和攝影等範疇，入口旁的設計精品店也相當好逛。

Info
地址： 六本木ヒルズ森タワー 53 / F
開放時間： 1000 - 2200
　　　　　　（周二1000 - 1700）
入場費： 展望台Tokyo City View入場費已包含。
網址： www.mori.art.museum

賞櫻名園
毛利庭園

佔地4,300平方米的日式綠庭園，原為江戶時代的大名——毛利家的宅第，設有水池、瀑布等景觀，更種滿櫻花與銀杏樹，春天落櫻飛舞；秋天紅葉斜落，景致醉人。**MAP: P.401 B3**

Info
地址： 六本木ヒルズ內
　　　　（朝日電視台大樓前面）

東京

紀念品店「TV Asahi Shop」，有售多齣經典動畫和偶像劇集的精品。多啦A夢×Kitty時空門朱古力 ¥864

可以跟《Music Station》的Tamori桑合照。

Tips

見學只接受小學5年生至大學生，可於網上預約。

《蠟筆小新》全家福！

Selfie電視台
テレビ朝日

新月造型的總部大樓，由日本建築師槇文彥主理，位置就在毛利庭園前面，旁邊還有戶外直播廣場。

日本「朝日電視台」的總部大樓，地上5層、地下2層，其中1樓大堂開放公眾自由參觀。除了紀念品店和Cafe，還有大量皇牌節目的情景和人偶，包括《多啦A夢》、《蠟筆小新》、《Music Station》等等，通通都家傳戶曉，拍照打卡位多不勝數。

MAP: P.401 B3

《多啦A夢》大雄部屋！

Info
地址：東京都港区六本木6 - 9 - 1
營業時間：Shop 1000 - 1900；
　　　　　Chez Madu 1000 - 2000
網址：www.tv-asahi.co.jp/hq

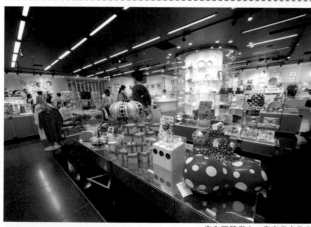

店內面積偌大，集齊當今最炙手可熱的日本藝術家精品。

村上隆經典《Flowers and Skulls》小花吊飾。各 ¥1,944

日本人氣藝術家精品
roppongi hills ART+DESIGN STORE

六本木Hills的著名設計精品店，專售日本人氣藝術家的官方商品，計有草間彌生、村上隆、奈良美智、川久保玲、蜷川実花等等，粒粒皆星。從飾物、毛公仔、文具、擺設，到作品集俱備，還有六本木Hills限定精品，文青粉絲來到一定破產！

六本木Hills限定，奈良美智鐵盒Postcard。各 ¥1,944

六本木Hills限定，草間彌生曲奇。各 ¥618

奈良美智經典「Gummi Girl」，內附軟糖。¥3,888

Info
地址：ウエストウォーク 3/F
網址：www.macmuseumshop.com

營業至凌晨4時
TSUTAYA TOKYO ROPPONGI

老牌「蔦屋書店」的六本木新店，座落熱鬧的けやき坂（Keyakizaka）大街，佔地兩層，一店集合書店、音樂、電影與Cafe於一身，選書主打藝術設計、生活、雜誌等消閒書籍，還有大量座位夾雜其中，最重要是營業至凌晨4時，半夜打書釘一流！

半月形的玻璃外牆建築，正是TSUTAYA。

區內多遊客，這店選書也特別着重藝術設計和生活，乃國際通用。

2樓主打電影和音樂，除了CD、DVD，也有售各式影音雜貨。

1樓書店附設Starbucks，舒適座椅隨處可見，還有售各式設計精品和雜貨。

Info
地址：六本木けやき坂通り 1 - 2 / F
營業時間：0700 - 0400
網址：http://real.tsite.jp/ttr

益智玩具店
BørneLund

1981年成立的高級兒童玩具品牌，專門生產或代理益智體能、激發兒童腦部發展的玩具，很多都以原木等無毒原料製作，一直被日本幼稚園、托兒所及醫院等採用，更深受東京中產父母推崇。

eitech太空站模型。￥23,000

六本木店面積偌大，全部玩具歡迎小朋友任玩任試，熱鬧如遊樂場。

原木製滑步車。￥11,000

Info
地址：ヒルサイド B2 / F
網址：www.bornelund.co.jp

經典裸女王
Hysyeric Glamour

1984年由北村信彦創立，走60、70年代美式搖滾風格，以設計大膽見稱，招牌裸女Print更深入民心。雖然主腦北村信彦已退休，但設計依舊前衛，六本木店更集齊男女及HG童裝。

話題潮牌
SOPH.

1998年，由清永浩文成立的日系街頭品牌，經常與Nike，甚至跟星巴克、固力菓、可口可樂等食品品牌推出聯乘，充滿話題性。

Info
地址：ウエストウオーク 4 / F
網址：www.soph.net

六本木店面積超大，中央還有經典「香蕉」椅子！

Info
地址：メトロハット / ハリウッドプラザ 2 / F
網址：www.hystericglamour.jp

六本木Hills

一入門口，即見立體蛋形門框和層架，旁邊的日本女生已忍不住大叫Kawaii！

晚市限定Half & Half Benedict，一份Egg Benedict、一份Rice Benedict，切開蛋黃汁流出，拌上藜麥更滋味。¥ 1,750

Fresh Ruby Grapefruit Juice，原個葡萄柚鮮榨汁，酸甜開胃。¥ 650

雞蛋主題餐廳
eggcellent.

以「雞蛋」為主題的餐廳，不止蛋形的內裝佈置，還提供各式雞蛋料理，選用山梨縣黑富士農場、海拔1,100米天然高原孕育的雞蛋，蛋味特濃。其餘西式餐飲也強調天然健康兼有益，招牌包括Egg Benedict，還有變奏版的Rice Benedict，將底層muffin換成藜麥、煙肉換成吞拿魚刺身，更健康低卡，女生至愛！

內部以原木裝潢，加上大量綠化植物點綴和輕快音樂，感覺清新又消閒。

Info

地址：東京都港区六本木6‧4‧1 六本木ヒルズ メトロハット / ハリウッドプラザ F
電話：03‧3423‧0089 予約可
營業時間：0700‧2100
（周六‧日及假期0800‧2100）
網址：http://eggcellent.co.jp/top

六本木新發展區　Tokyo Midtown　品味之選

Tokyo Midtown
（東京ミッドタウン） `MAP: P.401 B2`

2007年落成，繼六本木Hills後另一大型都市開發計劃社區。原址為六本木舊防衛廳，佔地10公頃，以248公尺高的Midtown Tower為中心，主要分為 Galleria、Plaza和Garden三大區域。內有購物商場、高級酒店、甲級辦公室、多家博物館和綠化帶，日本雅虎、FUJIFILM等總部皆進駐於此。

Info

地址：東京都港区赤坂9‧7‧1
電話：03‧3475‧3100
營業時間：商店1100‧2100；餐廳1100‧0000
網址：www.tokyo‧midtown.com /
前往方法：都營大江戶線「六本木」駅8番出口、東京Metro日比谷線「六本木」駅直結；東京Metro千代田線「乃木坂」駅3番出口，徒步約3分鐘。

GALLERIA（ガレリア）

主要商場，全長共有150公尺，樓高4層的拱廊形購物場，樓底挑高空間寬廣，集合了上百家人氣品牌及餐飲，主打富品味和日本傳統設計。

內部裝潢充滿日本禪意。

Info

營業時間：1100‧2100

富士相機博物館
FUJIFILM SQUARE

日本「富士相機」於Midtown開設的展館。重點的「写真歴史博物館」展出170年的攝影機歷史，展品包括世界首部35mm小型相機（Leica）、19世紀使用的濕版相機等。還有富士從1958年起生產的所有菲林和即棄相機，通通一次過晒冷。另有多個mini gallery，經常舉辦不同風格的攝影師作品展，最重要是免費入場，攝影痴一定要來朝聖。

「写真歴史博物館」一次過展出超過100部舊相機，將170年的攝影歷史活現眼前。

館內定期舉辦著名攝影師的作品展，另有專供業餘攝影師的mini gallery。

全館唯一營業的相機櫃台，只佔一角。

「富士フイルムの歴史」展出1958年起，富士所生產過的菲林，包括1936年的120mm菲林。

富士於昭和23年（1948年），生產的第一部120mm菲林相機 FUJICA SIX IA（左）。

Info
地址：東京都港区赤坂9‐7‐3 Tokyo Midtown West 1 / F
電話：03‐6271‐3350
開放時間：1000‐1900
入場費：免費
網址：http://fujifilmsquare.jp

高級聯乘店
PUMA - The Black Store Tokyo

黑色內裝的概念店，專售PUMA by hussein chalayan、Alexander McQueen PUMA、PUMA by MIHARAYASUHIRO等高階品牌的聯乘系列，服飾波鞋俱備。

Trapstar x PUMA球衣。
¥ 11,000

Info
地址：Tokyo Midtown GALLERIA 1 / F
網址：www.pumajapan.jp

200年刀神
日本橋 木屋

寬政4年（1792年）創業的老店，專售料理用的各式刀具，由一級大廚所用魚刀、菜刀，到家庭用的較剪俱備，都出自職人之手。純白色的六本木店，猶如刀刃之魂展。

出自名家之手的菜刀。
¥ 27,000

Info
地址：Tokyo Midtown GALLERIA 3 / F
網址：www.kiya‐hamono.co.jp

代官山·目黑 台場 六本木 東京鐵塔 清澄白河

溫暖生活雜貨
IDÉE SHOP

　　1980年創立，以「探索生活」為主題的家具雜貨店，數年前起被無印良品併購，仍不失其溫暖而優雅的設計風格。六本木店涵蓋服飾、家品和生活雜貨，內部還附設小巧的Cafe。

自家原創品牌的家品雜貨，風格充滿日系溫柔。

店內附設 IDÉE CAFÉ，主打意式咖啡和簡餐，還有酒精飲品供應。

瑞典藝術家Lisa Larson的「DIECI CAT」擺設。￥16,200

IDEE挑選的生活好物，從服飾、雜貨、家具，到護理用品都有。

──Info──
地址：Tokyo Midtown GALLERIA 3 / F
網址：www.idee.co.jp

職人上質生活雜貨
WISE·WISE tools

　　日本上質家具品牌「WISE·WISE」開設的雜貨店，以弘揚日本傳統文化為宗旨，搜羅全國各地職人生產的優質工藝，主打各式「食の道具」與「生活の道具」。

日本傳統料理人或居酒屋店員穿戴的「前掛」。各￥3,800

「WISE·WISE」本身以職人原木家具起家，六本木店乃「tools」的一號店。

以富士山為題的玻璃酒杯，盛雪後即見海中山。各￥4,986

京都傳統兩面染的「風呂敷」，可當包裝布或手帕。各￥800

──Info──
地址：Tokyo Midtown GALLERIA 3 / F
網址：http://wisewise.com

話題美術館
Suntory Museum of Art

Tips
展館內嚴禁拍攝。

　　由Suntory籌建的美術館，請來建築大師隈研吾操刀，內外裝潢均展現日本傳統之美。以「結合美、開創美」為理念，展出繪畫、陶瓷、漆工藝、玻璃等不同範疇的工藝魅力，每個皆為話題年度展。附設設計精品店，以及茶室「加賀麩 不室屋」。

採訪時正舉辦江戶時代浮世繪大師——葛飾北齋的作品展，天天都大排長龍。

因應「葛飾北齋展」，現場精品店找來不同品牌聯乘富士山精品。袋￥1,080

入口旁附設茶室「加賀麩 不室屋」，夏季限定「宝の麩」，加水即成梅子湯。￥1,480

富士山形米菓，有梅子、海苔等口味，可愛到不捨得吃。各￥594

──Info──
地址：Tokyo Midtown GALLERIA 3 / F
開放時間：1000 - 1800
休息：逢周二
入場費：收費各異、中學生以下免費
網址：www.suntory.co.jp/sma

代官山・目黑

台場

六本木

東京晴空塔

清澄白河

皇室御用和菓子
虎屋菓寮

室町時代於京都創立，超過480年歷史的和菓子老店，一直是日本皇室的御用製菓店，明治時代隨日本皇室遷到東京，現在分店已遍布全日本。六本木店內部設計時尚，附設小型展廳及茶室，人氣超旺盛！

附設小型展廳，採訪時正值梅雨季節，展出藝術家以「雨」為題的裝置，充滿意景。

純白的巨型暖簾，中央印有大大的「虎」字標記。

虎屋最享負盛名的「とらやの羊羹」（虎屋羊羹），口味隨季節供應。小型羊羹¥1,944

虎屋的「最中」，不同造型都擁有詩意的名字，像春紅、春白等。

Info
地址：Tokyo Midtown GALLERIA B1 / F
網址：www.toraya-group.co.jp

調味料專家
茅乃舍

原為明治26年（1893年）創業的福岡醬油屋，2005年變身新派日式調味料專門店，使用自家農場生產的新鮮食材製作，強調天然無添加。招牌「だし」湯包，用鰹魚和昆布真材實料熬煮，原包放入煲煮，即成清甜湯頭。

招牌鰹魚昆布湯包「だし」，無化學調味或防腐劑，原味、野菜、雜魚3包裝還附送食譜。¥1,250

生雞蛋拌飯專用醬油，使用國產丸大豆、鹿兒島鰹魚和北海道昆布製作，鮮甜味美。¥432

店內的調味醬料都有試食提供，店員還會教授烹飪心得。

新派日式調味料專門店，大受年輕主婦歡迎，任何時間都人頭湧湧。

Info
地址：Tokyo Midtown GALLERIA B1 / F
網址：www.kayanoya.com

設計師們……的美術館
21_21 Design Sight

Tips
注意：展館內嚴禁拍攝、使用手機及原子或墨水筆！

MAP: P.401 B1

2007年開館，由Issey Miyake三宅一生，聯同建築師安藤忠雄、產品設計師深澤直人，以及視覺設計師佐藤卓，4大領域巨頭聯手打造的設計美術館。名字「21_21」取自「20 / 20 vision」完美視力，意為「超越常人境界」，三宅認為這正是「設計」的本質。非一般藝術展，主力邀請國內外設計師作主題展，都強調融入生活的設計。

像門牌一樣的天藍色Logo，出自著名的視覺設計師佐藤卓之手。

安藤忠雄主理的美術館，以兩塊倒三角鐵板屋頂，展現「一枚的布」的主題，被譽為安藤的巔峰之作。

美術館座落「檜町公園」，擁有大片青草坪與遊樂設施，還有Florian Claar的藝術雕塑。

Info
地址：東京Midtown，公園・
電話：03 - 3475 - 2121
開放時間：1000 - 1900
休息：逢周二
入場費：成人￥1,100、大學生￥800、
高校生￥500、中學生以下免費
網址：www.2121designsight.jp

代官山・目黑

台場

六本木

東京鉄塔

清澄日河

情懷舊地標

東京鉄塔、虎ノ門

とうきょうタワー / Tokyo Tower

交通　都營地下鉄大江戶線「赤羽橋」駅；或
東京Metro日比谷線「神谷町」駅。

　　以「東京鉄塔」為中心的港區芝公園一帶，曾是東京的地標，以至世界焦點，現在卻
變成「下町」老區。其實被大片綠化帶包圍的鉄塔，至今仍是東京人的消閒勝地，在老一
輩國民心中（包括筆者），地位依舊崇高。

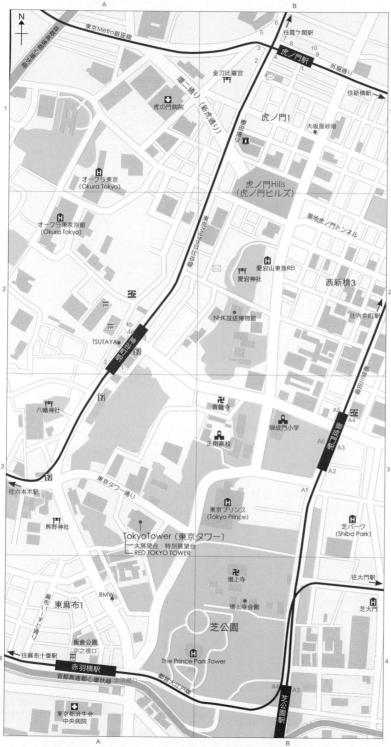

N

A　　　　　　　　B

東京Metro銀座線

往霞ケ関駅

虎ノ門駅

外堀通り

金刀比羅宮

往新橋駅

虎の門病院

環二通り（新虎通り）

虎ノ門1

楼田通り

大坂屋砂場

1

オークラ東京
(Okura Tokyo)

虎ノ門Hills
（虎ノ門ヒルズ）

築地虎ノ門トンネル

オークラ東京別館
(Okura Tokyo)

東京Metro日比谷線

西新橋3

愛宕山東急REI

愛宕神社

2

NHK放送博物館

桜田通り

往内幸町駅

TSUTAYA

八幡神社

青龍寺

御成門小学校

A5
A4

御成門駅

正則高校

A6　A3

3

往六本木駅

東京タワー通り

A2

A1

東京プリンス
(Tokyo Prince)

熊野神社

芝パーク
(Shiba Park)

Tokyo Tower（東京タワー）
└ 大展望台・特別展望台
└ RED TOKYO TOWER

BMW

増上寺

東麻布1

増上寺会館

芝大門

往大門駅

麻布□□□通り

芝公園

飯倉公園
中之橋口

The Prince Park Tower

4

往麻布十番駅

赤羽橋駅

首都高速都心環状線　赤羽橋口

芝公園駅

都営大江戸線

A4　A3

東京都済生会
中央病院

A　　　　　　　　B

晚上的燈效，由世界著名
照明設計師石井幹子設計
主理，顏色隨季節變化。

經典地標

Tokyo Tower（東京鉄塔／東京タワー）

　　1958年落成，用以發送電視、廣播等的無線電波，正式名稱應
為「日本電波塔」。332.6米高，以巴黎艾菲爾鐵塔為範本建造，鮮
豔的紅白相間外觀，在2012年SKYTREE落成前，一直是日本的最
高地標，現在仍是世界第3高的自立式鐵塔。

　　鐵塔在150及249.9米處，分別設有大展望台及特別展望台，
可一覽東京都內景色，天氣好時，更可遠眺富士山。塔下大樓名為
「FootTown」，設有水族館、主題食街、土產手信街等。

MAP: P.411 A3

大展望台的售票處位於1樓大堂，購票後依
美女服務員指示，乘搭電梯即達。

東京鉄塔比SKYTREE矮301.4米，建塔所用的
鋼鐵，三分之一來自韓戰時美軍的坦克廢鐵。

Tips

另有「東京鉄塔」連「Tokyo One
piece Tower」的套票「東京ワンピ
ースタワー大展望台セット券」，票
價：成人￥3,900、中学生￥3,500、
小学生￥2,000、4歲以上￥1,900

412

特別展望台（250m）：

Tips

特別展望台需於大展望台另外購票。

250米處原為電視放送台，後改建成特別展望台，景觀當然更勝一籌！

┣━Info━┫

地址：東京都港区芝公園4-2-8
電話：03-3433-5111
開放時間：0900-2300
　　　　　（大展望台梯級1700-2200）
入場費：
大展望台 成人￥900、小中學生￥500、
　　　4歲以上￥400；
Top Deck Tour 成人￥2,800
網址：www.tokyotower.co.jp
前往方法：都営地下鉄大江戸線「赤羽橋」駅
　　赤羽橋口，徒步約5分鐘；東京
　　Metro日比谷線「神谷町」駅2番出
　　口，徒步約7分鐘。

大展望台（150m）：

居高臨下，360度東京都美景盡入眼簾，天氣好時更可遠眺富士山美景。

浅草方向，甚至可以看到遠遠的東京新地標——TOKYO SKYTREE。

大展望台1層設有玻璃地板，可俯瞰塔底，香港人可能不覺甚麼，但現場很多日本人都嚇至腿軟。

大展望台一共有兩層，附設Café、Love Power Spot、神社，以及官方紀念品店Galaxy。

大展望台設有東京最高神社「タワー大神宮」，主祭天照皇大神，祈求安全昌隆。

神社旁邊還掛滿心形的繪馬，祝願愛情，神社亦變成戀愛之神。

必Buy！東京鉄塔紀念品：

nano block東京鉄塔。大￥9,000+税

LED發光東京鉄塔。￥1,400

「江戸風」變身眼罩。￥800

東京鉄塔大魷魚，足1米長。￥325

代官山・目黑
台場
六本木
東京鐵塔
清澄白河

未來東京
虎ノ門Hills（虎ノ門ヒルズ）

　　為迎接2020年東京奧運，東京都政府與六本木Hill開發商，聯手打造的新都心計劃。2014年落成，247米高、樓高52層的複合式大樓「虎ノ門」，底層被2號環線隧道貫穿，為東京第2高建築物。以「未來東京，由此開始」為概念打造，內有頂級辦公室、星級酒店、會議廳、服務式住宅等。地下4層為購物餐飲商場，精選25家特色商戶餐飲，加上藤子・Ｆ・不二雄製作公司加持的吉祥物「トラのもん」（Toranomon），令「虎ノ門」躍升成未來東京的Icon！

MAP: P.411 B1 - B2

1樓大堂有售賣吉祥物Toranomon的專櫃。毛公仔￥3,780+稅

由藤子・Ｆ・不二雄公司設計的吉祥物Toranomon，設定是乘坐時光機的機器貓，回到多啦A夢出生100年前。

大樓外設有綠意庭園Oval Plaza，高樹參天，經常舉辦音樂會等文化活動。

2014年落成的「虎ノ門」，為東京第2高樓，也是日本首棟與道路共構的摩天大樓。

Info
地址：東京都港区虎ノ門1丁目23番1〜4号
電話：03 - 6406 - 6665
網址：http://toranomonhills.com/ja
前往方法：東京Metro銀座線「虎ノ門」駅1番出口，徒步約5分鐘；東京Metro「神谷町」駅3番出口，徒步約6分鐘；東京Metro「霞ケ関」駅A12出口，徒步約8分鐘。

咖啡 × 書店 × 雜貨
THE 3RD CAFE

CREMIA曲奇雪糕，奶味香濃，連雪糕筒也香脆富牛油香。￥500

3樓可以找到著名咖啡店「Standard Coffee」的新概念店，集合Cafe、書店與設計雜貨於一身。

THE 3RD CAFE行動咖啡杯，自攜杯買咖啡減￥20，各￥1,000

Info
網址：http://standard - coffee.jp

江戶三大蕎麥麵
大坂屋 砂場 本店

　　日本蕎麥麵有3大派系：砂場、更科和藪，尤以砂場系的數目最多，特點為湯頭濃淡適中，並提供鴨肉或天婦羅等酒餚。位於虎ノ門的「大坂屋 砂場」正是砂場蕎麥代表，明治5年（1872年）創業，原名「琴平町砂場」，師傅打麵時會因應季節調整，被譽為「江戶三大蕎麥麵」。

MAP: P.411 B1

本店建於大正12年（1923年），兩層高瓦葺木屋，已登錄為日本歷史建築。

もりそば，幼細的麵條口感彈牙，還有陣陣蕎麥的清香，蘸上濃厚帶甘的湯汁一流。￥720

飯後，記得學日本人將蕎麥麵湯，混入蘸麵湯汁飲用，有益又美味。

玉子燒，店內另一招牌，熱呼呼入口，甜度適中，蛋香溢滿口腔。￥700

Info
地址：東京都港区虎ノ門1 - 10 - 6
電話：03 - 3501 - 9661
營業時間：1100 - 2000
　　　　　　（周六1100 - 1500）
休息：逢周日及假期
前往方法：東京Metro銀座線「虎ノ門」駅，徒步約3分鐘。

文青散策小區

清澄白河

交通 東京Metro半藏門線，或都营
大江戶線「清澄白河」駅。

きよすみしらかわ / Kiyosumi-shirakawa

位處江東區的清澄白河、深川一帶，原是東京的下町老區，河道縱橫、古樹夾道，古寺林立，環境寧靜綠意，氣氛緩慢，近年陸續吸引特色小店、咖啡店、古書店進駐，成為東京文青假日散策的勝地。

自從美國人氣咖啡店「blue bottle」空降清澄白河、開設首間海外分店，令這文青小區，忽然變得炙手可熱！

415

門前仲町

深川「稻草人偶」之路

每年9月，深川都會舉辦稻草人大賽「かかしコンクール」，優勝作品會在「深川図書館通」展出。稻草人偶多為日本傳統故事人物，也有卡通角色，造型維妙維肖。每具約有1.8米高，一個跟一個掛在路邊，白天狀甚可愛，但晚上就……。

提提你

4,700件話題藝術品

東京都現代美術館

美術館由著名建築師柳澤孝彥和川上喜三郎操刀，運用鋼材、清水泥和玻璃，加上水池石景，展現現代美學。

　　1995年開館，日本最大的美術館建築，連地庫樓高5層，展出4,700件國內外話題藝術品，涵蓋繪畫、雕刻、時尚、建築、設計等範疇，藏品包括Andy Warhol、村上隆、三宅一生、野口勇，以至宮崎駿的作品。並附設美術圖書館和設計精品店。 **MAP: P.416 C2**

info

地址：東京都江東區三好4 - 1 - 1
電話：03 - 5245 - 4111
開放時間：1000 - 1800
休息：逢周一
入場費：成人￥500、學生￥400
網址：www.mot-art-museum.jp
前往方法：東京Metro半蔵門線「清澄白河」駅B2出口，徒步約9分鐘；都營大江戸線「清澄白河」駅A3出口，徒步約13分鐘。

明治時代，引入隅田川河水而成的中央池塘，飼有大量錦鯉、烏龜和水鴨。

鬧市中的古庭園
清澄庭園

東京鬧市難得的優雅古庭園，跟六義園、浜離宮恩賜庭園等名園齊名、東京九大庭園。原為江戶時代富商的宅地，荒廢多時，明治11年（1878年）被三菱集團創辦人「岩崎彌太郎」買下重建，作為招待賓客和慰勞員工的花園，取名「深川親睦園」。1932年才正式對外開放，佔地40萬平方呎，以泉水、築山（假山）、枯山水為主體的「迴游式林泉庭園」。園內以池塘為中心，四周鋪青疊翠，跟奇岩異石融合得天衣無縫，春櫻秋楓四季景致各異，美得無法形容，值得專程來一遊。

MAP: P.416 A1 - A2

售票處有提供日式油紙傘給你遮擋太陽，超貼心，用來自拍更一流。

水是寧靜和生命的象徵，也是日本庭園藝術最重要的佈局手法。

池邊有多條疊石步道，輕步跨越時，還能傾聽潺潺流水不絕於耳。

明治42年（1909年）增建的數寄屋造涼亭，由保岡勝也設計，為東京都選定的歷史建造物。

園內種有4,100棵喬木、10,600棵灌木，還有山櫻花、杜鵑，和初夏盛放的紫陽花等。

園內有大量奇岩異石，都是老園主岩崎彌太郎從日本各地收集而來。

Info

地址： 東京都江東區清澄二・三丁目
電話： 03 - 3641 - 5892
開放時間： 0900 - 1700（最後入園1630）
入場費： ￥150（65歲以上￥70）
網址： www.tokyo-park.or.jp/park/format/index033.html
前往方法： 都營大江戶線、東京Metro半藏門線「清澄白河」駅A3出口，徒步約2分鐘。

江戶古街體驗
江東区深川江戶資料館

　　介紹深川歷史與江戶下町生活的資料館。焦點是設有一條仿古街道，將江戶時代末期，深川佐賀町的街景以1：1實物尺寸重現，街上的傳統長屋、商店、消防瞭望台、河川渡頭，以至河上漂浮的豬牙船都一一重現。更有專人解說，全部任玩任拍照，值得一遊。

MAP: P.416 B1

江戶時代的白牆土窖，建築內外佈置都細緻逼真。

場內重塑深川縱橫交錯的河川景致，天幕更能模擬白天和黑夜變化，逼真非常。

傳統長屋、商店、神社等都以實物原大重現，屋頂還有代言貓咪「豆助」迎賓。

古街焦點是3層樓高的消防瞭望台。

Info
地址：東京都江東區白河1 - 3 - 28
電話：03 - 3630 - 8625
開放時間：0930 - 1700
休息：每月第2、4個周一
入場費：成人￥400、小中學生￥50
網址：www.kcf.or.jp/fukagawa
前往方法：都營大江戶線、東京Metro半藏門線「清澄白河」駅A3出口，徒步約3分鐘。

￥100地元串燒
鈴木川魚店

　　深川區內的街坊串燒店，主打蒲燒鰻魚、雞肉串燒和鰻弁当，價格便宜又富炭火香，甚受當地人歡迎。店前還設有長椅，不妨買串坐下慢慢歡。

MAP: P.416 C1

（雞肉串燒），雞肉嫩滑，烤至微焦超香口。￥100

Info
地址：東京都江東區三好3 - 11 - 5
電話：03 - 3641 - 7597
營業時間：1100 - 1800
休息：逢周一
前往方法：三ツ目通り、深川図書館通り交界附近。

咖啡界的Apple
Blue bottle 1号店

　　來自美國三藩市的咖啡名店，素有「咖啡界的Apple」之稱，2014年進駐東京，選址清澄白河開設首家海外分店，掀起全城話題！Blue bottle堅持由烘焙到研磨、沖煮，過程不超過48小時，以保持鮮度。本店由舊倉庫改建，簡約工業風格裝潢，附開放式吧台，咖啡師Hand Drip過程一覽無遺。即使現在分店已開至第6家，但本店每逢周末依舊大排長龍。 **MAP: P.416 B2**

內裝走簡約工業風格，烘焙區域已佔據一半，店內只有少量座位，難怪長年逼爆。

Blend Coffee（￥450），當天選用的是埃塞俄比亞豆，味道淡雅，順喉而芳香，酸度適中。（朱古力曲奇￥300）

清澄白河本店由木材舊倉庫改建，人潮多到要請保安員控制人流！

每家Blue bottle分店都有自家咖啡豆，以及限定精品發售。￥1,500 - 2,000

站在吧台前看帥氣咖啡師Hand Drip，乃潮人指定打卡位。

Info

地址：東京都江東区平野1 - 4 - 8
營業時間：0800 - 1900
網址：https://bluebottlecoffee.jp
前往方法：都營大江戶線、東京Metro半蔵門線「清澄白河」駅，徒步約10分鐘。

舊倉庫變文創
fukadaso.（深田莊）

清澄白河吸引文青的，是區內有很多老屋改造的小店。像原為50年歷史的住宅兼倉庫「深田莊」，2012年被改裝成複合式文創大廈「fukadaso.」，樓高兩層，集合5家風格獨特的小店，計有Cafe、設計雜貨店、手作教室等，還有Gallery。鐵皮屋的牆身，吸引文青拍照，已成清澄白河保育Icon！ **MAP: P.416 B2**

2樓有手作教室、美容院等，由於此乃古建築，在走廊上行走時請放輕腳步。

走廊一角發現舊式攪盤電話，90後讀者可能未看過。

原為50年歷史的木造老屋「深田莊」，改裝後外牆換上斑駁的鐵皮，像歷盡風傷，懷舊又型格。

Info
地址：東京都江東區平野1 - 9 - 7
網址：http://fukadaso.com
前往方法：都營大江戶線、東京Metro
半藏門線「清澄白河」駅A3
出口，徒步約5分鐘。

藝廊咖啡店
fukadaso café

地下面積最大的「101」室，現在是附設藝廊的咖啡店，一星期只營業5天，供應咖啡和甜點、Scone等輕食。內部空間感強烈，放滿不同風格的家具，有店主自家創作，也有友人贈送的舊物，卻出奇地配襯。

內部空間廣闊，置滿不同風格的家具，風格清新又舒適如家。

老闆娘性格隨意，基本上你點餐後在Cafe坐多久也可以。

fukadaso café位於1樓地下，下午黃金時間請在店外排隊。

スコーン（Scone），牛油味香濃，配生忌廉和自家製醬，充滿媽媽的味道。￥300（Coffee￥450）

Info
地址：深田莊1 / F 101
營業時間：1300 - 1800（周五1300 - 2130）
休息：逢周二至三

實驗室變家品
リカシツ（Rikashitsu）

2015年新進駐的設計雜貨店，售賣玻璃器皿，與82年歷史的硝子批發店「關谷理化」合作，將林林總總的實驗器皿，或醫療用玻璃瓶，化身成生活家品，試管變花瓶、燒瓶變燈罩。

除了各式玻璃器皿，還有多肉植物擺設售賣。各￥900

林林總總的玻璃瓶，全由82年歷史的硝子批發店「關谷理化」生產。各￥340

利用實驗室常用的器皿，改裝而成的成滴溜咖啡機，有型！￥2,200

將實驗器皿，化身成風格清新的生活家品，成功吸引人潮。

Info
地址：深田莊1 / F 102
營業時間：1330 - 1800
（周六、日及假期1300 - 1800）
網址：www.rikashitsu.jp

《孤獨》懷舊菓子店
江戶みやげ屋たかはし

MAP: P.416 A2

琳瑯滿目的懷舊零食和玩具，件件都是集體回憶。

1963年開業，深川人盡皆知的「駄菓子屋」（傳統零食店），連人氣日劇《孤獨的美食家》也曾取景，70多歲的老闆高橋信夫，不時戴住江戶式「丸髻」假髮站在門前作招徠。除了懷舊零食和玩具，還有各式深川特產，必買老闆自家的深川釜飯素「深川めし素」。

人氣日劇《孤獨的美食家》也曾取景。

「深川めし素」（深川釜飯素），煮飯時加入電飯煲，即能做出正宗深川名物。¥540

70多歲的高橋老闆狀甚逗趣，人也隨和親切。

老闆推介深川咖喱豆和豆乳豆，佐酒佳品。各¥220

Info
地址：東京都江東區三好1-8-6
電話：03-3641-6305
營業時間：1000-1800
網址：www.edomiyageya.net
前往方法：清澄通り、深川図書館通り交界附近。

北歐雜貨店
onnellinen

2003年開業，芬蘭語的店名，意思是「幸福」，專售店主瀨良田搜羅自北歐各地的雜貨，從服裝、飾物、包包、毛冷，到廚具等生活雜貨俱備，都強調有機、天然、環保，對世界和生活善良，正是「幸福生活」的小物店，甚受東京愛好健康生活的太太們推崇。

MAP: P.416 A2

一室淡色調的原木裝潢，放滿林林總總的歐洲雜貨，散發着北歐式的清新氛圍。

店內尤其多北歐毛冷及其製品發售，故吸引一班手作人聚集。

BEE'S WRAP環保三文治布，表面塗上蜂蠟有效防水防油。¥2,495

百年抗菌海綿品牌 Kamenoko Sponge。¥324

Info
地址：東京都江東區白河1-1-2
電話：03-6458-5477
營業時間：1100-1800
休息：逢周日至一
網址：www.onnellinen.net
前往方法：清澄通り、深川図書館通り交界附近。

職人器皿店
青葉堂

深川大街上著名的陶瓷器皿店，專售日本各地名窯生產的陶瓷，包括清水燒、九谷燒、有田燒、美濃燒等日本響噹噹的名瓷，也有不少新晉陶藝家或玻璃師作品。每一件都是職人的心血結晶，靜待主人。

MAP: P.416 A2

「青葉堂」是深川著名的陶瓷器皿店，內部不准拍照喔！

店內有大師之作，也有新晉藝術家的作品，價格豐儉由人。

傳統日本花紋的蚊香鉢，全是著名的信樂燒或有田燒。左¥4,104、右¥3,240

手工超精緻高貴的玻璃菓形碟。¥2,700

Info
地址：東京都江東區白河1-1-1 フアミーユ白河 1/F
電話：3-6458-8412
營業時間：1030-1900
休息：不定休
網址：http://aoba-do.com
前往方法：清澄通り、深川図書館通り交界。

午市限定鰻魚飯
時葉山

MAP: P.416 A1

　　1995年開業，晚上是主打河豚的高級料亭，白天卻是家隱蔽鰻魚店。創店的老闆春木敏男原是職業相撲手，店名正是其相撲「名號」，現在已傳至第2代經營。只供應2小時的烤鰻魚飯有5款，沿用關東風先蒸後烤傳統，啖啖炭火焦香，水準媲美銀座老店。

肝焼き，全店唯一一款小吃，鰻魚肝烤得入口即化，相連的魚腸則彈牙，美味！￥300

老闆教路，吃時再伴以新鮮山椒，令鰻魚更添清爽香氣。

レデイースうな重（Lady's鰻魚飯），專為女性而設的份量剛剛好，一掀蓋即有撲鼻炭火焦香，口感軟嫩得來仍有彈性，脂膜豐厚。￥1,800

料亭建築前身為昭和初期落成的米屋，內部全個室設計，舒適又有私隱。

─Info─

地址：東京都江東區清澄3‧4‧18
電話：03‧3642‧4129
營業時間：1200‧1400
網址：www.tokibayama.com
前往方法：都營大江戶線、東京Metro半藏門線「清澄白河」駅A3出口，徒步約1分鐘。

東京Wine直營
清澄白河 フジマル釀造所

　　2015年開業，由東京葡萄酒釀造商「Fujimaru」直營的餐廳。老闆藤丸先生本是紅酒進口商，夢想釀製出日本的葡萄酒，於是2013年先在大阪開設酒廠，15年再移至寧靜清幽的深川。餐廳地下自設釀造所和低溫酒窖，除提供自家品牌的葡萄酒，還有以酒入饌的西式餐點，都做得用心高水準。

MAP: P.416 B2

飯後，老闆兒子特地帶我們到酒窖和釀造所參觀，酒窖內長年保持攝氏14度恆溫。

清澄白河フジマル釀造所Tabletop Delaware白酒，2016年的新酒，酥咔清爽。￥1,950

自家釀造的Draft Wine，左邊Rose味道清香微酸；右邊的紅酒則味道醇厚有回甘。各￥600

仔牛ほほ肉の赤ワイン煮込み（￥3,000），紅酒燴牛仔面頰肉，牛仔肉炆至軟腍入味，那紅酒汁更是濃郁；配東京練馬區著名麵包店「江古田」的窯烤麵包（￥300），一流。

─Info─

地址：東京都江東區三好2‧5‧3 清澄白河フジマル釀造所2／F
電話：03‧3641‧7115
營業時間：1120‧1400、1700‧2300
休息：逢周一
網址：http://fujimarutk.exblog.jp
前往方法：淨心寺附近。

必吃名物「深川飯」
深川宿

　　江戶時代，隅田川河口至深川一帶盛產蛤蜊，漁夫們便將蛤蜊、洋蔥、油豆腐、海苔等伴以白飯，再淋上熱呼呼的味噌醬油湯汁，做出深川名物「深川めし」（深川飯），被譽為「日本五大銘飯」。1987年開業的「深川宿」，正是首家賣深川飯的店家，本地人都推薦。每天只營業5個半小時，人龍終日絡繹不絕。

MAP: P.416 B2

「浜松風」，將湯汁、蛤蜊和飯一齊炊煮的燴飯，飯粒軟糯，味道鹹香惹味，大推！

套餐附送的「葛切」，晶瑩的葛粉伴以黑蜜，清甜又消暑。

深川飯有兩種：湯汁伴飯「深川めし」，以及燴飯「浜松風」，店家特設「辰巳好み」套餐，即是泡飯、燴飯各半份，連醃菜、時令野菜、漬物、海苔湯和甜點，超豐富。¥2,150

「深川めし」，味噌醬油湯伴以蛤蜊、洋蔥等的泡飯，湯頭超鮮甜，易入口又醒胃。

┤Info├
- 地址：東京都江東區三好1‑6‑7
- 電話：03‑3642‑7878
- 營業時間：1130‑1700
- 休息：逢周一
- 網址：www.fukagawajuku.com
- 前往方法：深川江戶資料館對面。

可可專門店　**MAP: P.416 C1**
Artichoke chocolate

　　2015年底開業，清澄白河少見的手工朱古力店。以「Bean to Bar」為概念，店內附設工房和吧台，挑選世界各地優質可可豆，自行焙煎，再製作成琳琅滿目的手工朱古力，以及可可特飲。

每日約有10款、用各國產地可可豆製的原片朱古力發售，現場還有試吃。¥400／片

店內附設工房，不同季節還有時令手工朱古力，相中為徒弟，怕鏡頭的老闆已跑掉。

Cacao espresso，可可味濃郁到不行，雖不含咖啡成份，卻有咖啡和酒香，配糖漬橙皮喝，味道更清香。¥300

一打開門即聞到撲鼻朱古力香，溫暖而清新的內裝，感覺時尚。

店子由老闆自宅改建，座落東京都現代美術館附近。

┤Info├
- 地址：東京都江東區三好4‑9‑6
- 營業時間：1100‑1800
- 休息：不定休
- 網址：www.artichoke.tokyo
- 前往方法：三ツ目通り、深川圖書館通り交界附近。

代官山・目黑 台場 六本木 東京鐵塔 清澄白河

清新帽子雜貨
Parc-nique

　　位於清澄庭園旁邊的帽子雜貨店，純白無菌的店面尤其突出。樓高兩層，專售自家品牌「pcnq」的原創帽子，兼Valeur、SuBLiME等獨立品牌，也有精選海外品牌的服飾雜貨，都風格清新，跟清澄白河相襯。

MAP: P.416 A2

純白色的店子樓高兩層，2樓是能眺望清澄庭園景致的小型Gallery。

內裝設計簡潔清新，放滿文青風的帽子，包括自家原創品牌「pcnq」。

2016年春夏大熱的草帽，可隨意捲曲摺疊收藏，打開又自動復原。￥13,000

除了帽子，也有少量精選海外品牌的服飾和雜貨。

Info

地址：東京都江東區清澄3-3-23
電話：03-6458-8737
營業時間：1200-2000
休息：逢周日
網址：www.pcnq-tokyo.com
前往方法：都營大江戶線、東京Metro半藏門線「清澄白河」駅A3出口，徒步約2分鐘。

門前仲町

關東三十六不動的第20號靈場，每日有5場真言密教秘寶的護摩修行。

梵文藝術本堂
成田山 深川不動堂

　　1703年始建，超過300年歷史，乃成田山新勝寺的別院，本尊不動明王。2011年落成的新本堂，外牆鋪滿用梵文寫成的「炎」字，儼如藝術品。

MAP: P.416 A3

左邊便是新建的本堂，外牆鋪滿用梵文寫成的「炎」字。

不動堂境內有多間攝社，都多年香火鼎盛。

在江戶時代，不動明王是祈求政權穩固的神明，現在則求消災平安。

Info

地址：東京都江東區富岡1-17-13
開放時間：0800-1800
網址：http://fukagawafudou.gr.jp
前往方法：東京Metro東西線、都營大江戶線「門前仲町」駅5或6番出口，步行約5分鐘。

江戶三大祭
富岡八幡宮

　　寬永4年（1627）創建，別名「深川八幡」，主祭応神天皇（八幡神），江戶時代深受將軍家敬拜。境內擁有兩座黃金神輿。每年8月15日舉辦的「深川八幡祭」，為江戶三大祭典之一。

MAP: P.416 B3

社殿以重層型準八幡造建築。

寺內有供奉馬神。

Info

地址：東京都江東區富岡1-20-3
電話：03-3642-1315
網址：www.tomiokahachimangu.or.jp
前往方法：東京Metro東西線、都營大江戶線「門前仲町」駅5或6番出口，步行約5分鐘。

經典設計舊物
エクスリブリス
（EXLIBRIS）

「深川図書館通」沿路綠樹成蔭，閒逸寧靜，還有很多無人藝廊、二手書與古董店。像這家「エクスリブリス」，老闆是古董舊物收藏家，店內專售50至80年代歐洲或日本的設計好物，也有老闆推薦的舊書和經典雜誌。

MAP: P.416 C1

井上雄彥《BUZZER BEATER》1、2卷套裝，全店最「年輕」舊書。￥1,000

德國「Hutschen Reuther」經典餐碟。￥2,800 - 3,800

店內也有二手書與經典日洋雜誌，全是老闆的私人推薦。

意大利製古船燈。￥45,000

Info
地址：東京都江東區三好３－１０－５
電話：03 - 5875 - 9740
營業時間：1100 - 1900
休息：逢周日及假期
網址：www.page-exlibris.jp
前往方法：三ツ目通り附近。

《孤獨》人氣燒鳥店
庄助

門前仲町

本是門前仲町一家的串燒小店，因人氣日劇《孤獨的美食家》推介而一夕爆紅，排隊人龍逼得附近巷弄店家抗議，一度要各界食評家在網上呼籲「請勿再來」！現在小店已回復寧靜，但座位有限，來晚了便得明天再來。所謂「燒鳥」即是烤雞串，充滿地元風味。

MAP: P.416 A3

燒鳥セット（串燒套餐），包括雞蔥串、雞軟骨、雞皮、雞肝、雞腿、雞翼、雞肉共7串，外皮烤得焦脆夠豪邁，內裏嫩滑。￥1,500

野菜セット，烤得恰到好處，不乾而鮮甜味美。￥500

劇中，五郎還以生青椒夾著雞肉丸來吃，味道即變清爽。

Tips
注意：店內拍照只限自己吃的料理，切勿拍到環境及顧客！

店子很小，卻是定價便宜的串燒小店。

信玄袋，「庄助」招牌名物，炸得香脆的豆腐皮袋，包着干貝、秋葵和納豆內餡，味道豐富但互相提味。￥400

Info
地址：東京都江東區富岡1 - 2 - 8
電話：03 - 3643 - 9648
營業時間：1730 - 2300
休息：周六及假期
前往方法：東京Metro東西線、都營大江戶線「門前仲町」駅2番出口，步行2分鐘。

百年烤糰子
伊勢屋 本店

明治40年（1907年）創業的和菓子老店，本店就在門前仲町駅旁邊。招牌烤糰子和塩大福，均以國產糯米和北海道小豆製作，每日製當天賣完，保證新鮮。

MAP: P.416 A3

燒き団子（醬油烤糰子），口感超軟糯。￥125

Info
地址：東京都江東區富岡1丁目8番12号
電話：03 - 3641 - 0695
營業時間：1100 - 2030
前往方法：東京Metro東西線、都營大江戶線「門前仲町」駅1番出口旁邊。

代官山・目黑　台場　六本木　東京鐵塔　清澄白河

貓町

谷根千
やねせん / Yanesen

谷中、根津、千駄木3區的合稱，是東京著名的下町老區。老人多，寺廟多，貓咪更多。日本大文豪夏目漱石曾定居千駄木，並以此為場景寫成名著《我是貓》。街上隨處可見睡懶覺的貓咪，或是貓咪的裝飾，素有「貓町」美譽。Off - beat的步調，寧靜而慵懶，加上特色小店與庶民小吃林立，最適合散策漫遊放空，洗滌都市人的心靈。

交通　JR山手線、常磐線、京成線「日暮里」駅西口，徒步約 5 分鐘；東京Metro千代田線「千駄木」或「根津」駅，徒步約10分鐘。

426

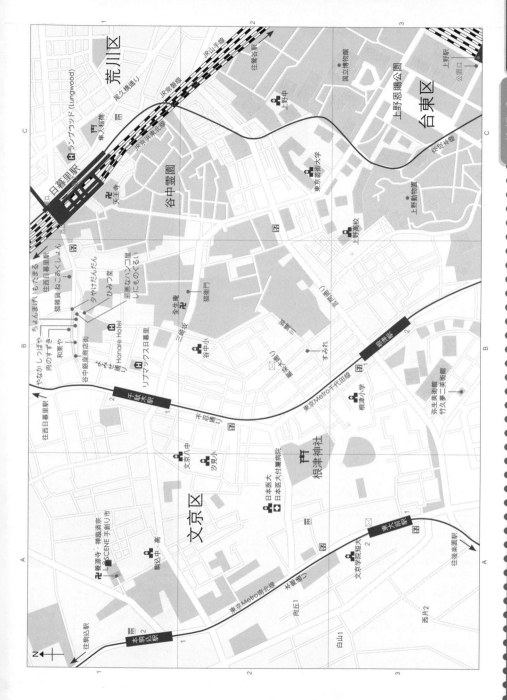

荒川区

台東区

文京区

谷中霊園

上野恩賜公園

上野駅
公園口

国立博物館

上野動物園

東京芸術大学

上野の杜

上野高校

日暮里駅

天王寺

全生庵

三浦坂

根津神社

根津小学校

根津駅

東大前駅

東京Metro千代田線

東京Metro南北線

弥生美術館
竹久夢二美術館

文京八中

汐見小

日本医大
日本医大付属病院

本駒込駅

駒込中・高

養源寺・禅臨済宗
ICENE 手創り市

文京学院大

ランドウッド (Lungwood)

羽久稲荷

尾久橋通り

JR常磐線

JR山手線

往常磐台駅

JR京浜東北線

往西日暮里駅

往西日暮里駅

やなかのしっぽや　ちょんまげいもたまる

ひみつ堂

邪悪なハンコ屋 しにものぐるい

猫雑貨 ねこのてくらし

タイヤキわかば

肉のすずき

和栗や

猫町珈琲店

谷中銀座商店街

リブマックス日暮里

Hanare Hotel

みせ通り

谷中小

まろに

千本鳥居隧道 MAP: P.427 A2:B2
根津神社

古稱「根津權現」，相傳是日本武尊在1900年以前所創建，為東京十社之一。擁有7棟「權現造」風格社殿，屬國寶級文化財。社內種有3,000株杜鵑花，每年春天都會舉辦「文京杜鵑花祭」，加上一整排千本鳥居，景致迷人。9月還有江戶三大祭典之一的「根津神社例行大祭」，屆時會有盛大的傳統花車巡遊。

千本鳥居其中的杜鵑花海，只限根津神社獨有。

社內有一整排迷你版的鳥居隧道，媲美京都伏見稻荷神社的千本鳥居。

每年春天會舉辦「文京杜鵑花祭」，3,000株杜鵑花同時綻放，百花飄香。

表參道口可見朱紅色的大鳥居，社內莊嚴寧靜，據說昔日夏目漱石也常來散步。

Info
地址：東京都文京区根津1-28-9
電話：03-3822-0753
開放時間：0900-1700
網址：www.nedujinja.or.jp
前往方法：東京Metro千代田線「根津」駅1番出口，徒步約5分鐘。

人情味老街
谷中銀座商店街

175米長的石板街道，約70家老店毗鄰而立，都是道地野菜屋、服裝、生活雜貨店，隱藏大量庶民小吃，店主和居民閒話家常，充滿老區獨有的人情味與活力。 MAP: P.427 B1

Info
地址：東京都台東区谷中
網址：www.yanakaginza.com
前往方法：JR山手線、常磐線、京成線「日暮里」駅西口，徒步約5分鐘。

175米長的商店老街，乃谷中、根津、千馱木3區最熱鬧的大街。

夕陽階梯 MAP: P.427 B1
夕やけだんだん

從JR日暮里駅西口往谷中銀座商店街，必定路經的一段階梯。浪漫的名字，源於每逢黃昏，都可從階梯觀看到優美的夕陽餘暉。

每到夕陽西下，站在階梯上，滿眼彩霞紛飛，景致浪漫醉人！

夕陽階梯是往谷中銀座的必經之路，也是貓咪出沒熱點。

Info
地址：東京都荒川区西日暮里三丁目10·13·14番の間
前往方法：JR山手線、常磐線、京成線「日暮里」駅西口，徒步約5分鐘。

貓咪雜貨店
猫雑貨 ねこあくしょん

　　2009年開業，是貓町著名的貓咪雜貨店。座落往夕陽階梯的坡道上，店子不算大，但鋪天蓋地都是貓咪精品，有自家製作的貓雜貨、谷中貓咪寫真，以至搜羅自全國的服飾、廚具等生活雜貨俱備，吸引世界各地的貓迷來尋寶。

MAP: P.427 B1

開業多年，貓咪雜貨已從地面堆至天花，每年2月22日「猫の日」都會大減價。

貓咪寫真，拍的都是谷中的明星貓。￥150/張

貓咪圖案手挽袋。￥3,750

招牌有兩隻小黑咪為記，相當易找。

《ねこのぬり方》，收錄大量貓寫真與填色圖。￥1,404

Info
地址：東京都荒川区西日暮里3 - 10 - 5
電話：03 - 5834 - 8733
營業時間：1100 - 1800
休息：逢周二
網址：www.necoactionproject.com
前往方法：JR山手線、常磐線、京成線「日暮里」駅西口，徒步約4分鐘，夕陽階梯附近。

貓尾冬甩
やなか しっぽや

　　2010年開業的冬甩店，主打15款貓尾巴形的棒狀冬甩，有朱古力、焦糖等內餡，更以日本人常用的貓名來命名，已成貓町名物。

MAP: P.427 B1

トラ（tora），店內人氣No.1的虎紋貓尾，其實是可可味，採用三重縣產小麥粉，新鮮現炸，外脆內軟糯。￥130

Info
地址：東京都台東区谷中3 - 11 - 12
電話：03 - 3822 - 9517
營業時間：1000 - 1900
網址：http://yanakasippoya.com
前往方法：谷中銀座商店街中段。

谷中銀座名物
肉のすずき

Tips
老闆嚴禁拍照，拍自己吃的那塊肉餅也請到遠處！

　　昭和8年（1933年）創業的和牛精肉店，已傳至第3代，還有一家惣菜店。招牌炸肉餅「元気メンチカツ」，選用國產牛肩肉，混合上質澳洲牛腿肉，乃谷中銀座的聞名小吃。

MAP: P.427 B1

元気メンチカツ（炸肉餅），新鮮現炸外皮酥脆，內裏嫩滑多汁。￥220

Info
地址：東京都荒川区西日暮里3 - 15 - 5
電話：03 - 3821 - 4526
營業時間：1100 - 1800
休息：逢周一
前往方法：谷中銀座商店街中段。

貓咪印章店
邪悪なハンコ屋 しにものぐるい

MAP: P.427 B1

因為日本法定簽名需加蓋章，故街頭巷尾總有印章店，這家就以貓咪為主題，提供超過200款動物圖案選擇，單是貓咪都有數十款，大多可愛搞鬼，可自選3個漢字，更30分鐘起貨。附設燙畫Tee店「伊藤製作所」，同樣大玩貓咪圖案。

印章圖案搞笑，可自選4-6個日文，或3個漢字，墨水也有5色選擇。￥2,600/個

燙畫Tee圖案選擇更多，可翻看店內的畫冊選擇。貓咪圖案燙畫Tee￥2,980

店子一分為二，一邊是印章店；一邊是同門的燙畫Tee店「伊藤製作所」。

Info
地址：東京都台東区谷中3-11-15
電話：03-6320-3997
營業時間：1100-1730
網址：www.ito51.com
前往方法：谷中銀座商店街入口、夕陽階梯附近。

番薯菓子茶寮
ちょんまげいも たまる

Tips 全店只得老闆娘一人打理，點餐後請待心等候。

谷中有名的街坊「甘味処」（茶寮），全店由一嬸嬸打理，主打有益身體、無添加的傳統日式甜點和抹茶。招牌烤番薯棒「ちょんまげいも」，採用國產薩摩芋（番薯），外層鋪滿黑/白芝麻，慢慢烤至焦香，入口外酥內軟綿，好吃到即時再encore！ MAP: P.427 B1

sesamin（芝麻素），日本人相信多吃有美容功效，故藥妝也有芝麻素的健康食品。

烤番薯棒「ちょんまげいも」（白），現點現烤，外皮芝麻烤至焦脆，內裏番薯蓉軟綿香甜，大推！￥260（冰抹茶￥450）

店子內部有點狹窄，不妨坐在門前，可邊賞景邊嚐甜點。

Info
地址：東京都台東区谷中3-11-15
電話：03-5814-3460
營業時間：1100-1900
休息：逢周一
網址：http://yanakatamaru2.blog80.fc2.com
前往方法：谷中銀座商店街入口、夕陽階梯附近。

貓出沒注意！

貓町高峰期曾有過百隻貓咪，有家貓也有流浪貓，但都有人餵飼。現在貓咪數量已減少，但仍然隨處可見在陽光下睡懶覺的貓咪。吸引貓迷到訪之餘，區內也有大量以貓為主題的商店、Cafe以至Gallery。商店街亦不乏貓咪裝飾，甚或貓造型的小吃作招徠。

商店街上隨處可見貓咪的裝飾。

這裏的貓咪都不怕人，正確來說是「無視」人類的存在。

Info
貓咪出沒熱點：1.夕陽階梯；2.谷中靈園
*時間：黃昏前後

最喜歡窗前這排座位，那探頭看街的貓咪偶幾可亂真。

「アイスとあんこの猫モナカセット」（雪糕紅豆最中套餐），貓頭形的最中餅皮超可愛，自行夾上奶滑雪糕和綿密紅豆，打卡必點。附熱茶￥702

貓主題咖啡店
カフェ猫衛門

　2015年新開、以貓為主題的咖啡店，是旁邊招財貓專門店「谷中堂」的姊妹店。座落寺廟夾道的三崎坂、一棟傳統古民家內，寧靜而悠閒。主打自家製的蛋糕和甜點，都有可愛的貓咪造型，還有連茶點的招財貓繪畫體驗，加上一室貓裝飾擺設，即成女生打卡勝地。

MAP: P.427 B2

Cafe位於一棟傳統古民家內。

店內有售各式自家製的貓咪曲奇，有黑貓、白貓、肉球等款式。￥108 - 130

招財貓繪畫體驗「招き猫の絵付け体験」，提供各式顏色筆給你自行上色，連咖啡或茶和點心。￥1,620

猫のモンブラン（Mont Blanc），栗子蓉蛋糕口感滑嫩。￥432

猫のチーズケーキ（cheesecake），單是賣相已夠可愛。￥432

Info

地址：東京都台東区谷中5 - 4 - 2
電話：03 - 3822 - 2297
營業時間：1100 - 1900
休息：逢周一
網址：www.guidenet.jp/shop/459c
前往方法：東京Metro千代田線「千駄木」
　　　　　　駅1番出口，徒步約7分鐘。

431

栗の菓子店
和栗や

2011年開業，以栗子為主題的和菓子店，選用日本第一的茨城縣岩間產的栗子，從蛋糕、大福，到雪糕通通都是栗子味。不似一般甜品店使用大量糖或酒調味，店主竿代信也強調呈現栗子的原味，不過甜不膩，賣相又精緻，件件大師之作。

MAP: P.427 B1

栗薰モンブラン（栗薰Mont Blanc），招牌名物蛋糕，兩種栗子蓉口感味道各異，雙倍美味。￥700

夏のモンブラン（夏のMont Blanc），夏季限定，茨城縣旭村直送的完熟蜜瓜，伴以栗子蓉、檸檬果凍，吃至一半再倒入炭酸水，層次豐富。￥1,300

モンブランアイス（Mont Blanc Ice）栗子蓉加有北海道純生忌廉和岩手縣牛奶，口感輕盈滑嫩，栗香濃郁又不過甜，好吃至極！￥980

Info
地址： 東京都台東区谷中3 - 9 - 14
電話： 03 - 5834 - 2243
營業時間： 1100 - 1900
休息： 逢周一
網址： http://waguriya.com
前往方法： 谷中銀座商店街尾段，近よみせ通り。

天然氷刨冰店
ひみつ堂

Tips
夏季旺日會提早0930開店派發整理券，請取券後再依指示排隊。

2011年開業，谷中超有名的刨冰店，連冬季也大排長龍！使用自然凍結而成的「天然氷」，全日本只剩5家供應商。天然冰比一般冰溶化慢，入口更鬆軟綿密。店主更沿用傳統手動式刨冰機，用人手一下一下刨成冰。配以自家製的手作鮮果蜜，美味得驚為天人，開業至今已售出超過21萬杯！

MAP: P.427 B1

每逢夏季例必大排長龍，假日至少要排上6小時！

招牌士多啤梨刨冰「ひみつのいちごみるく」，屬冬季Menu，濃縮士多啤梨蜜，酸甜味美得說不出話。￥900

春季限定櫻花刨冰「うぐいす桜」，淡綠色的其實是黃豆粉，配以鹽漬櫻花，內藏黑蜜，酸甜鹹3味夾雜。￥900

Info
地址： 東京都台東区谷中3 - 11 - 18
電話： 03 - 3824 - 4132
營業時間： 平日1100 - 2000；周六、日1000 - 2000（10 - 翌年5月1100 - 1800）
休息： 逢周一（10 - 翌年5月逢周一至二）
網址： http://himitsudo.com
前往方法： 夕陽階梯拾級而下左轉。

《孤獨》爆紅居酒屋
すみれ

MAP: P.427 B2

根津駅附近的居酒屋老舖，本是老饕才懂的街坊小店，因人氣美食日劇《孤獨的美食家》推介而爆紅。小店由一對慈祥的母女打理，特點是有大量隱藏Menu，基本上你想吃甚麼，「媽媽」（日本人對女店主的稱呼）都會做給你，其實更像《深夜食堂》裏的小林薰，媽媽更會和食客閒話家常，感覺溫暖。必吃包括五郎推介的咖喱飯、ハンバーグ（漢堡扒）等。

梅干酒，自家醃的梅干特別香，連贈送的佐酒小菜「醃筍」也爽嫩香甜。￥450

店子位於根津駅附近的民居。

五郎特辛カレーライス（特辣咖喱飯），日本居酒屋不會出現的菜式，現在因為《孤獨》而爆紅，伴以大量蔬菜的咖喱辣中帶甜，開胃惹味。￥1,000

Info
地址： 東京都文京区根津2 - 24 - 8
電話： 03 - 3821 - 8941
營業時間： 1800 - 0100
休息： 逢周三
網址： http://yaksters.exblog.jp
前往方法： 東京Metro千代田線「根津」駅1番出口，徒歩約6分鐘。

個性小鎮

高円寺
こうえんじ

交通 JR中央線「高円寺」駅。

　因「宿鳳山 高円寺」座落於此而得名，位於山手線圈外，但從新宿出發，車程只要6分鐘。由於區內房租便宜，吸引留學生、年輕藝術家入住，星羅棋布的巷弄間，開滿個性強烈的小店、庶民食堂、風格Cafe、廉價酒館與古着店，雜亂得來，瀰漫獨特的個性。成為眾多著名小說與日劇的故事舞台，包括村上春樹的《1Q84》。

中野区

Sunkus

早稲田通り
妙心院

Floresta nature
doughnuts

正光寺

高円寺北3

林医院

高円寺北2

高円寺北公園

HATTIFNATT

純情商店街

杉並第四小

高円寺中

中通商店街

天すけ

BnA Hotel Koenji

北口

往阿佐ケ谷駅

高円寺駅

JR中央本線

往中野駅

南口

バル商店街

長仙寺

環七通り

アール座読書館

高円寺南4

Don Don Down on
Wednesday

高円寺中央公園

高円寺

高南通り

リップ商店街

河村眼科

高円寺中央児童館

アニマル洋子

2000 Collectable Toys

《1Q84》2個月亮公園
高円寺中央公園

　　實不相瞞，筆者最初並沒打算把「高円寺」寫入書中，全因村上春樹的長篇小説《1Q84》以此為舞台才來。而故事中最重要的場景──「公園」，據説正是車站南口附近的「高円寺中央公園」。

昭和41年（1966年）開園，面積只1,501平方米的地區小公園，因村上之名而在網上爆紅！

MAP: P.434 A3；B3

小説中，天吾就在溜滑梯上看到「兩個月亮」（2つの月），青豆也首次看見天吾，中央公園也真的擁有一座滑梯。

晚上的中央公園，是年輕人聊天談心的勝地，環境寧靜。

一如小説描述，公園四周被矮平房包圍，園內還置有藝術雕塑。

Info

地址：高円寺南4丁目31番7号
前往方法：JR中央本線「高円寺」駅南口，徒步約5分鐘。

高円寺銀座
純情商店街

逛日本商店街最大的樂趣,是從中可一窺庶民生活。

原名「高円寺銀座商店街」,因小説家「ねじめ正一」以此為背景寫成小説《高円寺純情商店街》,獲得1989年的文壇最高榮譽〈直木賞〉,才因而改名。現在街上開設庶民食堂、野菜店、雜貨店、舊書店、網吧等,都是居民生活所需,熱鬧而充滿朝氣。

高円寺生活消費便宜,除了廉價食堂,還有許多古着店和二手書店。

MAP: P.434 A1 - A2

擁有一個浪漫的名字,其實商店街跟「純情」一點關係也沒有,但不失為打卡勝地。

Info
地址:東京都杉並区高円寺北3丁目
網址:www.kouenji.or.jp
前往方法:JR中央線「高円寺」駅北口對面。

不思議古本屋
アニマル洋子

隨着Fast Fashion興起,日本古着店正大幅減少,這家是高円寺的著名古物店,店面一分為二,一邊是古書店,可找到大量70、80年代的舊雜誌、漫畫,以至舊課本;一邊是古着店,價格超便宜,連二手校服也有售。

MAP: P.434 A3

70年代的潮流雜誌,已經以模特兒當封面。￥300

昭和年間出版的女性雜誌,客群都是主婦,內容介紹生活小知識,以及服飾潮流。

二手水手校服。￥3,500

Info
地址:東京都杉並区高円寺南2 - 22 - 9
電話:03 - 5378 - 4300
營業時間:1100 - 1900
前往方法:JR中央線「高円寺」駅南口,徒步約8分鐘,「ルック商店街」上。

療癒系動物冬甩
floresta nature doughnuts

單是動物造型冬甩,已有近20款,不時還有期間限定款式。￥300

源自奈良、2002年開業,以「森林」和「動物」為主題的手工冬甩店。選用國產小麥粉、北海道大豆等有機原料製造,強調無添加,連包裝也是最小限度。招牌動物造型的冬甩,可愛到不捨得吃,被譽為療癒系美食。其餘定番口味也不俗,不時還有期間限定款式推出。

推介定番Menu的「あんこ」,軟糯的冬甩夾着北海道十勝紅豆蓉,和風新體驗。

MAP: P.434 A1

floresta高円寺店門前設有露天座位,可邊看街景邊品嚐。

招牌貓咪(￥350)和獅子冬甩(￥280),外層裹着朱古力殼,內裏軟糯香甜,配桃子果汁一流(￥400)。

Info
地址:東京都杉並区高円寺北3 - 34 - 14 庚申文化会館1/F
電話:03 - 5356 - 5656
營業時間:0900 - 2100
網址:www.nature - doughnuts.jp
前往方法:JR中央線「高円寺」駅北口,徒步約6分鐘。

好味過金子！半熟炸玉子
天すけ

MAP: P.434 A2

　　1987年創業，只得12席的小店，午市開門前已大排長龍，嵐的人氣節目《交給嵐吧》也曾介紹。老實説，論天婦羅丼，絕對勝過金子半之助！選用自家特製的麻油來炸，令天婦羅麵衣濃香非常。招牌炸玉子更被譽為絕品，老闆徒手打蛋落油鑊，再以高速將天婦羅漿像灑水花般撥向滾油，令雞蛋裹上蜂巢般的麵衣。「炸好」即鋪在飯面，筷子輕輕一劃，「咯吱」一聲流出半熟的蛋黃汁，好吃至扒光整碗飯！

招牌「玉子ランチ」（玉子午餐），包括炸玉子丼和味噌湯，以及大蝦、魚片、魷魚、時令野菜等6-7件天婦羅，每件都好吃。￥1,300

不説話的老闆看似嚴肅，後來見我們拍照太久，竟特意再炸一盤新的給我們。

玉子丼，份量跟玉子午餐相若，只是老闆會預先淋上醬汁，吃至最後一口仍然酥脆，而且一點不覺油膩。￥1,300

炸玉子麵衣像蜂巢般酥脆，半熟的蛋黃汁拌上白飯和脆脆的麵衣碎，簡直是人間極品！

老闆炸天婦羅的動作超快，打蛋時會將蛋殼直接往後掉，狀甚有趣。

Info
地址：東京都杉並区高円寺北3-22-7プラザ高円寺1/F
電話：03-3223-8505
營業時間：
1200-1400、1800-2200
休息：逢周一
前往方法：
JR中央線「高円寺」駅北口，徒步約2分鐘。

杜如風推介！逢周三殺價
Don Don Down on Wednesday

MAP: P.434 A3

　　跟下北沢齊名，高円寺也是東京著名的古着基地，而「Don Don」則是日本最大的連鎖古着店，即杜如風《關西攻略》介紹大阪那間，單是東京已有10家分店，當中以高円寺店最大。男女裝服飾，名牌與無名俱備。特別在服飾定價以不同蔬果標示，而蔬果價格則天天不同，到星期三還會大減價，好玩又淘到寶。

名牌產品都明碼實價，不再以蔬果定價。LV經典monogram水筒袋￥14,800

每件衫都掛有不同蔬果牌，蔬果價格天天不同，入店時店員會給你當天的蔬果價格表，對一對便知賣幾錢。

ISSEY MIYAKI橫間半截裙￥5,800+税，逢周三8折優惠。

高円寺店佔地兩層，男女裝服飾、鞋履、包包俱備，乃東京最大分店。

A Bathing Ape迷彩恤衫￥4,500+税，逢周三8折優惠。

Info
地址：東京都杉並区高円寺南4-24-9 2-3/F
電話：03-5305-3656
營業時間：1200-2100
（周六、日及假期1100-2100）
網址：www.dondondown.com
前往方法：JR中央線「高円寺」駅南口，徒步約5分鐘，「パル商店街」上。

森林圖書館

MAP: P.434 A2

アール座読書館

高円寺有很多風格獨特的Cafe，像2007年開業，位於2 - 3樓的「アール」，2樓以圖書館為主題，內裝如自修室般，而且鴉雀無聲，更被一片茂盛「森林」和書櫃包圍。若嫌太靜，3樓還有裝潢成迷幻森林般的「發聲區」，全店包廂座椅，放滿歐式古董，猶如添布頓電影場景般夢幻。

深煎り珈琲，味濃醇和酸香，還用古董的Lagoa茶壺盛載。￥650（曲奇￥300）

3樓「發聲區」為全包廂式座椅，適合情侶來「竊竊私語」。

3樓以迷幻森林為主題佈置，置滿老闆四處搜羅的歐式古董，加上燈光感覺更夢幻。

2樓以圖書館為主題，靜如自修室般，還備有一整面書架牆，可供食客慢慢讀。

毒林檎の紅茶，即蘋果茶，果香濃郁且有淡淡回甘，連古董茶杯和調匙也精緻。￥650

Info
地址：東京都杉並区高円寺南3 - 57 - 6 2 - 3 / F
電話：03 - 3312 - 7941
營業時間：1330 - 2230
（周六、日及假期1200 - 2230）
休息：逢周一
網址：http://r - books.jugem.jp
前往方法：JR中央線「高円寺」駅南口，徒步約5分鐘。

美國懷舊玩具

MAP: P.434 A3

2000 Collectable Toys

除了古着、二手書，高円寺還有許多懷舊玩具店，其中「2000」便是區內著名玩具店。主打以80年代為中心的美國玩具，STAR WARS、Batman、G.I. Joe、藍精靈、Simpsons、Barbie、麥當勞玩具全部分門別類，上至着衫figure；下至搪膠公仔，還有大量經典絕版炒貨，密密麻麻，堆滿整間店，玩具迷必Buy！

90年代孩之寶的STAR WARS action figure已成經典。￥3,000起

各式絕版玩具從地面堆至天花，甚至還有多台80年代遊戲機。

各式鐵線膠figure，美國玩具迷至愛。￥1,000起

1993年產忍者龜，made in Hong Kong呢！￥4,500

Info
地址：東京都杉並区高円寺南2 - 43 - 9 スキタビル1 / F
電話：03 - 3312 - 6615
營業時間：1200 - 2100
網址：http://2000collectabletoys.com
前往方法：JR中央線「高円寺」駅南口，沿高南通往南直走，徒步約8分鐘。

谷根千

高円寺

吉祥寺

恵比寿

自由が丘

理想住宅區

吉祥寺

きちじょうじ / Kichijōji

交通 JR中央線「吉祥寺」駅；京王井の頭線「吉祥寺」駅。

　　位於東京都西部的武蔵野市，因宮崎駿的「三鷹の森吉卜力美術館」座落於此，成為旅遊東京的必到行程。其實，位置稍稍遠離市中心的吉祥寺，不再繁囂擠擁，街頭規劃井然，環境靜中帶旺。大型百貨與雜貨小店並存。既有熱鬧屋台食街；同時有閒逸的綠化公園，一直是東京人票選的理想住宅區第一位。

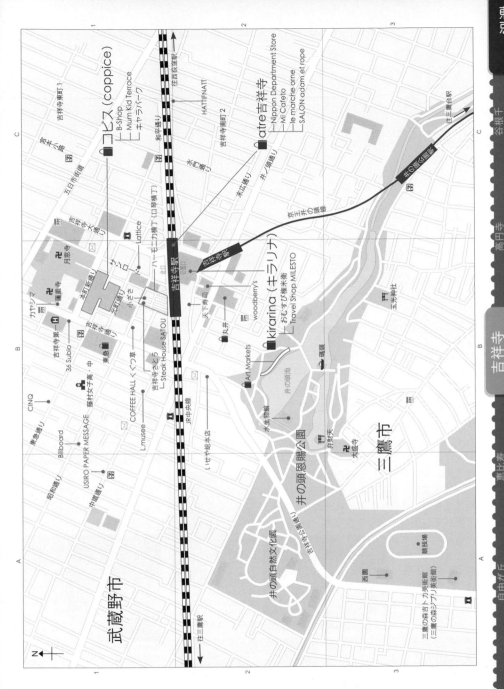

來井の頭划天鵝船乃日劇或漫畫常見的約會節目，其實划船時頗為費力，收費￥700／30分鐘。（普通船￥700／60分鐘）

賞櫻名所＋約會勝地　MAP: P.439 A2 - A3；B2 - B3
井の頭恩賜公園

　　位處武藏野市和三鷹市之間、面積38萬平方米的都立公園，1917年正式對外開放，作為日本首座郊外公園，2017年便100周年。以「井の頭池」為中心，在池中划天鵝船乃東京情侶的約會熱選，四周櫻花樹環繞，更為日本的賞櫻名所。園內綠樹成蔭、百花爭妍，還附設露天舞台、自然文化園、運動場、網球場等設施，每逢周末更有各式街頭表演和手作市集，連「吉卜力美術館」也座落於此，一直是東京人假日的消閒勝地。

罐頭麵包自助販賣機，乃井の頭公園的名物，用天然酵母製，電視節目《志村動物園》也曾介紹。￥500

園內有茶寮和Cafe，炎炎夏日必吃古早日本刨冰（￥350）；冬天則可喝熱呼呼的甘酒。

園內設有露天舞台，經常有社區合唱團或學生來表演，還有街頭藝人表演。

滿眼綠意盎然，繁忙的東京人每逢假日便來散步、划船、野餐、寫生、看書或午睡，為生活充電。

逢周六、日都有小型市集舉行，聚集各式藝術家和手作人，充滿藝術氣質。

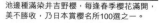

池邊種滿染井吉野櫻，每逢春季櫻花滿開，美不勝收，乃日本賞櫻名所100選之一。

「井之頭池」為神田川的源頭，乃江戶首次鋪設的水道，由三代將軍德川家光命名。

Info
地址：東京都武藏野市御殿山1 - 18 - 31
電話：0422 - 47 - 6900
開放時間：24小時
網址：www.kensetsu.metro.tokyo.jp/seibuk/inokashira
前往方法：JR中央線「吉祥寺」駅公園口，徒步約5分鐘；京王井の頭線「井の頭公園」駅，徒步約1分鐘。

牆身佈滿繽紛的壁畫，出自日本2人插畫組合Marini Monteany的手筆。

繪本咖啡店
Café & Gallery HATTIFNATT

以繪本為主題的咖啡店，東京一共有兩家，其中吉祥寺店最人氣，穿過不夠5呎高的木門，即進入童話世界。內裝猶如森林小木屋，牆身佈滿色彩繽紛，又充滿童趣的壁畫，都出自日本人氣插畫組合Marini Monteany手筆。老闆親高嶋渋以健康食材炮製的甜點和簡餐，賣相都可愛得不捨得吃。旁邊還附設雜貨店和Gallery，專售同樣風格的手作精品。男女老幼來到，都一樣童心未泯，拍照打卡，一洗煩惱！

MAP: P.439 C2

クリームソーダ（Cream Soda），雨天限定，藍色造型的雪糕梳打，打卡必選。￥600

かぼちゃ君ちのモンブラン（Mont Blanc ￥530），店主學藝於酒店甜品部，招牌蛋糕用上北海道忌廉，內藏蘋果餡香甜味美；HATTIFNATTの抹茶みるく（￥650），招牌抹茶Latte，單是面層拉花已夠看頭。

大門只得130cm高，食客都要彎身而入。

藍綠色外牆的小木屋，以舊房子改建，旁邊還附設雜貨店和Gallery。

Cafe樓高兩層，地下為開放式廚房，還有間迷你小木屋包廂。

以森林為主題的壁畫，加上原木家具和綠意，猶如置身童話世界。

旁邊的雜貨店，有售Marini Monteany的繪本和精品，還有同樣風格的手作。

Info

地址：東京都武藏野市吉祥寺南町2-22-1
電話：0422-26-6773
營業時間：1200-2300
　　　　　（周日1200-2200）
網址：www.hattifnatt.jp
前往方法：JR中央線「吉祥寺」駅公園口左轉，徒步約8-10分鐘。

就腳好逛
atre吉祥寺

2010年開業，由JR東日本營運的駅構商場。分為本館和東館兩部分，地庫一層；地上兩層，網羅品牌商店超過200家，主打流行服飾、雜貨和食品菓子，尤以雜貨店最強最好逛，地庫還有美登利、HARBS、炭燒牛舌「利久」等多家人氣排隊店，最重要是位置就腳。 **MAP：P.439 B1 - B2**

名字源自法文的「attrait」，解作魅力，網羅人氣品牌商店超過200家。

1樓至地庫集合多家人氣菓子手信店和排隊餐廳，還有大型超市。

Info
地址：東京都武藏野市吉祥寺南町1 - 1 - 24
電話：0422 - 22 - 1401
營業時間：1000 - 2100（2 / F 1000 - 2200；餐廳1100 - 2300）
網址：www.atre.co.jp/store/kichijoji
前往方法：JR中央線「吉祥寺」駅中央改札口相連。

一站式生活提案
SALON adam et rope

以「DELICIOUS FASHION」為概念的生活雜貨店，吉祥寺店乃品牌的新業態概念店，請來著名服裝品牌「nanadecor」主腦神田惠実出任總監，將服飾雜貨與茶室結合，店面一邊賣服飾；一邊賣食材、廚具雜貨，還附設麵包菓子Cafe，構成一站式生活提案。

日本職人陶瓷鯛魚筷子托。各￥1,900

3,500多平方呎的店面偌大，一邊售賣自家品牌服飾，走法式簡潔路線。

金沢手工蔬菜漬物。各￥600

另一邊是雜貨店、Bakery兼茶室，主打搜羅自全國的食材和職人雜貨。

Info
地址：atre吉祥寺 本館1 / F
網址：http://salon.adametrope.com

水果咖啡
Mi Cafeto

麻布起家的咖啡店，號稱世界最高品質的Grand Cru Café，店主川島良彰為Coffee Hunter，所有生豆均為他親自到世界各地採購，並以脱酸素恆溫儲存。吉祥寺店常備超過20款各國咖啡豆，主打特色的果香咖啡，還有自家手工製Scone和多士，乃吉祥寺駅的人氣早餐。

狹長的店面裝潢簡單清新，大多數客人都是外帶。

Alto Lunna，來自巴拿馬的咖啡豆，帶有蜜柑的香氣，酸味輕盈，味道清爽。￥550（黑芝麻Scone口感鬆軟香濃，￥200。）

店內常備超過20款各國咖啡豆，主打職人Hand drip，現場也有售樽裝的自家烘焙咖啡豆。

店子就位於中央改札口前，上車前來喝一杯一流。

Info
地址：atre吉祥寺 本館1 / F
網址：www.mi-cafeto.com

日本全國職人雜貨
Nippon Department Store

　　源自秋葉原文創街「2k540」的精品雜貨店「日本百貨店」，為推廣日本傳統工藝，搜羅日本全國各地職人工藝雜貨，涵蓋食品、服飾、玩具、廚具、陶藝與生活雜貨，不時還會邀請職人到店內示範，一店已能買盡日本職人工藝。

浮世繪圖案人字拖鞋，來自大和工房，全人手日本製。各￥7,500

2010年才創立的「日本百貨店」，搜羅日本各地職人工藝雜貨，服飾、食品、雜貨應有盡有。

江戶風鈴，來自東京的篠原本鋪，全手工製作，昔日每到夏天江戶街頭便會有攤販叫賣。各￥2,800

島根縣產的柚子和鹽味金平糖，前者粒粒都混有柚子皮；後者味道又鹹又甜，很特別。各￥300

Info

地址： atre吉祥寺 本館1／F
網址： http://nippon-dept.jp

青山雜貨店
le marche orne

　　源自青山的家具雜貨店，以法國巴黎郊外的雜貨小店為概念，風格清新。吉祥寺店乃首家分店，店舖一分為二，一邊主打廚房用具和生活雜貨；一邊則售親子精品雜貨，不乏搜羅自全國的好物，甚受區內年輕媽媽推崇。

以巴黎鄉郊雜貨小店為概念，原木裝潢風格清新，散發法式生活品味。

葡萄牙A'RCOPRDICO素足感涼鞋，鞋底用天然皮革製，貼腳又舒適。￥7,300

idol EYES，BB專用太陽眼鏡，100%防UV，還有兩種戴法。各￥2,000

「THE」商標，日本傳統醬油硝子（玻璃瓶），全職人手工製。￥3,500

Info

地址： atre吉祥寺 本館1／F
網址： www.ornedefeuilles.com

吉祥寺

購物新地標 MAP: P.439 B2

kirarina京王吉祥寺
（キラリナ）

2014年開業，吉祥寺區內最新購物場，座落JR與京王線「吉祥寺」駅之間，以「重視自我價值觀」的30代女生為主要客源，即是走輕熟女路線。連地庫樓高11層，網羅近百家人氣品牌，尤以服飾、雜貨、美妝和Cafe最強。

Info
地址：東京都武蔵野市吉祥寺南町1-1-25
電話：0422-29-8240
營業時間：1000-2100
網址：www.kirarinakeiokichijoji.jp
前往方法：JR中央線、京王井の頭線「吉祥寺」駅旁邊。

精米飯團店

おむすび権米衛

1999年創業的連鎖手握飯團店，選用全國各地契約農家的國產白米，並自行「精米」（研磨）。提供超過30款飯團，都是店內新鮮現握，口感鬆軟軟糯，米味香濃，吃時還是暖暖的！

手握飯團。￥100-200

Info
地址：kirarina京王吉祥寺 1/F
網址：www.omusubi-gonbei.com

旅行專門店

Travel Shop MILESTO

以旅行為主題的設計雜貨店，跟另一著名雜貨店IDEA SEVENTH SENSE份屬同門。主打自家品牌，功能與時尚兼具的旅行用品，包括各式旅行袋、行李箱、收納袋、防曬或雨天用具，全都色彩繽紛。

「MILESTO」最初是網店，現在東京已有近20家分店。

英國品牌CRASH BAGGAGE行李箱，強化ABS塑料製，輕又耐用。￥32,000+税

MILESTO自家品牌收納袋。￥9,000+税

Happy Fight兩用行李帶，有多款鮮艷顏色選擇。￥1,900+税

Info
地址：kirarina京王吉祥寺 2/F
網址：kirarina

親子主題購物場 coppice

コピス吉祥寺（coppice）

2010年開業，以吉祥寺社區為概念的綜合商場，連地庫樓高8層，分為A、B兩館，網羅109家品牌和商店。焦點是特設童裝專區「Mum Kid Terrace」，集合一眾人氣童裝品牌，以及Kiddy Land最新的玩具主題區「Chara Park」。場內還有大量親子遊玩設施，絕對是親子樂園！ MAP: P.439 B1

A館地下有姆明果汁店Moomin stand，必飲果味珍珠特飲「樹精種子」。￥389

由三菱商事開發的「coppice」，英語解作「小森林」的意思，特色是設有大量休憩空間。

Info
地址：東京都武蔵野市吉祥寺本町1-11-5
電話：0422-27-2100
營業時間：1000-2100
網址：www.coppice.jp
前往方法：JR中央線「吉祥寺」駅北口，或京王井の頭線「吉祥寺」駅，步行約2分鐘。

優閒生活雜貨
B - Shop

1993年於神戶成立的select shop，以「everyday classic」為概念，精選數十個日本、歐美、澳紐等地品牌，包括美牌B SIDES、意大利Album di Famiglia、紐約handvaerk等，都一律風格清新。

Gymphlex crew neck T - shirt，英國國軍專用運動服裝品牌。¥4,800+税

B - Shop主打風格清新簡潔的優閒生活品牌，目前全國分店已近30家。

男裝手工皮革涼鞋。¥35,640+税

內裝以淺色的原木為主調，瀰漫北歐式的簡約生活品味。

Info
地址：コピス吉祥寺A館1 / F
網址：http://bshop-inc.com

潮童專區
Mum Kid Terrace

3樓特設童裝專區，集合一眾最人氣的童裝品牌，計有Comme Ca Style、ASBEE KIDS、Mother Garden、Laundry、Beanstalk等等。還有兒童專用Salon、親子書店、玩具雜貨，以至空中花園，連捕乳室、親子洗手間、無障礙通道、休憩設施也一應俱全，簡直是潮媽的購物天堂。

Comme Ca Kid文字Tee ¥1,330+税；迷彩褲 ¥2,030+税。

Mother Garden專售嬰兒用品和玩具雜貨，有很多可愛的公仔。水果鼠各¥680+税

3樓還有Kid space，內設兒童洗手間、捕乳室等，還有熱水機、奶樽清洗器等設施，超體貼。

3樓有偌大的Comme Ca Style，涵蓋女裝和童裝，媽媽和仔仔大可來個母子裝。

Info
地址：コピス吉祥寺A、B館3 / F

吉祥物專櫃街
キャラパーク（Chara Park）

連鎖玩具店Kiddy Land的最新的卡通主題區，佔據A館6樓全層，集合Hello Kitty、Miffy、鬆馳熊、Snoopy、TOMICA SHOP、STAR WARS等卡通角色的專櫃，部分還有吉祥寺限定商品發售。

卡通主題區佔據A館6樓全層，網羅近20個人氣卡通角色的專櫃。

蛋黃哥專櫃面積不小。蛋黃哥玉子壽司行李箱 ¥17,800+税

Kiddy Land×Miffy style限定。青花Miffy ¥2,800+税

不獨女生專美，Chara Park內也有STAR WARS專櫃。

Info
地址：コピス吉祥寺A館6 / F
網址：www.kiddyland.co.jp

合根干　高円寺　吉祥寺　惠比寿　自由ガ丘

玩味文具雜貨
36 Sublo

氣氛悠閒的吉祥寺，有很多雜貨小店，間間都充滿個性。像2004年開業的「36」，老闆從京都移居至此，專售他搜羅自日本全國或海外、富有質感的文具雜貨。還有自家品牌的出品，不乏集體回憶的懷舊設計，或令人會心微笑的有趣之選，相當好逛。

MAP: P.439 B1

店子位於2樓，內裝溫馨如家，名字源自老闆祖父的名字「三郎」。

除了文具雜貨，也有跟著名咖啡店 MAMMOTH 聯乘的咖啡豆。￥700+稅

Converse迷你波鞋擦膠（連鞋盒）。￥410

相撲先生Memo貼。￥500

Info
地址：東京都武蔵野市吉祥寺本町2－4－16 原ビル2／F
電話：0422－21－8118
營業時間：1200－2000
休息：逢周二
網址：www.sublo.net
前往方法：JR中央線「吉祥寺」駅北口，徒步約8分鐘，吉祥寺通、本町新通三岔口。

昭和風屋台酒場街　ハーモニカ
ハーモニカ横丁（口琴横丁）

二次大戰後興起的屋台街，狹窄的巷弄星羅棋布，密密麻麻聚集了99家小店，就像口琴的簧片般林立，因而得名。横丁內不僅有昭和風的庶民食堂、洋式餐廳、居酒屋，還有雜貨、占卜店等，瀰漫懷舊氛圍。

MAP: P.439 B1

口琴横丁範圍包括平和通り、武蔵通り、仲見世通り、中央通り、朝日通り等，窄窄的巷弄縱橫交錯。

横丁內貼有地圖，不怕迷路。

四通八達的窄巷中，隱藏大量庶民食堂，坐得逼狹，反顯得親密，充滿濃濃的人情味。

Info
地址：東京都武蔵野市吉祥寺本町1－2丁目
電話：0422－23－7891
前往方法：JR中央線「吉祥寺」駅北口，徒步約1分鐘。

《孤獨》推介！和牛炸肉丸　**MAP: P.439 B1**
吉祥寺さとう（SATOU）

吉祥寺第一排隊名物——和牛炸肉丸「元祖丸メンチカツ」，自《孤獨的美食家》推介後更名揚天下。「さとう」本身是昭和23年（1948年）創業的精肉店，專售契約農家的國產黑毛和牛，招牌肉丸每日限量3,000個，用上最高級的松板牛，混合新鮮洋蔥粒，炸至金黃香脆，但咬開肉汁四溢！

「さとう」本身是專營國產黑毛和牛的精肉店，除了肉丸、可樂餅，還有炸豬扒等。

任何時間都大排長龍，平日傍晚便賣完；周末有時下午已售罄！

元祖丸メンチカツ（元祖炸肉丸），外層金黃酥脆，內裏肉汁充沛，鮮嫩柔軟而香甜溢滿口腔。￥220

コロッケ（炸薯餅），外皮同樣金黃脆，內餡綿密細緻如慕絲。￥150

Info
地址：東京都武蔵野市吉祥寺本町1－1－8／F
電話：0422－22－3130
營業時間：0900－2000（1000開賣）
網址：www.shop-satou.com
前往方法：口琴横丁外圍。

さとうステーキ（SATOU Steak），全份包括120g和牛，連前菜、炒野菜、飯、沙律和味噌湯，每一道都可口。¥1,600。

看大廚烹調時神態自若、動作利落，盡現功架！

超抵吃！黑毛和牛鐵板燒
Steak House SATOU

　　買肉丸大排長龍，老饕都走到2樓、「さとう」自營的Steak House，午市價格超便宜，卻同樣使用「但馬系」血統的國產黑毛和牛。招牌和牛鐵板燒「さとうステーキ」，連鐵板野菜、飯、沙律、味噌湯等，水準媲美神戶一級和牛鐵板燒，只售¥1,600，超抵吃！

MAP: P.439 B1

SATOU Steak選用和牛腿肉，肉質軟嫩有彈性，只以鹽和黑椒調味已鮮甜味美。

Steak House入口在「さとう」肉店的旁邊，午市時間例必排長龍。

店內設有18席，不怕油煙的一定要坐吧台，可近距離欣賞大廚烹飪。

Info

地址：武蔵野市吉祥寺本町1‐1‐8 2／F
電話：0422‐22‐3130
營業時間：1100‐1430、1700‐2000
網址：www.shop-satou.com
前往方法：口琴橫丁外圍。

手作最中
小ざさ

　　口琴橫丁超過60年歷史的和菓子小店，只售「羊羹」和「最中」兩款，前者每天限定150條，被譽為「幻の羊羹」；後者有白豆和紅豆餡，外皮香脆，內餡綿密，媲美銀座老店但價格便宜。據說一年營業額高達3億，被稱為一坪大的奇蹟！

MAP: P.439 B1

新鮮做起的最中特別香脆，買回家要小心受潮。

每天限定150條的「幻の羊羹」，想吃必須早上8時半來拿整理券，每人限買3條。

最中，筋斗雲造型可愛，外皮充滿糯米香，入口酥脆。豆蓉內餡綿密細緻，不過甜。不含防腐劑，賞味期限只得6天。5個¥305

Info

地址：東京都武蔵野市吉祥寺本町1‐1‐8
電話：0422‐22‐7230
營業時間：1000‐1930
休息：逢周二
網址：www.ozasa.co.jp
前往方法：吉祥寺さとう（SATOU）旁邊。

合羽子　高円寺　吉祥寺　惠比壽　自由が丘

7,000張！卡の專門店
Billboard `MAP: P.439 B1`

　　2003年開業的賀卡專門店，店內提供超過7,000張搜羅自世界各地及日本的賀卡與明信片，有可愛動物圖案、精緻插畫、經典電影劇照等各式其式，不乏搞鬼抵死之作，總有一張適合你。

羊咩咩賀卡，卡面真貼有一片羊毛。￥345

英國夏之手繪賀卡。￥410

店內備有超過7,000張搜羅自世界各地的賀卡與明信片，由地下一直堆至天花，選擇花多眼亂。

店內還有少量文具雜貨售賣，都搜羅自世界各地。

Info

地址：東京都武藏野市吉祥寺本町2 - 33 - 11
電話：0422 - 22 - 8119
營業時間：1030 - 2000
休息：逢周二
網址：www.billboard-kj.com
前往方法：JR中央線「吉祥寺」駅北口，徒步約8分鐘。

￥300均一飾物
Lattice

　　日本著名雜貨店「3 COINS」的姊妹店，主打髮飾、耳環、手鏈、戒指等女生飾物，風格多樣易襯，全店均一售價￥300，故任何時間都逼滿來執平貨的老中青女生，儼如戰場，男生勿近。　`MAP: P.439 B1`

花多眼亂的耳環，也是均一￥300。

店內任何時間都逼滿女生，遺下大量老公、男友和嬰孩只能在門外等！

各式金屬髮飾，一律￥300。

Lattice由髮飾、耳環、手鏈、戒指等不同飾物俱備，而且風格多樣。

Info

地址：東京都武藏野市吉祥寺本町1 - 15 - 3
電話：0422 - 28 - 7851
營業時間：1000 - 2100
網址：www.lattice-web.jp
前往方法：JR中央線「吉祥寺」駅北口，徒步約2分鐘，商店街內。

鈕扣專門店
L.musee

　　吉祥寺有很多特色雜貨小店，一向是東京手作人的入貨熱點。其中2010年開業的鈕扣專門店「L.musee」，提供超過200款搜羅自世界各地及日本的特色鈕扣，不乏歐洲古董；2樓還有段帶及針線工具售賣。　`MAP: P.439 B1`

店子一直是東京手作人的入貨熱點，最近更於表參道開設分店。

CHANEL專用鈕扣，法國製造，色彩繽紛。

店內不乏特色或古董鈕扣。售價￥60起

狹長形的店面，提供超過200款搜羅自世界各地的特色鈕扣。

Info

地址：東京都武藏野市吉祥寺本町 2 - 12 - 2
電話：0422 - 20 - 6710
營業時間：1100 - 1900
網址：www.l-musee.com
前往方法：JR中央線「吉祥寺」駅北口，徒步約8分鐘。

谷根千　高円寺　吉祥寺　恵比寿　自由が丘

可愛紙品店
MAP: P.439 A1

USIRO PAPER MESSAGE

　　2011年開業的紙製品專門店，自設印刷工場，店內佈滿風格各異，但都充滿質感與溫度的紙製品，有賀卡、明信片、信封信紙、記事本，以至可愛人偶的小卡片都應有盡有，文青女生一定大愛。附設小型Gallery，不時舉辦本地插畫家作品展。最重要是，老闆很信任客人，全店歡迎拍照。

店內附設小型Gallery，採訪時便遇上專畫貓咪的插畫家作品展。

全套共56張的貓咪明信片，每一張都真有其貓喔！各￥150

「着衫」人偶，有不同服飾和配件選擇。各￥100

「USIRO」目前只有吉祥寺跟高知縣設有分店。

可愛的貓咪小卡片，貓奴必buy！￥90-100

Info

地址：東京都武藏野市吉祥寺本町4-1-3
電話：04-2227-1854
營業時間：1100-1900
網址：www.papermessage.jp
前往方法：JR中央線「吉祥寺」駅北口，徒步約8分鐘。

地下洞穴咖啡店

COFFEE HALL くぐつ草

　　昭和54年（1979年）創業的喫茶店，位處隱蔽地下室，內部猶如洞穴一樣，燈光昏暗，氣氛神秘。原來老闆是當地380年歷史的人形劇團「結城座」。主打紅茶、咖啡和簡餐，難得水準不俗，招牌咖喱「くぐつ草カレー」，以10種香料和洋蔥炒香後放入麻袋熬煮一整天而成，香料味濃郁。

MAP: P.439 B1

狹長的內部猶如地下洞穴，燈光昏暗，淘空的牆身還鋪滿古董舊物，氣氛神秘。

ラムアイスコーヒー（冧酒凍咖啡），用古典金屬杯盛載的凍咖啡混合冧酒，半醉半醒的味道。￥980

ストロングコーヒー（Strong Coffee），自家調配的Blend coffee咖啡豆，特別經兩年自然風乾熟成，味道格外甘醇。￥670

日文店名「くぐつ」漢字為「傀儡」，藏身商店街的地下室。

くぐつ草カレー，全份連飯、沙律和醃菜，咖喱香料味濃郁，味道香辣蔥味，佐飯一流。￥1,630

Info

地址：東京都武藏野市吉祥寺本町1-7-7
　　　島田ビルB1/F
電話：0422-21-8473
營業時間：1000-2200
網址：www.kugutsusou.info
前往方法：JR中央線「吉祥寺」駅北口，徒步約5分鐘。

谷根千　高円寺　吉祥寺　惠比壽　自由が丘

北歐雜貨店
CINQ

專售北歐風格的優質生活雜貨，涵蓋廚具、家品和飾物，像Price&Kensington的餐具、Solwang 的不織抹布等，都貫徹簡潔與自然的風格，並附設小型展覽空間，甚受區內名媛太太團的喜愛。 **MAP: P.439 B1**

英國品牌Falcon琺瑯（搪瓷）餐具。杯 ￥1,944

店子座落住宅群中，沒有明顯的招牌，但全日其門如市！

歐洲老牌布藝、針線與縫紉工具，件件都充滿質感。

原木家具與地板，內裝一如北歐風格，但多了一份溫暖。

Info
地址：東京都武藏野市吉祥寺本町 2 - 28 - 3 グリーニイ吉祥寺1 / F
電話：0422 - 26 - 8735
營業時間：1100 - 1900
網址：www.cinq-design.com
前往方法：JR中央線「吉祥寺」駅北口，徒步約8分鐘。

￥125現握壽司
天下壽司

東京家傳戶曉的迴轉壽司店，吉祥寺店最多優惠，像午市￥108起，逢雨天更贈送手卷等。全店壽司￥125 / 碟起，招牌吞拿魚3味只售￥400！雖然是迴轉壽司，但件件都是現點現握，壽司飯入口時仍有暖意，飯粒鬆軟，絕非香港一般壽司店可比！ **MAP: P.439 B2**

壽司全部現點現握，絕非一般迴轉壽司店。

インドまぐろ赤身，招牌吞拿魚3味，包括大拖羅、中拖羅和赤身，只售￥400！

しらす壽司，即是生銀魚。￥185 / 碟

Info
地址：東京都武藏野市吉祥寺南町1 - 1 - 3 三河屋ビル1 / F
電話：0422 - 49 - 2366
營業時間：1100 - 2300
　　　　　（周六及假期1100 - 2200）
網址：www.tenkazushi.co.jp
前往方法：JR中央線「吉祥寺」駅公園口，徒步約2分鐘。

第一水果乳酪
ウッドベリーズ 本店（woodberry's）

1997年於吉祥寺開業的乳酪店，選用長野縣八ケ岳產的鮮牛乳，自設工場發酵，配以全國各地契約農家直送的新鮮水果、天然蜂蜜調味，不含人工色素、增味劑等，啖啖天然乳酸。曾被網站Ranking Share票選為武藏野市人氣乳酪第一名！ **MAP: P.439 B2**

每日約有15 - 16款口味供應，經常有季節限定的特色口味。

玻璃小木屋的店子藏身大廈後面，內裏有少量座位，可坐低慢慢吃。

ミックスベリー（Mix Berry），招牌雜莓口味，味道酸酸甜甜又吃得出原來的乳香。M size ￥420

Info
地址：東京都武藏野市吉祥寺南町1 - 4 - 1 井の頭ビル1 / F
電話：0422 - 48 - 3315
營業時間：1200 - 2200
　　　　　（周六、日及假期1100 - 2200）
網址：http://woodberrys.co.jp
前往方法：JR中央線「吉祥寺」駅公園口，徒步約2分鐘。

《孤獨》推介庶民食堂
カヤシマ

1976年開業，本是吉祥寺區內的街坊老洋食店，因人氣日劇《孤獨的美食家》介紹後而爆紅！主打家常風味，且收費超便宜。內裝仍保持昭和風格，牆上貼滿密密麻麻的菜單，因為食客都是老街坊，想吃甚麼店主都會盡力炮製，久而久之便變成數之不盡的菜單，正是老店獨有的人情味。

MAP: P.439 B1

ナポリタンとハンバーグのセット（拿破崙意粉配漢堡扒套餐），《孤獨》劇中出現，又名「五郎套餐」，一次過嚐勻兩款招牌名物，簡單但有人情味。￥980

たこキムチ，即鱆魚泡菜，略鹹但佐酒剛好。￥550

自家製牛すじ大根もつ煮，即蘿蔔牛雜煮，炆得軟脸入味，單是湯汁已夠佐飯。￥490

內裝仍保持昭和風格，因老闆愛音樂，牆身到天花都掛有音樂相關的老照片。

牆上貼滿密密麻麻的菜單（和酒名），《孤獨》劇中，連五郎也即時選擇困難。

開業超過40的洋食店，充滿道地風味。

Info
地址：東京都武藏野市吉祥寺本町1-10-9
電話：0422-21-6461
營業時間：1100-1600、1800-0000（周六、日及假期1100-1500、1800-0000）
網址：http://kayashima.org/index.htm
前往方法：JR中央線「吉祥寺」駅公園口，徒步約8分鐘，吉祥寺第一Hotel對面。

80年道地串燒
いせや 総本店

昭和3年（1928年）創業的串燒老店，本身為吉祥寺的老牌精肉店，故能取得價格低廉又優質的食材。位於井の頭公園入口附近的總本店，為60多年歷史的木建築，前舖立食；後舖是居酒屋，以￥80雞肉串燒作招徠，成為上班族放工喝酒減壓的勝地。

MAP: P.439 B2

ミックス焼き鳥（4本），雜錦串燒由師傅發板，當天包括雞肉、軟骨、豬肝和豬心，烤得焦香蔥味。￥320

まぐろのブツ切り，角切吞拿魚刺身，新鮮甜美又抵吃。￥380

煮込み，即牛雜煮，混有蘿蔔熬煮味道更甜，佐飯佐酒第一流。￥350

1953年所建的本店，2008年整修後重開，另於公園口和北口有分店。

Tips

店內有懂國語的店員，若選雜錦串燒，下單時請務必說明自己不吃甚麼動物（豬、牛、雞）。

梅干酒￥400、生啤￥500，都大大杯！

Info
地址：東京都武藏野市御殿山1-2-1
電話：0422-47-1008
營業時間：1200-2200
休息：逢周二
網址：www.iseya-kichijoji.jp
前往方法：JR中央線「吉祥寺」駅公園口，徒步約5分鐘，吉祥寺通上。

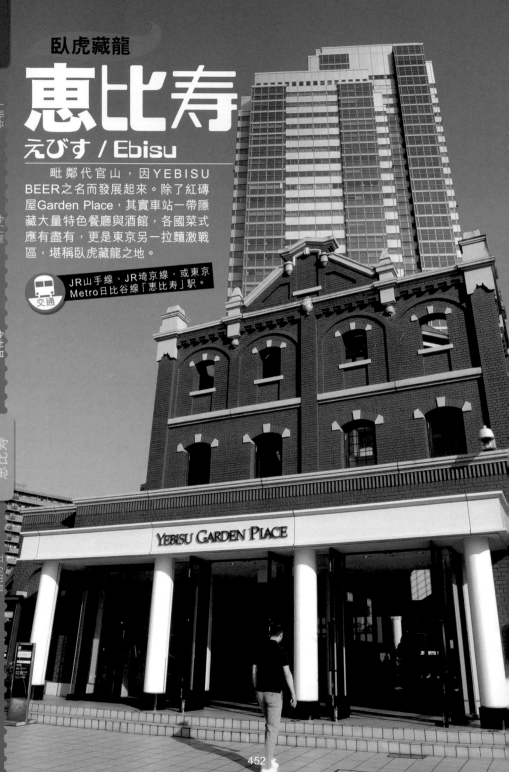

卧虎藏龍

惠比寿
えびす / Ebisu

　毗鄰代官山，因YEBISU
BEER之名而發展起來。除了紅磚
屋Garden Place，其實車站一帶隱
藏大量特色餐廳與酒館，各國菜式
應有盡有，更是東京另一拉麵激戰
區，堪稱卧虎藏龍之地。

交通　JR山手線、JR埼京線，或東京
Metro日比谷線「惠比寿」駅。

YEBISU GARDEN PLACE

452

往渋谷駅

Megu Tama

卍室泉寺

JR埼京線
山手線

明治通り

卍福昌寺

卍法雲寺

九十九ラーメン 本店

渋谷区

往代官山方向

柳沢通り

恵比寿横丁

渋谷川

東京Metro日比谷線 往広尾駅

明治通り

えびす駄菓子バー

恵比寿駅

卍台雲寺

西口

恵比寿駅

初代

東口

びっくり寿司

代中目黒駅

目黒川田通り

恵比寿南

スカイウォーク

目黒区

防衛省技術研究所

くすの木通り

エビスビール記念館
(YEBISU BEER)

恵比寿三越

恵比寿Garden Place

厚生中央病院

往目黒駅

東京都写真
美術館

The Westin Tokyo
(ウエスティン東京)

百年紅磚啤酒廠 MAP: P.453 B4;C4
恵比寿Garden Place

前身為「Sapporo Breweries」於1887年設立的啤酒廠，1988年工廠遷移，於是改建成集購物、餐飲、娛樂於一身的綜合建築群，園區範圍包含YEBISU BEER記念館、三越百貨、東京都写真美術館以及星級酒店。充滿異國氛圍的紅磚建築，成為東京人的假日休閒勝地。

Garden Place內網羅大量人氣，甚至星級餐廳，到處都是拍照美景，充滿度假氣氛。

Info
地址：東京都渋谷区恵比寿4-20-1
電話：03-3442-9731
營業時間：1130-2300
　　　　（周日及假期1130-2200）
網址：http://gardenplace.jp
前往方法：JR山手線、埼京線、東京Metro日比谷線「恵比寿」駅東口，徒步約5分鐘。

紀念館是「YEBISU BEER」120周年紀念時改建，大堂中央乃保存昔日的釀酒「銅釜」。

免費參觀啤酒廠

YEBISU BEER記念館

（惠比壽啤酒記念館）

　　1887年，「Sapporo Breweries」於惠比寿設廠，以德國啤酒的釀造技術，生產出金黃色的麥釀啤酒「YEBISU BEER」，雖價位較高，卻是日本高端啤酒市場的銷量冠軍。1988年工廠遷移，2010年改建成紀念館。免費入場，場內YEBISU Gallery介紹品牌歷史，展出珍貴的釀酒器材。還有酒吧Tasting salon和紀念品店，前者可付費試喝多款新鮮YEBISU BEER；後者則有大量限定精品發售。若想深度見學，更有付費的「YEBISU Tour」。 **MAP: P.453 B4；C4**

Tasting salon例必逼滿人，很多剛滿20歲的年輕人專程來喝酒，慶祝成年禮！

深度見學

YEBISU Tour

若想深度見學，可參加「YEBISU Tour」，收費￥500／位，由職員帶領參觀並講解，包兩杯啤酒試飲。全程約40分鐘，每小時均有2至3場舉行，即場到Tour counter 報名即可。

Tips

非YEBISU Tour的旅客仍可自行參觀YEBISU Gallery，只是沒導賞和試飲。

YEBISU Gallery介紹品牌歷史，展品包括明治23年（1890年）發行的元祖「YEBISU BEER」。

YEBISU御守，跟日本七福神之一的惠比寿同音，同樣招財。￥510／個

— **Info** —

地址：東京都渋谷区惠比寿4‐20‐1
電話：03‐5423‐7255
開放時間：1100‐1900（Tour：平日至1710；周六、日及假期至1730）
休息：逢周一
入場費：免費
網址：www.sapporobeer.jp/brewery/y_museum
前往方法：惠比寿Garden Place內。

谷根千
高円寺
吉祥寺
恵比寿
自由が丘

付費試酒吧
Tasting salon

位於大堂的Tasting salon，每日供應5款YEBISU BEER，一律只售￥400／杯，現場酒保超專業。

酒吧消費需先到投幣機、購買YEBISU Coin，￥400一個。

Tips

日本的合法飲酒年齡為20歲，酒後也請勿駕車！

（左）YEBISU STOUT，creamy順喉，回甘柔和；（右）the Perfect YEBISU，比一般啤酒熟成時間多1.5倍，清香麥芽味。各￥400

除了啤酒，也有佐酒小菜供應，極厚和牛排條，鹹香惹味。￥400

地庫掃手信
恵比寿三越

Garden Place內唯一大型購物場，分為連地庫樓高4層的本館，以及Glass Square。面積雖不算大，但也網羅70多家人氣品牌服飾、雜貨與餐飲。重點是地庫2層的食品部，集合近30家日本著名特產菓子與食店，還有大型超市，掃手信一流。

MAP: P.453 B4

場內也有YEBISU BEER專櫃。

Info

地址：東京都渋谷区恵比寿4 - 20 - 7
電話：03 - 5423 - 1111
營業時間：1100 - 2000
網址：http://mitsukoshi.mistore.jp
前往方法：JR山手線、埼京線、東京Metro日比谷線「恵比寿」駅東口，徒步約5分鐘。

傍晚特價刺身。￥1,280／盒

朝聖攝影大師
MAP: P.453 B4
東京都写真美術館

1995年總合開館，乃日本首家兼唯一攝影與影像作品的專門美術館，連地庫樓高4層，珍藏約33,000件攝影作品，包括荒木經惟、植田正治、木村伊兵衛，森山大道等等殿堂級攝影大師。經歷兩年閉門大規模改建，已於2016年9月3日重開，變身「TOP MUSEUM」。

館內附設咖啡廳，2樓還有商店，專售日本殿堂級藝術家精品。

重新整修後，不僅1樓入口處拓寬了，也增設電梯等設施。

Info

地址：東京都目黒区三田1 - 13 - 3
　　　恵比寿Garden Place內
電話：03 - 3280 - 0099
開放時間：1000 - 1800
　　　　　（周四、五1000 - 2000）
休息：逢周一
入場費：個別展覽各異
網址：http://topmuseum.jp
前往方法：JR山手線、埼京線「恵比寿」駅東口，徒步約7分鐘。

星級壽司店
びっくり寿司
MAP: P.453 B2

2006年開業，是「恵比寿」駅東口附近的著名壽司店，主打江戶前壽司，即當場現握，單憑食材來決勝負！店名解作「嚇一跳」，所有食材均為產地直送，再由擁有「匠の技」的師傅席前現握，水準極高，但定價卻出奇地相宜，一人前刺身只￥480。由於營業至凌晨，據說很多日本藝人也會深夜前來。

店內提供40席，愈夜愈熱鬧。

本鮪セットA，包括中拖羅、醬油漬和炙烤3款吞拿魚食法，每道都肥美甘甜。￥780

おー人様刺身，有吞拿魚、甜蝦和魷魚，每樣都吃得出新鮮的海洋味，正！￥480

炙りえんがわ食べ比べ3種，炙烤白身魚3款，最喜歡後面的柚子酢蘿蔔蓉，味道清新醒胃。￥780

━Info━
地址：東京都渋谷区恵比寿1 - 12 - 1 CRD エビス1S t ビル1 - 2 / F
電話：03 - 5795 - 2333
營業時間：1100 - 0400
網址：www.bikkuri.co.jp
前往方法：JR山手線、埼京線「恵比寿」駅東口，徒步約2分鐘。

白咖喱烏冬
初代
MAP: P.453 A3

2011年開業，原是職人手打的蕎麥麵店家，卻憑一道自創的「白咖喱烏冬」而爆紅，電視雜誌爭相採訪，晚晚大排長龍。重點的白咖喱其實是由薯仔、生忌廉等打成慕絲狀，面層再灑上黑椒提味。吃時跟底下的咖喱烏冬拌勻，入口綿滑細緻而輕盈，湯頭濃郁卻一點都不膩。剛上枱時以為份量太多，結果最後吃至一滴不剩！

初代的白いカレーうどん，上層薯仔忌廉慕絲輕柔creamy；下層咖喱湯濃郁非常，跟滑溜的烏冬配合得天衣無縫。￥1,188

內裝新派時尚，除了蕎麥和烏冬，其餘天婦羅、鴨刺等酒菜也高水準。

坐在吧台，可近距離欣賞職人的整個手打蕎麥麵Show。

━Info━
地址：東京都渋谷区恵比寿南1 - 1 - 10
電話：03 - 3714 - 7733
營業時間：1700 - 0400
前往方法：東京Metro日比谷線「恵比寿」駅3番出口，徒步約1分鐘。

昭和風零食放題酒吧
えびす駄菓子バー

東京著名零食放題酒吧。原是大田區一家零食主題吧，直至2003年開業的恵比寿店，換上昭和風懷舊主題裝潢才爆紅！提供各式居酒屋料理，只要付￥500，即可任吃各式懷舊零食，汽水糖、煙仔朱古力等都是集體回憶，還有招牌名物學生餐「炸麵包」。

MAP: P.453 A2

內部以昭和下町為主題裝潢，懷舊廣告招牌、吊燈、零食吊籃等，全是日本人的童年回憶。

昔日屋頓商場小店必備的「抽噹噹」，70、80後回味。

數十款零食、菓子，一律￥500任吃！懷舊魷魚串、魚條等，男生都拿來當佐酒小菜。

店面也是昭和風設計，門前的舊式日本郵筒，乃拍照打卡位。

Tips

店內另有多款放題套餐，推介：2小時飲放題＋5款料理＋零食放題，收費￥2,980。

━Info━
地址：東京都渋谷区恵比寿西1 - 13 - 7
電話：03 - 5458 - 5150
營業時間：1800 - 0430
　　　　　（周日及假期1700 - 0000）
網址：www.dagashi-bar.com
前往方法：東京Metro日比谷線「恵比寿」駅2或4番出口，徒步約1分鐘。

優質立飲餐吧
Q

MAP: P.453 B3

惠比寿有很多高水準的小酒館，開業10年的「Q」，乃區內的著名立飲酒吧。雖然沒舒適的座位，但餐點水準極高。主打日本各地優質農產炮製的佐酒小菜，以及本地特色葡萄酒。由於多野菜料理，加上氣氛cozy，甚受附近工作的OL喜愛。

全店料理只由老闆1人主理，呈「コ」字形的吧台，客客就圍圈立飲。

チーズサラダピザ（芝士野菜Pizza），芝士薄餅底香脆非常，配清新的野菜沙律，感覺更健康。￥700

「鳥居平」白酒，選用山梨縣甲州的葡萄，果香濃郁，適度的酸味配肉食一流。￥700／杯

鎌倉野菜のバーニャカウダ（野菜沙律），鎌倉農家直送的野菜本身已超甜，再蘸特製的熱芝士醬，味道更昇華，必點！￥1,000

Info

地址：東京都渋谷区恵比寿4‐4‐2
電話：03‐5793‐5591
營業時間：1130‐1400、1700‐0400（周六1700‐0400；日及假期1700‐2300）
網址：http://r.gnavi.co.jp/e5py93px0000
前往方法：JR山手線、埼京線「惠比寿」駅東口，徒步約3分鐘。

寫真集食堂
Megu Tama
（めぐたま）

藏身住宅區的隱蔽食堂，由日本攝影評論家、文學研究家飯沢耕太郎開設，提供日本傳統家庭料理，充滿媽媽的味。焦點是店內收藏了5,000本世界各地的攝影集，食客可全部任揭任看！店主定期邀請著名攝影師舉辦分享會，成為東京攝影迷的聚腳地。

MAP: P.453 B1

內裝以原木裝潢，附設綠意小庭園，坐着舒適又惬意。

店內兩旁各有一整面牆的書架，放滿5,000本世界各地的攝影集，儼如圖書館。

抹茶寒天ソフト（抹茶寒天軟雪糕），一杯集齊抹茶寒天、紅豆、雪糕和水果，啖啖香甜。￥600

名物ソフトクリーム（軟雪糕），號稱以黃金比例調配，奶味香濃綿密。￥600

Info

地址：東京都渋谷区東3‐2‐7 1/F
電話：03‐6805‐1838
營業時間：1130‐2300（周六、日及假期1200‐2200）
休息：逢周一
網址：http://megutama.com
前往方法：東京Metro日比谷線「惠比寿」駅2番出口，徒步約8‐10分鐘。

元祖芝士拉麵
九十九ラーメン 本店

惠比寿是東京另一拉麵激戰區，其中1997年創立的「九十九」，首創芝士拉麵，震撼整個拉麵界。湯頭以國產豚骨加上鳥取縣的大山雞熬煮15小時而成，再以味噌調味，面層鋪滿北海道十勝的Golden Gouda芝士粉，濃郁的芝士動物系湯頭出奇地調和，入口鮮甜味美，自認芝士迷一定要來試試！

MAP: P.453 B2

「九十九」現有3店，但以本店位置最交通方便。

本店面積偌大，除了芝士拉麵，還有芝士餃子和芝士炒飯。

元祖○チーズラーメン（元祖究極芝士拉麵），堆如小山般的芝士粉，味道濃香，跟豚骨濃湯竟然和諧非常，配彈牙拉麵更一流。吃至中段再加點葷更提味。￥930

Info

地址：東京都渋谷区広尾1‐1‐36
電話：03‐5466‐9488
營業時間：1100‐0500
網址：www.tukumo.com
前往方法：東京Metro日比谷線「惠比寿」駅2番出口，徒步約6分鐘。

甜品激戰區

自由が丘
じゆうがおか / Jiyūgaoka

交通 東急東橫線、急大井町線「自由が丘」駅。若從渋谷駅乘東急東橫線直達，車程約10 - 14分鐘。

　　位置稍稍遍離山手線商圈的小區，但距離渋谷駅只10分鐘車程。名字源自日本教育家手塚岸衛在此創辦、宣揚自由主義精神的「自由ケ丘学園」。現在是東京著名的高級住宅區，區內滿是洋式風格的「一戶建」（獨棟式大宅），景色富歐陸異國風情，一直是東京人票選為最理想居住地的三甲。巷弄間藏着各式小店，尤以生活雜貨、洋菓子店最多，更是東京著名的甜品激戰區。

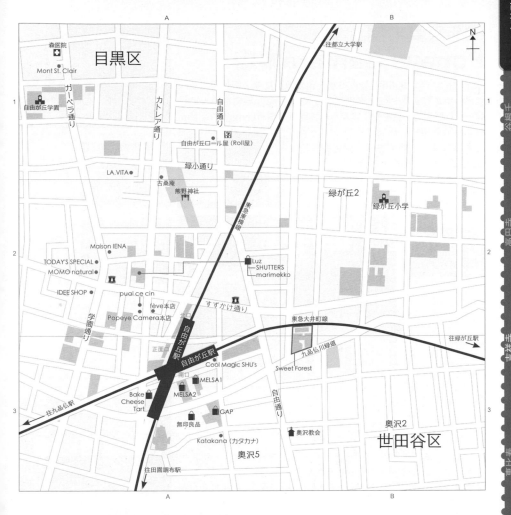

谷根千

高円寺

吉祥寺

恵比寿

自由が丘

長龍芝士撻
Bake Cheese Tart

　　源自北海道老菓子店「きのとや」、月售15萬個的超人氣半熟芝士撻。自由が丘店樓高兩層，乃東京唯一可供堂食的分店，還有北海道牛乳、極上牛乳雪糕供應。

MAP: P.459 A3

Info

地址： 東京都目黒区自由が丘1 - 31 - 10
　　　　BAKEビル 1 - 2 / F
電話： 03 - 5726 - 8861
營業時間： 1100 - 2000
網址： http://bakecheesetart.com
前往方法： 東急東橫線、大井町線「自由が
　　　　　　丘」駅南口，徒步約1分鐘。

80年寫真老舖
Popeye Camera本店

昭和11年（1936年）於自由が丘創立的寫真屋，即是相機店，現已傳承至第三代。在手機攝影的年代，Popeye轉而推出自家品牌、設計時尚的相機配件，以及可愛的雜貨，還有Lomo等Toy cam與二手菲林相機，成功開拓新市場。難得店內仍提供傳統沖曬服務，附近還有附設Gallery的分店，相機迷必Check！

MAP: P.459 A2

Canon F - 1 135菲林相機，附Flektogon 35mm鏡頭，F 2.8光圈，日系相片必備。¥74,000

開業80年的寫真老舖，現已傳承至第三代。

店內仍有售各式120、135菲林。Fuji 120 PRO 400h ¥800 / 盒

除了時尚的相機配件，也有主攻女生的雜貨，店內還有一整櫃mt紙膠帶。

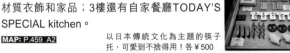

自家品牌的相機袋和相機帶，主打耐用的帆布質料，設計時尚又實用。相機袋（右）¥12,000

┌Info┐

地址：東京都目黑区自由が丘2‐10‐2
電話：03‐3718‐3431
營業時間：1100‐2000
休息：逢周三
網址：www.popeye.jp
前往方法：東急東橫線、急大井町線「自由が丘」駅正面口，步行約2分鐘。

「好生活」雜貨店
TODAY'S SPECIAL

青山生活老店CIBONE老闆——橫川正紀創立的select shop，標榜「好生活」，找來6位不同領域專長的達人，挑選日本以至世界各地的生活好貨，還有自家品牌。旗艦店樓高3層，1樓主打美食家野村友理挑選、符合「好生活」的食材與食器，還有書籍設計師幅允孝的選書；2樓有設計師鄉古隆洋精選的有機材質衣飾和家品；3樓還有自家餐廳TODAY'S SPECIAL kitchen。

MAP: P.459 A2

以日本傳統文化為主題的筷子托，可愛到不捨得用！各 ¥500

自家品牌的果漬Fruit Compote，都以時令水果入饌，最適合愛Detox的都市潮流。各¥1,512

由美食家野村友理挑選的食材，搜羅自日本各地，還有相關的書籍介紹。杉村啟著《醬油手帖》¥1,512

3層高旗艦店，由建築師長坂常負責，已成自由が丘的龍頭家品雜貨店。

清水泥地的內裝，配上齊藤太一挑選的植物，加上一室好物，即時感覺「好生活」。

┌Info┐

地址：東京都目黑区自由が丘2‐17‐8カ
　　　ームヒルズ自由が丘1‐3 / F
電話：03‐5729‐7160
營業時間：1100‐2100
　　　　（kitchen1100‐2330）
網址：www.todaysspecial.jp
前往方法：すずかけ通り、学園通り交界附近。

最新法式生活
Maison IENA

　　剛剛迎來25周年的著名日牌IENA，2015年於自由が丘新開的旗艦店，以「巴黎16區女性的16種夢想事」為主題，樓高3層，佔地過萬平方呎，1樓是IENA雜貨，並附設法國麵包店Christophe Vasseur與花店junnette；2樓是IENA Wear；3樓是IENA Sports和童裝系列，還有偌大的屋上庭園。

MAP: P.459 A2

3樓主打IENA Sports，一艘玻璃纖維kayak為陳列架，跟monotone的服飾相襯。

除了自家品牌服飾，也有搜羅自世界各地的設計雜貨。竹把手玻璃茶壺￥22,000

頂層設有偌大的屋上庭園，於自由が丘高級住宅區內，實屬難得。

IENA設計向以法式生活風格見稱，最近就以法國電影《Qui etes vous Polly Maggoo》為概念主題選品。

自由ガ丘旗艦店樓高3層，男女童裝俱備，1樓還合設青山著名法國麵包店Christophe Vasseur。

Info

地址：東京都目黒区自由が丘2 - 9 - 17
電話：03 - 5731 - 8841
營業時間：1000 - 2000
　　　　　（周六、日及假期0930 - 2000）
網址：http://maison.iena.jp
前往方法：東急東橫線、大井町線「自由が
　　　　　丘」駅北口，徒步約6分鐘。

甜點森林樂園 **MAP: P.459 B2 - C3**
Sweets Forest

　　2003年開幕，日本首個以甜點為主題的樂園，樓高3層，其中3樓的「Sweetsの森」，集合7家特色甜點店，由蛋糕、薄餅，甚至港式甜點俱備，還有季節限定與主題甜點。2015年更重新裝修，內裝佈置成繽紛森林，猶如添布頓電影場景般，拍照打卡一流。

2015年換上全新裝潢，內部以童話森林為主題，帶點奇幻色彩，猶如添布頓電影場景般。

樓高3層，除了「Sweetsの森」，還有甜品工具店和兩家手工蛋糕店。

mix'n mixream，主打用零下20度大理石板現「炒」雪糕，配酥脆窩夫，一冷一熱對比強調。￥667

Berry Berry店主藤間英光只得25歲，以賣相夢幻又可愛而馳名。Mango mousse & Berry￥580

Info

地址：東京都目黒区緑が丘2 - 25 - 7「ラ. ク
　　　ール自由が丘」1 - 3 / F
電話：03 - 5731 - 6200
營業時間：1000 - 2000
網址：www.sweets-forest.com
前往方法：東急東橫線、大井町線「自由が
　　　　　丘」駅南口，徒步約5分鐘。

谷根千 高円寺 吉祥寺 惠比寿 自由が丘

趣味雜貨
Katakana（カタカナ）

2010年開業的設計雜貨店，專售Made in Japan、能展現日本文化精神的好物，店主甚至把這裏定位為手信店。從文具、餐具、飾物、食材、玩具、繪本、生活雜貨，到手工曲奇俱備，不乏令人會心微笑或有趣的作品。

MAP: P.459 A3

店內所售的好物，全是老闆搜羅自日本各地，每件都附有詳盡介紹。

醬油繪皿，倒入醬油，即現富士山、盆景等日本名物圖案。￥1,700

特設富士山雜貨專櫃，乃店內最受旅客歡迎的手信區。

Katakana以日文的「片假名」命名，展現日本文化。

━ Info ━
地址：東京都世田谷区奥沢5-20-21 第一ワチビル1/F
電話：03-5731-0919
營業時間：1100-2000
網址：http://katakana-net.com
前往方法：東急東橫線、大井町線「自由が丘」駅南口，徒步約3分鐘。

美眉樂園
Luz

2樓有芬蘭國寶花布雜貨店marimekko，日本店比香港更大更多精品。

2009年開幕，連地庫樓高8層，主攻女性客群，網羅20多家品牌及餐飲店，包括香皂專門店Sabon、marimekko、精品廚具店Cuisine Habits、著名豬肋骨意菜館SHUTTERS等等，還有多家美容Spa，名副其實的「美眉樂園」。
MAP: P.459 A2

2009年開幕，乃北口最新的複合式商場，網羅女生最愛的品牌和餐飲。

東京著名意大利餐廳SHUTTERS位於3樓，招牌豬肋骨「スペアリブ」軟脸得骨肉分離，還有8款醬汁選擇。￥1,995

━ Info ━
地址：東京都目黒区自由が丘2-9-6
電話：03-5731-0536
營業時間：1100-2000
網址：http://luz-jiyugaoka.com
前往方法：東急東橫線、急大井町線「自由が丘」駅正面口，步行約3分鐘。

歐風購物村
LA.VITA

以水鄉威尼斯為藍本設計的主題購物村，意大利文的名字解作「生命」，6棟歐式建築內有藝廊、Salon，以至寵物美容Spa，雖不是旅客會到的店，但村內建有精緻的人工河、拱橋與鐘樓，充滿南歐風情，拍照打卡一流！
MAP: P.459 A1

鮮黃色的牆身，加上拱形走廊，到處瀰漫異國氛圍。

紅磚拱橋、人工河、古典街燈，後面還停泊了一艘賣貢多拉，猶如置身水鄉威尼斯。

人工河上有一間狗屋，其實屬於村內的寵物美容Spa。

鐘樓與南歐風情的建築，都是拍照好背景，但旅客參觀時還請保持安靜。

━ Info ━
地址：東京都目黒区自由が丘2-8-3
電話：03-3723-1881
營業時間：1100-2000
網址：http://shop.jiyugaoka.net/lavita
前往方法：東急東橫線、急大井町線「自由が丘」駅正面口，步行約5分鐘。

大師級豆菓子
fève本店

日本甜點大師辻口博啓，最新開設的豆菓子專門店。將日本傳統的豆子、果仁零食，以北海道發酵牛油、八丁味噌、黑糖、和三盆等調味，伴以果乾、茶葉，再配上精緻的包裝，變成健康有益，又變化萬千的新式豆菓子。

MAP: P.459 A2

豆菓子有花生、腰果等果仁，配以鹹甜口味調味，左邊的黑椒鹽Truffle（￥650），乃自由が丘首發。

甜點大師辻口博啓的最新豆菓子店，門口置有大師的紙板人偶作招徠。

人氣No.1的「覆盆子腰果」，伴以纖維感的鳳梨果乾，酸酸甜甜又香口。￥400

清水泥地的內裝設計時尚，提供近20款口味的豆菓子，也有大師的果仁曲奇發售。

Info

地址：東京都目黒区自由が丘1-29-14 Jフロントビル1/F
電話：03-6421-4825
營業時間：1000-2000
網址：http://feve-jiyugaoka.jp
前往方法：東急東橫線、大井町線「自由が丘」駅北口，徒步約6分鐘。

4層旗艦店
IDEE SHOP

1980年創立，以「探索生活」為主題的著名家具雜貨店，數年前起被無印良品併購，仍不失其溫暖而優雅的設計風格。位於自由が丘的旗艦店，樓高4層，由自家品牌的原創家具、燈飾、生活雜貨，到團隊店家挑選的生活好物俱備，4樓還附設半露天的麵包咖啡廳。

MAP: P.459 A2

IDEE挑選的生活好物，從服飾到護理用品都有。帆布背包￥24,000

店內有售紐約著名有機品牌john masters的護理用品，許多荷里活明星都是用家。

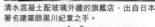

清水混凝土配玻璃外牆的旗艦店，出自日本著名建築師黑川紀章之手。

1樓主打生活雜貨；2、3樓則是自家原創品牌的家具，風格充滿日系溫暖。

Info

地址：東京都目黒区自由が丘2-16-29
電話：03-5701-7555
營業時間：1130-2000
　　　　　　（周六、日及假期1100-2000）
網址：www.idee.co.jp
前往方法：すずかけ通り、学園通り交界。

合根子
高円寺
吉祥寺
惠比壽
自由が丘

朝聖甜品大師
Mont St. Clair

　　日本家傳戶曉的甜品大師——辻口博啟，石川縣出身，日本史上最年輕「全国洋菓子技術比賽」得主，多次奪得法國里昂世界杯糕點大賞、巴黎朱古力博覽會最高榮譽等國際大獎。1998年從法國凱旋回國，於自由が丘開設的首家甜品店Mont St. Clair。附設烘焙工房、堂食Salon和餅店，每個時段都有不同款式的甜點出爐，被日本媒體評為區內3大必吃。

MAP: P.459 A1

C'est la vie，辻口博啟在法國的得獎作品，內有朱古力及開心果海綿蛋糕。￥567

店員推介Fromage cru，口感滑嫩香濃，芝士與忌廉的完美配合。￥450

Croissant，店內招牌之一，選用發酵牛油，層層酥脆濃郁，肥十磅都值！￥243

店內特設小包裝的甜點櫃，可自選禮盒，一次過嚐遍大師的得意之作。法式貝殼小蛋糕￥200

餅店集合辻口博啟的蛋糕、手工朱古力、麵包與甜點，堂食需先到餅店選擇，再到Salon留名排隊。

Mont St. Clair位於自由が丘北部，每日都有日本各地粉絲慕名而來。

━━Info━━
地址：東京都目黑区自由が丘2 - 22 - 4
電話：03 - 3718 - 5200
營業時間：1100 - 1900
休息：逢周一
網址：www.ms - clair.co.jp
前往方法：自由学園附近。

大師級蛋卷店
自由が丘ロール屋（Roll屋）

　　自由が丘已成辻口博啟的第2家鄉，於區內開有多家餅店，這家是他2002年開設的瑞士蛋卷專門店。每日供應5至8款蛋卷，不時有季節限定口味推出。招牌原味蛋卷「自由が丘Roll」，鮮忌廉加上Cusard Cream，雙倍奶滑。

MAP: P.459 A1

尖頂小屋設計的瑞士蛋卷專門店，不設堂食，但每逢假日和節日例必大排長龍。

招牌原味蛋卷「自由が丘Roll」，蛋糕如海綿般綿密鬆軟，加上奶滑輕盈的忌廉，甜而不膩。￥325

燒菓子新作「抹茶曲奇」，口感香脆，另有煎茶、紅茶等口味。￥200

━━Info━━
地址：東京都目黑区自由が丘1 - 23 - 2
電話：03 - 3725 - 3055
營業時間：1100 - 1900
休息：逢周三及第3個周二
網址：www.jiyugaoka-rollya.jp
前往方法：綠小通り、自由通り交界附近。
前往方法：東急東橫線、急大井町線「自由が丘」駅北口，步行約7分鐘。

走過綠意盎然的庭園石板路，便是古
雅的茶寮，每逢下午便大排長龍。

古民宅Cafe
古桑庵

　　自由が丘著名日式茶寮，每逢
下午便大排長龍。座落一棟60年歷
史的古民宅內，內部一室榻榻米座
席、附設雅致而綠意盎然的庭園，
以及古董Gallery。提供抹茶、咖
啡、和菓子等日式甜點。建築來頭
不小，屋主是日本大文豪夏目漱石
的大女婿、著名小說家松岡讓，夏
目也曾暫住過一段時間，令這裏倍
添藝文氛圍。

MAP：P.459 A1

古桑庵風抹茶白玉ぜんざい，青澀的抹
茶，伴以軟糯的白玉湯圓，與蜜甜的紅
豆，乃店內招牌。￥1,100

內部一室榻榻米座
席，坐在窗前，可邊
啖抹茶、邊欣賞庭園
景致。

夏目也曾暫住「古
桑庵」一段時間，
晚年更留下珍貴
的山水畫作。

60年歷史的古民宅，由夏目漱石女婿、著名
小說家松岡讓所建。

Info

地址：東京都目黑区自由が丘1 - 24 - 23
電話：03 - 3718 - 4203
營業時間：1100 - 1830
休息：逢周三
網址：http://kosoan.co.jp
前往方法：東急東橫線、急大井町線「自由
　　　　　　が丘」駅正面口，步行約5分鐘，
　　　　　　熊野神社附近。

岡山家具雜貨
MOMO natural

　　源自岡山的家具雜貨店，自營工廠，主打帶有質樸溫馨感的原木家具，並重視機能性與實用性。自由が丘店位於2樓全層，產品系列齊全。除了大型家具，也有小巧的生活雜貨。

MAP: P.459 A2

店內也有售包包、廚具等生活雜貨，自家品牌CLOCHET Vegie Bag。
￥4,900

KONO Coffee手沖壺，專業咖啡師Hand Drip常用。￥5,500

MOMO natural 位於玻璃大廈的2樓。

MOMO natural的家具採用紐西蘭進口木材製，設計帶點日系北歐風格，感覺溫馨。

Info
地址：東京都目黑区自由が丘2 - 17 - 10
　　　ハレマオ 自由が丘ビル2 / F
電話：03 - 3725 - 5120
營業時間：1100 - 2000
網址：www.momo-natural.co.jp
前往方法：すずかけ通り、學園通り交界附近。

雨傘專門店
Cool Magic SHU's

　　由日本雨傘製造商Waterfront開設的雨傘專門店，號稱世界最大規模！樓高4層，提供超過10,000把雨傘選擇，色彩繽紛，款式多得讓人眼花撩亂。還有專為女性、男性而設的樓層，不乏有特別功能與創意之作，保證總有一把適合你。

MAP: P.459 A3

男士雨傘專區強調功能性，包括附設LED燈，甚或風扇的雨傘。

店內人氣No.1、世上最細的縮骨傘，只有166g重，晴雨兼用。各￥1,500

樓高4層的雨傘專門店，提供超過10,000把雨傘選擇。

每層各有主題，1樓天花掛滿繽紛色彩的雨傘，像極雨傘美術館。

Info
地址：東京都目黑区自由が丘1 - 9 - 1
電話：03 - 6421 - 2108
營業時間：1000 - 2000
網址：www.water-front.co.jp
前往方法：東急東橫線、大井町線「自由が丘」駅南口，徒步約1分鐘。

Nice claup副線
pual ce cin

　　日本著名女裝品牌Nice claup的副線，服飾均以棉、麻等天然材質製作，善長運用印花、蕾絲、鏤空等細節，加上層次設計，演繹清新的法式浪漫風格，同時滲出活潑。自由が丘店樓高兩層，乃東京最大分店。**MAP: P.459 A2**

除了浪漫風格，也有活潑sporty的甜美設計。￥3,900

pual ce cin向以蕾絲、鏤空等細節剪裁見稱。￥4,900

自由が丘店樓高兩層，採訪時遇上Summer sale，折扣低至7折。

素白的內裝配原木樑柱和貨架，散發清新的田園味，跟品牌設計風格相呼應。

Info
地址：東京都目黑区自由が丘2 - 10 - 2 平本ビル1 - 2 / F
電話：03 - 6421 - 2471
營業時間：1100 - 2000
網址：http://pualcecin.jp
前往方法：Popeye Camera本店旁邊。

海街日記
鎌倉 かまくら / Kamakura

因為電影《海街日記》,我來了鎌倉。

位於神奈川縣西面,距離東京市中心約1小時車程,人口只得18萬的小鎮,卻曾是12至14世紀「鎌倉幕府」政權的所在地,因而留下無數歷史遺跡與古寺,論古都氛圍絕不遜於京都!

另一方面,位處相模灣沿岸,屬於「湘南」地區的鎌倉,擁有陽光與海灘,每逢夏天便吸引年輕男女來沖浪和度假,一直是青春偶像劇、愛情電影、少年動漫的故事舞台,遠有《Slam Dunk》,近有《鎌倉物語》、《海街日記》、《寵愛情人夢》、《有喜歡的人》等,最適合一天療癒之旅。

官網:www.kamakura-info.jp

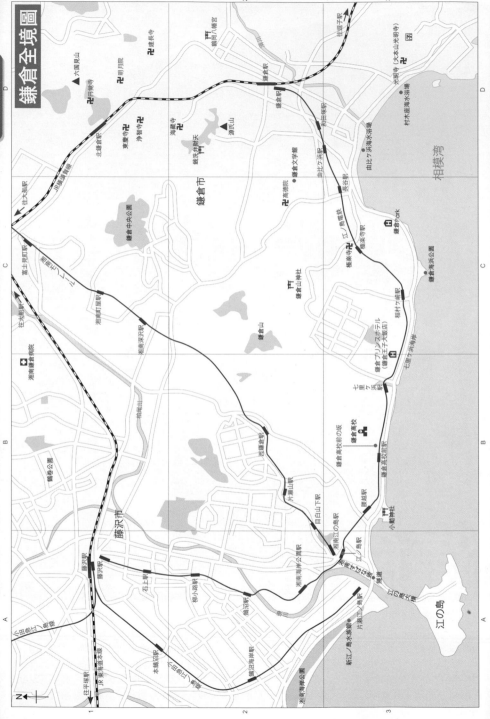

鎌倉全境圖

鎌倉市

藤沢市

相模湾

江の島

六国見山
円覚寺
明月院
建長寺
鶴岡八幡宮

北鎌倉駅
東慶寺 浄智寺
海蔵寺
源氏山
鎌倉駅
和田塚駅
由比ヶ浜駅
鎌倉文学館
高徳院
長谷駅
由比ヶ浜海水浴場
村木逆海水浴場
光明寺(大本山光明寺)

JR横須賀線
富士見町駅
往大船駅

湘南モノレール

湘南町屋駅
湘南深沢駅
鎌倉中央公園
鎌倉山神社
鎌倉山
極楽寺
極楽寺駅
江ノ電鉄
鎌倉Park
鎌倉海浜公園
稲村ヶ崎駅
七里ヶ浜海岸

湘南鎌倉病院

鶴巻公園

西鎌倉駅
湘南江の島駅

鎌倉プリンスホテル
(鎌倉王子大飯店)

七里ヶ浜駅
鎌倉高校前の坂
鎌倉高校
鎌倉高校前駅

片瀬山駅
目白山下駅
腰越駅
小動神社

藤沢駅
石上駅
柳小路駅
鵠沼駅
湘南海岸公園駅
湘南江の島駅

新江ノ島水族館
片瀬江ノ島駅

湘南海岸公園

江ノ島大橋

江の島

小田急江ノ島線

往平塚駅
JR東海道本線

本鵠沼駅
鵠沼海岸駅

N

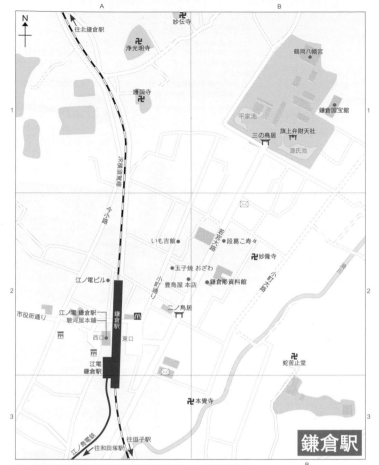

鎌倉駅

長谷駅

優惠車票:

小田急「江の島 鎌倉Free Pass」

範圍:包含新宿至藤沢駅之間的小田急普通列車來回各一趟、以及無限次乘搭江ノ電、以及藤沢至片瀬江ノ島駅間的小田急普通列車。

票價:新宿出發￥1,640

售賣點:小田急旅遊服務中心、小田急線各車站的自動售票機

網址:www.odakyu.jp/tc/deels/freepass/enoshima_kamakura/

前往鎌倉交通：

從東京前往鎌倉（包含江の島），可乘搭JR或小田急電鉄，各有利弊。

1. 乘JR的湘南新宿ライン、橫須賀線、東海道線、京濱東北線、宇都宮線或高崎線，均可抵達「鎌倉」駅，從新宿、渋谷、東京駅出發，車程最快只需1小時（新宿發車費約￥918）。優點是方便快捷，但車費較貴，除非你有購買JR Pass。（若前往江の島，可於「鎌倉」或「藤沢」駅，轉乘江ノ島電鉄，往「江ノ島」駅。）

2. 乘小田急電鉄江ノ島線，優點是車費便宜很多，但代價是慢。從新宿出發，必需至「藤沢」駅（車程約65分鐘，車費￥586），再轉乘江ノ島電鉄往「鎌倉」駅（車程約35分鐘，車費￥300），全個車程約2小時，車費￥886。

（若前往江の島，可於「藤沢」駅轉乘江ノ島電鉄，至「江ノ島」駅；或小田急江ノ島線，至「片瀬江ノ島」駅。）

選JR還是小田急？

至於該選乘JR還是小田急？筆者意見是若只遊鎌倉駅一帶，又預算充裕的話，可選JR。若是前往江の島，或一天玩盡江の島與鎌倉，則建議選乘小田急，而且購買小田急的「江ノ島－鎌倉周遊券」，車費更是抵上抵！

*若從成田機場往鎌倉/江の島，可乘搭「N'EX」成田特快往「大船」駅，再轉乘JR各線至鎌倉駅。

Tips

小田急浪漫特快由新宿直達「片瀬江ノ島」駅，車程只65分鐘，票價￥620，惟班次不多。網址：www.odakyu.jp/tc/romancecar

JR「鎌倉」駅。

鎌倉市內交通：
百年風景電車
江ノ電（江之電）

全名應是「江ノ島電鉄」，1902年通車，連接鎌倉至藤沢駅的路面電車，也是市內最主要的交通工具。全長10公里，共15個車站，走畢全程約35分鐘。途經鎌倉一眾熱門景點，包括鶴岡八幡宮、鎌倉大佛等等。其實，穿梭湘南海岸與民居窄巷的「江ノ電」，沿途風光明媚，本身也是景點。

江ノ電1日乘車券「のりおりくん」

範圍： 可一天內無限次乘搭「藤沢」至「鎌倉」駅之間的江ノ電全線，更附送飲食遊玩折扣券。
票價： 成人￥800、小童￥600
售賣點： 江ノ電沿線各車站
網址： www.enoden.co.jp/tourism/ticket/noriorikun

「江ノ電」有多款車廂設計。

從駕駛室放眼景觀更美，難怪被日本鐵道迷視為夢想職業。

極楽寺駅往長谷駅一段，電車會在民居窄巷間穿越，兩旁花團錦簇，美極！

腰越駅往稲村ケ崎駅一段，沿湘南海岸行駛，一路都有蔚藍的相模灣美景相伴。

超過110年歷史的「江ノ電」，乃日本碩果僅存的路面電車，約12分鐘一班。

Info

票價： 單程 成人￥190-300、小童￥100-150
網址： www.enoden.co.jp

鎌倉信仰中心
鶴岡八幡宮

八幡宮乃鎌倉最具代表性的神社，周日常見當地人舉行傳統神道教婚禮。

康平6年（1063年）由源賴義創建，供奉日本天皇祖神的「八幡神」，乃日本三大八幡宮之一，也是鎌倉幕府源氏的守護神，被視為鎌倉最具象徵性的神社，因而地位崇高，長年香火鼎盛。

MAP: P.469 B1

社內有棵樹齡過千年，見證幕府數百年興衰的大銀杏。

艷紅色的八幡宮，匾額上的「八」字為兩隻鴿子，代表八幡神的使者。

八幡宮也是賞櫻名景，三鳥居前的參道名為「段葛」，兩旁種滿櫻花樹。

—Info—
地址：神奈川県鎌倉市雪ノ下2 - 1 - 31
電話：0467 - 22 - 0315
開放時間：0900 - 1600
參拜費：免費
網址：www.hachimangu.or.jp
前往方法：JR「鎌倉」駅東口，徒步約10分鐘；江ノ電「鎌倉」駅，徒步約10分鐘。

鎌倉第一手信
豐島屋 本店

店內還有一系列鳩サブレー精品，包括造型幾可亂真的「鳩妻鏡」。￥810

明治27年（1894年）創業，鎌倉家傳戶曉的和菓子老店，超過120年歷史的招牌白鴿酥餅「鳩サブレー」，以小麥粉、牛油、雞蛋與砂糖製，不含任何添加劑，簡單質樸但酥脆可口，這就叫「經典」。加上可愛的鴿子造型，成為鎌倉第一手信！

MAP: P.469 A2

除了白鴿酥餅，豐島屋還有各式生和菓子，款式隨季節變更。

位於若宮大道的本店，純白色古典風造型建築極其搶眼。

鳩サブレー（白鴿酥餅），經典黃色小紙袋形包裝，白鴿餅酥脆，牛油味香濃。一袋5枚￥648

—Info—
地址：神奈川県鎌倉市小町2 - 11 - 19
電話：0467 - 25 - 0810
營業時間：0900 - 1900
休息：逢周三
網址：www.hato.co.jp
前往方法：若宮大道上、鎌倉彫刻資料館對面。

鎌倉最熱鬧老街
小町通り

鎌倉駅東口前的商店街，早在鎌倉幕府時期已是繁盛的街道。全長360米，兩旁卻集合數百間特產手信、道地小吃和餐廳，從早到晚熙來攘往，每年吸引大批旅客，乃鎌倉最熱鬧的老街。 **MAP: P.469 A2**

Info
地址：神奈川縣鎌倉市小町界隈
網址：www.kamakura-komachi.com
前往方法：JR「鎌倉」駅東口，徒步約2分鐘；
　　　　　江ノ電「鎌倉」駅，徒步約2分鐘。

鎌倉可樂餅
駿河屋本舖

老闆原為鎌倉一家炸豬扒店的二代目，卻念念不忘兒時最愛的「可樂餅」（コロッケ），於是2003年開店。取名「鎌倉可樂餅」，綿密的薯蓉還混有豬肉和洋蔥，還變化出銀魚、和牛等不同口味。 **MAP: P.469 A2**

江ノ電鎌倉駅限定「大判鎌倉コロッケ」。￥200

Info
地址：鎌倉市御成町1 - 15「ことのいち鎌倉」內
電話：0467 - 61 - 0845
營業時間：1000 - 1900
前往方法：江ノ電「鎌倉」駅內。

紫芋雪糕
いも吉館 小町通り店

1989年開業的紫芋專門店，「紫芋」即是我們的紫薯。店內所售的紫薯批、紫薯蛋糕、炸紫薯餅等，均以鹿兒島自家農場直送的紫薯製作。招牌紫薯軟雲糕，小町通幾乎人人手執一杯。 **MAP: P.469 A2**

紫いもソフトクリーム（紫薯軟雲糕），另有抹茶、黃薯等口味。￥400

Info
地址：神奈川縣鎌倉市小町2 - 8 - 4
電話：0467 - 25 - 6220
營業時間：0930 - 1800
網址：www.imoyoshi.com
前往方法：小町通尾段。

鎌倉限定啤酒
鎌倉ビール

夏天走在鎌倉街頭，隨處可見售賣「鎌倉啤酒」，曾奪「World Beer Cup」的最高賞，已成鎌倉人氣手信。共有星、花、月3款，藍色瓶身的星，帶有柑橘香氣，清爽順喉；紅色瓶身的花，清甜細緻；綠色瓶身的月，泡沫細緻，甘苦味富層次。鎌倉市內酒吧、食堂，以至手信店均有售賣。

鎌倉ビール。各￥750

Info
網址：www.kamakura-beer.co.jp

俗稱「鎌倉大仏」的青銅坐像約13.35米高，乃日本第2大佛像，僅次於奈良的東大寺大佛。

拜見鎌倉大佛
高德院

　　座落長谷的一座浄土宗佛寺，因內裏有一尊國寶級的佛像而聞名。青銅製「阿弥陀如来坐像」13.35米高、93噸重，俗稱「鎌倉大仏」，最早始建於12世紀的鎌倉幕府時代，被譽為鎌倉市的象徵。

MAP: P.469 A3

因為大佛size巨型，連善信奉納的草鞋也是「巨人版」！

寺內紀念品店有很多大佛造型的有趣商品，大佛金光棒更是人氣熱賣。各￥550

寺內有很多大佛主題的有趣商品，幽默感不損虔誠。

寺內有很多大佛主題的有趣商品，幽默感不損虔誠。

大佛內部是中空的，只要付￥20即可進入參觀，大佛背部還有兩扇方形的窗戶。

大佛背脊有兩扇格子窗，加上佛頭畫面有點科幻。

寺內有很多大佛主題的有趣商品，幽默感不損虔誠。

Info

地址：神奈川県鎌倉市長谷４丁目２番28号
電話：0467 - 22 - 0703
開放時間：4 - 9月0800 - 1730；
　　　　　　10 - 3月0800 - 1700
　　　　　　（鎌倉大佛內部0800 - 1630）
參拜費：￥200
網址：www.kotoku-in.jp
前往方法：江ノ電「長谷」駅，徒步約8分鐘。

神奈川
鎌倉
江の島

紫陽花名寺
長谷寺
MAP: P.469 A4

每年6月初夏梅雨季，便是紫陽花盛放的季節，整個寺院都是妊紫嫣紅的花海。

天平8年（736年）創建，為淨土宗系佛寺，因內裏供奉的「十一面觀音立像」，為日本第一大木製觀音像而聞名。不過近年寺內的紫陽花海更聞名，每年初夏梅雨季節，開滿絢麗的紫陽花，吸引全國各地的賞花人潮，風頭甚至媲美鎌倉大佛！

寺內共有3組「良緣地藏」，據説只要把三處地藏都拍下來，就能締結良緣。

庭園裏種有櫻花與紫陽花、茶花等四季花卉，每個季節都有花可賞。

Info
地址：神奈川縣鎌倉市長谷 3 - 11 - 2
電話：0467 - 22 - 6300
開放時間：3 - 9月0800 - 1730；
　　　　　　10 - 2月0800 - 1700
參拜費：￥300
網址：www.hasedera.jp
前往方法：江ノ電「長谷」駅，徒步約8
　　　　　　分鐘。

排隊豆沙包
鎌倉するがや
MAP: P.469 A4

紫芋どら焼き。￥250

昭和12年創業的排隊菓子店，專售名叫「どら焼き」的鎌倉傳統菓子，其實即是銅鑼燒（叮噹的豆沙包）。用栃木縣產上質小麥粉、香川縣的和三盆糖、北海道十勝紅豆等材料製，還有紅豆、栗子、雪糕等，以及季節限定口味選擇。

Info
地址：神奈川縣鎌倉市長谷2 - 14 - 11
營業時間：1100 - 1700
網址：http://xn--v8jza5j0a.com
前往方法：江ノ電「長谷」駅，徒步約5
　　　　　　分鐘。

大佛Beer
大仏ビール

佛祖造型的啤酒夠噱頭，其實是「鎌倉ビール醸造」2011年推出的限定啤酒，只限「高德院」一帶發售。綿密順口，味道甘醇而不澀，還有一股芳香。

大仏ビール。
￥540
（「高德院」附近的老酒舖「相模屋酒店」有售。）

Info
網址：www.kamakura-beer.co.jp

長谷駅

鎌倉店春季限定，紫陽花蒟蒻石鹼，令肌膚充滿透明感。￥1,250

新開的長谷店門前，還置有可愛的洗顏地藏。

店內設有洗手台，給你即場試用各款蒟蒻皂。

美顏蒟蒻皂
鎌倉蒟蒻しゃぼん

「蒟蒻石鹼」專門店，「石鹼」即是肥皂。利用蒟蒻抽取物製成的洗臉皂，如果凍般Q彈滑溜，搓揉後會產生濃密細緻的泡沫，據說保濕與清潔效果極高。更加入金箔、櫻花、竹炭等不同美容成份，不同季節還有限定款式推出。

MAP：P.469 A4

店前置有「鎌倉洗面菩薩」像，樣子有趣！

Info
地址： 神奈川県鎌倉市長谷1-15-13
營業時間： 1000-1800
網址： http://kamakura-shabon.com
前往方法： 江ノ電「長谷」駅，徒歩約5分鐘。

北鎌倉

6月限定紫陽花
明月院

應永元年（1394年）前創建，屬臨濟宗建長寺派的寺院，本尊為聖觀音，「方丈」內有一扇円形窗戶，名為「雪見窗」。現在卻以「紫陽花寺」而聞名，寺內種了超過2,500株紫陽花，每年6月中到7月上旬的梅雨季盛放，花期不長，但顏色繽紛絢麗。

MAP：P.468 D1

寺內的庭園造景古典雅致，但慈祥的佛像加上紫陽花，登時可愛起來。

明月院所種的為古來品種的「姬紫陽花」，多為藍或紫色，搭配境內的竹林更美。

筆直的梯級夾道紫陽花，妖紫嫣紅景致醉人。

就連明月院的繪馬，都特別印有紫陽花。

Info
地址： 神奈川県鎌倉市山ノ内189
電話： 0467-24-3437
開放時間： 0900-1600（6月0830-1700）
參拜費： ￥300（6月￥500）
前往方法： JR「北鎌倉」駅，徒歩約10分鐘。

文學場景
円覚寺（圓覺寺）

小橋流水，向以景色優美見稱。

由北條時宗在1282年建立，本尊寶冠釋迦如來，禪宗風格的「舍利殿」乃神奈川縣內唯一國寶級建築，內部供奉釋迦牟尼的牙。向以景色優美見稱，也是鎌倉著名的賞楓勝地。地靈人傑，夏目漱石曾在此參禪，並以此為舞台寫成小説。而小津安二郎、木下惠介更長埋於此。

MAP: P.468 D1

円覚寺以收藏釋迦牟尼的遺骨聞名，寺內隨處可見不同造型的石佛。

寺內的山門、佛殿、方丈以直線排列，其中山門更多次出現於夏目漱石的作品。

寺內寺廟外都被楓樹環抱，每逢秋季紅葉滿山，景致更迷人。

━━Info━━
地址：神奈川県鎌倉市山ノ内409
電話：0467 - 22 - 0478
開放時間：3 - 11月0800 - 1630；12 - 2月0800 - 1600
參拜費：￥300
網址：www.engakuji.or.jp
前往方法：JR「北鎌倉」駅，徒步約1分鐘。

鎌倉五大寺
建長寺

日本人相信，參拜時將香煙撥向頭上，即能消災解難。

建長5年（1253年）創建，臨濟宗建長寺派的大本山，本尊地藏菩薩，據説是日本最早的禪修道場，為「鎌倉五大寺」之首。寺內建築以仿唐的「禪宗樣」而建，再配合禪意的傳統日式庭園，別有一番味道。建長寺同時是鎌倉著名的賞楓勝地，一到秋天，境內層林盡染，美不勝收。

MAP: P.468 D1

建長寺依山谷地形而建，將總門、三門、佛殿、法堂排列在一條直線上。

建長寺有名的天狗銅像。

━━Info━━
地址：神奈川県鎌倉市山ノ内8
電話：0467 - 22 - 0981
開放時間：0800 - 1630
參拜費：￥300
網址：www.kenchoji.com
前往方法：JR「北鎌倉」駅，徒步約20分鐘。

《海街日記》沙灘
七里ガ浜

鎌倉另一著名取景電影，是綾瀨遙、長澤雅美主演的《海街日記》（原名：海街Diary），大部分場景都在鎌倉拍攝，其中4姊妹在沙灘漫步一幕，取景地就是「七里ケ浜」一段海灘。

MAP: P.468 B3；C3

《海街日記》劇照。

━━Info━━
位置：七里ケ浜駅海岸
前往方法：江ノ電「七里ケ浜」駅，徒步約2分鐘。

《男兒當入樽》片頭曲。

《SLAM DUNK》名場景
鎌倉高校前の坂 `MAP：P.468 B3`

為免打擾當地居民日常生活，請遵守交通規則、切勿站在馬路中心影相。

　　「鎌倉高校」前的平交道，正是《男兒當入樽》（SLAM DUNK）片頭曲中，櫻木花道隔着電車偷看晴子一幕的取景地。配合湘南海岸的藍天白雲，以及駛過的「江ノ電」，青春回憶即時湧現！

---Info---
位置：鎌倉高校前駅附近，湘南海岸
前往方法：江ノ電「鎌倉高校前」駅，徒步約1分鐘。

戶戶海景房
鎌倉 Prince Hotel（鎌倉王子大飯店）

　　隸屬太子酒店集團，座落「七里ケ浜」，98間客房，間間都座擁相模灣蔚藍海岸美景。早上一打開窗，即見江の島，甚至富士山。餐廳、泳池、禮品店等設施一應俱全，旁邊還有132個發球台的高爾夫球練習場，最適合短住度假。 `MAP：P.468 B3：C3`

每個房間都座擁相模灣景觀，Twin room空間闊落，內裝舒適。

傍晚，還可從陽台欣賞相模灣醉人的夕陽。

酒店四周被翠綠包圍。

酒店擁有可容納600人、眺望湘南海景的大型宴會廳，乃當地婚禮勝地。

---Info---
地址：神奈川県鎌倉市七里ガ浜東1-2-18
電話：0467-32-1111
房租：Twin room￥12,118／晚起
網址：www.princehotels.com/zh-tw/kamakura
前往方法：JR「鎌倉」駅或「藤沢」駅，轉乘「江ノ電」，於「七里ケ浜」駅下車即達。

浪漫小島
江の島
えのしま / Enoshima

位於神奈川縣藤沢市南面的陸連島，周長只有4公里，卻是湘南最人氣的觀光勝地。四周被湛藍海景包圍，步調緩慢，還有大量道地海鮮小吃和景點。從古至今，一直是日本文學成作品和電視電影的故事舞台，從太宰治《狂言之神》到偶像劇《有喜歡的人》，江の島已變成「戀人聖地」。

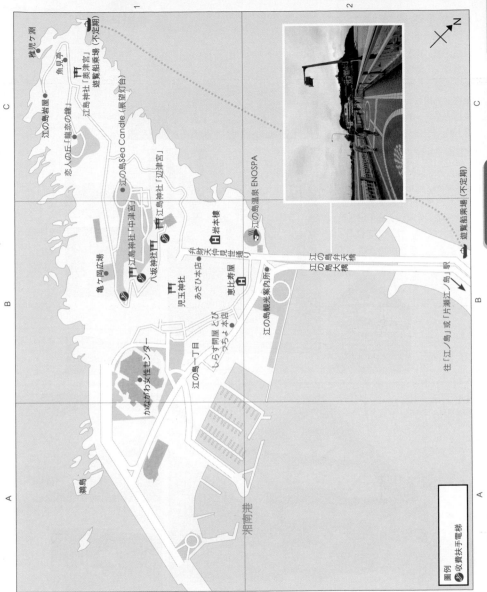

地圖標示（由上往下、右至左）：

稚児ヶ淵

魚見亭

江の島岩屋「龍恋の鐘」

恋人の丘「龍恋の鐘」

江の島Sea Candle（展望灯台）

江島神社「奥津宮」遊覧船乗場（不定期）

江島神社「中津宮」

八坂神社

江島神社「辺津宮」

児玉神社

あさひ本店

弁財天仲見世通り

岩本楼

江の島温泉 ENOSPA

江の島弁天橋

江の島大橋

住「江ノ島」或「片瀬江ノ島」駅

遊覧船乗場（不定期）

恵比寿屋本店

しらす問屋 とびっちょ本店

江の島観光案内所

江の島一丁目

亀ヶ岡広場

かながわ女性センター

鵜島

湘南港

N

圖例
◎ 收費扶手電梯

建議行程：

　　江の島面積不算大，環島一周約3-4小時，一般旅客多數玩半日，上午先逛鎌倉駅或江ノ電沿線；午飯後再往江の島，欣賞日落、吃完晚飯才離開。

江の島1日護照「eno=pass」

　　持護照可免費參觀江の島上多個景點，包括江の島展望燈台Sea Candle、江の島岩屋洞窟、江の島電扶梯、Samuel Cocking Garden等。還有61間土產手信店和餐廳的折扣券。

Info

票價：成人￥1,000、小童￥500
售賣點：片瀬江ノ島観光案内所、藤沢市観光Center、江の島内
網址：www.enoden.co.jp/tourism/ticket/enopass

江の島 1day パスポート
eno=pass

前往江の島交通：

前往江の島，搭乘小田急電鐵最方便。新宿出發，乘小田急江ノ島線至「藤沢」駅（車程約65分鐘，車費￥586）。於「藤沢」駅轉乘江ノ島電鉄，至「江ノ島」駅；或小田急江ノ島線，至「片瀬江ノ島」駅，再步行前往江の島。

如何步行往江の島？

江の島沒有任何電車直達，必需從江ノ島駅徒步，走過389米長的江ノ島大橋才能抵達。小田急江ノ島線「片瀬江ノ島」駅下車，徒步約12分鐘；江ノ島電鉄「江ノ島」駅下車，徒步約15分鐘。

1. 若乘搭「江電」，於「江ノ島」駅下車後，依地上的指示左轉。

2. 沿「すばな通り」往海邊方向直走，沿途會經過多家餐廳，還有便利店。

Tips

1. 小田急浪漫特快可由新宿直達「片瀬江ノ島」駅，車程只65分鐘，票價￥620，平日有9個班次；周末12個班次。
網址：www.odakyu.jp/tc/romancecar
2. 江ノ電「藤沢」駅位於小田急「藤沢」駅對面的小田急百貨2樓。

小田急江ノ島線的「片瀬江ノ島」駅，距離江の島最近，車站外形古典。

3. 走至「すばな通り」盡頭，右手邊會見到往江の島的隧道入口。

4. 穿過隧道，便見「江ノ島弁天橋」。

5. 最後，走過389米長的「江ノ島弁天橋」，即達江の島。

車站前的欄杆上有8隻麻雀雕塑，已成江の島駅的標記。

胖胖的小麻雀都穿上彩色毛衣，不同季節還有特色裝扮。

必影「小鳥」
「江ノ島」駅

旅遊鎌倉必乘「江ノ電」，其實「江ノ島」駅本身也值得一遊。1902年啟用初時原名「片瀬」，目前的木建駅樓於1991年落成，駅前的小鳥雕塑更成「景點」。

車站旁「売店」有售「江ノ電」的紀念精品，由紙巾盒、文具到電車饅頭都有，甚至有「江ノ電」貼紙相機。

Info

網址：www.enoden.co.jp

參道從江の島入口處，一直伸延到江島神社的入口山門，兩旁聚集各式土產手信店。

參道兩旁建築，不乏傳統日式矮平房，加上鋪滿石板路，感覺更懷舊。

江の島熱鬧老街
弁財天仲見世通り

豎立江の島入口處的青銅鳥居，已超過170年歷史，柱身斑駁，守護江の島的人神分界線。

通往「江島神社」的參道，也是江の島最熱鬧的老街，兩旁開滿60多家特產手信、菓子與小吃店，終日車水馬龍。而座落入口處的青銅鳥居，建於1842年，已被登入為日本指定文化財。

MAP: P.479 B1

Info
前往方法：江ノ島弁天橋直通。

名物 原隻章魚仙貝
あさひ本店（朝日堂）

江の島第一長龍小吃店，賣的是江の島名物「丸燒きたこせんべい」（丸燒章魚魚仙貝），把原隻新鮮章魚加上粉漿，放進特製鐵板機器壓成薄薄仙貝，每塊都用上2至3隻鮮章魚製，啖啖鮮味。還有龍蝦、海蜇等新口味。 **MAP: P.479 B1**

付款下單後，便拿號碼牌在旁邊等。

江の島第一長龍小吃店，即使下著大雨，人龍依然絡繹不絕！

每塊仙貝都用上2至3隻鮮章魚，放進185℃高溫的鐵板機器，壓成薄薄的仙貝。

「丸燒きたこせんべい」（丸燒章魚魚仙貝），新鮮烤好熱辣辣，特別香脆，章魚鮮味更濃。￥350 / 塊

Info
地址：神奈川県藤沢市江の島1 - 4 - 10
電話：0466 - 23 - 1775
營業時間：0900 - 1730
休息：逢周四
網址：www.murasaki-imo.com
前往方法：「弁財天仲見世通り」上，近江島神社紅色鳥居。

日本3大弁財天
江島神社

　最早始建於522年，日本3大弁財天神社，乃日本著名神話「七福神」之一，為音樂和娛樂女神，自古以來已香火繁盛。其實「江島神社」只是總稱，實則分為「辺津宮」、「中津宮」和「奥津宮」3宮，分別祭祀海運、漁業和交通的3個守護女神。入口處築有巨型紅色鳥居，沿步道登山，可逐一參拜3宮。 **MAP: P.479 B1 : C1**

由於「弁財天」掌管文藝娛樂，因此眾多文化界或藝人前來參拜。

日本第2大「貓島」
江の島除了盛產銀魚（しらす），也是日本第2大「貓島」。島上居民愛貓，幾乎家家戶戶都有飼養，還不止養1隻，據說人口只得300多的江の島，貓咪卻超過400隻。即使是流浪貓，居民也會幫牠們取名字和餵飼，是故隨處可見的貓咪都肥肥白白，也很親近人。

提提你

Info
地址：神奈川県藤沢市江の島2丁目3番8号
電話：0466 - 22 - 4020
參拜時間：0830 - 1700
網址：http://enoshimajinja.or.jp

參拜の大門
辺津宮

穿過仿龍宮城而建的「瑞心門」，即達「辺津宮」境內。

　首先抵達的，是位於山腰的「辺津宮」，始建於1206年，主祀宗像三女神之一的「田寸津比賣命」，拜殿前設有祛邪消災的「茅の輪」，以及「錢洗」許願池，參拜的善信乃3宮之冠。 **MAP: P.479 B1**

現在的拜殿是1976年重建，殿前的「賽錢箱」特別做成布袋狀，記住先投錢、摸錢箱，再許願。

爬樓梯是日本神社參拜的必然「歷練」，幸好春季時有繡球花相伴。

瑞心門附近有一石佛，雕有弁財天童子群像，旁邊還有飛龍在天。

Info
網址：http://enoshimajinja.or.jp/hetsumiya
前往方法：沿紅色鳥居階梯拾級，約3 - 5分鐘。

朱紅色的社殿乃1996年重建，擁有華麗的雕刻裝飾。

「市寸島比賣命」主祀姻緣和婦女，宮內就掛滿分別祈求姻緣和美貌的繪馬。

姻緣之神
中津宮

最早落成於1689年，主祀宗像三女神之一的「市寸島比賣命」，主管姻緣和婦女，故吸引大量女生和情侶，祈求姻緣和美貌。

MAP: P.479 B1

「中津宮」座落山頂上，附近設有觀景台，可俯瞰江の島美景。

Info

網址：http://enoshimajinja.or.jp/nakatsumiya
前往方法：從「辺津宮」徒步前往約5分鐘。

傳說鎌倉昔日有5條巨龍作惡，後被天女勸戒。奧津宮側的「竜の祠」，主祭正是「竜宮大神」。

正殿內有一幅《八方睨みの亀》圖，據說無論從哪個方向看，畫中烏龜都會看着你。

宮內有一座石鳥居，是由源賴朝奉納的，表面歷盡滄桑。

拜見龍宮
奧津宮

最後一宮，由鎌倉幕府於1206年建造，主祀宗像三女神之一的「多紀理比賣命」，此宮從未遭遇任何災害，至今仍保持老舊蒼桑的外貌。附近還有一座「竜の祠」，源自江の島5頭龍與天女的故事。

 MAP: P.479 C1

Info

網址：http://enoshimajinja.or.jp/okutsumiya
前往方法：從「中津宮」徒步前往約10分鐘。

靚景銀魚丼
魚見亭

Tips
每年1至3月中為禁捕期，島上餐廳
不供應生銀魚，改以熟銀魚代替。

「しらす」（銀魚／吻仔魚）是江の島名產，一場來到，必定要吃個銀魚丼，才叫不枉此行。座落崖上的「魚見亭」，創業超過140年，乃銀魚丼的名店。特別是剛捕獲的生銀魚，口感滑嫩、略帶脆感，一年只供應9個月，格外矜貴，人氣美食日劇《孤獨的美食家》漫畫版都有推介。**MAP: P.479 C1**

附送的「カニの味噌汁」（蟹味噌湯），足足有半邊蟹爪，湯頭清甜，蟹肉更是滑嫩。

吃生銀魚丼前，先將薑蓉混和醬油，再淋上飯面食用，作用是去腥味。

招牌「しらす丼」（銀魚丼）連「カニの味噌汁」（蟹味噌湯），新鮮捕獲的生銀魚晶瑩剔透，鮮度爆燈。￥1,300

「魚見亭」座落崖上，擁有雙邊海景視野。

Info
地址：神奈川県藤沢市江の島2‐5‐7
電話：0466‐22‐4456
營業時間：1000‐日落後30分鐘
網址：www.uomitei.com/index.html
前往方法：「奧津宮」附近。

江の島長龍海鮮王
しらす問屋 とびっちょ 本店

2004年創業，前身為銀魚批發商，現在是江の島第一長龍海鮮食堂，更是銀魚料理的專家，從銀魚丼、銀魚壽司、銀魚玉子燒、銀魚茶碗蒸，到銀魚雪糕，甚至銀魚啤酒都應有盡有。招牌「しらすかき揚げ丼」即是銀魚天婦羅丼，口感酥脆鹹香，店家還有拌上生雞蛋的內行吃法，口感更滑嫩香甜。**MAP: P.479 B1**

しらすアイス（銀魚雪糕），竟將銀魚做成甜點，味道甜中帶微鹹，面層還有炸銀魚點綴。￥280

店前兼售各式銀魚食品，計有生熟銀魚、銀魚豆腐、銀魚燒餅，還有銀魚啤酒「しらすビール」。￥650

Tips
1至3月禁捕期間，暫停
供應生銀魚料理。

しらすのかき揚げ（銀魚天婦羅），大如臉的天婦羅炸得超酥脆，裏面的銀魚仍保持爽口香甜，面層還有些蒸銀魚。￥890

さざえのつぼ焼き（磯燒海螺），店內提供多款磯燒海鮮，簡單以醬油調味，已鮮味爆燈！￥750

「とびっちょ」於江の島一共有兩家，這間是本店。

Info
地址：神奈川県藤沢市江の島1‐6‐7
電話：0466‐23‐0041
營業時間：1100‐2100
網址：http://tobiccho.com
前往方法：遊艇碼頭附近。

浪漫地標
恋人の丘「龍恋の鐘」

MAP: P.479 C1

源自《天女と五頭龍》的傳說而建造，傳說戀人只要一起敲響「龍恋の鐘」，便會能永遠幸福在一起。旁邊欄杆上還掛滿代表永不分離的愛情鎖，自松本潤、上野樹里主演的愛情電影《寵愛情人夢》取景後更爆紅。

「龍恋の鐘」座落小山丘之上，俯瞰相模灣海景。

「龍恋の鐘」四周欄杆掛愛情鎖，包括電影《寵愛情人夢》兩位主角所掛的一個。

傳說只要將寫上名字的愛情鎖，一起扣在欄杆上，即能永不分離。

Info

前往方法：「奥津宮」附近。

日本首座戶外電扶梯
江の島エスカー

江島神社、燈塔和「恋人の丘」都散落山上各處，不想爬上連綿不斷的梯級，其實可以乘搭扶手電梯。建造於1959年，為日本首座戶外電扶梯，全長106米，由4座電扶梯構成，原本需花20分鐘的山路，電扶梯僅4分鐘即可到達。（注意：電扶梯只有上，沒有落）

MAP: P.479 B1

4座電扶梯全長106米、254級。

Info

地址：神奈川県藤沢市江の島2‐3‐9
電話：0466‐23‐2443
營運時間：0900‐1700
　　　　　（周六、日及假期0900‐1900）
收費：全區間成人￥360、小童￥180；
　　　1区成人￥100‐200、小童￥50‐100
網址：http://enoshima-seacandle.jp/facilities/escar.html

360度美景
江の島Sea Candle（展望灯台）

MAP: P.479 C1

前身為「平和塔」，座落四季花園Samuel Cocking Garden內，59.8米高，登上海拔119.6米高的塔頂，即能360度飽覽整個相模灣，以至富士山美景，天氣好時甚至能遙望東京晴空塔、伊豆大島，更是觀賞夕陽的勝地。

2003年重建的展望燈塔，外形猶如海中蠟燭。

Info

地址：神奈川県藤沢市江の島2‐3‐28
電話：0466‐23‐0623
營業時間：0900‐1800
展望灯台：￥500
網址：http://enoshima‐seacandle.jp
前往方法：附近

全館最吸睛首推露天Spa「滝泉」，穿過洞窟與水簾瀑布，即見遼闊的湘南海美景，甚至清楚看到富士山。

江の島唯一溫泉Spa
ENOSPA（えのすぱ）

ENOSPA位置就在江の島入口、「弁財天仲見世通り」旁邊。

Tips

逢週一有女生限定的「Ladies割引」，One Day Spa只￥1,964。
*限中學生以上女性，假期及特別節假日除外。

江の島上唯一天然溫泉Spa，連續5年獲得「Top10 SPA of JAPAN」。泉水抽取自1,500公尺地底的天然炭酸溫泉，素有「瘦身之湯」、「美人湯」之稱。設有不同的露天與室內溫泉風呂，包括仿洞窟設計的海邊風呂，可邊泡湯邊欣賞湘南海景。裸湯以外，還有可穿着泳衣的水療Spa。

分為本館與別館兩部分，附設大量休閒餐飲設施，包括海景餐廳、美容Spa、按摩整骨等等。One Day Spa收費￥2,742，若然會在江之島或鎌倉過夜，1800後入館的 Night Spa更只￥1,705。 **MAP: P.479 B2**

露天泳池

2016年夏季新增，23.5米長的露天暖水泳池，盡覽湘南海美景。

天然溫泉「富士海湯」

這裏的溫泉泉質屬鹽化物強鹽溫泉，對肩膀酸痛、虛寒症、消除疲勞等有效，素有「美人湯」之稱。

位於本館3樓的裸湯（男女別），最大賣點是座擁湘南海景，天氣好時甚至可看到富士山，因而得名。

附設化妝間，女湯還要是獨立個室，爽膚水、乳液、吹風機等梳洗用品一應俱全。

━Info━
地址：神奈川県藤沢市江の島2‐1‐6
電話：0466‐29‐0688
溫泉Spa開放時間：3‐6月、7‐11月1000‐2200；12‐2月1100‐2100
收費：One Day Spa
　成人￥2,750、小童￥1,400；
　Night Spa成人￥1,650、小童￥1,200
網址：www.enospa.jp
*Night Spa晚上1800後入場。
前往方法：小田急江ノ島線「片瀬江ノ島」駅下車，徒步約12分鐘；江ノ島電鉄「江ノ島」駅徒步約15分鐘。江の島入口旁邊。

室內泳池「天陽泉」

2樓設有水深達1.2米的大型室內泳池，擁有天然採光，四季溫度調節。

賣點是每晚都會上演水幕燈光Show，歷時長達10分鐘，燈光迷幻繽紛。

洞窟Spa「滝泉」

2樓有仿洞窟設計的Spa區，凹凸不平的牆身，加上燈光效果和水簾瀑布，感覺神秘又夢幻。

私家風呂
Beng Teng Spa

取名「Lily」的和風房，設有石製的「五右衛門風呂」釜。

設有8間獨立水療室，每間都有不同主題佈置以及私家風呂，提供多款美容按摩療程。

━Info━
地址：本館4 / F
預約電話：0466 - 29 - 0690
網址：www.bengteng-spa.com
*採會員制，入會年費￥1,000，必須預約。

名物咖啡軟雪糕
江の島カフェ

1樓Cafe提供自家烘焙咖啡與小吃，必吃招牌軟雪糕「珈琲ソフト」（Soft），口感綿滑，面層還灑滿咖啡粉。￥350

━Info━
地址：本館1 / F

地元風味
Island Grill Restaurant

位於本館4樓的海景餐廳，主打本地新鮮野菜和海產炮製、強調「醫食同源」的健康餐點，還有一望無際的湘南海岸美景相伴。

Frutti di mare（海鮮意粉），一碟已有齊海膽、銀魚、蟹肉、魚子等本地新鮮名產，味道惹味。￥1,944

湘南サイダー（Cider），本地限定梳打，顏色正是湘南的蔚藍色。￥756

━Info━
地址：本館4 / F
營業時間：1130 - 2100

東京旅遊須知

基本資料

東京，位於日本本州島的東部，面向東京灣。德川幕府時代古稱「江戶」，明治維新後始改名「東京」並列為首都，成為日本的政治、經濟、文化及交通中心。總面積2,162平方公里，主要分為23區，並與周邊的千葉、神奈川、埼玉等縣構成「首都圈」，人口高達3,700萬，是全世界人口最多的都會區。繼1964年後，2020年將舉辦第2次奧林匹克運動會。

東京都網址： www.metro.tokyo.jp

時差

日本的格林威治標準時間為GMT+9小時，比香港和台灣快1小時，日本全國各地皆為統一時間。

氣候

東京都及關東地區屬溫帶季風氣候，四季分明，夏季平均氣溫約30℃，最高溫度可達35℃；冬季則低於10℃，且非常乾燥，最冷的1月份約2.5℃，或有降雪。每年6月下旬至7月中旬為梅雨季，多雨且濕氣重；8至9月則偶有颱風。

日本氣象廳網址： www.jma.go.jp

通用語言

日語。在市中心旅遊區，英語通用情況良好，很多受旅客歡迎的食店或商店，也常有華人留學生店員，溝通不難。

電壓與插頭

電壓為100V、頻率為50Hz，電源插口則為兩腳扁插頭。手機、電腦、相機等充電器一般備有自動變壓，毋須使用變壓器，但請帶備兩腳的轉駁插頭。

日本法定假期

日本的長假期主要有3個，分別為年末年始的元旦休假、5月初的黃金周和8月的盂蘭盆節，住宿價格會增加。

日期	節日名稱	備註
1月1日	元旦	通常12月29日至1月4日休假
1月第2個周一	成人節	
2月11日	建國紀念日	
2月23日	天皇誕生日	
3月20日	春分節	
4月29日	昭和日	
5月3日	憲法紀念日	黃金周連休
5月4日	綠化節	黃金周連休
5月5日	兒童節	黃金周連休
7月第3個周一	海洋節	
9月第3個周一	敬老節	
9月22日	秋分節	
10月第2個周一	體育節	
11月3日	文化節	
11月23日	勤勞感謝日	

*如假期遇上周日，則翌日補假一天。

通用貨幣

日本的通用貨幣為「日元」（￥／円），現時流通市面的硬幣，分別有￥1、￥5、￥10、￥50、￥100及￥500共6種；紙幣則有￥1,000、￥2,000、￥5,000及￥10,000共4種。2024年更會發行新鈔。

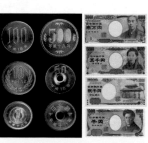

匯率

現時港元兌日圓匯率約為0.6，即￥1,000 = HK$60，僅供參考。*本書所列價錢，除特別標明，均為日圓（￥）。

提款

日本不是所有ATM都接受外國提款卡，但只要提款卡或信用卡印有《VISA》、《PLUS》、《銀聯》、《MasterCard》、《Maestro》、《Cirrus》、《AMERICAN EXPRESS》或《JCB》標誌，即可在全日本7 - 11便利店的「SEVEN BANK」ATM提款。備有中、英文介面，且24小時營業，但每次需收取￥150手續費，匯率則以提款當日計算。

網址： www.sevenbank.co.jp/intlcard
注意：
香港旅客於海外使用櫃員機提款，必須預先在香港啟動海外提款設定。

兌換

很多香港人都知，於「百年」和「堅成」兌換日圓最划算，但經常大排長龍，頗費時失事。其實，以「銀聯」提款卡在海外提款*之匯率也相當低，而且夠方便。很多商店，若用「銀聯」信用卡簽賬更有額外折扣優惠。

*卡面或卡底需印有「銀聯」標誌。
百年找換店
http://bcel1985.blogspot.hk
堅成找換店
www.ksme.hk

消費稅與退稅

2019年起，日本消費稅已提高至10%。旅客購物時需留意價格標示，「稅込」表示價格已含稅；「稅別」則表示未連稅。

海外旅客若果購買「一般物品」與「消耗品」，只要購物金額￥5,000以上，即可辦理退稅，詳見後文「退稅攻略」介紹。

日本年號與西歷對照表

日本現在的年號是「令和」。

日本年號	西歷
明治（Meiji）	1868～1912年
大正（Taisho）	1912～1926年
昭和（Showa）	1926～1989年
平成（Heisei）	1989～2019年
令和（Reiwa）	2019年～現在

A.出發前

防疫限制

2023年4月29日起，日本已免除疫苗證明，不夠3針的旅客，不再需要出境前72小時內提交PCR陰性證明。

簽證

香港旅客：持有香港特區護照或BNO，可享有90天免簽證入境。
www.hk.emb-japan.go.jp/
台灣旅客：持有中華民國護照，可享有90天免簽證入境。
www.koryu.or.jp/

Visit Japan Web教學

日本厚生勞動省於2021年推出的自助入境系統，旅客可使用手機或電腦進入Visit Japan Web網站，支援繁體中文、簡體中文、英文、日文和韓文，從此入境無需再填紙仔！注意：旅客需於預定抵達日本時間前至少6小時完成登錄，建議提早1～2星期辦理。

辦理入境手續準備：

☐ 機票
☐ 護照（至少6個月有效期）
☐ 電郵地址
☐ 自選密碼

Visit Japan Web

*如沒有事先登錄Visit Japan Web，抵達日本機場後，目前仍可即場填寫外國人入國記錄卡、海關申報表等，惟審查時間較長。 www.vjw.digital.go.jp/

1.建立帳號

首次使用Visit Japan Web，旅客必須建立新帳號。輸入電郵地址及設定密碼後，系統會發出認證碼到所輸入的電郵地址，輸入認證碼才為之完成註冊。

2.填寫個人資料

登入帳號後，點擊「本人資料」後便可以填寫個人資料。

2.1

首先確認是否持有日本護照及日本再入國許可簽證（如工作簽證、學生簽證等），如沒有便選「否」。

第3欄是新增的「是否使用免稅QR碼」，本書後文會再詳細介紹。

2.2

按指示逐一填寫護照碼、姓名、出生日期、國籍、性別等。

2.3

在日本的聯絡處為任意填寫，若每次入境日本時的住處都不同，建議不要輸入維持空白。

2.4

按「下一步」，確認資料無誤再按「登錄」，便完成本人資料部分。

3.填寫同行家人資料

若有小童或長者同行，可點選「同行家人資料」，再逐一填寫家人資料。
*入境、回國手續為一人一人分別實施，嬰幼兒等無法自行辦理手續者，可登錄為同行家人。

4.填寫入境、回國預定

返回首頁，繼續填寫入境及回國預定資料。

4.1

按「+新增登錄」或「+登錄新的入境、回國預定」。

4.2

逐一填寫：旅行名稱（非必填項目，如不填寫，系統會自動設定為抵達日期）、抵達日期、乘搭航空公司及航班編號。

4.3

填寫在日本的聯絡處，即是入住的酒店/旅館地址、郵遞區號及電話號碼，完成後按「確認輸入內容」。

若有同行家人，請點選同行家人姓名旁的勾選方塊（可選擇多位同行家人）。

4.4

確認資料無誤後，按「登錄」即完成。

5.填寫外國人入境紀錄

點選「日本入境、回國手續」畫面的「外國人入境記錄」，填寫日本入境審查資料。

5.1
填寫個人資料，姓名及出生日期等系統會自動輸入，只需填寫香港/台灣居住地即可。

5.2
填寫入境目的、抵達航班編號、停留日數、住宿地點及聯絡資料等。

5.3
回答「提問事項」，如有否被拒入境，有否觸犯過刑法等。

5.4
確認輸入內容後按「登錄」即完成，返回主頁點選「外國人入境紀錄」下面的「顯示QR碼」，即可見到入境審查的QR Code。

6.填寫海關申報表
點選「返回入境、回國手續」，點選「攜帶品、後送物品申報」，填寫海關申報表格。

6.1
填寫職業、抵達日本日期及出發地點等。

6.2
輸入同行家人數目。

6.3
填寫日本住宿或酒店地址詳情。

6.4
回答「申報資訊」，如有否攜帶毒品、槍砲等。

6.5
完成登錄後，返回主頁點選「海關申報準備」下面的「顯示QR碼」，即可見到海關申報的QR Code。

B.入境當日

7. 過關出示 QR Code
抵達日本機場當日，逐一向入境審查員用手機出示Visit Japan Web的「入境」，以及向海關人員出示「海關」的QR Code即可。

7.1
進入「日本入境、回國手續」畫面，點選「外國人入境紀錄」下面的「顯示 QR 碼」，即能見到黃色Bar 的「入境審查的QR 碼」。

7.2
再點選下面的「海關申報的 QR 碼」，即能見到藍色Bar 的「海關申報QR 碼」。

C.入境後

8.新！申請免稅QR Code
Visit Japan Web新增的「免稅QR碼」功能，提前完成註冊，退稅時無需再向店員出示護照，只需提供免稅QR碼，快捷方便。

> * 暫時支援服務的商店不多，建議購物時最好還是帶備護照。

8.1
返回主頁，按「在日本停留期間的手續」，點選「建立免稅QR碼」。

8.2
拍攝入境時海關人員貼在護照內的「上陸許可證」貼紙(請對準掃碼框，系統會自動讀取QR碼)。

8.3
完成登錄後，購物退稅時即可出示紅色Bar的「免稅QR碼」辦理退稅。

日本退稅攻略

現時日本的消費稅已提高至10%，當地的退稅制度，將商品分為「消耗品」和「一般商品」兩類，旅客只要一天內於同一商店，購物金額￥5,000以上，即享免稅優惠。

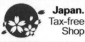
Japan.
Tax-free
Shop

合併退稅更方便

由2018年起，簡化外國遊客的免稅手續，新制下「一般物品」與「消耗品」可累積合併退稅，但所有退稅品均需放入密封袋內，離開日本前不能開封。最佳例子是在「驚安之殿堂」買了電器、化妝品和日本菓子，只要合計滿￥5,000以上，即可一併退稅，毋須再分一般與消耗品。

商品類型	一般商品	消耗品	一般商品+消耗品
	電器、服裝、首飾、包包、工藝品	藥品、化妝品、食品、飲料、香煙等，但不包括生鮮食物	電器、服飾、首飾、包包、工藝品、藥品、化妝品、食品、飲料、香煙等
金額	￥5,000以上（未連稅）	￥5,000以上（未連稅）	￥5,000以上（未連稅）

*退稅上限為￥50萬。

官網查詢：
https://tax-freeshop.jnto.go.jp/chc

退稅流程

日本有兩種退稅方式：一種是在結算時出示護照，直接享用免稅收費。另一種是在支付完含稅的金額後，當日在店內免稅櫃台出示購買商品的發票和護照，辦理退稅手續，即時退回消費稅金額。

1. 凡貼有「Japan. Tax-free Shop」標誌的商戶，即可退稅。

2. 付款時出示護照，即可辦理免稅/退稅服務，店員會代為填寫「免稅品購入記錄票」。

3. 若屬消耗品的免稅商品，會以密封膠袋包裹，理論上在日本境內都不能開封。

退稅注意

- 退稅日語是：「稅金還付」（ぜいきんかんふ），不過你說英文：「Tax Free」或亮出護照，店員已能明白。

- 密封膠袋包裹的免稅商品，在日本境內不能打開密封袋，否則免稅無效。至於出境時海關會否逐一檢查退稅品？*以前不會，但最近日本關員已開始抽檢。

- 在百貨店辦理退稅時，除了護照，還需出示購物收據，如以信用卡支付，也要出示信用卡收據。

- 若屬免稅品需要郵寄回家，只要保留郵寄擔作證明即可。

- 若免稅品為液體，需放入行李箱托運，只要保留「購物記錄單」申報為已托運即可。

Tips

部分大型百貨店退稅時需收取手續費，如伊勢丹、O1O1等需收取1.1%服務費，只能退到8.9%稅。

買到最後一秒
成田機場

全名「成田国際空港」（Narita International Airport / NRT），是日本最大的國際機場，全國的交通樞紐。1978年啟用，原名新東京国際空港，座落千葉縣成田市，距離東京約60公里。擁有3座航廈，設施完善，還有超過300家商戶，人氣日牌服飾、手信菓子、藥妝雜貨、免稅商店應有盡有，大可爆買到最後一分一秒！

成田機場2樓設有動漫主題店「成田ANIME DECK」，還有大量打卡位。

第1、2航廈之間有無人駕駛列車連接。

Info
地址：千葉県成田市1-1
電話：0476-34-8000
網址：www.narita-airport.jp

使用第1航廈(T1)航空公司：	使用第2航廈(T2)航空公司：	使用第3航廈(T3)航空公司：
ANA全日空（NH）、達美航空（DL）、長榮航空（BR）、樂桃航空（MM）、中國南方航空（CZ）	日本航空（JL）、國泰航空（CX）、香港快運航空（UO）、香港航空（HX）、中華航空（CI）、台灣虎航（IT）、酷航（TZ）、澳門航空（NX）、中國東方航空（MU）	捷星Jetstar（GK）

廉航專用！第3航廈

2015年啟用，專為廉價航空而設的「第3航廈」（T3），目前使用的航空公司包括捷星航空(JQ)、日本捷星航空(GK)、日本春秋航空(IJ)及濟州航空(7C)。樓高3層，以運動場為概念，地下有田徑場的跑道。面積雖小但設施齊備，擁有比T1、T2更大的免稅店。交通方面，T3沒有鐵路直達，需從第2航廈(T2)步行15分鐘，或乘搭免費接駁巴士，旅客請預留交通時間。

地面有如田徑場的跑道，用以取代傳統電子指示牌，指示設計反而更清晰易明！

往返第2、第3航廈的接駁巴士約15分鐘一班，車程約5-8分鐘。（運行時間：0430-2320）

Info
網址：www.narita-airport.jp/t3/ch2

成田機場往返市區交通

1.JR成田特快N'EX

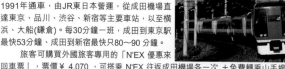

全名「Narita Express」簡稱「N'EX」，1991年通車，由JR東日本營運，從成田機場直達東京、品川、渋谷、新宿等主要車站，以至橫浜、大船(鎌倉)。每30分鐘一班，成田到東京駅最快53分鐘，成田到新宿最只80~90分鐘。

旅客可購買外國旅客專用的「N'EX 優惠來回車票」，票價￥4,070，可搭乘 N'EX 往返成田機場各一次 ＋免費轉乘山手線、中央線等指定範圍的JR路線。相比原價￥6,140的來回票，足下省下￥2,070！

Tips

若持有JR Pass，只要在JR售票處劃位即可搭乘N'EX，不必另購車票。

Info

N'EX東京去回車票

範圍：包含成田機場來回東京駅、品川、渋谷、新宿、池袋、橫濱、大船各一種。
票價：￥4,070
有效期：14天
銷售點：成田機場T1、T2、T3之「JR東日本旅行服務中心」，或各車站的JR售票處「みどりの窓口」(綠色窗口)
網址：www.jreast.co.jp/TC/nex/index.html
*購票時必須出示護照。

2.京成電鉄特急 Skyliner

正確名稱為「Narita Sky Access Line」，是「京成電鉄」於2010年推出的成田機場特急列車。連接成田機場(包括第一、二航駅)與京成上野駅，中途只停靠日暮里，成田至日暮里駅36分鐘，成田至上野駅則44分鐘，車程比N'EX更快，住在上野一帶的旅客首選。旅客可購買「Skyliner Discount Ticket」，單程原價￥2,570，Discount Ticket 只￥2,300，但只限網上購買。

最快！

提提你

選N'EX還是Skyliner好？

住在上野一帶，一定選搭 Skyliner；住在東京、品川駅一帶，則首選搭N'EX。至於新宿、池袋等地，搭 Skyliner 到日暮里駅轉乘山手線，會比線路的N'EX快，但代價是要拿着行李轉車，這就由閣下自決了。

Tips

前往新宿、池袋、渋谷等地，可在日暮里駅轉乘山手線等。

「Skyliner Discount Ticket」
必須有信用卡在官網預訂，單程原價￥2,570，信用卡網上訂購只￥2,300
票價：單程￥2,300、來回￥4,480
銷售點：官網預訂
網址：www.keisei.co.jp/keisei/tetudou/skyliner/e - ticket/zht/ticket/skyliner - ticket

「Skyliner＆Tokyo Subway Ticket」
2016年新推出，包含單程或來回的Skyliner車票，以及「東京地鐵＆都營地鐵24~72小時券」(Tokyo Subway Ticket)，可在24、48或72小時內無限次乘搭東京地鐵及都營地鐵所有路線。
票價：24小時單程￥2,890、來回￥4,880
48小時單程￥3,290、來回￥5,280
72小時單程￥3,590、來回￥5,580
有效期：24小時 / 48小時 / 72小時
網址：www.keisei.co.jp/keisei/tetudou/skyliner/tc/value_ticket/subway.php
銷售點：成田機場的京成電鐵櫃台(第一及第二航廈)
*購票時必須出示護照。

3.京成Access特急

其實，「京成電鐵」還有更便宜的「Access 特急」及「京成本線特急」，CP值極高。但由於採用一般的通勤列車，沒有指定座位，也沒有行李架，繁忙時間非常擁擠，攜帶大型行李的旅客可不適合。

• 「Access 特急」同樣行走Skyliner的「成田 Sky Access 線」，只是停靠車站較多，速度較慢，但票價亦較便宜。成田機場往上野最快 54 分鐘，票價￥1,240。

• 「京成本線特急」行走一般的「京成本線」，路線較迂迴，停靠車站更多，速度更慢，但票價最便宜。成田往上野最快77分鐘，票價僅￥1,030。

京成電鉄網址：www.keisei.co.jp

4. 廉價高速巴士LCB

由5間日本巴士公司於2022年起營運，共有5條LCB專線 (Low Cost Bus)，來往池袋、渋谷及銀座等東京市中心。最常用的機場巴士有3種，分別為「TYO-NRT」、「成田 Shuttle」與「利木津巴士」(Airport Limousine)。

其中最便宜的是「TYO-NRT」，由成田機場到東京車站只￥1,300。「成田 Shuttle」可直達池袋站；「利木津巴士」則有數十條往返東京各大車站、飯店、東京迪士尼路線。部分路線網上購票有折扣優惠。

Info

購票地點：成田機場廉價高速巴士櫃檯
票價：往東京車站￥1,300、
往池袋/渋谷￥1,900
詳情：www.narita-airport.jp/ch2/access/bus/lcb/

5.凌晨機必搭 TYO-NRT

2020年啟用，來回成田機場及東京市中心，包括東京車站、銀座、東雲AEON站等。車程約62分鐘，10~20分鐘一班，票價￥1,300起。最早班次為早上7時半，票務櫃台營業時間則為0900-2200。

Info

購票地點：成田機場各航班大樓票務櫃檯
票價：￥1,300起
網址：https://tyo-nrt.com/tw

交通方便
羽田機場

1931年啟用，全名其實是「東京国際空港」，通稱為「羽田空港」（Haneda Kuko / HND），位置較近東京市中心，交通更方便。自成田機場落成後主要負責日本國內航班，直至2003年才恢復國際定期航線。佔地1,522公頃，現有3個航廈，包括國內線的T1、T2，以及國際線的「国際Terminal」。

使用羽田空港的航空公司：
日本航空（JL）、 國泰航空（CX）、港龍航空（KA）、香港快運航空（UO）、中華航空（CI）、長榮航空（BR）、台灣虎航（IT）、樂桃航空（MM）

Info
地址：東京都大田区羽田空港
電話：03 - 5757 - 8111
網址：www.haneda - airport.jp

羽田機場往返市區交通

1.歷史悠久
東京單軌電車Monorail

Info
票價：往濱松町駅￥490
網址：www.tokyo - monorail.co.jp/tc

1964年啟用，隸屬JR東日本，全名「東京モノレール」（Tokyo Monorail），在京急電鉄通車以前，一直是羽田機場唯一聯外鐵路。從羽田機場國際線航廈站抵達東京市區的濱松町駅，車程最快只14分鐘，票價￥490。之後再轉乘JR山手線或京浜東北線前往各區。分為「空港快速」、「區間快速」和「普通」3種列車，票價相同，只是車程和停靠站不同。

2.車程最快
京急電鉄

全名「京浜急行電鉄」，1998年通車，最快只需11分鐘，即能從羽田機場抵達品川駅，可轉乘山手線、京浜東北線、東海道線及山陽新幹線等JR路線。車種由慢到快分為「普通」、「機場直行」、「特急」、「快特」和「機場快特」5種，票價相同，只差在停靠的車站數量。最快的「機場快特」只停大站；最慢的「普通」則站站皆停。往品川駅票價￥410，經京成 Access 線至成田機場則￥1,760。

此外，京急電鉄也有多種優惠車票，但唯一適合外國旅客的是「Welcome! Tokyo Subway Ticket」。

「Welcome! Tokyo Subway Ticket」
2016年3月推出的新版，包含羽田機場到品川或泉岳寺駅的單程或來回車票，以及「東京地鐵＆都營地鐵 24～72 小時券」（Tokyo Subway Ticket），可在24、48或72小時內無限次乘搭東京地鐵及都營地鐵所有路線。
票價：24小時單程￥800；48小時單程￥1,200；
　　　　72小時單程￥1,500
有效期：24小時／48小時／72小時
網址：www.haneda - tokyo - access.com/tc/info/discountticket_welcometokyo.html
銷售點：羽田機場的「東京觀光情報中心」或京急旅遊服務中心
*購票時必須出示護照。

通訊方法

a.電話

現在旅遊海外，只要有Wi-Fi，打電話已變得不重要，一張上網卡已暢通無阻。

致電方法：
日本固網電話的頭一組數字為區號，沖繩區號為098 / 0980。致電須先撥區號，若從香港致電日本，須先撥日本的國際長途電話編號「81」，然後撥區號，但不用撥「0」字，最後才是電話號碼。而日本致電回港：須先撥網絡供應商號碼，然後撥香港的長途電話編號「852」，最後才是電話號碼。

b.上網卡

最划算兼方便是購買上網SIM卡，日本機場、Bic Camera、Yodobashi等連鎖電器店，都有售旅客專用的上網SIM卡，不過售價最便宜的，一定是香港各大電腦商場的SIM卡檔。

推介日本電訊公司的「FREETEL」，或泰國電訊公司AIS的「SIM2FLY」，一插即用，設定超簡單。前者8日4GB售價約HK$120，網速最快；後者7天漫遊只售HK$40 - 60。

Tips
經驗之談：部分日本上網卡需設定手機的「VPN」，最好登機前先在香港機場換卡及進行設定，以免抵達當地機場後找不到免費Wi - Fi辦理。

*SIM卡價格浮動，請親身到場格價。

東京都內交通

東京都內交通主要分成JR、地鐵（東京Metro、都営地下鉄）、私鐵（如小田急、京王、東武等）三種，網絡之複雜乃舉世聞名，不過現在只要下載手機的「換乘」App，便暢通無阻。以下市內交通介紹，只為讀者有個基本概念。

搜尋：「NAVITIME Transit - 東京日本」
*IOS、Android介面均有。

必備！手機App「乘換NAVITIME」

1.輸入「出發」（出發）、「到著」（目的地）的車站名，以及所需出發時間。

必需輸入日文，若剛好是日文名，只要打其中一個漢字，App也會自動顯示相關車站給你選。

2.按「檢索」後，便會自動查出不同路線及班次組合。

3.再按即有詳細的資料，包括車程、時間、票價、轉乘車站等。

1.JR

前身為日本國鐵，現在也為民營，由JR東日本經營。眾多路線中，旅客最常用的包括「山手線」、「中央線」、「京葉線」以及「N'EX 成田特快」。票價由￥140起跳，使用 IC 卡較便宜。JR也推出多種優惠車票，其中「JR 東京都市地區通票」最適合旅客。

山手線車身以綠色為記。　JR月台

Info
- 票價：￥140起
- 營運時間：約0500 - 0000（不同線各異）
- 網址：www.jreast.co.jp/tc

JR 東京都市地區通票（Tokunai Pass）
- **範圍**：可一天內無限次乘搭東京都23區內的所有JR路線（不含特急列車和新幹線）
- **票價**：成人￥760、小童￥380
- **銷售點**：JR各車站售票機、JR售票處、JR東日本旅行服務中心
- **網址**：www.jreast.co.jp/TC/pass/tokunai_pass.html
- *注意：無法搭到吉祥寺駅，三鷹駅（三鷹之森吉卜力美術館）及橫浜駅（東京迪士尼樂園）

山手線：
以環狀行經東京車站、渋谷、原宿、新宿、池袋、上野、秋葉原等主要區域，是東京交通的大動脈。

中央線：
以水平貫穿東京市區，分為「中央線快速」及「中央．總武緩行線」，西側起點皆為新宿駅，往西延伸至吉祥寺、三鷹等旅遊熱點；往東則延伸至御茶之水駅。

京葉線：
連接東京及千葉的鐵路，往東京迪士尼樂園必乘。

N'EX 成田特快：
成田機場特急列車，詳見前文。

---

2. 地鐵

目前由「東京 Metro」及「都営地鉄」兩家公司經營，分別擁有 9 條及 4 條路線，覆蓋東京絕大部分地區。東京 Metro票價較便宜，由￥170起跳；都営地鉄則￥180起跳。

Info
「東京 Metro」網址：
www.tokyometro.jp
「都営地鉄」網址：
www.kotsu.metro.tokyo.jp

東京 Metro車站入口。

3. 私鐵

私鐵業者多達7家，包括小田急、京王、東武、西武、京成電鐵、臨海線等，路線主要分布在近郊地區，常用的包括往晴空塔、浅草等的「京成本線」；渋谷往代官山的「東急東橫線」；渋谷往下北沢、吉祥寺等的「京王井の頭線」等。

京王線

必備！西瓜卡「Suica」

日本各大交通業者都有推出IC卡，但最方便首選俗稱西瓜卡的「Suica」。由JR東日本於2001年推出，全日本JR、地鐵、私鐵通用，甚至連的士、巴士、便利店等商戶也可消費，免除找續時間，非常方便。新卡含￥500押金（退卡時會退還），用完可增值即可，可在JR各車站的售票機或櫃台購買。現在還可於手機直接購買，或將實體西瓜卡綁定自己的手機。

Info
網址：www.jreast.co.jp/tc/pass/suica.html

在iPhone購買Suica
1. 把手機的地區設定為「日本」。
2. 打開手機「錢包」，點擊右上角的+按鈕。
3. 點擊「交通卡」，在「日本」欄目裏選擇Suica卡。
4. 輸入要存入的金額，最少￥1,000，然後按一下「加值」。
5. 閱讀條款後按「同意」，再跟住指示付款即可，可使用 Apple Pay 或其他信用卡付款。

將實體卡轉移到iPhone
注意：實體卡綁進 iPhone 後，實體卡就會失效！
1. 把手機的地區設定為「日本」。
2. 打開iPhone「錢包」，點擊右上角+按鈕。
3. 選擇「交通系IC卡」，然後再選「Suica」。
4. 選擇加入手持的交通卡選項，然後輸入卡號最後4位數字及出生日期。
5. 將 iPhone 放在 Suica 卡上，等待資料轉移即可，過程可能需時數分鐘。

如何增值
可直接利用 iPhone 的 Apple Pay 為Suica增值，或到便利店增值。
1. 打開「錢包」中的Suica 卡，按下「充值」即可輸入銀碼。
2. 還可查看Suica的餘額和交易紀錄。

日本郵寄攻略

現在廉航盛行，行李超重一律無情講「罰款」，不想補錢加購行李限額，其實可以選擇郵寄回港。

郵寄服務收費比較表：

	EMS	標準航空(SAL)	國際航空	船運
收費 *以5kg為例	￥6,300	￥4,200	￥4,200	￥2,800
送遞需時	2日	6-13日	6日	3星期

查詢郵寄金額：

旅客可在日本郵政的官方網站，查詢郵寄服務的收費以及運送需時，還有中文介面，非常方便：

1.登入以下網址，在「料金の計算」中輸入郵件重量及相關資料。

網址： www.post.japanpost.jp/cgi-charge

輸入郵件重量，以克為單位。

2.按「下一頁」，即有4種郵寄方法的收費及運送時間，還可以順便查找附近的郵局位置。

留意染髮劑、香水、指甲油、噴霧、打火機、電池等都不能郵寄。

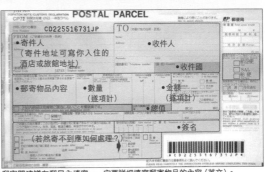

郵寄單建議在郵局內填寫，一定要詳細填寫郵寄物品的內容（英文）。

建議行程

5日4夜
快閃掃貨之旅

Day 1： 香港 → 成田空港
新宿Shopping

Day 2： 豐洲市場覓食 → teamLab Planets TOKYO → 銀座Shopping

Day 3： 原宿WITH HARAJUKU → 裏原宿→沿明治通逛至渋谷 → SHIBUYA SKY → MIYASHITA PARK宮下公園 → 渋谷Shopping

Day 4： 深谷花園Premium Outlets → 新宿Shopping

Day 5： 東京駅買手信
成田空港 → 香港

5日4夜
東京親子遊

Day 1： 香港 → 成田空港
入住Toy Story Hotel

Day 2： 東京迪士尼樂園

Day 3： 市中心酒店Check in
SMALL WORLDS TOKYO → 池袋防災館 → 池袋Sunshine Aquarium → Sunshine City shopping（BABiES" R" US、Pokemon center）

Day 4： 横浜一天遊：YOKOHAMA AIR CABIN → 紅磚倉庫、横浜WORLD PORTERS 、GUNDAM工廠 → UNIQLO PARK → 新横浜拉麵博物館

Day 5： Moominvalley Park/深谷花園Premium Outlets → 東京駅一番街買玩具手信

Day 6： 哈利波特影城 → 晴空塔及附近一帶

Day 7： 成田空港 → 香港

建議行程

7日6夜
情人浪漫之旅

Day 1： 香港 → 成田空港
入住迪士尼園區酒店
Day 2： 東京迪士尼樂園 → 迪士尼海洋
Day 3： 市中心酒店Check in
SHIBUYA SKY → MIYASHITA PARK
宮下公園 → 渋谷Shopping
Day 4： 豊洲市場覓食 → teamLab Planets
TOKYO → 台場閒逛（彩虹橋夜景）
Day 5： 鎌倉、江の島一天遊
Day 6： 晴空塔 → 浅草半天遊
Day 7： 成田空港 → 香港

6日5夜
動漫迷精華遊

Day 1： 香港 → 成田空港
Day 2： YOKOHAMA AIR CABIN → 横浜
WORLD PORTERS → GUNDAM工廠
Day 3：哈利波特影城 → 秋葉原半天（包括
TAMASHII NATIONS STORE朝聖）
Day 4： 渋谷PARCO（Nintendo TOKYO、
Pokemon center） → 池袋Sunshine
City（GASHAPON百貨、Namja
Town）→ 乙女路
Day 5： 鎌倉、江の島一天遊（包括鎌倉高校前
駅）
Day 6： 成田空港 → 香港

關東全境圖

日本全地圖